마비전의 원리

마비전의 원리

초판발행일 | 2025년 7월 25일

지은이 | 전의식
펴낸곳 | 도서출판 황금알
펴낸이 | 金永馥

주간 | 김영탁
편집실장 | 조경숙
인쇄제작 | 칼라박스
주소 | 03088 서울시 종로구 이화장2길 29-3, 104호(동숭동)
전화 | 02) 2275-9171
팩스 | 02) 2275-9172
이메일 | tibet21@hanmail.net
홈페이지 | http://goldegg21.com
출판등록 | 2003년 03월 26일 (제300-2003-230호)

값은 뒤표지에 있습니다.

ISBN 979-11-6815-118-5-93390

최단시간에 지휘체계와 조직심리를 마비시키는 전쟁술

마비전의 원리

전의식 지음

황금알

머리말

우리 한민족은 오랜 과거에서부터 수많은 전쟁을 겪으면서 민족사를 이어왔다. 환웅(桓雄) 천제 시대의 14대 치우(蚩尤) 천제가 중국사의 시작이라고 하는 공손헌원(公孫軒轅)과 긴 전쟁을 치렀다[1]는 사례로부터, 단군조선(檀君朝鮮) 시대에 중국 민족과의 전쟁, 고구려와 수(隋) 및 당(唐)나라와의 전쟁, 고려와 거란(契丹) 및 원(元)나라와의 전쟁, 조선과 청(淸) 및 왜(倭)국과의 전쟁, 그리고 시대마다 치른 우리 민족 간의 전쟁, 현대 일본의 침략과 6.25 한국전쟁에 이르기까지 수많은 전쟁을 치러 왔다. 이런 연유로 민족의 강토는 점차 좁아지고 한반도 내로 쪼그라들었는데, 그 반도마저 반쪽으로 쪼개져 겨우 유지되고 있을 뿐만 아니라, 민족은 뿔뿔이 흩어져 그 존재마저 사라질 위기까지 겪었던 게 사실이다. 그런데, 역사적으로 이렇게 많은 전쟁을 치르며 민족과 강토가 사라질 위기까지 겪으면서도 전쟁을 체계적이고 과학적으로 연구하여 전쟁에서 승리할 병법을 마련하고 이를 강력하게 수행할 군사력을 건설한 역사적 사례가 없었다는 사실이 이상할 정도이다. 중국의 『손자병법』을 읽고 배우면서도 병학(兵學)을 학문의 영역으로 인정하지 않았을 뿐만

1) 안호상 지음, 『한웅과 단군과 화랑』, 서울 : 사림원, 1985, p.42.

아니라, 고려시대 중반부터 유교가 민족사상을 주도함에 따라 문존무비(文尊武卑)의 전통이 뿌리를 내려 국가의 공직에서 무관(武官)이 홀대받음에 따라 병법의 연구와 국방사상의 태동과 발전은 더욱 더 관심 밖의 일이 되어왔던 것이다. 손자는 그의 『병법』에서 "전쟁이란 나라의 중대사로서 백성들의 삶과 죽음이 달려있으며, 나라의 보존과 멸망이 결정되는 길이므로 깊이 고찰하지 않으면 안 된다(兵者, 國之大事 死生之地 存亡之道 不可不察也)[2]"라고 하며 전쟁 연구의 중요성을 강조하였다. 그리고 클라우제비츠는 "전쟁은 다른 수단에 의한 정치의 계속"이라고 하면서 "전쟁이란 적으로 하여금 이쪽 의지에 굴복하게 할 것을 목적으로 하는 폭력행위인 것…… 물리적 폭력은 어디까지나 수단이고 적에게 이쪽의 의지를 강요하는 것이 목적"[3]이라고 정의하였다. 따라서, 전쟁의 목적은 적국의 의지를 굴복시켜 아국의 의지를 강요함으로써 아국의 정치적 목적을 달성하는 것이다. 그러나, 전쟁의 목적은 같더라도, 적국의 의지를 굴복시키는 수단과 방법은 여러 가지로 발전되어 왔다. 시대가 달라지고 군대의 규모와 전쟁 공간이 커졌으며, 과학기술의 발달 등에 따라 전쟁이론이 발전했음에도 불구하고, 정규 전쟁에 관해서는 소모전(消耗戰) 이론과 기동전(機動戰) 이론으로 크게 구분되어, 전쟁전략의 발전과 선택에 영향을 미쳐온 것이 사실이다. 따라서 국가와 국민의 생존과 번영을 위하여 전쟁을 연구해야 하고, 이 시대에 우리나라가 처한 상황과 현실에 부합하는 전쟁이론을 발전시키고 한가지 학문으로 뿌

2) 손무 지음, 유동환 옮김, 『손자병법』, 서울:홍익출판사, 2011, pp.60~61.
3) 클라우제비츠 著, 강창구 譯, 『전쟁론』, 서울:병학사, 1991, p.28.

리내리도록 할 당위성이 있는 것이다.

필자가 이 책을 쓰는 목적은 주변국과의 관계 속에서 우리나라가 처한 상황과 여건에 맞는 병법을 연구하여 제시하고, 이를 수행할 강력한 군사력을 건설할 근거를 제공하며, 더 나아가 국가안보전략사상(국방부문)의 기반 사고를 제시하는 데 있다. 우리나라의 주변국인 중국과 러시아 및 일본은 모두 우리나라보다 영토의 면적이 넓고, 인구도 많으므로 우리보다 강대국일 뿐만 아니라 이미 역사적으로도 세계의 근현대사에서 강대국으로 입증된 바 있다. 그러므로 우리는 열세군(劣勢軍)이 우세군(優勢軍)을 상대로 승리할 수 있고, 또한 대량 살상과 파괴를 하지 않고 국토를 황폐화하지 않으면서 단기간에 승리하는 경제적인 전쟁을 수행할 전략사상(戰略思想, 이후 병법을 전략사상으로 표현함)을 발견하고 발전시켜야 한다. 그리고 이 전략사상을 기반으로 정예군을 건설하여야 하고, 이를 국가안보전략사상으로 뿌리내리도록 이어가야 할 것이다.

이 연구를 위하여 필자는 세계의 역사상 주요 전략사상가들의 이론을 탐구하고, 열세군으로 우세군을 상대로 승리한 세계의 주요 전쟁 사례를 분석하여 우리나라의 전략환경에 맞는 전략사상의 개념과 원리를 발견해내고자 한다. 세계전쟁사에서 현재까지 수행되어온 전쟁의 유형은 소모전, 기동전, 마비전(痲痺戰), 유격전(遊擊戰), 간접침략(間接侵略), 핵전(核戰)으로 요약할 수 있다. 그런데, 유격전은 또 다른 명칭으로 게릴라전이라 하는 비정규전 유형이며, 간접침략은 무력 이외의 다른 수단과 방법으로 수행하는 일종의 정치 전쟁의 유형이고, 핵전쟁은 전쟁 당사국은 물론이고 자칫 주변국과 인류의 공멸을 가져올 수 있는 대단히 위험한 전쟁 유형이므로 이는 오히려 핵전쟁 방지 수단으로 삼아야 할 것이다. 따라서 정규 전쟁의 유형으로는 소모전과 기동전 및 마비전 유형을 대상으로 삼아야 할 것이다. 그런데, 전쟁의 수단과 방법 면에서 소모전 이론은 적국의 의지를 굴복시키기 위해 전투를 통하여 적국의 병력을 대량으로 살상하고, 적국의 자원과 재화를 지속적으로 소모시키고 영토를 탈취함으로써, 장기간에 걸친 누적된 살상과 소모와 빼앗긴 영토로 인하여 더 이상 전쟁을 지속할 수 없도록 만들어 가는 것이다. 따라서 이 이론은 영토가 넓고, 인구가 많으며, 자원과 자본이 많은 대국이 채택하는 경향이므로, 우리나라의 전략환경에 부합되지 못하는 이론이다. 그러므로 필자는 이 책에서 우리나라의 지정학적 위치와 전략환경에 부합하는 전쟁이론인 기동전 이론과 마비전 이론을 중점적으로 연구하고자 한다.

세계의 선진 강대국들은 역사상 많은 전쟁을 치르고 이긴 경험이 있기 때문에, 자국의 지정학적 전략환경과 국력에 맞는 전략사상을 일찍부터 연구 및 발전시키고 그에 부합하는 군사력을 건설하였다. 무엇보다 이들 선진 강대국들은 전쟁학을 연구하는 전략사상가들을 존중하였으며, 그 이론을 수용하여 군사교리로 발전시키고, 군사력 건설에 반영하였다. 영국, 미국, 러시아, 독일 및 일본은 일찍이 전쟁학을 과학적, 체계적으로 연구한 전략사상가들을 많이 배출하였다. 이 책에서 소개되는 전략사상가들뿐만 아니라, 구 소련에서는 투하체프스키가 「종심공격이론」(작전기동단OMG이론 포함)을 제시하였다. 일본은 제2차 세계대전 이전에 『통수강령(統帥綱領)』(비밀로 분류되어 배포)을 작성하고 군에 배포하여, 전쟁을 수행한 후에 대교무부(大橋武夫)가 이를 해설하여 제시한 바 있었다.

독일은 주변의 대국들에 의해 둘러싸여 있으며, 양면 전쟁을 해야 하는 지정학적 위치 때문에 일찍이 프레데릭 대왕 시절부터 전쟁을 조직적으로 연구하여, 그 해결책으로 기동전 이론을 발전시켜 제1, 2차 세계대전에 임하였다. 이스라엘도 독일과 비슷한 지정학적 위치로 인하여 생존을 위해 기동전 이론을 수용하여 4차에 걸친 아랍국들과의 전쟁에서 승리하였다. 우리나라도 독일 및 이스라엘과 유사한 지정학적 위치와 전략환경에 처해 있으므로, 국가의 생존과 번영을 위해 기동전 이론과 마비전 이론을 깊게 연구하여 우리나라의 상황과 여건에 맞는 전략사상을 발전시키고, 나라의 굳건한 국방사상으로 뿌리내리도록 노력하여야 할 것이다. 현재의 우리 군은 미국군의 영향으로 소모전 이론의 굴레를 탈피하지 못하고 있으며, 여기에 현대 과학기술로 무장되어 전략사상이 혼미(昏迷)한 군사력을 유지하고 있다고 하여도 지나치지 않으리라고 평가할 수 있을 것이다.

전쟁에서 승리할 군사력을 건설하기 위해서는 먼저 전쟁을 승리로 이끌 수 있는 수단과 방법에 관한 이론이 명확하게 정립되어야 한다. 그 다음에 이 이론에 따라 실질적인 행동으로 옮길 지휘체계 및 군대 조직이 갖추어져야 하며, 이런 행동을 능숙하게 수행할 수 있도록 훈련을 통하여 숙달하여야 한다. 그러므로 군사력 건설의 기반 사고는 전쟁에서 승리할 수 있는 수단과 방법에 관한 이론을 담고 있는 자주적인 전략사상에 뿌리를 박고 있는 것이다. 따라서 현재 및 미래의 전쟁에서 승리할 수 있는 군사력을 건설하기 위하여 우리나라의 지정학적 위치와 전략환경에 부합하는 자주적인 전략사상을 연구 및 정립하고, 이 전략사상이 나라의 국방사상으로 뿌리내리도록 나아가야 할 것이다.

부디 이 책이 이러한 국가의 요구에 부응하고 기여할 수 있기를 기대하여 마지않으며, 이 분야에서 연구와 공부를 하는 학도들에게 많은 도움이 되기를 바라는 바이다.

그리고 필자의 군대 재직 시에 많은 가르침을 주시고 이끌어 주셨던 윤천득, 김세환 장군님과 이상희, 김관진 전 국방부장관님께 이 지면을 통하여 깊이 감사드리며, 또 이 책의 출간을 흔쾌히 수락해주신 도서출판 황금알의 김영탁 주간님께 감사드린다.

2025년 봄

전의식

차 례

제2장 마비전의 전쟁 사례

제3장 전쟁 이론과 사례의 종합 평가

제4장 마비전 수행의 원리

그림 목록

도표 목록

표 목록

■ 전쟁이란?

전쟁이란 나라의 중대사로서 백성들의 삶과 죽음이 달려있으며, 나라의 존속과 멸망이 결정되는 일이므로 깊이 고찰하지 않으면 안 된다.(兵者, 國之大事 死生之地 存亡之道 不可不察也) -『손자병법』, 시계편(始計篇)

클라우제비츠는 "전쟁은 다른 수단에 의한 정치의 계속"이라고 하면서 "전쟁이란 적으로 하여금 이쪽 의지에 굴복하게 할 것을 목적으로 하는 폭력행위인 것……물리적 폭력은 어디까지나 수단이고 적에게 이쪽의 의지를 강요하는 것이 목적"이라고 하였다.

– 클라우제비츠 지음, 『전쟁론』, 병학사, 1991, p.28.

무릇 전쟁을 오래 끌어서 나라에 이로운 경우는 결코 없다(夫兵久而國利者 未之有也)…. 전쟁에서 승리하는 것이 제일 중요하지만, 전쟁을 오래 끌어서는 안 된다(故兵貴勝 不貴久). -『손자병법』, 작전편(作戰篇)

전쟁의 법칙은, 적국을 온전히 두고서 굴복시키는 것이 최상책이고 적국을 깨부수는 것은 차선책이며, 적의 전군을 온전히 두고서 이기는 것이 상책이고 적의 전군을 섬멸하여 이기는 것은 차선책이며……그러므로 싸울 때마다 이기는 것이 최선의 방법이 아니라 싸우지 않고도 적을 굴복시키는 것이 가장 좋은 전쟁술이다.(凡用兵之法, 全國爲上 破國次之, 全軍爲上 破軍次之… 是故百戰百勝非善之善者也, 不戰而屈人之兵善之善者也) -『손자병법』, 모공편(謀攻篇)

제1장

마비전의 발전 과정

적을 알고 나를 알면 승리에 위태롭지 않으며, 천시를 알고 지리를 알면 항상 승리할 수 있다(故日 知彼知己 勝乃不殆, 知天知地 勝乃可全). －『손자병법』, 지형편(地形篇)

천리를 기동하면서도 피로하지 않는 것은 적이 없는 곳으로 기동하기 때문이고, 공격하여 반드시 탈취하는 것은 적이 지키지 않는 곳을 치기 때문이며, 진격함에도 방어하지 못하는 것은 적의 허점을 충격하기 때문이다(行千里而不勞者 行於無人之地也. 攻而必取者 攻其所不守也…進而不可禦者 衝其虛也). －『손자병법』, 허실편(虛實篇)

적 전군의 사기를 꺾을 수 있고, 적장의 전쟁의지를 굴복시킬 수 있다(故三軍可奪氣 將軍可奪心). －『손자병법』, 군쟁편(軍爭篇)

제1절 기동전의 태동과 발전

인류가 이 지구상에서 집단을 이루어 살게 된 이후 다양한 인종이 마을과 종족 및 민족을 이루어 살아가는 가운데, 종족을 먹여 살리고 번성하게 하고, 다른 종족과 민족을 지배하기 위하여 다툼과 투쟁이 점점 더 커져서 분쟁으로 확대되었다고 할 것이다. 그리고 종족과 민족의 인구가 증가하고 소규모의 종족과 민족을 통합하여 그 규모가 더욱 커져서 국가를 세우게 됨으로써 비로소 국가 간의 전쟁으로 확대되었다. 마을과 종족 간의 최초 싸움에는 분명히 맨주먹과 몽둥이 및 죽창 등을 사용하여 싸웠을 테지만, 청동기와 철기가 발명된 이후에는 칼과 창 그리고 활 등을 사용하고, 말과 코끼리, 낙타 그리고 말이 끄는 전차, 노를 젓는 함선을 이용하여 전쟁을 수행하였으므로 피 · 아간에 살상과 파괴율이 점점 더 커졌다고 할 것이다.

고대의 군대는 대부분 보병(步兵) 집단으로 구성되어 있었고, 주요 지휘관과 특수 목적의 소규모 부대만이 말을 타고 전투를 수행하였으므로 부대의 기동성이 매우 낮은 수준이었다고 할 것이다. 따라서 전쟁의 양상은 밀집된 보병부대 간의 치열한 살육전으로 되는 것이 당연한 현상이라 할 것이다. 이런 전쟁을 수행하기 위해서는 수많은 병력을 모집해야 하고, 장기간에 걸쳐 식량과 무기 및 장비 등을 원거리로 수송하여 지원하여야 한다. 이런 유형의 전쟁은 장기간에 걸쳐 수행되고 그 결과 양측이 모두 대량 살상과 파괴 그리고 물자와 재화가 엄청나게 소모되기 때문에, 우리는 이런 전쟁의 유형을 '소모전(消耗戰)'이라고 한다. 이런 소모전 유형의 전쟁에서는 장기간에 걸쳐 발생되는 살상과 파괴 및 소모가 누적되어 더 이상 이런 소모율을 감당할 수 없다고 판단하여 전쟁의지가 굴복되는 측이 패자(敗者)가 되는 것이다. 그러므로 이런 유형의 전쟁에서 승리하기 유리한 나라는 상대적으로 인구가 많고 영토가 넓으며 자원과 재화가 풍부한 측이 될 가능성이 크다고 할 것이다.

반면에 기동전에 관하여 군사학 사전에 정의한 내용을 보면 "기동전은 적의 군사력을 물리적으로 파괴하기보다는 기동을 통하여 심리적 마비를 추구함으로써 최소의 전투로 결정적 승리를 달성하는 전쟁 수행 방식"[4]이라고 되어있다. 그러면 이제 이런 기동전이 어떻게 태동하고 발전하여 왔는지 알아보자.

1. 『손자병법』은 기동전의 최초 저술

가. 기동전 유형을 제시한 동기와 이유

기원전 510년경에 제(齊: 중국)나라의 손무(孫武: 손자의 이름)가 그의 병법서를 저술하였다. 그는 남다르게 전쟁술을 연구하여 한가지 학문의 영역으로 이끌어 올림으로써 병가(兵家)의 시조가 되었다. 그는 춘추

4) 공군본부, 『작전용어사전』, 대전:공군본부, 2009, p.66.

시대(春秋時代)와 그 이전의 전쟁을 연구하면서도 소모전 유형이 아닌 전혀 새로운 '기동전' 유형의 전쟁술을 제시하여 그 이후 전쟁의 양상에 변화를 가져왔다. 그는 인간의 어리석음과 탐욕심으로 인하여 세상에서 전쟁을 부정할 수 없다 하더라도, 그 전쟁의 양상과 결과가 우주와 자연의 법칙을 위배하지 않아야 하고, 인간 세계의 윤리와 도덕에 순응해야 한다는 것을 바탕에 깔고, 고대로부터 그 시대까지 수행되어 온 잔인한 소모전 유형의 전쟁에 대하여 반성하면서 전혀 새로운 기동전 유형의 전쟁술을 제시한 것으로 보인다. 그 동기와 이유는 다음과 같이 볼 수 있다.

(1) 손자는 '부전승(不戰勝)' 전쟁술을 제시하였다

그는 "전쟁의 법칙은, 적국을 온전히 둔 채로 굴복시키는 것이 최상책이고 적국을 깨부수는 것은 차선책이며, 적의 전군을 온전히 두고서 이기는 것이 상책이고 적의 전군을 섬멸하여 항복시키는 것은 차선책이며, 적의 여단을 온전히 둔 채로 이기는 것이 상책이요 적의 여단을 격멸하는 것은 차선책이며…… 그러므로 싸울 때마다 이기는 것이 최선의 방법이 아니라 싸우지 않고도 적을 굴복시키는 것이 가장 좋은 전쟁술이다.(凡用兵之法, 全國爲上 破國次之, 全軍爲上 破軍次之, 全旅爲上 破旅次之…… 是故百戰百勝 非善之善者也, 不戰而屈人之兵 善之善者也)"라고 하였다. 이어서 "전쟁에서 최상책은 책략으로 적을 굴복시키는 것이고, 차선책은 외교를 통하여 적국을 고립시켜 이기는 것이며, 그다음이 적의 군대와 싸워 이기는 것이고, 최하책은 적의 성을 직접 공격하는 것이다. 그러나, 이 공성전(攻城戰)은 어쩔 수 없을 경우에만 선택하는 방법이다(上兵伐謀 其次伐交 其次伐兵 其下攻城, 攻城之法 爲不得已)"라고 하였다. 또한 "전쟁을 잘 아는 장수는 싸우지 않고도 적군을 굴복시키며, 적의 성을 공격하지 않고도 통째로 빼앗고, 장기전을 치르지 않고도 적국을 무너뜨린다. 이렇게 적국의 모든 것을 온전히 둔 채로 천하의 패권을 장악한다… 이것이 바로 계략으로 공격하는 전쟁술이다.(故善用兵者, 屈人之兵而非戰也 拔人之城而非攻也 毁人之國而非久也, 必以全爭天下… 此謀攻之法也)"[5]라고 하면서 전쟁에 임하여 적국의 모든 것과 적의 군대를 그대로 둔 채로 계략으로 굴복시키는 것이 가장 좋은 전쟁술이라고 주장하였다.

손자는 전쟁을 하더라도 군사력을 사용하지 않고 책략이나 외교로 적국을 고립시키고 위협함으로써 굴복시키거나, 군사력을 사용하는 전쟁을 하더라도 전략적 수준의 용병술을 교묘하게 적용함으로써 전술적 수준의 유혈 전투를 하지 않고도 승리할 수 있는 전쟁 유형을 창안하여 제시한 것이다.

(2) 손자는 단기전(短期戰) 수행을 강조하였다

그는 『손자병법』의 「작전편(作戰篇)」에서 "전쟁준비가 부족하더라도 속전속결하여 승리한 경우는 더러 있어도 전쟁 준비를 완벽하게 갖추고 장기전을 치르며 승리한 경우는 본 적이 없다. 무릇 전쟁을 오래 끌어서 나라에 이로운 경우는 결코 없다.(故兵聞拙速 未睹巧之久矣, 夫兵久而國利者 未之有也)…그러므로 전쟁에서 승리하는 것이 제일 중요하지만, 전쟁을 오래 끌어서는 안 된다(故兵貴勝 不貴久)"[6]고 하면서 전쟁을 단기간 내에 끝내야 하지 결코 전쟁이 장기화되어서는 안된다고 강조하였다. 그리고 "이렇게 군사력이 소모되고 나라의 재정이 말라버리면, 나라 안은 집집마다 텅 비게 되고, 백성의 재산은 열에 일곱이 소모

5) 손무 지음, 유동환 옮김, 『손자병법』, 서울:홍익출판사, 2011, pp.82~85.

6) 손무 지음, 유동환 옮김, 전게서, pp.74~75, 78~79.

된다. 게다가 나라의 재정도 부서진 전차와 병들고 시달린 말을 비롯하여…… 열에 여섯이 소모된다.(力屈財殫 中原內虛於家, 百姓之費 十去其七, 公家之費 破車罷馬… 十去其六)"[7]고 하면서 나라의 재정과 백성들의 삶이 궁핍해지는 것이 전쟁이 장기화되고 장비와 물자 및 재화가 과도하게 소모되기 때문에 발생하므로, 이렇게 소모전 양상으로 전환되는 것을 방지하여야 한다고 주장하였다.

(3) 손자는 열세군이 우세군을 상대로 승리할 전쟁술을 제시하였다

그는 병법의 전편(全篇)에 걸쳐서 전쟁에서 승리하는 데에는 자원(병력, 무기, 장비, 물자 등)의 수량보다도 뛰어난 용병술이 더욱 지배적인 요소임을 일관되게 강조하고 있다. 그는 병법의 「시계편(始計篇)」에서 "전쟁술은 기만술이다(兵者 詭道也)"라고 하면서 「허실편(虛實篇)」에서는 "월나라의 병력이 비록 많아도 어찌 승패에 도움이 되겠느냐? 그러므로 반드시 승리할 수 있는 것이다. 비록 적의 병력수가 많더라도 실제 전투에는 참가하지 못하게 할 수 있는 것이다.(越人之兵雖多 奚益於勝敗哉, 故曰勝可爲也, 敵雖衆 可使無鬪)"[8]라고 하여 용병술의 기묘한 방책을 사용하면 적의 많은 병력도 분산시켜 상호지원하지 못하게 함으로써 각개격파 할 수 있다는 것이다. 특히 싸우지 않고 이길 수 있는 기만술, 용병술, 계략, 외교전 및 심리전 등을 훌륭하게 수행하였을 때에는 얼마든지 열세군으로도 우세군을 상대로 하여 승리할 수 있다고 강조하고 있는 것이다.

---

7) 손무 지음, 유동환 옮김, 전게서, pp.76~77.
8) 손무 지음, 유동환 옮김, 전게서, p.117.

나. 손자가 제시한 '기동전' 전쟁술

손자는 과거에 수행되었던 대부분의 전쟁이 장기간에 걸쳐 과다한 살상과 파괴를 자행하고, 국가의 재정을 피폐하게 하며, 백성들의 삶을 고통스럽게 하는 소모전 유형으로 수행되었기 때문에, 이러한 전쟁의 양상을 탈피하면서 열세군으로서도 우세군을 상대로 싸워 단기간 내에 승리할 수 있는 새로운 기동전 유형의 용병술을 다음과 같이 제시하였다.

(1) 주도권(主導權) 장악이 전승의 비결이다

손자는 "용병의 대가는 적을 조종하지 적에게 조종당하지 않는다.(故善戰者 致人而不致於人)"[9]라고 하여 전쟁에서 승리하기 위해서는 주도권을 장악하여 전세를 이끌어 가야 한다고 주장하였다. 그리고 주도권을 장악하는 데에는 적에 관한 정확한 정보가 기초가 된다고 하면서 "현명한 군주와 훌륭한 장수가 전쟁에서 적을 이기고 남들보다 뛰어난 성공을 거둘 수 있는 것은 바로 그들이 적에 관한 정보를 정확하게 파악하여 잘 알기 때문이다.(故名君賢將 所以動而勝人 成功出於衆者 先知也)"[10]라고 피력하여 국가의 정보 능력의 중요함을 강조하고 있다. 그리하여 국가 정보력의 효능에 대해 "적을 알고 나를 알면 승리에 위태롭지 않으며, 천시를 알고 지리를 알면 항상 승리할 수 있다.(故曰 知彼知己 勝乃不殆, 知天知地 勝乃可全)"[11]라고 하면서 그의 병법서에 「지형편(地形篇)」, 「구지편(九地篇)」, 「용간편(用間篇)」을 두어 적과 작전지역에 대한 정보 수집의 중요성과 구체적인 수집 방법을 기술하고 있다. 이런 우수한 정보 능

---

9) 손무 지음, 유동환 옮김, 전게서, p.110.

10) 손무 지음, 유동환 옮김, 전게서, pp.192~193.

11) 손무 지음, 유동환 옮김, 전게서, p.162.

력은 열세군이 우세군을 상대로 싸워 이길 수 있는 기반을 제공한다. 또한, 전쟁 준비가 다소 불완전하더라도 적보다 먼저 행동하여 선제(先制)를 가하는 것이 중요하며, 이어서 계속하여 그 기세(氣勢)를 유지하여 적이 최초의 수세(守勢)에서 헤어나지 못하게 주도하여야 한다. 손자는 이렇게 전쟁에서 승리하기 위해서는 전쟁의 주도권을 장악하는 것이 비결이라고 보아서, "전쟁에서 이기는 자는 주도권을 장악하여 항상 전세를 유리하게 이끌어 가야 한다(勢者因利而制權也)"[12]고 하는 내용을 그의 병법 가운데 제일 서두 부분에 기술하고 있다.

(2) 우세 확보와 기습 달성이 핵심이다

손자는 "적은 의도가 드러나게 하고, 아군의 형체가 노출되지 않으면, 아군은 집중하고 적은 분산되어 마침내 아군은 적의 10배가 되는 병력으로 공격하는 셈이 되므로, 아군은 많고 적이 적은 형세가 된다. 이렇게 다수의 병력으로 소수의 적을 공격할 수 있으면 아군이 맞서 싸워야 할 적 병력은 적어지게 된다.(故形人而我無形 則我專而敵分, 專爲一敵分爲十, 是以十攻其一也 則我衆而敵寡. 能以衆擊寡者 則吾之所與戰者, 約矣)"[13]라고 그의 병법「허실편(虛實篇)」에 적어 놓았다. 이는 아군이 전략적 의도를 숨기고 기만작전을 하면서 분산하면 적도 방비를 위하여 분산하게 되는데, 이때 아군이 적의 약점을 발견하고 신속하게 집중하면 아군이 우세를 유지할 수 있다. 이렇게 우세한 병력으로 적의 약점을 집중적으로 공격하면, 그 시간과 그 지역에서는 상대적인 우세를 확보할 수 있는 것이다.

그리고 "무릇 잘 싸우는 장수는 정병술로 대적하고, 기병술로 승리

12) 손무 지음, 유동환 옮김, 전게서, pp.65~66.

13) 손무 지음, 유동환 옮김, 전게서, pp.114~115.

를 쟁취하는 것이다… 전세는 정병술과 기병술에 불과하지만 그 변화는 무궁무진하다.(凡戰者 以正合 以奇勝… 戰勢不過奇正 奇正之變不可勝窮也)"[14]고 하면서 정병술로 적을 고착 및 견제하여 아군의 전력은 절약하고, 기병술로 집중 공격하여 군사작전을 주도해야 한다고 제시하였다.

손자는 열세군이 우세군을 상대로 하여 기습을 달성함으로써 전세를 역전시켜 이길 수 있다고 하였다. 즉, "적의 방비가 없는 곳을 공격하고, 적이 예상하지 못한 때와 지역에 나아가는 기습이 승리의 비결이다.(攻其無備 出其不意 此兵家之勝)"[15]라고 하며, 기습을 달성함으로써 전세의 균형을 깨뜨려 전세를 주도하여야 한다고 주장하였다. 이러한 기습은 아군이 신속한 기동으로 적의 약점에 전력을 집중하여 상대적인 우세를 확보하고 충격함으로써 달성된다. 그리고 이 기습은 적이 전혀 예상하지 못한 시간[不時]에 뜻밖의 방법[不意]으로 충격하기 때문에 그 효과가 더욱 크고, 적의 방비가 소홀한 바[無備]를 타격하기 때문에 적이 어찌할 방도를 모르므로 더욱 무력해지는 것이다. 손자는 바로 이 기습을 달성함으로써 적의 수적 우세를 무의미하게 만들 수 있으므로 열세군으로서도 우세군을 상대로 하여 승리할 수 있다고 주장하는 것이다.

(3) 기동과 기세로 적을 압도하라

손자는 열세군으로 싸우지 않고도 단기간 내에 우세군을 상대로 이길 수 있는 방법으로서 기동과 기세에 의한 전쟁술을 적용하도록 강조하고 있다. 그는 "무릇 용병은 물의 흐름과 같이하는 바… 기동은 적의 강점을 피하고 약점을 공격하여야 하고… 전쟁은 적으로 인하여 승리가 제지되기 때문에… 적의 상황에 따라 변화하면서 승리를 쟁취하는 것은

14) 손무 지음, 유동환 옮김, 전게서, pp.102~103.

15) 손무 지음, 유동환 옮김, 전게서, pp.67~68.

가히 신의 경지라 할 만하다.(夫兵形象水… 兵之形避實而擊虛… 兵因敵而制勝… 能因敵變化而取勝者 謂之神)"[16]라고 하여, 물이 높은 곳에서 낮은 곳으로 흐르면서 지형에 따라 흐름이 바뀌는 것처럼, 군의 작전도 적의 강점을 피하여 약점을 따라 기동하여야 한다고 주장하였다. 물은 소량으로 땅속에 젖어들고, 냇물처럼 흐르다가 큰 저수지에 고여 물의 양이 많아지면 약한 곳으로 터져서 큰 세력이 되어 강물처럼 도도히 흘러가고, 때로는 폭포수처럼 쏟아져 내리고, 바다에 이르러 큰 파도처럼 몰아붙이고 해일처럼 휩쓸어 버리는 특성을 발휘한다. 군사작전도 이런 물의 성질과 흐름처럼 적군의 상황에 따라 변화하면서 승리를 쟁취해야 한다. 또한 그는 "천리를 기동하면서도 피로하지 않는 것은 적이 없는 곳으로 기동하기 때문이고, 공격하여 반드시 탈취하는 것은 적이 지키지 않는 곳을 치기 때문이며, 진격함에도 방어하지 못하는 것은 적의 허점을 충격하기 때문이다.(行千里而不勞者 行於無人之地也. 攻而必取者 攻其所不守也… 進而不可禦者 衝其虛也)"[17]라고 하며, 군의 기동은 적이 없거나 적이 미약하게 방비하고 있거나, 또는 적의 허점을 공격할 수 있는 방향으로 진격해야 한다고 주장했다. 그리하여 그는 적의 강점을 피하여 약점과 허점으로 지향하는 진격에 대하여 "우회기동의 묘수를 먼저 터득하는 자가 승리할 수 있는데, 이것이 작전의 법칙이다.(先知迂直之計者勝 此軍爭之法也)"[18]라고 가르치고 있다. 이렇게 손자는 적의 저항력을 분쇄하는 작전 법칙으로 직접적인 유혈 전투를 회피하고, 적을 우회하는 기동 속도를 발휘하여 적의 배후로 나아가 고립시키고 병참선을 차단하며, 적의 요충지를 먼저 점령함으로써, 적으로 하여금 더 이상 싸

16) 손무 지음, 유동환 옮김, 전게서, pp.119~121.
17) 손무 지음, 유동환 옮김, 전게서, pp.112~113.
18) 손무 지음, 유동환 옮김, 전게서, p.128.

울 수 없도록 만들어 가는 방법을 채택하였던 것이다. 이런 작전을 수행하는 데 있어서 “용병의 핵심은 작전의 속도이므로 적이 대응하지 못하게 하고, 적이 고려하지 못한 길을 따라 적의 경계가 소홀한 곳을 공격해야 한다.(兵之情主速, 乘人之不及 由不虞之道 攻其所不戒也)”[19]고 하며 기동 및 작전의 속도가 핵심이라고 강조하고 있다.

손자는 기동 속도와 함께 맹렬한 공격기세로 전쟁의 주도권을 계속 장악 및 유지하도록 강조하고 있다. 즉 그는 “급히 흐르는 물이 큰 바위도 떠내려 보내는 힘이 기세인데… 용병을 잘하는 장수는 그 기세를 맹렬하게 한다… 따라서 천길 낭떠러지에서 둥근 바위가 구르는 것과 같은 기세로 작전하여야 한다.(激水之疾 至於漂石者 勢也… 是故善戰者 其勢險… 故善戰人之勢, 如轉圓石於千仞之山者, 勢也)”[20]라고 하여, 대부대의 기세는 해일이 도시를 쓸어버리듯이 무서운 기세로 작전하여야 한다고 강조하였다. 그는 이렇게 적의 강점은 정면에서 고착하고, 주력군은 우회기동하며 맹렬한 작전속도를 발휘하여 기세로 적을 압도함으로써 승리할 기동전의 새로운 원칙을 제시하였던 것이다.

(4) 적군의 조직심리(組織心理)를 무너뜨려라

인간은 정신적 존재이므로 사람의 신체적 행동에는 심리적인 요소가 크게 작용한다. 군대는 사람으로 구성된 조직이므로 전쟁에서의 군사행동에는 조직의 심리적인 요소가 커다란 영향을 미치는 것이 당연한 것이다. 손자는 “적의 전군의 사기(士氣)를 꺾을 수 있고, 적 장군의 판단과 결심을 혼란에 빠뜨릴 수 있다… 용병을 잘하는 장군은 적의 사기가 충천한 때를 피하고 사기가 떨어졌을 때 공격하는 것이 사기를 다스리

19) 손무 지음, 유동환 옮김, 전게서, pp.167~168.

20) 손무 지음, 유동환 옮김, 전게서, pp.104~107.

는 방법이다. 아군은 안정되고 적이 혼란할 때를 기다리고, 아군은 고요한데 적은 떠들썩하고 혼란할 때를 기다려 치는 것이 전장의 심리를 다스리는 방법이다.(故三軍可奪氣,將軍可奪心… 故善用兵者, 避其銳氣 擊其惰歸 此治氣者也. 以治待亂 以靜待譁 此治心者也)"[21]라고 하여, 적의 사기가 무너지고 적이 혼란할 때를 기다려 공격을 개시하는 방안을 제시하고 있다. 또한 장수의 5가지 자질로 지혜(智), 믿음(信), 어짐(仁), 용맹(勇), 위엄(嚴)을 들었는데, 이를 보면 장수는 부하 장병들에게 신의가 있고 어질기도 해야 하지만 위엄도 갖추어 전장에서 군기(軍紀)를 엄정하게 확립해야 한다고 주장하였다. 그리고 "전장에서 상하가 한마음으로 단결하여야 승리할 수 있다.(上下同欲者勝)"라고도 언급하고 있다. 그러나, 무엇보다도 "병사들의 심리는 포위를 당하면 힘을 합쳐 저항하고, 상황이 절박하여 어쩔 수 없게 되면 필사적으로 싸우며, 엄청난 위험에 빠지면 장수가 지휘하는 대로 따르게 마련이다.(故兵之情 圍則禦 不得已則鬪 過則從)"[22]라고 하며, 장수는 부하 장병들이 어쩔 수 없는 상황에 처하게 이끌어 강력한 전투의지를 가지고 필사적으로 싸우게 유도해야 한다고 제시하였다.

(5) 적의 군수지원을 방해하여 무력화하라

손자는 병법의 「작전편(作戰篇)」에서 "나라에서 군대를 동원하여 전쟁을 하려면, 전투용 전차 천 대와 운반용 수레 천 대 그리고 무장한 병사 10만 명을 출동시켜야 하며, 천리길에 걸쳐서 군량미와 물자를 수송해야 한다. 이렇게 하려면… 하루에 천금에 이르는 막대한 전쟁 비용이 들어

21) 손무 지음, 유동환 옮김, 전게서, pp.130~131.
22) 손무 지음, 유동환 옮김, 전게서, p.177.

간다.(凡用兵之法 馳車千駟 革車千乘 帶甲十萬 千里饋糧 則…日費千金)"23) 라고 하면서 10만 명의 군대를 출동시키는 데는 엄청난 양의 식량과 전투장비 및 물자가 지원되어야만 전력을 발휘할 수 있다고 밝히고 있다. 그러면서 「군쟁편(軍爭篇)」에서는 "군대가 장비와 보급품을 잃으면 망하고, 식량이 없으면 망하고, 물자의 비축이 없으면 망한다.(軍無輜重則亡 無糧食則亡 無委積則亡)"라고 하며 출동한 군대가 이러한 장비와 물자 및 식량이 없으면 싸울 수 없다고 언급하고 있다. 그래서 적지(敵地)로 진격하여 적의 식량을 빼앗아 아군은 배불리 먹으면서 적군은 오히려 굶주리게 하거나, 교묘한 방법으로 적을 굶주림에 빠지도록 만들어야 한다고 주장하였다. 그리고 「화공편(火攻篇)」에는 적의 식량과 보급물자 및 창고를 불태우고, 적의 운송 수단을 불태우거나 보급로를 가로막는 등 방법으로 적의 군수지원을 방해하여 적군을 무력화하는 방법을 제시하고 있다. 전쟁에서 장병들이 적과 싸우려면 힘이 있어야 하는데 이는 식량이 있어서 먹어야만 가능한 일이다. 그러므로 그 어떤 보급품 중에서도 식량이 가장 중요한 것이다. 고대의 전쟁에서도 종종 적의 식량을 탈취하거나 불태워서 더 이상 유혈 전투를 치르지 않고도 승리한 사례가 더러 있었다. 손자는 적과 싸우지 않고 이길 수 있는 방법으로 식량을 포함한 적의 군수지원을 방해하는 방안을 제시한 것이다.

다. 손자의 '기동전 이론'의 영향

손자는 "지혜로운 군주는 전쟁의 결과를 신중히 검토하며, 훌륭한 장수는 전쟁의 본래 목적을 달성하고자 노력해야 한다. 그래서 나라에 이

23) 손무 지음, 유동환 옮김, 전게서, pp.72~73.

익되지 않으면 군사행동을 택하지 않으며, 승리의 확신이 없으면 군대를 사용하지 않으며, 위급하지 않으면 싸우지 않는다.(明主慮之 良將修之. 非利不動 非得不用 非危不戰)… 그러므로 밝고 지혜로운 군주는 전쟁에 신중하고, 훌륭한 장수는 싸움에 앞서 깊이 경계한다. 이것이 나라의 안전과 군대의 보전을 기하는 길이다.(故明君愼之 良將警之. 此安國全軍之道也)"[24]라고 하여, 전쟁은 군주(君主)가 결정하는 정치의 한 방편이라는 것을 명확히 언급하고 있으며, 장수는 군주가 결정한 전쟁에서 승리하여 국가이익을 획득할 수 있도록 군사력의 운용에 최선의 노력을 기울여야 한다고 주장하였다.

그리고 「작전편」에 "이와같이 전쟁의 본질을 깊이 아는 장수는 백성의 목숨과 운명을 떠맡았으며 국가의 흥망을 어깨에 짊어진 인물이다.(故知兵之將 民之司命 國家安危之主也)"라 하고, 「지형편」에서 장수는 나라의 보배[國之寶也]라고 하며, 군주가 신중하게 장수를 선발하여 중책을 맡기고, 군사력의 운용에 대하여 간섭하지 말아야 한다고 주장하고 있다. 이제 군주로부터 전쟁 수행을 위임받은 장수는 국가를 보위하고, 백성들의 생명을 보전하고 고통을 방지하며, 군대의 피해를 최소화하면서 전쟁의 목적을 달성할 수 있는 전쟁 수행 수단과 방법을 결정하고 실행에 옮겨야 한다. 손자는 기존의 전쟁을 연구하여 전혀 새로운 전쟁 수행 방법을 제시하였다. 바로 이 방법이 당시에 널리 일반화된 소모전 이론을 탈피하여 특별한 기동전 이론을 창시(創始)하였던 것이다. 손자는 그의 『병법』에서 '싸우지 않고 적을 굴복시키는 전쟁술[不戰而屈人之兵]'과 '단기전[兵貴勝不貴久]'을 주장하였으며, 열세군이 우세군을 상대로 승리할 수 있는 전쟁술을 처음으로 제시하였다.

24) 손무 지음, 유동환 옮김, 전게서, pp.188~189.

그는 이러한 전쟁술을 구체화하여 책략과 외교로써 적을 위협하여 적국을 굴복시킬 것을 강조하였다. 또한 군사력을 직접 운용할 경우에도 전략적 수준에서 기만술로 적군을 분산시킨 다음에 아군은 집중하여 우세를 확보한 가운데 기습을 달성하여 전쟁의 주도권을 장악하여야 한다. 그 후에 맹렬하게 진격 속도를 발휘하며 적 주력군을 우회 기동하여 배후의 전략요충지를 점령하거나, 적국의 최고사령부 및 전쟁지도부를 공격하여 적군의 사기를 떨어뜨리고 공황 상태에 빠뜨려 적군을 와해하고 도주하게 만들어 조기에 항복을 받아내야 한다고 하였다. 그리고 적의 군수지원을 방해하거나 단절시켜 적국의 전쟁의지를 굴복시키는 전쟁술을 구체적으로 제시하였던 것이다. 이런 결과로 전술적 수준의 유혈 전투를 하지 않거나 최소한으로 수행하여 대량의 살상과 파괴를 자행하는 소모전 유형의 전쟁을 회피할 수 있다고 하였다. 또한 전쟁을 단기에 종결시킴으로써, 국가를 보위하고 백성들의 생명을 보전하며 고통을 방지하면서 전쟁의 목적을 달성할 수 있다고 주장하였다.

『손자병법』은 전국시대(戰國時代)와 그 이후 중국의 역사에 커다란 영향을 미쳤다. 손자의 영향으로 그 시대에는 병법을 한가지 학문의 영역으로 인정하고 이를 연구하고 전쟁에 적용하려는 후예들이 많이 생겨났다. 이후에 그의 손자인 손빈(孫臏)이 『손빈병법』을 저술하고, 그의 제(齊)나라와 인접한 위(魏)나라와의 전쟁에서 적의 주력군을 다른 방향으로 유인하고 그 장수를 죽여 적군을 대패시킴과 아울러 자신은 주력군을 지휘하여 위나라의 도읍지로 직행하여 대승을 거둔 바 있다. 이 『손자병법』은 주변국은 물론이고 멀리 서양에 이르기까지 널리 전파되어 활용되었다. 우리 민족사의 삼국시대에도 전파되어 활용되었다고 알려져 있으며 그 이후에도 오늘에 이르기까지 많이 읽히고 있다. 서양에서는 중세 시대에는 소홀하게 취급되었으나 근세에 들어서부터 번역되어 많이 읽히고 연구되어 대다수의 전쟁이론가들에게 영향을 미친 것으로 알려져 있다.

2. 몰트케는 기동전 전쟁술 발전과 실행, 그리고 군사력 건설과 군사교육의 선도자이다

몰트케(Helmuth von Moltke)는 1857년에 프러시아군의 참모총장으로 임명되었다. 이때 클라우제비츠가 전쟁에 관해 철학적 연구를 한 반면에, 몰트케는 제자로서 그를 존경하면서도 용병술 연구에 몰두하였고, 이에 더하여 자신의 용병술을 실행할 군사력을 건설하고 인재를 양성하기 위한 군사교육 제도 확립에 열정을 쏟아부었다. 그리고 총참모부(The Great General Staff)를 전쟁기획과 지도의 최고 기관으로 승격시켜 실권을 행사함으로써 1864년 덴마크-프러시아 전쟁, 1866년 오스트리아-프러시아 전쟁, 1870년 프랑스-프러시아 전쟁에서 승리하여 독일의 통일을 이룩하는 영웅이 되었다. 그는 자신의 전쟁술을 저술로 남기지 않았지만, 에세이 형태의 수많은 기록물을 남김으로써 그의 사후에 『몰트케의 군사저작집』[25]으로 집대성되었다.

가. 몰트케가 기동전 전쟁술을 발전시킨 이유

(1) 열세군이 우세군을 이길 전쟁술 발전 요구

당시의 독일은 나폴레옹 전쟁 이후 30여 소국들과 지방 정부들의 느

25) 육군사관학교 군사사학과, 『군사사상사』, 서울:황금알, 2008, p.132. 『몰트케 군사저작집(Moltkes Militärische Werke) 14Vols』, Berlin: E. S. Mitter & Son 1892~1918.

슨한 연합체인 독일연방 형태로 묶여 있었는데, 프러시아가 이 가운데 가장 큰 나라로서 독일의 통일을 이루려면 이를 반대하고 있는 프랑스와 오스트리아와의 전쟁이 불가피한 상황이었다. 그러나, 당시의 국력으로는 프러시아가 상대적으로 열세한 상황이었으므로, 나라의 통일을 위하여 예상되는 인접 대국과의 전쟁을 고려하면 열세군이 우세군을 이길 전쟁술을 연구할 필요가 있었다.

(2) 당시 유럽에는 기동전 전쟁술이 널리 퍼져있었다

서양에서는 고대 마케도니아의 알렉산더 대왕은 물론, 카르타고의 한니발과 로마의 스키피오가 이미 기동전 유형의 전쟁을 수행한 역사가 있음에도 불구하고 중세기까지는 일반화되지 못하고 있었다. 그러나, 이후 근세에 들어서 17세기 유럽의 '30년 전쟁'에서 스페인의 국왕 구스타부스 아돌푸스(Gustavus Adolphus)가 '프라이텐펠트 전투'를 비롯한 수회의 전투에서 포병과 기병을 활용한 기동전술을 사용하여 승리한 이후 전쟁술과 군대의 조직에 커다란 영향을 미쳤다.

18세기에 들어서는 프러시아의 프리드리히(Friedrich) 국왕이 '로이텐 전투'를 비롯한 수회의 전투에서 오늘날의 기동전 전쟁술에 버금가는 전쟁술을 발전시키고 적용하여 승리한 영향이 유럽에 널리 퍼졌다. 이후 18세기 말부터 19세기 초에 걸쳐서 수행된 '나폴레옹 전쟁'에서는 전략적 · 작전적 수준의 기동전 전쟁술이 널리 적용되었던 바 그 영향이 크게 미치고 있었다고 할 것이다.

그리고 19세기에 들어서 조미니와 클라우제비츠가 전쟁이론을 연구하고 저술하였으나 전쟁에 관한 철학적 접근이나 일반적 이론 수준에 머물렀기 때문에 논리적이고 체계화된 기동전 전쟁술이 발전되어 있었다고 할 수는 없다. 이에 독일의 통일을 이룩하려는 시대적 상황과 관련하여 기동전 전쟁술을 논리적이고 체계적으로 연구 및 발전시킬 필요가 있었다고 하겠다.

(3) 참모총장의 직무상 가장 절실한 과제였다

스승인 클라우제비츠의 연구가 전쟁에 관한 일반이론을 정립한 수준이었으므로, 실제로 군사력을 운용하고 건설해야 할 참모총장으로서는 전쟁에서 승리할 수 있는 용병술과 군사력 건설전략 위주로 발전시키는 노력이 절실하게 요구되었다. 그러나, 당시의 유럽에 기동전 전쟁술이 널리 퍼져있었다고 하더라도 체계적으로 구체화된 전쟁술로는 발전되어 있지 않았다. 그러므로 몰트케는 참모총장으로서의 직무수행을 위해 전쟁술 연구와 이를 실행할 효율적인 군대 편성을 구체적으로 추진할 수밖에 없었던 것이다. 다행히 당시 프러시아의 제도면에서 정치세력의 관여가 제한되었으므로, 군사 문제는 독자적으로 추진할 수 있는 상황이어서 몰트케는 자신의 소신대로 군사 개혁을 추진할 수 있었다.

나. 몰트케가 발전시킨 기동 전쟁술

몰트케는 "전쟁은 다른 수단으로 하는 정치의 계속"이라는 클라우제비츠의 전쟁관(戰爭觀)에 동의하면서도, "나는 전쟁을 생존, 독립 그리고 국가의 자존심을 지키는 최후로 선택해야만 할 수단이지만, 그러나 정당화할 수 있는 수단으로 생각한다"[26]고 자신의 전쟁관을 피력하였다. 그리고 전쟁 발발 이후에는 전략가의 독자적 판단으로 전쟁이 수행되어야 하며, 전략의 수행은 정책으로부터 독립되어야 한다고 주장하

26) 육군사관학교 군사사학과, 『군사사상사』, 서울:황금알, 2008, p.139.

면서 정치의 간섭을 반대하였다.

그는 다음과 같은 몇 가지 전쟁술을 연구하고, 이를 실행할 군대를 편성하고, 인접국과의 전쟁에 대비하여 동원제도와 수송체제를 마련하였으며 군사교육을 제도화하였다.

(1) 주도권을 행사하여 적의 의지를 제한하라

몰트케는 "우리가 주도권을 행사하기 위한 준비가 되어있고, 또, 이를 실행에 옮길 때만 적의 의지를 제한할 수가 있다…전략적 공세를 통해 전쟁에서 주도권을 행사하는 것이 중요하다"[27]고 하며, 전쟁에서 승리하려면 주도권 장악이 제일 중요하고, 이를 위해서는 먼저 전략적 공세를 감행하고 유지하는 것이 필요하다고 강조하였다. 또한 전략적 공세를 유지하기 위해서는 지휘관들이 적의 대응 행동에 대하여 신속한 상황판단과 결심으로 적을 궁지에 몰아넣어야 한다고 하며, 그래야만 주도권을 계속 유지할 수 있다고 하였다.

그리고 초전에 공세의 이점을 활용하여 적을 격멸하고, 이후에 결정적인 추격전을 벌여 적의 재편성을 불가능하게 만들어 적의 조직이 와해되도록 밀어붙여야 한다고 강조하였다. 또한 이런 공세행동은 주도권을 확보해 줄 뿐만 아니라 심리적 우월감을 가지고 작전을 할 수 있는 정신적 이점이 있다고 언급하였다. 그리고 주도권을 장악하는 데에는 적에 관한 정보를 최대한 활용하는 것이 중요하며, 정보가 부족할 때에는 적이 취할 개연성이 있는 방책들을 검토한 후 전략계획을 수립하고 실행해야 한다고 주장하였다.

---

27) 육군사관학교 군사사학과(2008), 전게서, p.140, p.148.

(2) 신속한 기동에 의한 집중과 포위를 달성하라

전략가는 예하 지휘관들에게 작전지도를 해야 되는데 "작전지도에서 가장 중요한 것이 바로 '어떻게 기동에 의해 결정적인 시간과 지점에 부대를 집중하느냐?' 하는 것이고… 부대의 높은 기동력만이 최고사령부가 원하는 시간에 부대들이 정확하게 적을 포위할 수 있는 위치에 도달할 수 있기 때문이다."[28]라고 제시하였다. 그러면서 개전초에 신속하게 집중할 수 있었던 것은 바로 "프러시아군이 동원 이후 철도와 전신을 체계적으로 활용할 수 있었기 때문이다"[29]라고 하였다. 몰트케는 우수한 전략적 기동성을 발휘하기 위하여 당시에 발명되어 사용되기 시작한 철도와 전신(電信)에 높은 관심을 기울여 이를 전쟁에 활용하는 계획을 수립하고 추진하였다. 그리하여 총참모부에 동원부와 철도관리부를 편성하여 전시에 동원과 철도를 이용한 부대이동을 담당하도록 하였다. 바로 여기에 전략적 기동과 집중으로 우세를 확보하는 그의 지략이 담겨 있는 것이다. 앞서 기술한 바와 같이 프러시아는 주변국에 비해 작은 나라이지만 평시에 대규모의 군대를 보유할 수 없더라도, 전시에 동원하여 달성할 수 있는 것이다. 그래서 몰트케는 이런 기동과 집중의 문제를 시간의 관점에서 해결하려고 노력하였다. 따라서 주변의 대국들보다 전쟁을 먼저 결정하고 신속하게 병력과 물자를 동원한 후에 철도를 이용하여 이동하고 전신을 이용하여 명령과 보고를 함으로써 엄청나게 빠른 시간내에 전략적 기동과 집중 및 우세를 달성할 수 있었던 것이다. 실제로 프랑스-프러시아 전쟁에서 프랑스는 30만 명의 직업군으로 싸운 반면에 프러시아는 52만 명의 징집병으로 전쟁을 수행하였다. 이 대군을

---

28) 육군사관학교 군사사학과(2008), 전게서, p.144.

29) 육군사관학교 군사사학과(2008), 전게서, p.145.

철도로 이동시켜 메츠와 낭시 방향으로 집중함으로써, 프랑스군이 그 지역에 배비(配備)하기 이전에 크게 우세를 달성할 수 있었다.

뿐만 아니라 '과학적 발명품을 어떻게 전쟁 목적에 활용할 수 있을까?'하고 고민하고 연구한 결과 부대의 기동성을 높이기 위하여 장비의 경량화, 보급 차량과 야전 취사기구 개발 등은 물론 병사들 군장의 무게에 이르기까지 세심하게 개량하였다. 이러한 노력으로 부대의 기동성을 높여 퇴각하는 프랑스군을 추격하고 우회기동하여 메츠와 스당에서 프랑스군을 포위한 결과 나폴레옹 3세의 항복을 받아 내었다. 이 전략적 기동과 집중의 문제는 전략적 우회기동과 내선 · 외선전략의 과제로 확대된다. 즉 전략적 기동으로 전략적 우회를 시행할 수 있게 되어 적군의 측방과 후방에서 타격할 수 있게 되고, 적군의 병참선을 위협할 수 있게 된다. 이에 적군은 이러한 위협에 대해 후퇴를 하게 되는데, 바로 이때 전방에서 동시에 정면 공격을 가하면 적은 큰 혼란에 빠지고 심지어는 철수하거나 도주하게 되므로 아군은 추격하여 승리로 이끌어야 한다고 하였다. 그리고 이러한 부대의 높은 기동 능력이 있어야 외선에서 분산적으로 기동한 뒤 최고사령부가 원하는 결전의 시간에 부대들이 정확하게 3면에서 포위해 들어가며 결전을 단행할 수 있다고 하였다.

상대국과 맞대결을 할 때는 우수한 부대의 기동성을 발휘하여 외선전략을 채택하는 것이 유리하지만, 만약 열세한 병력으로 양면에서 전쟁을 수행할 경우에는 내선전략을 채택할 수 있다고 하면서, 실제로 몰트케는 프랑스와 러시아와의 양면 전쟁에 대비하여 내선전략의 전쟁계획을 수립해 두었다고 한다. 이와 같이 몰트케는 부대의 높은 기동성을 갖춤은 물론 철도와 전신을 이용한 전략적 기동으로 결정적인 지역에서 우세를 달성하고 결전을 감행하여 적을 섬멸하여야 한다고 주장하였다.

(3) 전쟁 초기에 기습을 달성하라

몰트케는 전쟁에서 기습을 달성하면 효과적이라는 사실을 알고 있었지만 "전쟁 초기에 만약 공자가 기습을 달성하거나… 동원과 기동으로 많은 병력을 초기 결전에 투입할 수 있다면 공자의 우세는 더욱 강력해질 것이다"[30]라고 하면서 이 또한, 전략적 기동과 집중으로 이루어지는 과정상의 현상으로 이해하는 듯하다. 그가 볼 때는 적국보다 먼저 전쟁을 하기로 결정하고, 빠른 동원 후 전신과 철도를 이용하여 전략적 기동을 단행하여 적이 아직 배비하지 못한 정면에서 우세한 전력으로 과감한 공세를 감행하는 그 자체가 전략적 기습의 효과를 거두는 것과 같다고 보는 것이다.

(4) 전장의 상황 변화에 대해 신속히 지휘조치하라

몰트케는 전쟁에서 성공을 보장해 주는 고정된 일반 법칙은 없다고 하면서 지휘관이 상황에 따라 때마다 판단하고 행동을 결정해야 한다고 주장하였다. 전쟁을 수행하기 전에는 적에 관한 정보에 따라 면밀하게 계산하고 전략계획을 수립해야 하지만, 일단 전쟁이 시작된 이후에는 적의 행동에 따라 전략계획을 수정해 나가고 예하 부대에 작전지도를 해야 한다고 강조하였다. 그는 실제 작전이 시작된 다음에는 "우리의 의지와는 다른 적의 의지와 충돌할 것이다…어떠한 작전계획도 적 주력부대와의 최초의 일전 이상의 상황을 정확하게 예측하지는 못한다… 따라서 전역기간 중 지휘관은 언제나 예측하지 못한 상황을 바탕으로 어떤 결심을 내리지 않을 수 없다. 그러므로 전쟁에서 일어나는 모든 행동은 사전에 마련된 계획을 실천하는 것이 아니라 그때마다 군사적인 기

30) 육군사관학교 군사사학과(2008), 전게서, p.145.

지(機智)를 가지고 수행하는 임의의 행위이다."[31]라고 하면서, 지휘관은 전장 상황의 변화에 따라 신속한 상황판단을 하고 결심하여 지휘조치를 해야 한다고 주장하였다. 또한 후방에 위치한 최고사령부가 현지 지휘관이 현장 상황을 파악하는 것보다 더 낫게 상황을 인식할 수 없다고 하면서 현지 지휘관의 자주성(Initiative)을 보장해 주는 것이 중요하다고 강조하였다. 그리하여 총참모부의 작전 지도와 현지 지휘관의 지휘조치의 자주성을 보장해 주기 위해 '임무형 지휘' 제도를 마련하여 시행하였는데, 이는 상급사령부에서 작전지도를 하기 위한 명령서에 '임무' 중심의 개괄적인 내용만 포함하여 대부대에게는 지령(Direction) 또는 훈령(Instruction)으로, 군단 이하 제대에는 명령(Order)으로 하달하게 하였다. 이 제도는 상 · 하급 제대 간에 명령과 보고를 하는데 걸리는 시간을 단축하고 현장 지휘관의 자주적인 상황판단과 결심으로 즉각적인 지휘조치를 할 수 있게 해줌으로써 작전의 주도권을 계속 유지해 나가려는 독창적인 체계인 것이다.

지휘관들이 이런 자주성을 발휘하려면 상 · 하급제대 지휘부 간에 전쟁과 작전에 관한 폭넓은 공감이 전제되어야 한다. 몰트케는 이 문제를 해결하기 위해 '장군참모(General Staff)' 제도를 마련하고, 장군참모학교(The General Staff Academy)라는 교육과정을 설치하여 일정한 기간 동안 전쟁과 전략과 작전 및 전술에 관한 전문적인 교육을 받고 공감된 높은 지식을 갖추도록 하였다. 그 후에 이 장교들을 최고사령부 및 장군이 지휘하는 상급부대 지휘부의 주요 참모로 보직시켜 제대간에 의사소통이 되도록 하였다. 이는 바로 유능한 인재를 길러 고위 제대 지휘관 및 참모로 임명하고 진급시켜 군의 전쟁수행 능력을 제고하기 위한 독창적인 제도였던 것이다.

---

31) 육군사관학교 군사사학과(2008), 전게서, p.141.

다. 몰트케의 군사 개혁의 영향

몰트케는 나폴레옹 전쟁 이후 제1차 세계대전 발발 이전까지 가장 탁월한 군사이론가이며 전쟁 지도자이자 전술가라는 후세 군사사학가들의 평가가 있다. 이 전쟁 이후에 프랑스는 징집법을 재도입하였고, '총참모부' 제도는 그 우수성이 인정되어 유럽의 여러 나라에서 도입하려고 하였지만, 독일처럼 정치로부터 군사 업무가 독립되어 있지 않아 변형된 채로 각국에 도입되었다. 독일의 이런 제도들은 명치유신(明治維新) 이후 일본에 도입되어 참모본부를 창설하고 '육군대학' 교육이 제도화되었다. 또한 몰트케의 전쟁술이 크게 반영되었고, '임무형 지휘'는 장교들의 '독단 활용' 제도로 도입되었다. 몰트케의 군사 개혁은 통일 독일을 이룩하였고, 그의 전쟁술과 여러 제도들은 오늘에 이르기까지 독일군의 전통으로 이어져 오고 있다.

몰트케가 군사 개혁을 단행한 후 '장군참모' 제도가 정착되고, 장군참모학교 과정을 거친 많은 인재들이 배출되어 독일군의 전통을 이어갔다. 제1차 세계대전 시에 독일군 총참모부에서는 몰트케가 양면 전쟁의 위협에 대하여는 '내선전략'을 채택할 수 있다는 유지를 이어받아 프랑스를 먼저 공략하고 그다음에 러시아를 공격하였다. 그리고 프랑스를 공격할 때에는 당시 참모총장의 이름을 따라 '슐리이펜(Schlieffen) 계획'을 추진하였는데, 이는 몰트케가 프랑스와 전쟁을 할 때 적용하였던 전략과 같이 크게 우회기동하고 집중하며 포위하여 섬멸하는 전략을 그대로 응용한 것이었다. 그러나, 그 전략의 참뜻을 잘 모르는 후임 참모총장 소)몰트케가 계획을 수정하여 집중도를 낮춤으로써 충격력을 잃어 기세를 유지하지 못하였고, 연합군이 이에 효과적으로 대응함에 따라 그 이후 제1차 세계대전은 소모전 양상으로 변질되어 전쟁이 장기화되고 수천만 명의 사상자가 발생되는 참극이 되었다. 그러나, 이러한 상황에서도 '솜므(Somme) 전투'에서는 영국군이 당시에 처음 개발된 전차를 투입하여 전선을 돌파하였으나 전차의 성능이 부족하여 기동성을 발휘할 수 없었고, 전쟁 말기에 '후티어(Hutier) 전술'이 개발되어 적용하였지만, 포병이 뒤따라가서 지원하지 못함으로써 기동성을 발휘할 수 없었다. 이러한 결과로 제1차 세계대전은 인류 역사상 가장 잔인하고 참혹한 전쟁으로 기록되었다.

3. 구데리안의 전격전 이론 발전

독일을 대제국으로 키우려는 히틀러의 야망으로 시작된 제2차 세계대전은 구데리안(Heinz Guderian) 장군이 개발한 '전격전(電擊戰, Blitzkrieg) 이론'[32]이 촉매제 역할을 하였다. 독일이 통일이 되어 강국이 되었지만, 객관적인 군사력을 평가해 보면 주변국인 프랑스와 소련에 비해서는 열세이고, 프랑스는 영국과 벨기에 등 인접 국가들과 연합군을 형성하고 있었으므로 더욱 열세가 뚜렷한 상황이었다. 그러므로 열세군으로 우세군을 상대로 이길 수 있는 '기동전 전쟁술'이 요구되었으며, 더욱이 제1차 세계대전과 같은 참혹한 소모전은 반드시 피해야 하는 상황이었다. 그리고 제1차 세계대전 말기에 개발되어 전쟁에서 운용된 바 있는 항공기와 전차를 주축으로 하는 새로운 기동전 전쟁술이 개발될 필요가 있었던 상황이었다. 더구나 몰트케의 통일 전쟁에서 이

32) '전격전'의 용어가 독일군 교리의 명칭이 아니라 나치 선전가들이 서부 전선의 승리를 과대 선전하기 위해 사용한 용어였다고 한다. 칼 하인츠 프리저 지음, 『전격전의 전설』, 서울:일조각,(진중근 옮김), 2007, p.36.

미 개발되어 적용되었고, '장군참모' 제도가 전통이 되어 수많은 인재들이 길러져 있었는데 이들이 대체로 기동전 전쟁술을 교육받은 상황이었다. 그리하여 구데리안 장군이 항공기와 전차를 주축으로 하는 '전격전 이론'을 발전시켰던 것이다. 그리하여 이 이론은 몰트케 이후의 독일의 기동전 전쟁술에, '후티어' 전술의 실패 원인을 교훈으로 분석하고, 이를 당시에 새롭게 개발된 항공기와 전차를 결합하여 새로운 전쟁 수행개념으로 발전시켰던 것으로 이해되고 있다. 구데리안 장군은 전격전 이론을 발전시켰을 뿐만 아니라, 대규모 '기갑부대(Panzer)'를 창설하고, 이를 전쟁에서 직접 지휘하여 상상도 못한 성공을 일궈낸 주역이 되었다. 독일은 이 전격전 이론을 실행하기 위하여 기갑 · 기계화부대를 편성하고, '급강하폭격기(Stukas)'를 개발하여 전쟁 수행 초기에 공중과 지상을 함께 장악하였다.

가. '전격전'의 수행 개념

전격전의 정의와 개념에 대한 명확한 근거는 없으나, 전쟁이 진행되는 동안 발간된 독일의 '군사평론'들을 살펴보면, 전격전의 개념은 순전히 작전 · 전술적 관점에서 사용되었음을 확인할 수 있다. 이 평론에서는 "전격전이란 기갑부대와 공중 전력을 집중 운용하여 적의 예상을 깨고 신속하게 적진 깊숙이 치고 들어가 적을 혼란에 빠뜨리고 포위하는 작전이다. 그 궁극적인 목적은 바로 단 한 번의 결정적인 작전으로 조기에 적을 격멸하는 것이다."[33]라고 간단명료하게 전격전을 정의하고 있다.

---

33) 칼 하인츠 프리즈 지음, 진중근 옮김(2007), 전게서, p.39.

전격전의 수행 개념[34)]

① 적의 후방에서 5열 활동을 전개하여 정보를 수집하고 민심을 교란하여 적 국민의 싸우고자 하는 의지를 약화시킨다.
② 공군은 기습적 일격으로 제공권을 장악하고, 아울러 적 후방의 도시, 부대 집결지, 지휘소, 그리고 통신시설 및 교통시설 등을 폭격하여 지휘조직과 예비력 동원체제를 마비시키고, 동시에 심리적 충격을 가한다.
③ 한편 전차, 자주포, 차량화된 보병부대가 하나의 팀을 이루어 기습적으로 집중 공격함으로써 돌파구를 형성한다. 이때 돌파를 담당하는 것은 보병이다.
④ 기갑부대가 이 돌파구로 깊숙이 침투하여 적의 주력을 차단 · 포위함으로써 적이 재편성할 시간적 여유를 주지 않는다. 이때 급강하 폭격기가 화력증원을 담당한다.
⑤ 보병이 기갑부대에 접속 전진하여 차단 및 포위된 적을 소탕한다.

구데리안 장군이 저술한 책인『기계화 부대장』에도 '전격전'의 이론에 대한 내용은 발견할 수 없으며, 대신 "기갑사단 · 군단을 창설하고 기계화부대 훈련 교범을 작성하였다"[35)]는 내용은 기술되어 있다. 여기서 전격전의 수행 개념은 위에서 보는 바와 같다.

나. 전격전 이론의 주요 작전술

구데리안의 전격전 이론에서 전쟁을 승리로 이끄는 요소는 주도권 장악, 기습, 속도, 우세의 4가지이다. 전격전과 관련된 대부분의 문헌에는 3S로 표현하여 기습(Surprise), 속도(Speed), 우세(Superiority)를 들

34) 육군사관학교,『세계전쟁사』, 서울:일신사, 1982, pp.306~307.
35) 구데리안 저, 김정오 역,『기계화부대장(PANZER LEADER)』, 서울:한원, 1990, p.114

고 있다. 그러나, 독일의 전통적인 임무형 지휘의 핵심요소가 지휘의 분권화를 통하여 현장 지휘관의 창의적인 작전개념을 적보다 먼저 실행에 옮기는 데 초점을 맞추고 있으므로, 주도권의 장악은 독일군이 전쟁에서 필수적인 요소로 생각하는 요소이다.

(1) 주도권 장악은 독일군의 전통적인 특성이다

독일은 주변의 대국들에 둘러싸여 있으므로 자국이 항상 열세군이라는 입장에서 전쟁에 임하므로 주도권마저 빼앗긴다면 승산이 없다고 보았다. 독일군은 전쟁을 주도적으로 이끌어 가기 위해 기동전을 선호하였다. 왜냐하면, 전쟁에서 기동이 상실되면 소모전으로 변하기 때문에, 열세군인 독일군이 소모전에 빠져들면 전혀 승산이 없기 때문이다. 독일군이 비록 열세군이지만 신속한 기동력으로 결정적인 작전에서는 상대적인 우세를 획득하고 전쟁을 주도하여 단기간 내에 승리하여야 하는 것이다. 이러한 독일군의 주도권 개념은 전쟁 전반의 주도권은 물론이고, 소부대의 지휘자까지도 지휘의 분권화를 통한 자주성을 허용하고 있는 것이 특징이다. 이와 관련하여 "군대에서 자주성이란 전시에 처한 상황을 정확히 판단하여 이에 맞는 결심을 수립하여 자신의 책임하에 실행에 옮기는 자질이다"[36]라고 기술하고 있다. 또 만슈타인(Manstein) 장군의 회고록에 독일-소련 전쟁 시 남부 소련에 투입되었던 독일군이 많은 위기가 있었음에도 계획된 과업을 성공적으로 완수하였다면, "그 이유는 집단군 지휘부가 아래와 같은 독일군의 확고한 지휘 기본 원칙을 잘 지켰기 때문이다. '기동성 있게 작전을 지휘하라', '모든 계급의 지휘관들에게 주도권과 자주성 영역을 부여하라'"[37]라고 증언하고 있다.

---

36) 박정이 譯, 『임무형 전술의 어제와 오늘』, 서울:백암, 1997, p.15.
37) 박정이 譯, 『임무형 전술의 어제와 오늘』, 서울:백암, 1997, p.22.

이렇게 주도권 장악은 독일군이 전쟁에서 필수적인 요소로 생각하며, 이는 전격전 이론에서도 그 바탕을 이루고 있다.

(2) 상대적인 우세를 획득하고 유지해야 한다

독일군이 말하는 우세는 병력의 우세만이 아니라 전력의 우세를 의미한다. 이러한 우세는 전장에서 화력의 형태로 나타나는 물자의 우세를 포함한다. 방자의 전투의지는 막강하고 명백한 공자의 우세로 말살된다. 그런데, 이러한 우세는 집중에 의해 달성된다. 독일군은 전차가 수적으로 열세하였지만 10개의 기갑사단으로 편성하였고, 이를 다시 기갑군단과 기갑군의 기동 집단으로 통합 편성하였으며, 그중 7개 사단을 스당과 디낭 일대에 집중 운용하여 작전술 차원의 중점을 형성했다. 이는 "구데리안의 명언인 '집중하라, 분산하지 말라!'라는 기본 원칙에 의한 조치였다"[38]라고 하여 전략적 열세를 보완하여 결정적 작전에 대한 작전적 우세를 획득하고 집중을 달성한 것이다. 이렇게 전력의 열세를 보완하여 조직과 지휘력으로 우세를 확보하는 방법에 관하여 구데리안 장군은 "사실을 그대로 말한다면—적어도 기계화부대에 관한 한—당분간은 질이나 양의 어느 면에서도 그들의 장비 표준에 접근한다는 것은 의문시될 수밖에 없었다. 그래서 우리는 보다 우세한 조직 및 지휘력이라는 수단에 의해서 이러한 결점을 보충하려고 시도하게 되었다. 우리의 제한된 전투력을 대부대에 빈틈없이 집중하고—정확하게 말해서 사단으로—이들 부대를 1개 판저 군단으로 편성하게 된다면 우리의 숫자상의 열세는 보상이 될 것이었다"[39]라고 하며, 전차의 수적 열세를 기갑사단 · 군단으로 집중 편성하여 우세 확보로 전환하도록 하였다고 설명

38) 칼 하인츠 프리즈 지음, 진중근 옮김, 전게서, pp.524~525.

39) 구데리안 저, 김정오 역, 『기계화부대장』, 서울:한원, 1990, p.71

하고 있다. 또 독일군은 좁은 정면에 압도적인 전력을 집중하였다. 이와 관련하여 "뮤즈강의 결정적 지점에서 세 부대 정면의 넓이는 제1차 세계대전의 어떠한 결정적 공격 정면보다도 극히 좁은 19km였다… 이러한 전진으로 독일군은 프랑스군이 뮤즈강선에 병력을 완전히 배치하기도 전에 이곳에서 압도적 병력의 우세를 달성하였다"[40]라고 증언하고 있다. 그러나, 이런 압도적 우세는 신속한 기동성에 의해 뒷받침되는 시간적 집중에 의한 우세의 확보이다. 즉 "전선에서 멀리 떨어진 곳에서의 공자의 신축성 있는 '시간상의 집중'은 양공에 의해 기습을 보장한다"[41]라고 하여 독일군의 집중이 기동성에 의한 시간적 집중임을 대변해 주고 있다. 그리고 진정한 집중은 적의 강점에 대한 집중이 아니라 적의 약점에 대한 집중이다. "약점의 탐색과 이에 대한 집중은 전략적 차원과 소규모의 전술 작전에 있어서도 독일군 현대 전쟁수행 방법의 가장 중요한 특성이다"[42]라고 하여 집중을 통한 우세획득의 명확한 개념을 설명해 주고 있는 것이다.

(3) 전략적 기습은 적에게 심리적 충격을 준다

전략적 기습은 주로 공자가 방자를 특정 전선에서 공격할 때 압도적으로 우세한 전력을 보유하도록 하는 기동과 집중에 의해서 이루어진다. 또한 새로운 무기나 교리를 채택함으로써 달성된다. 1940년 5월에 감행된 독일군의 기습은 전차의 통과가 불가능하다고 판단되었던 아르덴느 삼림지대를 통과한 기동에 의해 이루어졌으며, 또한 제1차 세계대전에서와 같은 소모전 이론에 집착한 영국과 프랑스 연합군에 대하여

---

40) F.O.믹쉐 著, 이승호 譯, 『전격전의 원리연구』, 광주:진흥, 1995, pp.48~49.
41) F.O.믹쉐 著, 이승호 譯, 전게서, p.67.
42) F.O.믹쉐 著, 이승호 譯, 전게서, pp.54~55.

'전격전' 이론에 입각한 전쟁을 수행함으로써 교리적인 기습을 달성하였다. 독일군은 이렇게 전략적 기습을 달성하여 영국 · 프랑스 연합군에게 심리적 충격을 가하고 전쟁의 주도권을 장악하였던 것이다. 영국에서는 제1차 세계대전의 소모전 양상에 대하여 반성하고 이를 탈피하기 위하여 전차와 항공기를 먼저 개발하고, 풀러(J.F.C Fuller) 장군을 비롯한 일부 인사들이 '기계화전(Mechanized Warfare)'이론을 발전시키고 전략과 작전에 반영할 것을 주장하였고, 프랑스도 독일보다 훨씬 많은 전차를 생산하여 보유하고 있었을 뿐만 아니라 드골(De Gaulle) 장군이 기계화전을 주장하면서 기갑사단장에 보직되어 있었지만, 최고사령부에서 이런 기계화부대 운용에 관한 교리의 개선을 받아들이지 않아 오히려 역으로 기습을 당한 사실은 참으로 아이러니한 사태라 할 것이다.

(4) 속도와 기세로서 계속 적을 압도하여야 한다

기동속도는 시간적 집중을 가능하게 하여 상대적인 우세를 획득하게 하고, 이 집중이 적의 약점에 지향되어 순식간에 이루어지므로 기습을 달성하게 해주며, 이러한 집중과 기습의 효과를 지속적으로 유지할 수 있도록 속도로서 기세를 발휘하게 해주는 것이다. 즉 적에게 최초의 충격에서 깨어날 시간적 여유를 주면 기습은 실패하는 것이다. 또한 공격부대가 주도권을 상실하지 않는 것은 상대적으로 우세한 전력을 집중하여 물밀 듯이 방어부대를 압도해 나가기 때문이다. 이 우세한 기계화군의 기동 및 기습을 보장하는 속도에 의해 방자의 대응책들은 무의미해지는 것이다. 이러한 기동속도에 대하여 구데리안은 "이제 모든 것은 여태까지 행해졌던 것보다 더 신속하게 기동하는 것이 가능하다는 것과 적의 방어사격에도 불구하고 기동을 계속하는 것, 그리하여 적의 새로운 방어진지 형성을 더욱 더 힘들게 만드는 것, 그리고 마지막으로는 적 방어진지로 깊숙이 공격을 수행하는 것에 달려 있게 되었다… 그리고—아마도 보다 더 중요한 것은—일단 돌파가 이루어지고 나면 우리는 기동을 계속할 수가 있을 것이라고 믿고 있다"[43]라고 하며, 기갑부대의 맹렬한 기동속도로 프랑스군을 압도할 수 있다고 믿었다. 이와 관련하여 "프랑스군에서는 수학 공식적 전투수행 사고가 지배하였다. 그들은 신속한 전투수행 속도에 대응할 수 있을 만큼 정신적으로 준비가 되어 있지 않아, 개전 후 6주 만에 전쟁에서 패배하고 말았다"[44]라고 증언하고 있다. 이와 같이 전격전은 '속도전'이라고 할 만큼 속도는 집중과 기습 및 공격기세를 유지하게 해주는 핵심요소인 것이다. 전격전은 단순한 속도와 집중을 통한 우세만으로 설명할 수 없다. 적이 숨돌릴 겨를이 없도록 계속 몰아붙여서 단숨에 적을 굴복시켜야 한다. 그러기 위해서는 공격기세를 끝까지 유지하여야 한다. 이를 구현하기 위한 핵심은 독일 공군에 의한 화력과 항공수송에 의하여 지속적으로 지원되고 보급되는 기갑군의 멈출 줄 모르는 돌진이었다고 분석하고 있다. 독일군의 공격기세의 정확한 개념을 이해하려면 돌입(irruption)과 중심(schwerpunkt) 및 확장(aufrollen)의 의미를 알아야 한다. "중심은 전투 전반에 걸쳐 조직적으로 형성된 국지적 우세를 의미한다. 중심의 이동은… 약점을 공격하기 위해 실시되는 부단한 약점의 탐색이다. 이는… 최초의 주도권, 우세, 기습을 유지하기 위한 부단한 이동이다"[45]라고 하는데, 이 내용을 자세히 검토해 보면 독일군의 중심의 의미는 '집중으로 획득된 우세의 부단한 이동과 연속'이라는 개념으로서 손자가 병법에서 말하는 병형상수(兵形象水)의 의미와 같다고 할 것이다. 그러므로 물의 흐름에 정해진

---

43) 구데리안 저, 김정오 역(1990), 전게서, pp.80~81

44) 레오나드 지음, 최상철 옮김,『기동전 대해부』, 대전:문경출판사, 2001, pp.318~319.

45) F.O.믹쉬 著, 이승호 譯, 전게서, p.56.

방향과 모양이 없듯이 군사작전도 적의 약점을 찾아서 계속하여 방향을 바꾸고, 대형도 바꿔가며 집중과 우세를 유지해 나가는 것이다. 그리하여 적의 약점으로 돌입하여 우세를 획득하고, 계속하여 적의 약점을 찾아 집중하고 방향을 바꿔가며 우세를 유지해 나가는 것으로서, 이러한 우세를 확장하기 위해 최초 돌파된 지점을 통하여 측 · 후방으로 공격하여 돌파구를 확장하는 것이다. 그리고 공격기세는 기동속도를 발휘하여 이러한 집중과 우세 및 최초 기습의 효과를 계속 유지해 나가는 개념인 것이다.

(5) 적의 방어체계를 무너뜨리고, 사기를 저하시켜라

전격전은 적 후방 종심으로 맹진함으로써 적의 방어체계를 무너뜨리고, 이와 함께 전차의 공포심을 확대해 적의 사기에 커다란 영향을 미쳐 공황 상태로 이끌어 간다. 그리하여 "전차는 방어체계를 와해시킨다. 그 주 효과는 사기에 작용한다… 그러나, 대규모의 심리적 효과가 더욱 중요하다. 이 효과는 전차가 방어진지의 상당 부분을 통과한 후 보병이 침투해 들어와 적 진지 후방에 나타났을 때 나타난다. 이렇게 되면 공황이 발생한다"[46]라고 하며, 기갑부대의 공격이 적의 방어진지에 미치는 심리적 효과를 설명하고 있다. 또한 적의 방어체계를 와해시키려는 의도와 관련하여 구데리안 장군은, "이제 모든 것은 여태까지 행해졌던 것보다 더 신속하게 기동하는 것이 가능하다는 것… 적의 새로운 방어진지 형성을 더욱 더 힘들게 만드는 것, 그리고 마지막으로는 적 방어진지로 깊숙이 공격을 수행하는 것에 달려 있게 되었다."[47]라고 하여, 전격전이 처음부터 기동속도로써 적의 방어진지 형성 이전에 돌파하고,

46) F.O.믹쉐 著, 이승호 譯, 전게서, p.112.
47) 구데리안 著, 김정오 譯, 『기계화부대장』, 서울:한원사, 1990, p.80.

적의 대규모 역습과 공세 행동 및 병참선을 차단하여 전체적인 방어체계 와해를 노렸다는 것을 알 수 있다. 이와 함께 적의 후방으로 향하는 종심 깊은 기동이 적에게 미치는 심리적인 효과가 크다는 것을 고려하고 있었다. 그리하여 "모든 해결책에서의 가장 중요한 요소, 성공의 가장 중요한 요소는 사기와 사기에서 비롯되는 주도권이다"[48]라고 하여 기동속도로 적에게 공포와 혼란 및 사기 저하로 이끌어 공황 상태로 몰아가고자 하였던 것이다.

다. 구데리안의 전격전 이론의 영향

구데리안이 발전시킨 '전격전' 이론은 1940년 5월 구데리안 기갑군단을 선두로 한 독일군이 프랑스를 침공한 후 10일도 되지 않아 대서양 연안까지 진격하여 프랑스 · 영국 · 벨기에 연합군을 포위함으로써 연합군이 붕괴되자, 전 세계가 깜짝 놀란 것은 물론이거니와 프랑스와 영국의 정부 및 군의 지도자들은 자기들이 제1차 세계대전의 승리에 도취되어 소모전 이론에 집착하고 있었던 과오를 크게 깨닫게 되었다. 그리하여 구데리안의 '전격전' 이론의 실체를 인식하고, 자기들이 도외시하였던 풀러의 '기계화전' 이론이 선견지명이 있었음을 인정하고 반영하게 되었다. 또한 전차와 항공기를 연합군 측이 먼저 개발하였음에도 이를 보병부대 작전지원을 위해 사용한 반면에, 독일군은 기갑부대를 집중 편성하고 이를 주력군으로 운용하며 항공기까지 집중 지원하는 독일군의 전쟁술에 늦게나마 공감하게 되었다. 이후 영국은 급속도로 기계화군을 건설하고 기동전을 수행하게 되었다. 미국도 이런 현실을 인정하

48) F.O.믹쉐 著, 이승호 譯, 전게서, p.161.

고 기계화군을 건설하기 시작하였고, 끝내 독일과의 전쟁에 참가하였으며, 패튼(G.S. Patton) 장군이 지휘하는 기갑군까지 편성 및 운용하여 전쟁을 승리로 이끌고 유럽을 해방시키게 되었다. 그 결과 20세기 이후의 전쟁은 '전격전' 이론을 필두로 하는 '기동전' 이론이 주된 전쟁술로 자리 잡게 되었다.

4. 리델 하트의 간접접근전략 이론 발전

리델 하트(Liddell Hart)는 제1차 세계대전 시에 영국군의 초급 장교로서 전쟁에 참전하였고, 전후에 왕립 군사문제연구소에서 전술에 관해 강의하였으며, 영국군『보병전술』교범과『백과사전』최신판에 보병전술에 관한 기사를 쓰기도 했다. 1920년부터 당시 풀러(J. F.C. Fuller) 대령과 교분을 쌓고 전차를 비롯한 기계화부대 운용이론에 관심을 가지게 되었다. 이 시기부터 그는 전쟁과 전략에 관하여 관심을 가지고 체계적으로 연구하기 시작하였다. 그리하여 리델 하트는 '간접접근전략' 이론을 제시하였다.

가. 리델 하트 '간접접근전략' 이론의 개념

그는 전략의 목적이 저항의 가능성을 소멸하는 것이며, 가장 유리한 상황에서 전투를 수행하게 하고, 또한 전투를 최소화하려는 것이며, 이를 위한 수단은 기동이라고 주장하였다. 그는 "교란(攪亂: dislocation)이 전략의 목적이다. 교란의 결과로써 적이 붕괴되거나 또는 전투에서 적의 파쇄가 용이해 질 것이다"[49]라고 하면서 전략적 수준에서 물리적 교란과 심리적 교란을 구분하여 설명하고 있다. 물리적 교란은 적으로 하여금 급히 정면 변경을 하도록 배비(配備)를 혼란시키고, 적 병력을 분리하며, 적의 보급을 위기에 빠뜨리고, 적을 철수하게 하거나 적의 본국 내 전략기지와의 작전선에 위협을 가하는 전략적 기동을 감행함으로써 달성할 수 있다고 한다. 그리고 심리적 교란은 물리적 교란의 효과가 적의 사령관의 마음에 영향을 미친 결과로서 발생한다고 한다. 즉 심리적 교란은 기본적으로 적의 사령관이 함정에 빠졌다고 생각하고 이에 대항할 수단과 방법을 쉽게 찾지 못할 때 일어난다고 한다. 그러므로 심리적 교란은 적의 배후에 대한 물리적 행동을 가한 후에 자주 발생하게 된다고 한다.

나. 리델 하트의 간접접근전략 이론의 전쟁술

리델 하트는 그의 '간접접근전략'을 수행하는 데 있어서 기동과 집중 및 기습 그리고 조직심리의 효과를 상호 연계시켜야 한다고 강조한다.

(1) 최소 예기선 · 저항선을 지향하여 기동하라

리델 하트는 먼저 기동에 관하여 "적 전선의 측면을 우회하여 배후로 향하는 기동은 '최소 저항선'을 취하는 것이다. 심리 분야에 있어서 이와 동등한 것은 '최소 예기선'이다… 이 양자를 결합시킨 경우에서만, 전략은 적의 균형을 교란시키기 위하여 계산된 진정한 '간접적 접근(Indirect Approach)'이 되는 것"[50]이라고 하여 물리적 측면의 최소 저항

49) 리델 하트 著, 강창구 譯, 『전략론』, 서울:병학사, 1978, p.357.
50) 리델 하트 著, 강창구 譯, 전게서, p.359.

선과 심리적 측면의 최소 예기선을 병행하는 작전선을 따라 전략적 기동을 실시함으로써 적을 교란하여 저항의 가능성을 소멸할 수 있다고 주장하고 있다.

전략의 목적은 적의 저항의 가능성을 소멸하는 것이며, "전략은 이 목적을 달성하기 위하여 '기동' 및 '기습'의 요소를 이용한다. 기동은 물질적 분야에 속하고 시간, 지세, 수송력이라는 제 조건에 대한 계산에 의거한다. 기습은 심리적 분야에 속하고 물질적 분야보다도 훨씬 곤란한 계산인 각각의 경우에 따라 변화하고 적의 의지에도 영향을 준다고 생각되는 다종다양한 제 조건의 계산에 의거한다."[51]고 하였다. 그런데, 이 두 가지 요소는 상호 작용하여 기동은 기습을 발생시키고, 또 기습은 기동에 대하여 기세를 제공한다. 또한 적의 정면에 대하여 직진하는 기동은 적의 심리적 · 물리적 균형을 굳히는 것이어서 적의 저항력을 강화하는 일이므로, 군의 수뇌부는 그 배후에 대한 여하한 위협에도 매우 민감하게 반응한다는 것이다. 그러므로 구분적 전략전진으로 최소 예기선과 최소 저항선을 지향하면서 '대용목표(代用目標)'[52]를 노리는 작전선으로 기동하여 적을 교란하여야 한다고 주장하였다.

(2) 기습으로 적을 심리적으로 교란시켜라

앞에서 기술한 바와 같이 기습은 심리적 영향이 큰 요소로서 기동에 기세를 제공하면서, 적의 대항 수단과 대항 기동을 봉쇄함으로써 아군이 기동할 진로를 원활하게 한다. 기습은 심리적 교란과 직결된다. 즉 심리적 교란은 적의 사령관이 '불의(不意)에 불리한 위치에 몰렸다'는 인

51) 리델 하트 著, 강창구 譯, 전게서, p.355.

52) 하나를 버렸을 경우에 또 다른 것을 취할 수 있는 예비목표가 병존할 때 적을 견제하기가 용이하다는 Alternative Object를 의미함(전게서 p.362).

식에서 출발하게 되므로, 기습은 적의 사령관의 심리를 교란시킨다. 기습은 적에게 심리적으로 큰 충격을 주는 것이므로 적의 사령관뿐만 아니라 적 장병들의 사기에 커다란 영향을 미치는 것이다.

(3) 전쟁의 원칙 중 단 한 가지는 집중이다

리델 하트는 전쟁의 원칙은 여러 가지가 있지만 "그것을 한 마디로 압축하면 '집중'이라는 것이다. 그러나, 사실상 이것은 '약점에 대한 힘의 집중'이라는 식으로 부연해야 한다… 진정한 집중은 계산된 분산이 가져다주는 결실이다"[53)]라고 하여 손자가 병법에서 기술한 집중의 개념을 그대로 자신의 이론으로 수용하였다. 또한 집중이 실패하는 것은 적의 대응 전력을 집중할 자유와 시간적 여유를 주는 것이라고 주의를 주고 있다. 그는 전략을 성공적으로 수행하기 위해서는 이러한 기동과 집중이 유연성을 가지도록 예비계획과 예비목표를 준비하여 신속하게 전환할 수 있어야 하며 이것이 전쟁에서 시간을 유용하게 사용하는 것이라고 한다.

(4) 적의 지휘체계를 공격하여 마비시켜라

리델 하트는 "장차전에서 승리하기 위해서는 전차에 의한 전략 기동이 필수적이며, 적군의 저항을 마비시킬 수 있는 급소-적의 사령부, 통신의 중추부-를 공격해야 한다"[54)]고 주장하였다. 적의 사령부는 지휘체계의 중심이며, 예하 부대와 장병들로 하여금 싸우게 하는 의지의 근원이다. 따라서 적의 지휘체계를 공격하여 마비시키는 것은 유혈 전투를

53) 리델 하트 著, 강창구 譯, 전게서, pp.366~367.

54) 고진석, 「마비전의 현대적 발전」(석사학위 논문), 국방대학원, 1990, p.28 Liddel Hart, 『The Remaking of Modern Armies』, London: John Murray, 1927

최소화하면서 이길 수 있는 첩경인 것이다.

(5) 적의 행동을 지배하고, 사기 붕괴로 마비시켜라

리델 하트는 군사력 운용의 효과를 달성하기 위하여 새로운 방식의 개발이 필요하며, "그 새로운 방식이란 어떤 선까지 진출한다기보다도 오히려 어떤 지역에 침투하여 그것을 지배하는 것을 노리는 방식이며, 또 적의 병력을 파쇄한다는 공론적 목적보다도 오히려 적의 행동을 마비시키려는 실행 가능한 목적을 노리는 방식이다"[55]라고 하여 어떤 지역에 침투하여 그 지역을 지배함으로써 적의 행동을 마비시켜야 한다고 주장하였다. 그리고 적군에 대한 최소 저항선과 최소 예기선을 지향하는 전략적 기동과 기습뿐만 아니라 적의 병참선을 가능한 한, 먼 후방에서 차단함으로써 보다 큰 성공과 효과를 기대할 수 있다고 하면서 "적 병력의 후방 가까이에 가하는 타격은 적 병원의 심리에 대하여 더욱 강력한 효과를 발휘하지만, 적 병력의 깊은 후방에 가하는 타격은 적 사령관의 심리에 대한 강력한 효과를 발휘하는 것이다… 보급계통을 저지하는 것은 노선폭파뿐 아니라, 열차와 트럭 수송단에 대한 영격(迎擊)이나 영격하려는 위협 또한, 효과가 있다는 사실도 인식해야 한다. 이와 같은 보급집단의 저지 형태는 기계화부대의 발달과 함께 그 잠재 세력을 높여간다"[56]라고 하며, 적 병력의 먼 후방에서 병참선을 차단하여 적의 최고사령관을 심리적으로 교란하여 지휘체계 및 군수지원체계를 마비시키도록 강조하였다. 그래서 실제로 앞의 '전격전'에서 구데리안 장군이 지휘하는 기갑부대가 연합군의 병참선을 차단하여 파멸적인 마비 상태에 빠지게 했던 사례를 들고 있다. 그리고 "마비 상태는 적의 조직

55) 리델 하트 著, 강창구 譯, 전게서, p.365.

56) 리델 하트 著, 강창구 譯, 전게서, p.364.

붕괴(組織崩壞) 및 정신면에서의 조직붕괴와 동등한 것인 사기붕괴(士氣崩壞)에 의하여 발생된다"[57]라고 하여 전쟁에서는 군대 조직에 심리의 영향과 변화가 크므로 적의 조직심리를 마비시켜야 한다고 강조하고 있다.

다. 리델 하트 '간접접근전략' 이론의 영향

리델 하트의 '간접접근전략' 이론은 1945년에 출판된 그의 저서『전략론(STRATEGY)』에 기술된 전략에 관한 이론이다. 그러나, 이 책은 기동전의 관점에서 저술한 것으로 이해되며, 이 책에 기술된 '마비전'에 관한 이론은 풀러의 영향을 많이 받은 것으로 평가된다. 그 이유는 먼저 '지휘체계 마비' 이론이 1927년에 저술한 그의 책(주석 54 참조)에는 기술되어 있으나 이 책에는 구체적으로 기술되어 있지 않으며, 또한 제2차 세계대전에서 독일군이 기갑부대로 전격전을 수행하여 연합군이 마비된 현상을 본 이후 1945년에 이 책에 기술되었다는 점이다. 앞서 언급했던 바와 같이 1920년대에 이르러 리델 하트는 풀러와 교분을 쌓고 기계화부대의 위력에 대해 알게 되었으나, 실제 전쟁에서 경험해 보지 못하였지만 독일군의 기갑부대가 선풍적인 기동으로 연합군과 그 사령부를 마비시키는 현상을 체험하고서 비로소 '마비전'의 실체를 깨달은 것으로 보인다. 독일군의 전격전에는 몰트케의 전쟁술과 풀러의 책인『기계화 부대 간의 작전』이 큰 영향을 미쳤고, 구데리안의 전격전 이론이 결정적인 동력이라고 하는 논리가 타당할 것이다. 그럼에도 불구하고 리델 하트의 이 '간접접근전략' 이론은 이후 많은 나라에서 군사학도

57) 리델 하트 著, 강창구 譯, 전게서, p.369.

들에게 읽혔으며, 미국에서 저명한 전쟁이론가로 평가받았다. 특히 그의 이 이론은 이스라엘에 큰 영향을 미쳐 많은 고급 장교들이 그의 이론을 교육받았고, 군사력 건설에 크게 반영되어 그 이후 수차례에 걸친 아랍국들과의 전쟁에서 승리하는 토대가 되었다고 평가할 수 있다.

5. 심킨의 기동전 이론

심킨(Richard E. Simpkin)은 30년간 영국군 기갑장교로 근무한 군인이자 군사이론가이다. 그는 왕립 군사과학대학의 전투차량 분야 교수 및 군사연구부장, 영국군 기갑 무기체계 개발부장, 전차연대장, 국방성의 육군 담당 운용부장(준장) 등을 역임하면서 무기체계와 기동장비 개발에 큰 기여를 하면서 아울러 전쟁술에 관해서도 깊이 연구하였다.

가. 심킨이 기동전 이론을 발전시킨 이유

그는『기동전(Race to the Swift)』,『종심전투(Deep Battle)』등 수권의 책을 썼는데, 이 책은 기동전에 관한 새로운 이론을 제시하기보다는, 앞 절에서 고찰한 손자, 구데리안, 리델 하트 등 주요 전략사상가들이 이룩한 기동전 이론들의 주요 핵심 요소의 원리를 연구하는 데에 이바지하였다. 그는 이 책을 쓰는 동기에 대하여 "여기서 나의 목표는, 군인과 정치가들 그리고 그 외의 지식 사회에 현대 전쟁의 메커니즘에 관한 이해를 새로 가르치는 것이 아니라 확대하는 것임을 다시 한번 강조하겠다. 나의 희망은 전쟁의 열정과 신비를 감소시켜서, 비폭력 수단 또는 적어도 대량 학살 대신 선제공격과 적을 붕괴시키는 작전을 사용하여 분쟁의 해결을 촉진하게 되는 것이다"[58]라고 하면서, 전쟁이 대량 학살 대신 비폭력적 수단을 사용하거나 적을 붕괴시키는 작전을 사용하는 전쟁이 되기를 희망한다는 것이다. 그래서 그는 기동전 수행을 위한 새로운 이론을 제시하기보다 이미 정립된 이론에 관하여 물리학적 근거로써 해석하고 증명하였으며, 현대 각국의 군사력 건설 추세를 고려하여 전략적 · 작전적 수준의 기동전 수행에 필요한 군 구조와 편성에 대하여 의견을 피력하였다.

나. 심킨의 기동전 이론에 대한 해석

심킨은 기동전 수행의 핵심 요소에 관해서는 주도권 장악 및 유지와 기동 속도 발휘, 그리고 기습 달성의 요소에 대하여 원리를 연구하였다.

(1) 전승의 핵심 요소는 주도권 장악이다

심킨은 대부분의 전투에서 승자는 전투 초기에 적과의 전력비가 5:1~6:1의 합리적 한계 내에 있었을 때 주도권을 장악하여 승리하였다고 한다. 즉 "대다수의 전투에서 승자는 보통 초기의 전력비가 '합리적인 한계' 이내에 있었고… 적으로부터 주도권을 탈취하여 전투가 끝날 때까지 유지했다… 주도권은 대부분 기동에 의해서 성공적으로 탈취되고 유지되었다"[59]라고 하였다. 또한 그는 "선제는 순수 기동전 이론의 적용을 대표한다"[60]고 하면서, 전쟁 초기에 적과의 전력비가 약 6:1 이

58) 심킨 著, 연제욱 譯, 『기동전』, 서울:책세상, 1999, p.30.
59) 심킨 著, 연제욱 譯, 『기동전』, 서울:책세상, 1999, p.머리말1.
60) 심킨 著, 연제욱 譯, 상게서, p.204.

내의 합리적 범위일 경우에는 비록 열세한 전력을 가지고서도 선제로 주도권을 장악하면 승리할 수 있다는 것이다.

(2) 기습으로 적과의 전력비를 역전시켜라

심킨은 최초 기습으로 적과의 전력비를 역전시켜서 이길 수 있다고 주장한다. 그는 "진정한 성공은 선제 또는 최초 기습으로 결정을 달성하는 데 있다"[61]고 하면서, 기동전은 가능하다면 선제를, 불가능하다면 결정적인 기습을 달성하기 위한 적극적인 수단이 필요하다고 하였다. 만일 이러한 선제와 기습이 실패하면 전투가 발생하고, 전투가 일단 개시되면 소모전 이론이 다시 활동하기 시작한다고 주장한다. 그리고 과학기술 발전의 영향은 기습의 영역을 증가시키므로 신속한 궤도차량과 회전익항공기에 의해 가능해진 템포는 작전적 및 전술적 기습의 범위를 확장시킨다. 그리하여 헬기 탑승부대 또는 잠수 항공모함에 탑재된 수륙양용 경기계화부대는 상당한 기간 동안 전략적 기습을 위한 잠재력을 제공할 것으로 기대된다고 내다보았다.

그는 "기습을 달성하면 적에게 충격에 의한 마비를 일으키는데, 충격에 의한 마비는 자연히 어떠한 최소 질량의 충격을 요구한다"[62]고 하며, 마비 효과의 지속을 위해 충분 질량과 지속적인 위협이 필요하므로 충분한 규모의 특수부대와 예비역량이 요구된다고 하고 있다. 그리고 주작전에 선행하는 적극적인 기만에 의해서 정신적 기습의 가능성을 증대시킬 수 있다고 설파하고 있다.

61) 심킨 著, 연제욱 譯, 전게서, p.81.

62) 심킨 著, 연제욱 譯, 전게서, p.347.

(3) 소수 정예 부대의 속도를 배가(倍加)시켜라

심킨은 기동전의 중심 사고는 기동성을 갖추고 속도를 발휘하는 것이라고 주장한다. 그는 독일제국 군대 지도자들의 기동속도에 관한 사고에 대하여 "그들의 중심 사고는 기동성을 갖추고 질적 수준이 높은 소규모 부대에게 나머지 부대보다 높은 '10의 배수 속도 범위'를 발전시키는 것이었다. 작은 규모는 전혀 문제가 되지 않는다. 왜냐하면, 그 부대의 전투 가치는 기병의 접근방식인 기습과 '실시의 속도'에 있기 때문이다. 이 부대는 전략적 혹은 작전적 기습을 적용하여 전투를 회피하면서 적 예비대 위치보다 훨씬 종심깊이 돌파한다. 이러한 종심 돌파는 적 부대를 물리적으로 와해하고 적 지휘관을 심리적으로 붕괴시킨다"[63]라고 하며, 기동속도로 수적 열세의 문제를 해결한다고 주장했다.

그는 또 속도와 전력 발휘의 관계를 물리학의 원리로 해석하여 "운동량은 질량과 속도에서 나오는 것이기 때문에 역시 부대의 물리적 기동 가치를 표시하고 운동량은 질량×속도 또는 지레 작용의 변화율을 의미한다"[64]고 하면서, 질량 즉, 부대 규모는 큰 변화가 없으므로 결국 운동량을 증대시키려면 속도를 증가시켜야 한다는 논리를 펴고 있다. 심킨은 기동전 수행에 물리학의 지레 작용과 상대속도 및 템포의 개념을 적용하여 기동의 문제를 해석하고 있다. 즉 지레 작용에 있어서 받침점과 지레의 길이와의 관계를 적용하여 지레가 길어질수록 받침점을 튼튼하게 하듯이, 기동부대가 적의 후방 종심으로 더 멀리 진격할 경우에는 돌파구를 확장하고, 돌파구의 견부를 견고하게 확보하며, 후속 지원부대가 신속하게 전진하여 기동부대가 역포위당하지 않도록 하여야 한다고

63) 심킨 著, 연제욱 譯, 전게서, p.97.
64) 심킨 著, 연제욱 譯, 전게서, p.201.

설명한다. 또 견제 부대가 고착 및 견제당하는 적보다 진격 속도가 빨라야 하며, 기동부대는 견제부대에 비하여 2~3배의 빠른 속도로 종심 기동하여야 기동전에서 기대하는 효과를 얻을 수 있다고 한다.

(4) 적의 정부와 사령관의 의지를 무너뜨려라

심킨은 기동전에서 피 · 아간에 심리적인 지레 작용을 하는 것은 정부와 사령관의 의지라고 하면서, 적의 의지를 무너뜨리면 적의 조직이 붕괴된다고 주장한다. 그는 앞서 언급한 것처럼, 특수부대가 전략적 기습을 달성하면 "선두부대가 투입되기 이전에 내각에서 상급 작전사령부까지 모든 제대의 적을 마비시킬 수 있다. 정부를 마비시키면 저항하려는 정치적 의지를 충분히 파괴할 수 있다"[65]고 경고하고 있다. 또한 앞의 (3)항 인용문에서 제시한 것과 같이 적 후방으로 지향되는 종심 기동은 적 부대를 물리적으로 와해하고 적 지휘관을 심리적으로 붕괴시킨다고 한다. 여기서 특별히 용어 면에서 제시하고 있는 것은 소모전에서는 전투를 통하여 적을 '섬멸(annihilation)' 또는 '격멸(distruction)' 한다고 하지만, 기동전에서는 적 조직의 '와해(disruption)' 또는 '붕괴(dislocation)'라는 용어를 적용한다고 적고 있다. 심킨은 이와 같이 기동속도와 기습을 통하여 적을 마비시켜 적의 군대 조직을 붕괴시켜야 한다고 주장하고 있다.

65) 심킨 著, 연제욱 譯, 전게서, p.129.

제2절 마비전의 태동과 발전

1. 풀러의 마비전 이론

'마비전(Paralysis Warfare)' 이론을 최초로 제시한 전략사상가는 영국의 풀러(J.F.C Fuller) 장군이다. 그는 1899년 '보어(Boer) 전쟁'에도 참전하였고, 제1차 세계대전 시에는 전차대의 참모장으로서 전쟁 말기의 전차전을 직접 수행하였고, 잔인하고 참혹한 참호전 위주의 소모전의 실상을 직접 눈으로 보고 이를 극복하고자 전쟁성의 참모장교로 보직되어 「전략적 마비를 위한 방안」이라는 보고서를 제출하여 채택된 사실도 있었다.

전쟁 후에는 참모대학의 교수부장으로 재직하며 많은 연구를 하였다. 그리하여 그는 『기계화 부대 간의 작전(Operations between M-echanized Forces)』이라는 제목의 책을 발간하였는데, 이 책이 영국에서는 500부 정도가 출판되었으나 독일군에는 수만 부가 배포되어 읽혔다고 한다. 풀러는 마비전 이론을 제시하는 당위성으로 "이 숙명적인 교리[66]에 대한 이유는 보다 완전한 평화를 수립하자는 참다운 전쟁의

66) 여기서 이 숙명적인 교리는 소모전 이론을 말함.

목적을 도외시했기 때문이다. 파괴의 유행은 정신적인 혼미(昏迷) 때문이었다"[67]라고 하여 제1차 세계대전의 소모전 유형의 전쟁에 대한 성찰과 반성에 바탕을 두고 있음을 강조하였다. 즉 각국의 정치지도자들과 군의 고위 지휘관들이 전쟁에 관한 윤리의식이 결여되어 전쟁에서 과도한 살상과 파괴와 소모가 자행되어 진정한 의미의 세계 평화를 이룩하려는 전쟁의 목적을 상실하였다는 것이다. 그러므로 인간 세계에서 전쟁을 인정하더라도 살상과 파괴를 최소화하면서 단기간 내에 전쟁을 종결하는 새로운 전쟁의 유형이 절실하다는 것이다.

가. 마비전의 수행 개념

풀러는 "군의 잠재적 전투력은 그 조직에 의존하고 있으므로, 우리가 이 조직을 파괴할 수 있다면 그 전투력은 곧 파괴되고 말 것이다. 이 조직을 파괴하는 방법에는 적 전투력을 '닳아 없어지게 하거나' 아니면 그것이 '작용하지 못하게 하는' 2가지 방법이 있다… 작용하지 못하게 하는 것은 곧 마비시키는 것으로서 '마비전'이라 할 수 있다…"[68]고 하였다. 또 이를 부연 설명하면서 "두 번째 방법은 머리를 관통하는 한 발의 총알과 비유할 수 있다. 만약 우리가 기습적으로 광대한 독일군 전선으로부터 이 두뇌들을 제거할 수 있다면, 또 단지 가벼운 충격만 가하더라도 그들이 통제하고 있는 병력의 붕괴를 가져오는 것은 단지 시간문제일 것이다. 현재 이론이 '인원(personnel)'을 격파하는 것이므로, 우리

---

67) 풀러 지음, 강창구 譯, 『전격전의 기초이론』, 서울:병학사, 1995, p.96.

68) 노양규, 「마비전 전략사상의 현대적 고찰(Ⅰ)」, 『군사평론』 제277호, 육군대학, 1989, pp.38~39〔J.F.C.Fuller 『Memoirs of an Unconventional Soldier』, London: Ivor Nicholson and Watson Ltd. 1936, p.325.〕

의 새로운 이론은 '지휘(command)'를 격파하는 것이 되어야 하며, 적이 혼란된 후가 아니라 공격받기 전이어야 한다"[69]고 제안하였다. 즉 한 발의 총알이 두뇌를 관통하면 신체의 모든 기능이 마비되듯이, 두뇌는 군대 조직의 지휘부와 같으므로 전쟁에서 적군의 병력을 살상하기보다 적군의 지휘부를 강타하여 마비시킴으로써 군대 조직을 와해시키고 저항력을 무력화시켜야 한다고 제안하였다.

나. 풀러의 마비전 이론의 전쟁술

풀러는 제1차 세계대전에 참전하여 잔인하고도 참혹한 대량 살상과 파괴의 전쟁 양상이 지속되는 현상을 타파하기 위하여, "전략의 진정한 목적은 적의 육체적 파괴에 있는 것이 아니고 적을 정신적으로 굴복시키는 데 있다"[70]고 주장하면서 '마비전'이라는 새로운 용어와 함께 다음과 같은 몇 가지 전쟁술을 제시하였다.

(1) 전쟁의 주도권을 장악하여야 한다

풀러는 전쟁에서 승리하기 위하여 주도권을 장악하여야 한다고 주장하면서 "계획은 통제의 상실이 없이 가능한 가장 높은 주도권을 개발하는 데 목적을 둘 것이다"[71]라고 하였다. 또한 "선제권(先制權)은 포위전을 제외한 모든 작전에서 성공의 비결임이 판명될 것이므로, 계획은 극히 간결하고 신축성이 있어야 한다. 많은 것을 예하 지휘관의 이니시아

69) 상게 논문에서 제시된 풀러의 저서 p.327.

70) 풀러 著, 강창구 譯, 『電擊戰의 基礎理論』, 서울:병학사, 1995, p.19.

71) 풀러 著, 강창구 譯, 상게서, p.56.

티브에 맡겨야 할 것이다[72]"라고 제시하였다. 또한 전쟁에서의 주도권과 시간과의 관련성에 주목하면서 "시간을 낭비해서는 안 된다. 전시에서는 시간이 인명보다도 더욱 귀중하다"[73], "적이 기동함에 따라서, 방향을 바꿀 수 있도록 계획에 있어서 예비적인 행동 방향을 포함하고 있지 않을 때는 많은 시간을 상실하게 될 것이며… 군사행동에 있어서 시간을 절약한다는 것이 모든 계획의 정신이 될 것이다"[74]라고 하여 시간을 지배하는 군사작전으로 주도권을 장악하고 적을 마비시킬 것을 강조하고 있다. 그리고, "전쟁 개시에서 공군력의 유리점은…정찰에 있을 것이다. 왜냐하면, 첩보의 우위는 선제(initiative)의 획득을 의미하며, 그 선제권을 얻을 때까지는 명백한 행동계획을 결정할 수 없기 때문이다"[75]라고 하여 주도권을 장악하기 위해서는 정보의 우수성이 기초가 된다는 것을 시사하고 있다.

(2) 신무기 체계와 제공권 장악으로 마비시켜라

풀러는 항공기와 전차를 중심으로 하는 기계화군이 발전된 당시의 상황으로 보아 이러한 새로운 무기체계를 활용하고, 제공권을 장악함으로써 전쟁의 주도권을 장악하고, 전장에서 적군 장병들에게 충격과 공포심을 유발하여 적의 군대를 와해 또는 붕괴시킬 수 있다고 보았다. 그래서 풀러는 적국의 전쟁지휘부와 적군 지휘관들의 의지를 조기에 마비시키기 위하여 제1차 세계대전 후반기에 개발되어 전쟁에 운용되기 시작한 항공기, 전차 및 동력화 게릴라에 주목하기 시작하였다. 그는 1917년

72) 풀러 著, 강창구 譯, 전게서, pp.53~54.
73) 풀러 著, 강창구 譯, 전게서, p.263.
74) 풀러 著, 강창구 譯, 전게서, pp.54~55.
75) 풀러 著, 강창구 譯, 전게서, p.90.

11월 프랑스의 '깜브레(Cambrai)전투'에서 처음 운용된 전차의 유용한 효과에 대해 기술하면서 "그것은 사기 상의 효과였다. 파괴가 아닌 공포가 무장군의 진정한 목적이었다는 것을 똑똑히 보여주었다. 다시 말하면 군의 신경을 공격한다는 것, 그리고 그 신경을 통하여 지휘관의 의지를 공격하는 것이, 그의 병사들의 신체를 가루로 만드는 것보다 더욱 유리하다는 것이다. 항공기도 역시 이것을 증명하였다. 그리고 이것은 더욱 극적이었다. 왜냐하면, 항공기는 자기 몸을 피하면서 군의 의지를 공격할 수 있었을 뿐만 아니라, 군의 배후에 있는 정치적 의지와 국가의 의지를 공격할 수 있었기 때문이다"[76]라고 하였고, 또한 "무엇보다도 적의 의지를 마비시키는 것은 압도적 타격이다. 그리고 장래에는 분명히 지상과 공중에 있어서 동시적으로 타격을 가하는 일일 것이다"[77]라고 주장하였다.

(3) 적의 전쟁수행 체계를 마비시켜라

전쟁에서는 국가와 군대의 조직으로 싸운다. 따라서 적의 국가 및 군대의 조직체계가 제 기능을 발휘할 수 없도록 한다면 그 군대도 전력을 발휘할 수 없게 되는 것이다. 풀러는 제1차 세계대전의 교훈을 분석한 결과, 전쟁에서 조기에 승리하기 위해서는 적국의 전쟁지도부 및 적군 최고사령부의 전쟁의지를 먼저 공격하여 마비시켜야 한다고 주장하였다. 그는 세계대전에서 체험한 결과를 반영하여 "우리 병사들의 대부분은 그들의 지휘부가 강타당하자 죽자 살자 뒤로 도망쳤다… 나는 의지와 행동 간의 밀접한 관계를 보았다… 즉 적극적으로 지휘하는 두뇌가 없으면 군은 오합지졸로 전락한다… 한번 이 의지가 마비되면 신체

76) 풀러 著, 강창구 譯, 전게서, p.51.

77) 풀러 著, 강창구 譯, 전게서, p.90.

〈그림 1〉 결정적 공격 목표로서의 전략적 마비: PLAN 1919

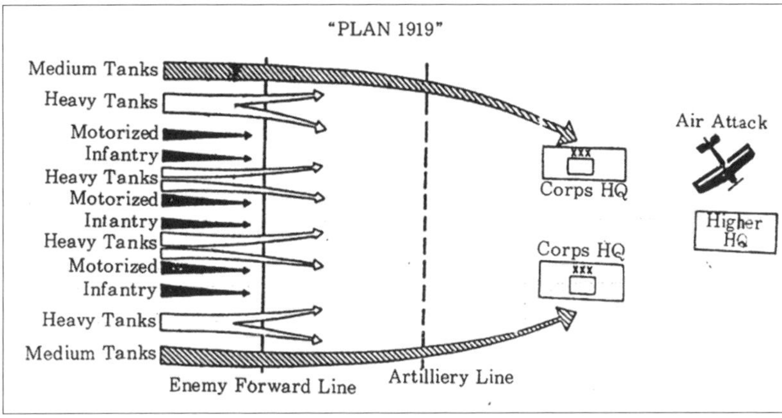

* 출처 : 노양규(1989), 전게 논문, p.38.

는 관절이 없는 것처럼 허우적거리게 된다. 그것은 전투부대를 적의 지휘로부터 차단하는 것이다. 즉 국가가 힘의 근원을 국가 의지에 두고 있는 것처럼 군대는 그의 힘을 그의 지휘관과 참모의 의지에 의존한다. 따라서 그 의지가 차단되면 그 군대는 마비될 것이다"[78]라고 하며 전쟁에서 적의 지휘체계를 마비시키는 조치가 크게 유효하다고 주장하였다. 풀러는 이 개념을 개발 중인 중형 전차와 결부하여 1918년 5월「결정적 공격 목표로서의 전략적 마비」[79]라는 보고서를 제출하여 채택되었고, 이를 근거로 영국군에서는 'PLAN 1919'를 수립하여 하달하였으나, 세계대전이 종전되었기 때문에 효력을 발휘하지는 못하였다. 이 계획의 수행 개념을 도표로 보면 위의 그림과 같다. 위의 그림을 보면 중형 전차부대가 고속 침투방식으로 기동하여 적의 군단급 사령부를 강타하고,

78) 노양규, "마비전 전략사상의 현대적 고찰(Ⅰ)", 『군사평론 제277호』, 대전:육군대학, 1989, pp.36~37.

79) 노양규, 상게 논문, p.37.

그 이상의 제대 및 최고사령부와 정부의 전쟁지도부에 대해서는 항공기가 타격하여 적의 중추신경인 지휘체계를 마비시키도록 계획하였던 것이다.

풀러는 적의 지휘체계 외에도 적의 군수지원체계를 마비시키는 방안도 고려하였다. 그는 "적을 기아(飢餓)로 굴복시킬 수만 있다면, 그의 목적은 더욱 확실하고, 수단은 훨씬 적은 희생으로 될 것이다. 기아는 식량의 결핍보다 휘발유(gasolin)의 결핍을 의미한다. 적을 계속 기동하게 만들고, 적을 그의 보급부대에서부터 차단하고… 즉 병력(man-power)에 대한 것보다도 원동력(motive-power)에 대한 전쟁을 돕기 위하여, 적의 병참 지역에 대하여 동력화 게릴라가 행하는 문식공격(蚊式攻擊, mosquito attack)이 매우 효과적임이 입증될 것이다"[80]라고 하며, 기계화부대의 적 후방 종심 기동으로 병참선을 차단하거나, 동력화 게릴라의 작전으로 적의 군수지원 체계를 마비시켜 적의 전쟁의지를 굴복시키는 것이 가능하다는 것이다.

(4) 기계화군의 기동속도로 적을 마비시켜라

풀러는 "통수(統帥: generalship)를 복귀시키기 위하여 수단을 변경하여야 하며, 그리고 정신적 공격(moral attack) 즉 예측불허의 공격 혹은 기습에 의하여… 대부분의 물질적 공격을 제거하기 위하여 수단은 고도로 기동적(機動的)이어야 한다"[81]고 하여 기동을 수단으로 정신적 공격을 하여야 한다고 주장하였다. 그리하여 기동성의 가장 중요한 특성인 기동속도에 대해 "기동성은 하나의 심리적 무기이다. 적을 죽이지 말고 단지 기동만 하라… 적을 공포에 몰아넣고, 적을 어리둥절하게 하

---

80) 풀러 지음, 강창구 譯, 전게서, pp.171~172.

81) 풀러 지음, 강창구 譯, 전게서, p.97.

고… 적을 깜짝 놀라게 하기 위해 기동하라. 기동으로 적의 후방을 의심과 혼란의 도가니로 몰아넣어라. 기동의 목적은 적의 지휘부뿐만 아니라 적의 정부 기능을 마비시키는 데 있다. 마비 상태는 직접 속도에 비례한다. 속도를 내어라… 언제나 속도가 승리의 비결이었다"[82]라고 하여 적의 후방을 향하여 맹렬한 기동속도를 발휘함으로써 적의 정부 기능과 적군의 최고사령부를 마비시켜야 한다고 주장하고 있다. 그리하여 미래의 전쟁에서 요구되는 군사력은 신속한 기동성으로서 "동력화와 기계화의 이점은 그것이 시간을 절약하여 공간을 축소시키는 일이다. 다시 말해, 우리들이 더욱 빨리 움직일수록 우리들이 방어해야 할 지역의 크기가 더욱 작아진다. 전략적으로 시간과 공간은 상대적이다"[83]라고 하여 기동축선을 따라 시간적으로 상대적 집중을 연속해 나감으로써 전세를 주도하여 적 지휘관의 의지를 마비시킬 수 있다고 주장하고 있다.

(5) 기습으로 적을 마비시켜라

풀러는 시대가 변화함에 따라 동력화와 기계화된 오늘날에서는 전쟁의 원칙을 변화된 조건 즉, 속도와 장갑의 변화에 따라 다르게 적용하여야 한다고 주장하였다. 그는 "양측이 부분적으로 기계화되었을 때… 기계화 병력은 적의 측면 혹은 후방에 대하여 기습을 시도해야 한다. 양측이 충분히 기계화되었을 때에는 목표물에 대한 기습, 기동성 그리고 집중 등이 지배적인 원칙이 되고… 기습이 매우 중요하게 되며, 따라서 제공권은 필수 불가결의 요소인 것이다"[84]라고 하여 기습의 중요성을 강

82) 노양규, "마비전 전략사상의 현대적 고찰(Ⅱ)", 『군사평론 제 278호』, 대전:육군대학, 1989, pp.48~49.
83) 풀러 지음, 강창구 譯, 전게서, p.87.
84) 풀러 지음, 강창구 譯, 전게서, p.59.

조하였다. 그는 이런 기습을 통하여 적에게 공포와 공황을 확대하고 적 지휘관의 의지를 공격하여야 한다고 주장하고 있다.

(6) 적의 조직심리를 마비시켜라

앞의 각 항에서 이미 기술한 것처럼 전쟁에서 주도권을 장악하고, 적국의 전쟁 수행 체제를 마비시키며, 전략적 기동속도를 발휘하고, 전략적 기습을 달성하는 것도 모두 다 적군 장병들의 사기를 무너뜨리고, 적국 전쟁지도부 및 적군 최고사령부의 전쟁의지를 굴복시켜 조기에 전쟁을 끝내고자 하는 전략적 방책인 것이다.

풀러는 '깜브레 전투'에서 전차를 운용한 효과에 대하여 전장에 공포와 공황(恐慌)을 확대하고 적군의 사기를 무너뜨려 적 지휘관의 전투의지를 파쇄하는 것이 더욱 중요하다고 보았다. 이는 이 시기에 새롭게 개발되어 전장에서 사용된 항공기, 전차 및 동력화 장비 등 무기 및 장비체계가 적군에게 충격을 주어서 적군의 사기를 떨어뜨림은 물론이고 적군에게 공포와 공황을 일으켜 군대 조직이 붕괴된 현상을 보여준 사례라고 할 것이다. 그리하여 그는 "정신적 공격은 그 중요성이 높아지며, 그 목적은 파괴를 통하기보다도 사기 저하를 통하여 혼란을 가져오게 하는 데 있을 것"[85]이라고 하면서 미래의 전쟁이 물리적 파괴보다는 적의 의지를 목표로 적의 정부와 군대 조직의 심리를 지향할 것임을 예견하였다. 이에 반하여 "기계화 전쟁에서는… 장군들이 자기의 위험을 병사들의 위험과 나눔으로써 자기 부하를 현장 지휘하고 사기를 북돋아 주던 과거의 역사에 다시 한번 되돌아가지 않으면 안된다"[86]고 하며 아군의 사기는 상대적으로 더욱 앙양하여야 한다고 제안하였다. 또한 전

85) 풀러 지음, 강창구 譯, 전게서, p.99.
86) 풀러 지음, 강창구 譯, 전게서, p.53.

차의 야간 공격은 정신적 효과가 상당하다고 하면서 "그 목적은 적으로부터 휴식을 빼앗고 적으로 하여금 부단한 불안을 일으키게 함으로써 적의 신경을 고갈시키는 데 있을 것"[87]이라고 하며 심리적인 효과를 더욱 강조하였다.

다. 풀러의 마비전 이론의 영향

풀러가 1932년에 위 책을 발간하였는데, 이 책은 영국과 프랑스 그리고 미국 등에서는 많이 읽혀지지 않았고, 커다란 영향을 미치지 못했다. 그래서 제1차 세계대전 시에 만연된 소모전 사고가 전쟁이 종료된 이후 제2차 세계대전이 발발하였을 때에도 변함이 없었다.

그러나, 그의 저작은 독일군에서 오히려 더 많이 읽혀졌으며 구데리안 장군이 전격전 이론을 발전시키는 데에도 영향을 미친 것으로 평가된다. 또한 독일이 소련을 침공하기 전에 소련의 티모센코 원수가 이 책을 군대용 상비 서적으로 두고 항구적으로 참고하라고 명령하였다고 알려져 있다. 그래서 1930년대에 소련의 투하체프스키 장군 등이 '종심공격'에 관한 이론을 연구하는 데 참고가 되었을 것으로 짐작해 볼 만하다. 영국과 프랑스에서는 독일의 침공 이후에 비로소 풀러의 선견지명을 인정하고 반영하기 시작하였다.

대전 말기에 이미 '전략 마비'에 관한 보고서를 제출하고 계획까지 수립하였던 탁월한 군사이론가를 채용하여 군사혁신을 단행할 역사적 기회를 놓친 당시 영국군 수뇌부의 무신경함이 참으로 통탄할 역사의 아이러니가 아닐 수 없다.

---

87) 풀러 지음, 강창구 譯, 전게서, p.245.

2. 레오나드의 기동 · 마비전 이론

레오나드는 미국 육군의 '전투발전장교'로 근무하면서 육군 내에서 기동전에 대한 이해가 잘못되어 있음을 발견하고, 연구를 거듭한 결과 『기동전 대해부(The Art of Maneuver)』라는 책을 저술하고, 미 육군을 비판하면서 기동전 교리로 바꿀 것을 강조하였다.

가. 레오나드가 기동전 이론 주장 이유

레오나드는 "전략은 국가 목표를 달성하기 위해서 군사적 수단의 운용과 전쟁계획 및 전구 목표(theater goals)를 발전시키는 전쟁계획"[88] 이라고 하면서, 이 전쟁계획은 전쟁수행 방법에 그 내용이 크게 달라진다고 설명하고 있다.

그는 미국 육군이 소모전 이론에 대하여 병적으로 집착하는 모습을 보인다고 하며, 자신의 연구가 미 육군에 필요한 어떤 새로운 군사적 사고에 대한 제안과 교리 발전에 있어서의 새로운 방향을 제시하기 위하여 진행된 것이라고 밝히고 있다.

그는 "소모전 이론이란 전쟁, 전역, 작전, 전투(즉, 전략, 작전술, 전술 차원의 전쟁)에서 적 전투력의 '격멸'을 통한 승리를 추구한다. 이 이론의 정의에 있어서 핵심적인 용어는 '격멸(destruction)'과 '질량(mass)'이다"[89]라고 하면서, 소모전 옹호론자들은 전쟁에서 승리를 달성하는 유일한 방법 또는 선호하는 방법으로 적의 전투요소(병력, 무기, 장비, 물자 등)를 격멸하는 것이라고 제언하고 있다. 이에 반하여 "기동전 이

88) 로버트 레오나드 지음, 최상철 옮김, 『기동전 대해부』, 대전:문경출판사, 2001, p.29.
89) 로버트 레오나드 지음, 최상철 옮김, 상게서, p.47.

론의 가장 중요한 적용 방법은 '선제 기습(pre-emption)' 즉 싸우기 전에 적을 무력화하고, 적 부대에 대한 '강점회피(dislocation)' 즉 적으로부터 결정적인 지점을 차단하여 적 부대를 무용지물로 만들거나 적에 대한 '중심 타격(disruption)' 즉 적의 중심(center of gravity)을 파괴하거나 무력화시키고자 한다"[90]고 하면서, 이렇게 기동전 수행자는 적을 마비시키려 노력 한다고 주장하였다.

그리하여 레오나드는 미국군의 군사교리와 전쟁에서 군사력을 운용하는 국방 관련자와 장군들의 사고가 소모전의 논리에서 벗어나 기동전의 사고로 전환할 것을 제언하고 있다. 여기서 특이한 점은 그가 기동전을 수행하는 방법으로 '마비'를 주장하고 있는데, 이는 전쟁의 유형을 통상 소모전과 기동전으로 구분하는 데에 따른 것이며, 기동전에서도 마비의 현상이 당연히 나타나게 되어 있지만, 아직까지 '마비전'이라는 전쟁 유형이 공식화되지 않은 연유라고 할 수 있다.

나. 레오나드의 기동전 이론의 전쟁술

레오나드는 기동전 이론의 본질은 적에 대한 선제 기습, 강점 회피, 중심 타격을 우선적으로 추구하는 데 있다고 하면서 일반적인 기동전 이론을 넘어서 마비전을 지향하는 이론을 제시하고 있다.

(1) 선제 기습은 기동전 이론의 강력한 표현 수단이다

레오나드는 적 지휘관과 부대에 심리적인 영향을 크게 끼쳐 적을 신속하게 무력화하는 방안으로 선제 기습을 달성할 것을 강조하면서 "기

90) 로버트 레오나드 지음, 최상철 옮김, 상게서, pp.48~49.

동전 이론의 가장 중요하고도 바람직한 적용 방법은 선제 기습 즉, 싸우기 전에 적을 무장 해제시키거나 무력화하는 것이다"[91]라고 하면서, 선제 기습은 적과의 직접적인 전투를 불필요하게 하면서도 인명 피해를 최소화함으로써 병력수를 상쇄할 수 있다고 강조하고 있다. 무엇보다도 "선제 기습은 시간의 가치를 중시하며, 신속하고 대담한 결정으로 승리를 추구한다… 하지만 선제 기습을 제대로 실시할 수만 있다면, 이것은 기동전 이론의 가장 강력한 표현의 수단"[92]이라고 강조하였다. 또한 아군이 기습을 통하여 얻을 수 있는 심리적 효과는 엄청나며, 이것이 바로 기동전의 특징 중의 하나라고 하였다. 따라서 기동전 이론은 적의 사고를 목표로 하고, 전쟁에서 심리적인 차원을 강조해야 한다고 주장하였다.

(2) 기동 속도는 기동전 이론의 핵심 요소이다

그는 소모전 유형의 전쟁에서는 기동의 역할이 전투를 수행하기 위한 이동이라는 의미이지만, "기동전 이론에서의 기동은 전쟁의 핵심 요소이다. 왜냐하면, 그것은 '전쟁의 물리학과 전쟁의 심리학 사이의 연결고리' 역할을 하기 때문이다… 오히려 전투력의 이동이 적 중심을 향해서 속도를 발휘해야만 적 지휘관과 부대에 심리적으로 심대한 영향을 끼칠 수가 있다"[93]라고 기동의 역할과 가치를 제시하고 있다.

기동전 이론에서는 선제 기습에 이어서 전략적 기동이 감행되는데, 이러한 기동의 역할과 가치에 대하여 레오나드는 기동이 시간상의 우위를 유지하기 위하여 속도를 발휘하며, 적의 사고체계를 타격하여 심

91) 로버트 레오나드 지음, 최상철 옮김, 전게서, p.48.
92) 로버트 레오나드 지음, 최상철 옮김, 전게서, p.117.
93) 로버트 레오나드 지음, 최상철 옮김, 전게서, pp.150~151

리적 중심을 무력화하는 데 가치가 있다고 주장하고 있다. 그리고 이러한 전략적 · 작전적 기동을 감행하는 군대는 과거 기병의 접근방식인 기습과 속도를 발휘하기 때문에 그 규모는 크게 문제되지 않으며, 반면에 "심리적 취약점에 대한 공격은 적 지휘관 및 부대에 패배감을 안겨 주는 데 중점을 둔다. 흔히 적 배후 기동은 이러한 효과를 발휘한다"[94]고 하며, 적의 군대를 와해 및 붕괴시켜 적 지휘관의 전투의지를 마비시킬 수 있다고 주장하고 있다.

그는 "기동의 생명은 속도이며, 속도는 작전술에 있어서 핵심요소이다… 칭기스칸은 수의 열세를 속도 우위로 보완할 수 있었고…적에 대해서 심리적인 충격을 안겨줄 수 있었다"[95]고 분석하고, 속도가 열세군이 우세군을 상대로 하는 전쟁에서 승리하는 비결이라고 강조하고 있는 것이다. 또한 지휘통제는 군사작전의 가속도를 발휘하는 데 있어서 결정적인 역할을 수행한다고 하며 물리학의 가속도 이론을 접목시켜 설명하고 있다. 그리하여 그는 기동 속도가 결국 시간의 문제로 전환된다는 사실을 인식하고, "시간은 아마 기동전 이론과 소모전 이론을 구분하는 핵심적인 요소가 될 것이다.

기동전은 시간상의 우위를 점하기 위한 싸움"[96]이라고 한다. 이런 시간상의 우위를 점하기 위한 싸움은 현대전에서 훨씬 더 절박하므로, 오늘날 지휘관은 전쟁에서의 시간의 가치를 인식하고 시간상의 우위를 확보하기 위한 능력과 의지를 가져야 한다고 강조한다.

레오나드는 "공격기세는 질량과 속도의 산물이다. 이것은 매우 유용

---

94) 로버트 레오나드 지음, 최상철 옮김, 전게서, pp.88~89.
95) 로버트 레오나드 지음, 최상철 옮김, 전게서, p.76.
96) 로버트 레오나드 지음, 최상철 옮김, 전게서, pp.141~142.

한 비유이며 기동전 이론의 핵심적인 요소"[97]라고 하면서, '공격기세=질량×속도'라는 공식으로 설명하고 있다. 즉 전장의 충격 효과는 적 방어체계를 무너뜨릴 수 있을 만큼 충분한 속도를 발휘할 수 있는 질량으로부터 나온다는 것이다. 이는 공격기세를 유지하려면 공격 부대의 규모도 적정 수준이 되어야 하고, 더 중요한 사실은 적이 대응할 시간적 여유를 주지 않는 공격 속도가 필수적이라 한다. 또한 "기세는 물리학과 전쟁에서 모두 벡터 요소이다. 즉 방향성을 갖고 있다는 것이다. 기세를 중시하는 군대는 특정 지점이나 목표를 선정해 무자비한 속도로 전진해야 한다"[98]고 하여 기세가 속도와 방향성에서 그 의미를 더한다고 설명하고 있다.

(3) 강점회피는 적 강점을 무의미하게 하는 전법이다

레오나드는 "강점회피(dislocation)란 적의 강점을 무의미하게 만드는 전법이다. 강점회피는… 적의 강점이 발휘될 수 있는 모든 전투를 회피하는 전법이다… 이와 같은 효과를 달성하기 위한 두 가지 방법을 발견하였으며… 그것을 각각 '위치상(positional)의 강점 회피' 및 '기능상(functional)의 강점 회피'로 부르고자 한다"[99]고 주장하고 있다. 여기서 '위치상의 강점 회피'를 하는 방식은 먼저 양공을 하여 적의 예비대를 그 방향으로 대응하게 만드는 것과 같이 결정적인 지점으로부터 적을 물리적으로 제거하거나, 아니면 적 부대와 멀리 이격하여 기동해서 계획된 시간내에 증원이 불가능한 적 부대를 상대로 결정적인 작전을

---

97) 로버트 레오나드 지음, 최상철 옮김, 전게서, p.144.

98) 후커 著, 이승호 譯, 『기동전 대해부』, 서울:열린교육사, 1999, p.50. 리처드 D. 후커가 편저한 이 책에서 레오나드가 한 명의 논자로서 주장한 내용임.

99) 로버트 레오나드 지음, 최상철 옮김, 전게서, p.117.

수행함을 의미한다. 그리고 '기능상의 강점회피'는 적의 강점을 단순히 무력화하거나 무의미하게 만드는 방법이라고 설명하고 있다. 이러한 예로 고슴도치의 가시털은 사자의 강점에 대한 '기능상의 강점 회피' 방법과 같다고 제시하고 있다. 따라서 기동전은 적의 강점 회피를 기본으로 하므로, 기동전을 수행하는 지휘관은 적의 강점을 직접 공격하기보다는 회피하는 방법으로 해야 한다고 강조하고 있다.

(4) 중심 타격은 적의 아킬레스건을 타격하여 마비시키는 전법이다

레오나드는 "중심 타격이란 적 중심을 타격하여 승리를 구하는 전법이다… 중심이란 적의 결정적인 취약점(critical vulnerability)을 의미한다. 적의 입장에서 중심이 무력화되거나 파괴되면 부대는 마비된다. 따라서 중심 타격은 정면 공격으로 적의 물리적 요소를 타격하지 않고, 적의 '아킬레스건'을 찾아서 타격하는 것을 선호한다"[100]고 제안하면서, 적의 강점을 정면 공격하여 피 · 아간에 대량살상과 피해 및 비용을 발생시키는 소모전을 회피하고, 적을 무력화시키고 마비시켜 승리하는 이론을 제시하고 있다. 또한 이러한 기동전 사고를 가진 사람들은 우선적으로 적을 마비시키려 노력한다고 주장한다.

중심이 적의 결정적인 취약점일 경우에, "적의 중심은 세가지 차원의 전쟁 즉 전략, 작전술, 전술 차원의 전쟁 모두에서 존재한다. 전략적 중심은 기본적으로 도시지역 즉 국가의 수도, 산업도시, 교통 요충지 등을 말한다… 물론 전략 차원에서의 중심은 민간인 지도자 혹은 종교나 기타 집단의 지도자일 수도 있다… 작전술의 중심은 지리적 위치보다 일반적인 작전술의 중심은 적군의 사령부이다… 전술적 중심은 또한, 지

---

100) 로버트 레오나드 지음, 최상철 옮김, 전게서, p.128.

리적인 위치… 대개 적의 중심은 전술 본부이다"[101]라고 하면서, 전쟁의 차원별 중심이 모두 지휘(사령)부와 중요 지역을 포함하고 있으며, 전략적 차원에서는 중요 인물을 포함하고 있다. 이를 증명이라도 하듯이 자신의 집 정원에서 불개미가 서식하고 있는 것을 발견하고 휘발유를 뿌려 2~3회 태워 죽였는데도 박멸되지 않았는데, 알갱이 살충제를 뿌렸더니 이것을 먹은 여왕 불개미가 죽자 불개미들이 싹 없어졌다는 사례를 소개하고 있다. 과거의 전쟁에서 적국의 왕이 죽거나 도망감에 따라 승리한 사례는 더러 찾아 볼 수 있다. 작전술 차원에서 언급된 중요 지리적 위치는 적이 그 지점을 상실할 경우 군이 더 이상 지탱할 수 없는 지리적 공간일 수도 있다고 부언 설명하고 있다.

(5) 적의 전쟁 수행 체계를 마비시켜라

레오나드는 "기동전은 '제병협동전' 이론에 따라 적 체계를 아군의 상이한 체계로 마비시키는 전법이다"[102]라고 하며, 미 육군이 적과 동일한 체계를 사용하려는 사고에 의해 육군의 교리가 발전되지 못하고 있다고 지적하면서, 이는 소모전 사고에 바탕을 둔 것이므로 사고를 혁신해야 한다고 강조하고 있다. 그리하여 '걸프전쟁' 당시 "중심 타격을 통한 이라크군의 패배는 항공기에 의한 보급로 차단과 지휘통제 체계의 마비에 의해서 가능하였다… 그리고 이라크군의 지휘통제가 마비된 것은 이라크군 조직의 철저한 중앙집권적인 통제 때문에 가능하였다"[103]고 분석하였다. 이와 같이 적이 중앙집권적인 지휘체제로 싸운다면 아군은 분권화 지휘체제로 적을 무력화하고, 적의 방공 체계가 미비할 경우엔 항

101) 로버트 레오나드 지음, 최상철 옮김, 전게서, pp.53~56.
102) 로버트 레오나드 지음, 최상철 옮김, 전게서, p.180.
103) 로버트 레오나드 지음, 최상철 옮김, 전게서, p.249.

공기로 작전을 지원하며, 적이 포병의 화력지원으로 전투 위주의 전쟁을 수행한다면 아군은 항공 지원을 받는 기계화부대의 고속기동 위주의 작전을 수행하는 등 적과 상이한 체계로 작전하여 전쟁을 주도해 나가도록 강조하고 있다. 그리하여 레오나드는 아군의 우수한 체계로 적의 지휘통제 체계와 군수지원 체계 등을 마비시켜 조기에 승리할 수 있다고 주장하고 있다. 특히 전쟁에서 적군의 병참선을 차단하면 적과 과도한 유혈전투를 회피하면서 승리할 수 있다고 주장하고 있다.

(6) 적군의 조직심리를 타격, 전의를 상실시켜라

그는 "전쟁이란 기본적으로 심리학의 한 분파이며 인간 의지의 대결장이다. 기동전은 인간의 심리적 강 · 약점을 최대한 이용하려고 노력한다. 따라서 적과의 싸움에서 승리하기 위해서는 적의 '사고'를 주요 표적으로 삼아야 한다"[104]고 하면서 전쟁에서 상호간에 전장심리의 변화에 주목할 것을 강조하였다. 그는 또한 "심리학에서는 적 마비(paralyse)와 격멸(destroy)은 동의어가 아니다. 마비가 적의 심리적인 사고 체계를 '와해'시키는 개념이라면, 격멸은 적의 물리적 전투력을 완전히 '파괴'하는 의미이다"[105]라고 설명하며, 적의 전투력을 격멸하는 소모전보다 적의 사고체계를 와해시키는 기동전을 적극적으로 수행해야 한다고 주장하고 있다. 그리하여 "중심 타격은 다른 어떤 기동전 형태보다도 전쟁의 무형 요소 즉 심리, 사기, 당황, 공포 등을 최대한 이용한다…그리고 중심 타격에 따르면, 전투에서의 승리는… 적이 계속 싸우고자 하는 전의를 상실하게 함으로써 달성되는 것이다"[106]라고 하면

104) 로버트 레오나드 지음, 최상철 옮김, 전게서, p.139.
105) 로버트 레오나드 지음, 최상철 옮김, 전게서, pp.180~181.
106) 로버트 레오나드 지음, 최상철 옮김, 전게서, pp.130~131.

서 그 가운데서도 "전쟁은 하나의 심리적 대결장으로서 값으로는 도저히 매길 수 없는 전장의 사기를 핵심으로 한다"[107]고 하면서 전쟁에서 승리하기 위해서는 무엇보다도 적의 조직심리를 마비시켜야 한다고 주장하고 있다.

그러나, 이와 같은 레오나드의 이론은 기동전에 관한 이론을 중점적으로 분석하고 자신의 논리대로 해석한 것으로 마비전에 관한 이론을 체계적으로 정립하여 제시하지는 못하고 있으며, 기동전 이론의 단계를 뛰어넘어 마비전 이론의 차원으로 발전되고 있는 과정이라고 평가할 수 있을 것이다.

3. 현대 항공력으로 전략적 마비 달성 이론

제1차 세계대전 말기에 개발되어 전쟁에서 사용되기 시작한 항공기는 초기에 지상 작전을 지원하는 데 중점적으로 운용되다가 독립된 공군으로 발전된 후, 국가의 군사전략이 지상, 해상, 공중의 합동작전을 통해 수행되는 합동전략의 시대가 되었다. 그리고 전쟁에서 전략 공군의 운용도 적국의 수도나 산업도시 등 인구밀집 지역이나 적군의 지상군 및 해군 전력을 전략 폭격하여 대량 살상 및 파괴를 자행하는 전략 위주로 수행하다가 최근에는 점차 적군을 무력화하거나 마비시키는 방향으로 발전하고 있다.

최근에 수행된 '걸프(GULF) 전쟁'은 항공력의 능력을 극단적으로 보여준 전쟁으로서 항공력을 전략적 · 공세적 · 집중적으로 운용할 수 있

107) 로버트 레오나드 지음, 최상철 옮김, 전게서, p.133.

는 '전역기획(campaign plan)'이 조기에 승전을 달성하는 데 중요하다는 것을 입증하였다. 이제는 항공 전력으로 적군을 전략적으로 마비시키는 이론으로 발전되었다.

가. 항공 전력으로 마비전 수행 주장 이유

전략 항공전으로 적을 마비시켜야 한다는 이론은 미국의 세버스키(Alexander P. de Seversky)와 보이드(John Boyd) 그리고 와든(John A Warden)에 의하여 제기되었다. 세버스키는 제2차 세계대전이 임박하자 '항공전 이론' 연구에 매진하여 장거리 전략폭격과 결정지역 이론을 주창하고, 대량보복 전략의 기초를 확립하였으며, '전략핵 폭격' 교리를 개발하였다. 세버스키는 공중우세 확보의 중요성을 역설하면서 현대 전쟁에서 항공력이 결정적인 무기가 되었다고 주장하였다. 그는 항공력만으로 전쟁에 승리할 수 없다는 것을 인정하면서도, "항공기는 적의 산업 능력을 겨냥해 가공할 일격을 가하거나 적 정부를 차단 혹은 마비시킬 수 있었다… 그는 항공력을 적절히 사용하면 적국의 효율적인 군사력 운용을 저지할 수 있다고 믿었다. 즉 항공력으로 적국의 전쟁의지를 마비시킬 수 있다"[108]고 주장하였다. 그리고 그는 전략폭격에 있어서 무차별 폭격보다는 정밀 폭격을 통한 공격이 적의 전쟁의지를 꺾는데 더 효과적이라고 주장했다.

그러나, 그는 모든 전쟁은 총력전이라고 생각하고, 상대방 국가를 파괴하는 것을 항공 전력의 목표로 삼아 말살 전략을 제안하였는 바 '마비'를 주장하면서도 소모전의 논리를 벗어나지 못하였다.

108) 군사학 연구회, 『군사사상론』, 서울:플래닛미디어, 2014, p.410.

미국의 항공전략 사상가인 보이드는 전쟁에서 전투 진행의 '주기시간(cycle time)'을 단축하는 지휘 역량을 발휘하여 적과의 시간 경쟁에서 이김으로써 적의 조직심리를 마비시켜 승리를 쟁취하는 이론을 제시하였다. 보이드는 공중과 지상의 전투를 종합하면서 "마찰이 관측(Observing)-판단(Orienting)-결심(Deciding)-행동(Acting)의 시간 경쟁 사이클로 잘 이해될 수 있다"[109]고 하면서, 이 '보이드 사이클'에서 계속 빠르게 행동할 수 있는 사람은 엄청난 이점을 갖게 된다고 한다. 왜냐하면, 적이 행동하는 시간에는 아군의 행동이 상황을 이미 변화시켰고, 그 때문에 적의 조치는 무의미한 것이 되기 때문이다. 이러한 주기가 반복될수록 적이 따라잡지 못하는 시간 격차는 더욱 커지게 되고, 결국 적은 자신에게 무슨 일이 벌어지고 있는가를 인식하게 되며, 자신의 어떠한 조치도 무의미하다는 것을 알게 된다.이 순간 적은 공황에 빠지거나 도주하고 포기하게 된다. 따라서 적은 더 이상 전체적인 조직으로 전투할 수 없게 된다. 이와 같이 보이드는 전투에 미치는 시간의 영향을 최대로 이용하여 적의 조직심리를 마비시키는 이론을 제시하였다고 평가할 수 있다.

그러나, 미국 부통령의 국가안보문제 특별보좌관과 공군 지휘참모대학장직을 거친 와든은 "항공력은 국가전략 차원의 결정적 군사력이다"[110]라는 신념 아래 항공력은 극대화된 효과성과 최소의 비용으로 전쟁의 정치적, 전략적 목적을 달성하는 독특한 능력을 보유하고 있다고 확신하였다. 그는 정치적 목적 달성을 위한 군사전략과 군사력 사용방법 중에서 적군을 '파괴하는 전략'은 체계 전체를 파괴(섬멸)함으로써

109) 이승호 譯, 『기동전의 이론과 실제』, 서울: 열린교육사, 1999, p.9.
110) 군사학 연구회, 전게서, p.423.

적 지휘부의 의지와 무관하게 정책 변경을 이끌어내는 전략으로 이는 실행이 곤란할 뿐아니라 도덕적인 문제를 야기하기 때문에 유용하지 못한 방법이며, 21세기 전쟁에서는 정치적으로 수용될 수 없는 전략이라는 결론을 내리고 있다. 그래서 와든은 적군을 '전략적으로 마비'시키는 전략을 채택하여야 한다고 주장하였다. 그러므로 와든이 항공전력으로 적군을 마비시켜야 한다는 전략은 무차별 폭격으로 인하여 지나친 살상과 파괴를 유발하는 소모전 유형의 전쟁을 회피하고자 하는 숙고(熟考)의 결과인 것이다.

나. 와든의 전략적 중심 공격 이론

와든은 전쟁이 정치적 목적을 달성하기 위한 도구라는 인식에 동의하며, 따라서 모든 군사행동의 목적은 적의 군대를 파괴하는 것이 아니라 적군 지휘부의 의지를 조종하는 것이라고 하였다. 그러므로 전략가는 정치적 목적 달성을 위한 최선의 군사전략과 군사력 사용 방법을 결정해야 한다고 하며, 그는 '전략적 마비'를 그 방법으로 선택한 것이다.

(1) 전략적 중심 공격 이론의 개념

와든은 항공력을 통해 적국을 마비시킨다는 개념에 근거해 전략적 중심 공격 이론을 발전시켰다. 그는 항공력의 고유한 특성인 빠른 속도, 장거리 투사 능력, 유연성은 신속하고 결정적인 방법으로 적을 초토화할 수 있다고 한다. 그는 "이때 무엇보다 중요한 것이 '전략적 중심(重心: center of gravity)'이다… 그는 적국을 취약하게 만들 수 있는 특정한 전략적 중심들이 있다고 생각했다. 이 국가적 수준의 중심은 일련의 체계 범주에서 분류 가능하며, 이들 체계에 대한 공격이 해당 국가를 와

〈그림 2〉 와든의 중심 식별 관련 5개 동심원 모델

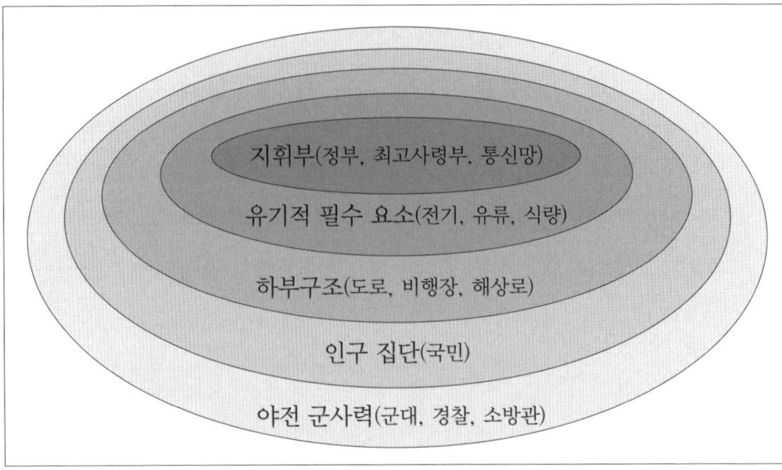

* 출처 : 박덕희 편역(1997), 전게서

해시킬 수 있다고 생각했다"[111]고 하였다. 이를 위하여 항공력 운용과 관련하여 전략적 중심 개념을 연구하였고 그 결과 '5개 전략 동심원(five strategic rings) 모델'을 개발하여 제시하고, '걸프전쟁'의 '사막의 폭풍 작전'에 적용하여 그 효과를 입증하였다. 와든은 항공전역을 위한 중심 식별과 관련하여 5개 동심원 모델을 제시하면서 전략적 · 작전적 마비를 달성하기 위한 기본적인 항공력 운용이론을 확립하였다. 그는 생명체의 형태를 기본으로 하는 모든 체계는 유사하게 조직되어 있는데, "우리는 이 조직 형태를 통해서 5개의 동심원을 그릴 수가 있다.

5개의 동심원은 ①지휘부(Central Leadership/Direction: 정부, 통신망 등), ②유기적 필수 요소(Organic Essentials: 전기, 유류, 식량, 동력, 돈 등), ③하부구조(Infrastructure: 도로, 비행장, 해상로), ④인구

111) 군사학 연구회, 전게서, p.423. p.425.

(Population: 국민), ⑤야전 군사력(군대, 경찰, 소방관)"[112]을 말한다.

와든은 5개 동심원 모델에 대하여 국가의 조직체계는 생명체의 형태와 유사하게 갖추어져 있어서, 국가의 모든 체계를 지휘 · 감독하는 지휘부, 하나의 형태에서 다른 형태로 에너지를 전환시키는 필수 기능체계, 모든 요소를 서로 묶고 연결시키는 비행장, 도로 및 철로, 항만 및 해상로 등 하부구조, 모든 체계의 기능을 작동하게 하는 인구, 그리고 외부의 공격으로부터 그 체계를 보호하는 방어체계로 구성되어 있다고 설명하고 있다. 그리하여 그는 "만약 국가가 전략적으로 마비된다면 그 국가의 야전 배치 군사력은 전혀 손대지 않아도 유지되지 못하며 패배하고 만다"[113]라고 하였다. 즉 야전 배치 군사력은 내부의 전략적 중심을 보호하기 위하여 제일 외곽에 배치되어 방어 또는 경계하는 전력으로서, 전략적 마비에는 큰 영향력을 못 미치는 것이므로 이를 격멸하는 것은 불필요한 살상과 파괴를 저지르는 일이므로 회피해야 할 작전인 것이다. 따라서 동심원 내부의 전략적 중심을 타격하여 '전략적 마비'를 달성해야 한다고 주장하였다.

(2) 전략적 중심 공격 이론의 항공 작전술

와든은 적의 전략적 중심을 공격하여 전략적으로 마비시키기 위하여 다음의 몇 가지 작전술을 제시하였다.

112) 박덕희 편역, 『항공전략의 발전』, 공군대학 연구부, 1997, pp.214~215. 편역자 박덕희는 1994년 8월 미 공군대학에서 발간한 책 『Challenge and Response 』에 실린 John A. Warden Ⅲ의 논문 「Air Theory for the Twenty-First Century」에서 발췌한 내용과, Warden이 『Air Power Journal(Spring, 1995)』에 기고한 논문 「The Enemy as a System」을 완역한 내용을 이 책에 수록함

113) 박덕희 편역, 전게서, p.228.

1) 적군의 전략적 중심을 병행 공격하라

전쟁의 목적은 적으로 하여금 본래 감수하려고 했던 것보다 훨씬 더 비싼 대가를 지불하게 하거나 우리의 의도를 따르도록 만드는 데 있다. 그런데, 우리의 의도를 따르도록 결심하는 것은 적의 지휘부이기 때문에, 전쟁에서 승리하기 위해서는 적 지휘부의 심경 변화에 초점을 맞추어 전략적 중심을 우선적으로 타격해야 한다고 제안하고 있다. 그리하여 와든은 "전쟁에서 전투만을 생각하지 않고 승리하는 방법을 생각할 때 우리는 전략적인 것에서 작전적인 것으로—혹은 하향식으로—접근해야 성공할 수 있다"[114]고 하면서 전쟁 수행이 전략으로부터 하향식으로, 동심원 모델의 내부에서 외부로 지향되어야 한다고 강조하고 있다.

이러한 와든의 항공력을 이용한 전략전쟁 개념과 연계하여 '병행전쟁(竝行戰爭, Parallel Warfare)' 개념이 발전되었는데, 이는 "적을 전략적으로 마비시키기 위해 여러 개의 '중력중심(重力中心)'을 동시에 공격하는 것이다. 전략적 마비(Strategic Paralysis) 혹은 전략적 무력화(Strategic Crippling)는 적이 효과적인 저항을 더 이상 할 수 없을 때의 상황이다… 따라서 병행 전쟁이 갖는 좀 더 특별한 목적은 전략 마비의 달성 뿐아니라 그것을 신속하게 달성하는 것이다"[115]라고 기술하고 있다. 이는 전쟁의 초기에 적국을 상대로 전략적 마비를 달성하므로써 피 · 아 간에 대량의 파괴와 살상이 없이 조기에 승리를 쟁취해야 한다는 이론이다.

114) 박덕희 편역, 전게서, pp.216~217.

115) 박덕희 편역(1997), 전게서, p.182. (John R. Pardo, Jr 소령, 미 공군대학 지휘관 및 참모과정 교수가 쓴 기사로「Challenge and Response」책에 실림, 미 공군대학 발간, 1994년 8월)

2) 최우선적으로 적군의 지휘부를 마비시켜라

위의 5개 전략 동심원 모델 그림이 알려주는 핵심 주제는 전략 수립 시 최우선적인 관심을 적의 리더십(지휘부)에 집중하라는 것이다. 심지어 리더십을 표적으로 선정할 수 없는 경우에도 작전 지휘관의 관심은 여전히 적의 리더십에 가 있어야 한다는 것이다. 이것이 함축하고 있는 바는 리더십의 파괴와 무력화는 체계를 물리적으로 완전히 마비시킬 수 있는 반면에, 다른 동심원 내부의 차순위의 전략적 중심에 대한 공격은 완전한 물리적 마비를 가져오지는 못하지만 리더십(지휘부)에 견디기 힘든 심리적 충격을 줄 수 있다는 것이다. 따라서 "와든의 5개 전략 동심원 체계 중에서 가장 중요한 체계는 동심원의 가장 안쪽에 위치한 리더십(지휘부)이다. 리더십은 가장 중요한 표적이다. 왜냐하면, 주요 결심, 지시 및 조정이 리더십에 의해 이루어지기 때문이다. 리더십이 위치해 있는 동심원을 무력화시키거나 파괴하면 적의 몸체로부터 두뇌에 해당하는 부분이 분리된다. 이 같은 무력화 또는 파괴는 적국이 방향을 상실한 채 방황하는 상태로 만들기 위한 것이다"[116]라고 하며, 이 동심원에는 적국 정부의 전쟁지도부와 적군의 최고·주요 사령부, 그리고 적의 정보 및 통신체계 등이 포함된다고 하였다. 따라서 전쟁에서 모든 작전행동은 적의 체계 전체를 하나의 대상으로 하여 집중하되, 전쟁 수행의 핵심은 적의 지휘체계에 압력을 가중시켜야 한다는 것이다.

3) 공중우세를 확보하여 적을 마비시켜라

세버스키는 공중우세 확보의 중요성을 역설하면서 '항공세력 이론'을 지정학 이론으로까지 발전시켜 '결정지역 이론'을 제시하였다. 즉 "세계

---

116) 군사학 연구회 지음, 전게서, pp.428~429.

는 대륙과 공중의 싸움이며, 공중을 지배하는 자가 대륙을 지배하고 대륙을 지배하는 자가 세계를 지배한다"[117]라고 주장하였다. 그는 미국 중서부 지역을 중심으로 하여 미 공군의 지배권지역을 원으로 표시하고, 구 소련 공군의 지배권 지역은 모스크바를 초점으로 하는 타원으로 표시한 후 양국 공군의 지배권이 서로 중복되는 부분을 '결정지역'이라고 했다. 그는 이 결정지역에서 어느 편이 제공권을 장악하느냐에 따라서 전쟁의 승패가 좌우된다고 보았다.

또한 그는 "공중을 통제하지 않으면 어떠한 지상 또는 해상 작전도 가능하지 않다"[118]고 주장하며, 적의 항공력을 격파하는 데 유일하고도 효과적인 수단은 항공력이며 전투기 개발의 필요성을 역설하였다. 또한 그는 해군과 육군은 공중공격에 취약하므로 보호가 필요하다고 하였다. 그러므로 미국이 미래를 보장하기 위해 항공력에 투자하고, 대규모 항공력을 건설할 필요가 있다고 주장한 결과 오늘날 미국군의 가공할 항공력은 그의 영향력으로 건설되었다고 할 것이다.

그리고 미국의 현대 항공력 이론가인 메일링거(Phillip S. Meilin-ger)도 그의 논문 「현대 항공력의 10대 명제」에서 "하늘을 지배하는 자는 대개 지·해상도 지배한다"[119]고 기술하여 제공권 획득 또는 '공중우세'의 확보가 현대 전쟁의 원칙이라고 평가되고 있다.

4) 적의 유기적 필수요소를 타격하여 마비시켜라

두 번째 동심원의 전략적 중심은 유기적 필수요소이다. 유기적 필수요소는 생존 차원에서 국가가 필요로 하는 시설 또는 프로세스를 의미

117) 군사학 연구회 지음, 전게서, p.411.
118) 군사학 연구회 지음, 전게서, p.412.
119) 군사학 연구회 지음, 전게서, p.440.

한다. 여기에는 유류, 전기, 식량, 핵연료 등 에너지원이 포함된다. 중세 이전의 전쟁은 주로 보병이나 기병에 의하여 수행되었기 때문에 식량과 말먹이가 에너지원이었다. 그래서 적의 식량 수송을 차단하거나 식량창고를 불태워 적을 굶주리게 하므로써 적군을 무너뜨렸다.

그러나, 현대 전쟁에서는 유류나 전기 및 핵연료 등이 주요 에너지원으로 사용되고 있다. 그래서 적의 에너지 체계를 마비시키면 적이 전략과 작전을 수행할 수도 없고, 지휘 및 통신체계도 마비될 수밖에 없는 것이다. 그러므로 적의 에너지 공급체계를 마비시켜 적국의 전쟁지도부와 적군 최고사령부의 전쟁의지를 꺾을 수 있도록 해야 한다.

5) 적의 운송체계를 마비시켜라

와든의 5개 전략 동심원 체계 중 세 번째 동심원은 하부 구조로서 국가의 운송체계가 포함된다. 즉 국가의 운송체계에는 도로, 철도, 비행장, 항만 등이 있으며 각각의 통제체계가 따로 갖추어져 있다. 도로 및 철도상의 교량과 터널 및 교통 요충지, 비행장과 항만등이 파괴된다면 국가의 모든 운송체계가 마비되어 병력과 장비 및 물자 등 전쟁에 소요되는 자원들이 추가로 지원될 수 없게 된다. 증원부대도 증원이 불가하여 전장에 투입된 전력이 급격히 저하될 수밖에 없다. 이렇게 적국의 운송체계를 마비시킨다면 직접적으로 적의 전력을 과도하게 살상하거나 파괴하지 않고서도 아군의 의도대로 전쟁을 주도적으로 수행하여 승리할 수 있다.

다. 현대 항공력 이론의 영향

제1차 세계대전 말기에 개발되어 전쟁에서 사용되기 시작한 항공기는 여러 항공력 이론가들의 영향으로 제2차 세계대전에서 실증을 거쳐 오늘날에는 전쟁의 승패를 좌우하는 전략 공군으로 발전되었으며 우주군으로까지 발전되어 가고 있다. 지상군을 지원하는 항공 전력에서 독립된 공군 전력으로 성장하였다가 '걸프전쟁'에서는 국가전략 차원의 결정적인 군사력으로 확실하게 자리 매김하였다.

이러한 현대 항공전략사상에는 몇 가지 특징적인 이론이 있다. 먼저 '제공권 장악' 또는 '공중 우세의 확보'가 이제 현대 전쟁의 원칙으로 확실하게 인정되기에 이르렀다. 최초의 항공력 이론가인 두헤(Giulio Douhet)도 그의 저서 『제공권』에서 "제공권의 획득이 곧 승리를 의미하며, 국가를 방위하기 위해서는 전시에 제공권을 획득할 수 있는 충분한 항공력이 있어야 한다"[120]고 처음으로 주장하였고, 미국 공군 창설자인 미첼(William Billy Mitchell)도 "제공권은 가장 중요한 필수 조건이다"라고 하였다.

세버스키는 비록 소모전 이론의 사고에서 벗어나지는 못했지만 제공권 장악이 현대 전쟁의 승리에 결정적인 요인임을 간파하고, 공중전을 위한 전투기 개발은 물론 독립된 공군 건설을 주장하여 오늘날 미국이 세계 최고의 항공력을 가진 국가로 발전하는 데 크게 기여하였다. 그리고 공군력을 독립된 전략적 전력으로 편성하였다. 처음 공군이 편성되었을 때에는 주로 지상 작전을 지원하는 전력으로 편성하였으나, 이후 많은 항공 전략사상가들의 주장과 요구로 지상군 및 해군과 독립된 군으로 편성되어 전략적, 작전적 수준의 별도의 임무를 수행하게 되었다는 것이다. 그 이후 항공전력은 처음부터 전쟁의 심리적인 무기로 그 중요성이 인정되었다는 것이다. 즉 항공 전력은 전쟁에서 적국의 국민과

120) 군사학 연구회, 전게서, p.379.

군대의 사기를 떨어뜨리고, 그리하여 전쟁의지를 굴복시키는 데 커다란 역할을 한다는 인식을 같이 하였다는 점이다.

끝으로 현대 항공전략 이론의 핵심은 '전략적 마비'에 있다는 것이다. 와든은 이런 막강한 미국군의 항공력이 무자비하게 적국을 초토화시키고, 살상과 파괴를 자행하는 비도덕적인 전쟁을 수행하는 주력군에서 탈피하여, 적을 마비시킴으로써 최소의 살상과 파괴를 하면서도 전쟁을 단기간에 끝낼 수 있는 전략 이론을 발전시키고, 이를 걸프전쟁에 적용하여 증명함으로써 현대 마비전 이론의 정립과 발전에 크게 공헌하였다고 판단된다. 와든은 이에 따라 '전략적 중심 이론'을 제시하였고, "적 리더십(지휘부)의 파괴와 무력화는 체계를 물리적으로 완전히 마비시킬 수 있다"고 주장하였다.

이후 항공 전략사상은 뎁튤라(David. A. Deptula)가 "적 지휘부 등의 전략적 중심을 정밀 공격해 전쟁에서 발생하는 부수적 피해를 최소화할 수 있는 '효과 기반 작전(EBO: Effects Based Operations)'으로 발전하게 되었다. 이러한 현대 항공 전략사상의 발전은 우주 군사 분야로 발전하여 이제는 위성을 이용한 표적정보 획득과 정찰 및 감시, 위성항법 시스템을 이용한 정밀 항법 및 폭격 지원, 통신 위성을 이용한 통신 지원 등 우주를 통한 군사작전 지원이 전쟁수행 과정에 없어서는 안되는 필수요소가 되었다. 앞으로는 우주기지와 우주정거장에 직접 무기를 장착하고 '우주 전쟁'을 벌리는 일도 충분히 상상할 수 있을 것이다.

세계사에서 군사 강대국을 건설한 전쟁술의 위인들인 알렉산더 대왕, 광개토태왕, 칭기스 칸, 누르하찌 왕, 나폴레옹 황제, 몰트케 총장, 모세 다얀 국방상 등은 전쟁에서 시간과 인간심리의 상호 관계를 체득하고 깨달은 전쟁술의 천재들이었다. – 저자 본인

『명량 해전』 하루 전에 이순신 장군은 전 장병들을 불러 모아 "죽기로 싸우면 살 것이요, 살려고 하면 죽을 것이다 (必死則生 必生則死)… 한 사람이 길목을 지키면 1천 명도 두렵게 할 수 있다"고 훈시하여 전 장병들의 전투의지를 고양하였다.

"신에게 아직 배 12척이 남아 있습니다"

– 임원빈 지음, 『이순신 병법을 논하다』, p.298

제2장
마비전의 전쟁 사례

전쟁의 목표는 적국 전쟁의지의 굴복

「풀러」는 제1차 세계대전시 1917년 11월 '깜브레 전투'에서 처음 운용된 전차의 효과에 대하여 "그것은 사기상의 효과였다. 파괴가 아닌 공포가 무장군의 진정한 목적이었다는 것을 똑똑히 보여주었다. 다시 말하면 군의 신경을 공격한다는 것, 그리고 그 신경을 통하여 지휘관의 의지를 공격하는 것이, 그의 병사들의 신체를 가루로 만드는 것보다 더욱 유리하다는 것이다…항공기는 군의 의지를 공격할 수 있었을 뿐만 아니라 군의 배후에 있는 정치적 의지와 국가의 의지를 공격할 수 있었다"고 하며 전차와 항공기의 공격 그 자체보다 적군의 조직심리에 미치는 충격이 훨씬 더 큰 효과를 가져다 준다고 강조하였다. – 풀러 저, 강창구 역, 『전격전의 기초 이론』, p.51.

"우리 병사들의 대부분은 그들의 지휘부가 강타 당하자 죽자 살자 뒤로 도망쳤다…그것은 전투부대를 적의 지휘로부터 차단하는 것이다. 즉 국가가 힘의 근원을 국가 의지에 두고 있는 것처럼, 군대는 그 힘을 지휘관의 의지에 의존한다. 따라서 그 의지가 차단되면 그 군대는 마비될 것이다."

– 풀러 주장(노양규의 논문 '마비전 전략사상의 현대적 고찰')

제1절 세계적인 마비전 전쟁 사례

1. 과가멜라(Gaugamela) 전투[121)]

B.C.331년 마케도니아의 알렉산더(Alexander) 군과 페르시아의 다리우스(Darius) 군이 과가멜라 평원에서 대치하였다. 9만 명의 페르시아군은 알렉산더 군의 진출을 저지하기 위해 2개의 긴 횡대전투대형으로 전개하였는데, 양 측익에 기병을 중앙 전면에 전차와 코끼리를 배치하고, 다리우스 왕은 경호 기병대와 함께 앞 열 중앙에 위치하였다. 반면에 5만 7천여 명의 마케도니아군은 방진 대형의 양측익에 기병을 배치하고, 후미 양 측익에 적의 포위공격에 대비하여 경기병과 경보병을 배치하여 전개하였는데, 알렉산더 왕은 우측 전면의 기병대에 위치하면서 진두지휘하였다.

알렉산더 군이 오른쪽으로 비스듬히 이동하자, 페르시아군도 이에 대응하여 좌측으로 이동하는 도중에 좌측 대열에 틈이 발생하게 되었다. 알렉산더 왕이 기병을 전진시키자 페르시아군의 양쪽 측익 기병이 알렉산더 군을 포위하기 위해 전진하였는데 양측에 대비 중이던 기병과 경

121) 육군사관학교(2007), 『세계전쟁사 부도』, 서울:황금알, p.17

보병에게 격퇴되었다.

알렉산더는 적 방진 대형의 좌측 중앙에 발생한 간격을 알리고, 주요 전력을 그 곳으로 집중시켰으며, 기병과 경보병으로 거대한 쇄기를 박아 적을 분쇄하였다. 그리고 특히 다리우스 왕이 위치한 방향으로 맹렬한 공격을 가하자 다급해진 다리우스 왕이 도주하기 시작하였고, 이어서 페르시아군은 공황 상태로 붕괴되어 도주하였다.

이어서 알렉산더 왕은 주력 기병을 되돌려 적의 강력한 기병을 분쇄하기 위해 방향을 후방으로 전환하였다. 알렉산더 군의 예비대가 적의 기병대를 고착시키고 있는 동안 주력 기병대가 적의 배후를 공격하여 격멸하므로써 전쟁의 승패가 결정되었고 페르시아군은 붕괴되었다.

알렉산더는 북쪽 하마단으로 다리우스 왕을 추격하였고, 다리우스 왕은 추격을 피해 동쪽 카스피해 방향으로 도주하였다. 알렉산더 왕은

〈그림 3〉 과가멜라 전투 요도

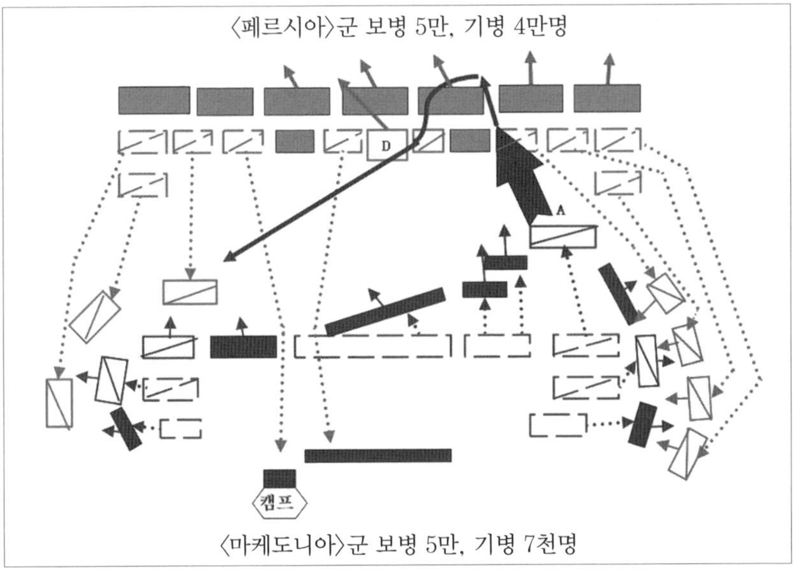

* 출처 : 육군사관학교(2007), 『세계전쟁사 부도』, p.17.

500명의 정예병과 함께 11일간 400마일을 추격하였고, 이제 그를 따르는 장병이 60여 명 밖에 안남았다. 이러한 상황에서 페르시아의 박트리아(Bactria) 총독이 그의 왕을 살해함에 따라 추격을 종료하였으며, 전쟁은 종료되었다. 전쟁의 결과 마케도니아군은 전사 5백 명, 부상자 5천여 명인 데 반해 페르시아군은 5만여 명이 전사하여 10배의 차이를 나타내었다.

이 전쟁에서 알렉산더 군이 승리한 요인은 다음과 같이 분석해 볼 수 있다. 첫째로, 알렉산더 군이 적의 지휘체계를 공격하였으며, 특히 페르시아군의 전열 중앙에 위치한 다리우스 왕을 집중 공격하여 위협을 느낀 왕이 도주함으로써 전쟁의지의 중심이 조기에 마비되어 군대가 공황에 빠지고 붕괴되어 버린 것이다. 왕이 정치의 중심인 체제에서는 전쟁 수행을 결정하고, 전쟁을 계속하고자 하는 전쟁의지는 왕으로부터 나온다. 그러므로 전쟁의지와 지휘체계의 전략적 중심은 왕과 그 주변의 지휘부로 인정되는데, 왕이 전쟁의지를 상실하여 조기에 도주함으로써 그 군대는 지휘체계가 무너진 군중이 되어 공포가 확산되고 공황상태에 이르러서 군대가 붕괴되었던 것이다. 뿐만 아니라 다리우스 왕이 알렉산더의 추격에 쫓겨 도망가다가 지방 총독에 의해 살해됨으로써 나라가 패망하게 되어 전쟁이 완전히 종결되어 버린 것이다.

둘째로, 알렉산더 군은 페르시아군에 대하여 간격을 조성하고, 그 간격으로 전력을 집중하고, 확대된 간격을 통해 주력 기병대가 신속히 기동하여 적의 배후를 공격함으로써 적의 사기가 저하되고 전의를 상실하게 되었다. 알렉산더 군은 원정군으로서 연전 연승하여 사기가 충천하고 정예군으로서 전투의지가 왕성한 데 반하여, 페르시아군은 방어를 위해 동원된 군대로서 사기가 떨어지고 전투의지가 미약한 상태인데, 이렇게 포위되고 배후 공격을 받게 되자 공황 상태에 빠져 도주하게 되었던 것이다. 즉 군이 신속한 기동성을 발휘하여 적을 포위하고 배후 공격을 함으로써 적의 조직심리가 마비되어 버린 것이다. 그리하여 알렉산더 군은 열세군이지만 이러한 전법으로 우세군인 페르시아군에게 승리할 수 있었다.

2. 칭기스칸의 대(對)호레즘 전쟁[122)]

호레즘(Khwarism) 제국은 현재의 아프가니스탄의 산맥으로부터 흑해에 이르는 방대한 지역으로서 투르크족 술탄(왕) 무함마드 2세가 통

〈그림 4〉 칭기스칸군의 대(對)호레즘 전쟁 시 기동 약도

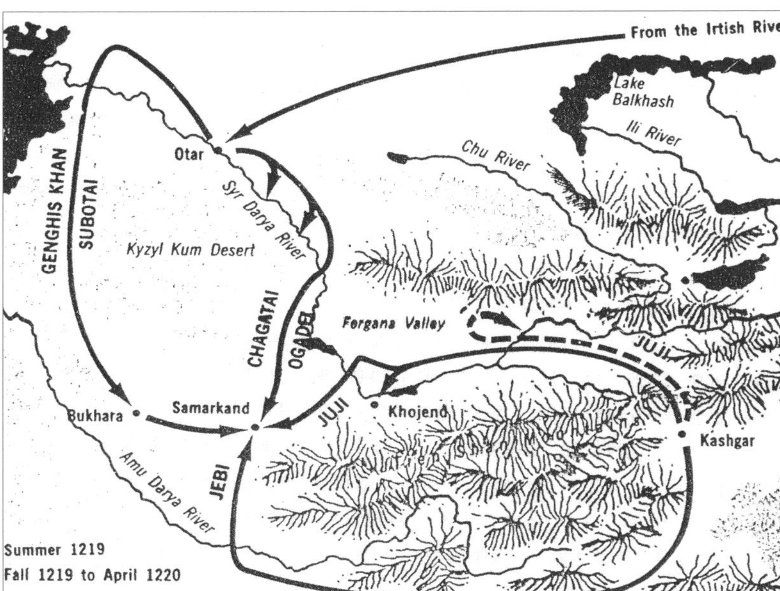

* 출처 : 『Military Review』, July(1986), p.25.

122) 김상철(2001), 전게서, pp.70~76에 제시된 사례를 활용. 정영목 譯(2005), 『칭기스칸, 잠든 유럽을 깨우다』, 서울:사계절, pp.41~48 및 pp.171~178. 참조

치하고 있었다. 호레즘의 한 지방관리가 칭기스칸의 통치를 받는 상인을 살해함에 따라 이 지방관리를 처벌해 달라는 칸(왕)의 요청을 무시하고 사신을 죽임으로써 이 전쟁은 발단되었다.

칭기스칸은 호레즘을 정복하기 위하여 서기 1219년 말에 출발하여 1220년 3월 부하라에 도착하였다. 무함마드 왕은 동쪽으로부터 들이닥칠 몽고군의 공격에 대비하여 대부분의 부대를 시르다리아(Syr Darya)강을 연하여 배치하고, 후방에는 수도인 사마르칸트(Samarkand)로 연결되는 병참선을 요새화하였다.

무함마드 왕의 전력은 약 40만 명으로 추산되는 가운데 그 중 약 4만 명 정도를 국경 주변에 배치하고, 거기에서 압도적인 수적 우세를 통하여 단 한번의 결정적인 전투로 몽고군을 물리칠 수 있다고 확신하며, 임박한 몽고군의 공격을 기다리고 있었다.

칭기스칸은 천산산맥을 넘어서 우선 호레즘에 가장 가까운 통로를 따라 그의 장자인 주치와 신임하는 장군인 제베노얀에게 소수의 군대를 주어서 정면공격으로 무함마드의 주력군을 고착하고 견제하도록 하였다. 그러나, 칭기스칸이 직접 지휘한 주력군은 다른 군대가 상상도 할 수 없는 3,500km의 원거리를 우회 기동하여 전선의 후방 깊숙한 곳인 부하라에 불쑥 나타났다. 몽고군은 산맥을 넘었을 뿐만 아니라 장사를 하는 캐러밴들 조차 가로지르지 못하고 수백km를 우회해 가는 아랄해 남쪽의 키질쿰 사막을 통과하여 기동한 것이다. 부하라는 국경선으로부터 약 600km나 후방에 있는 크게 중요하지 않은 도시이다. 주치와 제베노얀군은 무함마드 왕이 기대하던 전투를 페르가나 계곡에서 개시하여 커다란 피해를 입고 물러났다. 무함마드군은 상당한 손실을 입었으나 자신들의 승리에 도취되었다. 몽고군은 비록 공격에 실패하여 물러났으나, 국경선과 강을 연하여 정면공격을 계속함으로써 무함마드 군의 주력을 고착시키는 임무를 성실히 수행하고 있었다.

칭기스칸은 부하라를 공격하기 전에 먼저 근처의 작은 읍 몇 개를 정복하였으며, 그 과정에서 많은 주민이 부하라로 달아나게 놓아두었다. 이는 정벌에 앞서 실시하는 심리전의 하나이다. 그는 심리전을 준비할 때, 외진 마을의 주민들에게 관대한 조건을 내걸어 항복하면 자비를 베풀고, 대항하면 무자비하게 도륙함으로써 장차 주민들이 겪게 될 앞일을 보여주었다. 그는 이러한 공포의 심리전을 수행하고, 그 주민들이 이러한 사례를 목격하고 과장하여 소문을 퍼뜨리도록 놓아두었다. 이 심리전에 따라 적이 항복하면 관대하게 처리하지만 항거하면 포로들을 앞세워 성을 공격하여 방위군을 당황하게 하고, 자신의 병력 희생을 방지하였다. 칭기스칸 주력군의 뜻하지 않은 후방 출몰과 주변 피난민들의 쇄도로 부하라의 방위군 2만 명은 공황상태에 빠져 500명만 남기고 도주함으로써 몽고군의 원정 소식과 부하라의 함락 소식이 사마르칸트에 전해지면서 그곳 방위군 역시 항복하였다. 무함마드는 몽고군의 1천km에 달하는 무자비한 추격을 피해 숨어들었던 카스피해의 작은 섬에서 쓸쓸히 죽어 갔다.

여기서 칭기스칸의 호레즘 정벌 전쟁을 분석해 보면 다음과 같다. 첫째, 우수한 정보체계를 갖추고 이를 적극적으로 활용하였다. 몽고군은 상인들을 통하여 국외 정보를 적극적으로 수집하였고, 정복을 위한 기동 중에도 지리에 밝은 지역의 향도자를 이용하여 기습에 용이한 기동로에 관한 정보를 입수하고 안내자로 활용하였다. 그리고 오늘날의 정보통신 체제와 유사한 '역참제'[123]를 시행하여 외국의 정보가 모든 방향

123) 몽고 군이 외국 정보나 칭기스칸의 명령을 신속하게 전달하기 위하여 운영한 역전(驛傳)업무 체제를 말함. 세계를 향한 주요 통로별로 30km마다 1개 역을 설치하고, 각 역마다 약 25명 정도가 운영 및 유지를 맡았다.

에서 중앙으로 가장 신속하게 전달되었다.

둘째, 몽고군은 심리전을 잘 활용하였다. 항상 공격하기 전에 일종의 특수부대가 먼저 진출하여 유언비어를 유포하고, 공포의 분위기를 조성하며, 조건을 제시하여 항복을 유도하였다.

셋째, 몽고군은 무서운 기동 속도를 발휘하고, 공격기세로써 적을 압도하여 전장을 지배하고 적의 조직심리를 마비시켰다. 몽고군이 사용하는 말은 크지는 않았지만 추위와 먹이가 부족한 상황에서도 강인한 능력을 발휘하였으며, 몽고군은 이러한 말을 한 사람이 3~4필씩 동반하여 번갈아 타면서 엄청난 속도를 발휘하였다. 또한 몽고군은 치중 시설이 없는 전투부대 위주의 경량화된 부대로써 말린 고기와 유제품으로 식량을 해결하고, 초지(草地)가 있는 지역을 선택하여 말먹이를 현지에서 조달하였다. 이러한 전투 위주의 경량화된 정예부대를 천호제(千戶制)로 편성하고, 상황에 따라 수시로 집중과 분산을 할 수 있는 '레고(lego)형' 군구조를 갖추어, 고도의 기동성을 발휘하는 속도의 전쟁을 수행하였기 때문에 열세한 군으로써 우세군을 상대로 승리할 수 있었던 것이다.

넷째, 몽고군은 고도의 기동성을 바탕으로 분진 합격하여 결정적인 시간과 장소에서는 항상 상대적으로 우세한 전력을 집중 운용하고, 기습을 달성하여 적을 마비시켰다. 이 정복 전쟁에서도 12만 정도의 몽고군이 40여만 명의 호레즘군을 상대로 하여 적을 분산시키고, 고착 견제한 다음에 적 배치가 미약한 간격이나 적이 상상할 수 없는 방향과 지역으로 분진하여 사마르칸트로 합격 및 기습하여 적이 손쓸 겨를도 없이 수도가 함락되어 버렸던 것이다. 호레즘군에서 몽고군에 대항하여 제대로 된 저항력을 발휘한 군대는 최초 주치와 제베노얀 군의 공격을 받아 고착 견제된 4만여 정도의 군대밖에 없었고, 나머지 호레즘군은 대부분 분산 고착되었거나 부하라와 사마르칸트 방어군처럼 붕괴되어 버렸던 것이다.

다섯째, 몽고군은 조기에 호레즘군의 지휘체계를 마비시켰다. 부하라에 진출한 칭기스칸의 주력군은 사마르칸트에서 전방으로 연결되는 도로를 차단하여 연락 및 보급로를 차단하였고, 호레즘의 왕인 무함마드 2세가 조기에 도주함에 따라 카스피해까지 1,000km나 추격하므로써, 일찍이 전쟁 지휘체계가 마비되어 버렸던 것이다.

3. 나폴레옹의 울름-오스테를리츠 전역

이탈리아 전역(戰役)에서 승리 후 1804년 5월 나폴레옹은 국민들의 성원을 받아 프랑스의 황제로 등극하였다. 이제 그는 영국으로 관심을 돌렸는데, 이 틈을 타서 오스트리아와 러시아는 1805년 영국과 동맹을 맺고 배후에서 전쟁을 준비 중이었다. 이에 나폴레옹은 영국에 대한 상륙작전을 보류하고 불로뉴에 집결시킨 병력을 전향하여 오스트리아와 러시아를 응징할 결심으로 독일 방면으로 배치하였다.

가. 프랑스 대(對)오스트리아 '울름 전역'

8월 하순 약 9만 5천명의 러시아군이 오스트리아군과 합세하기 위해 서진 중이었고, 오스트리아군은 12만 8천명의 대병력으로 이탈리아 북부 지역에 공세를 취하고, 5만 명의 마크(Mack)군은 러시아군이 도착할 때까지 독일 방면에서 수세를 취하려는 계획으로 비엔나(Vienna)를 출발하여 9월 25일 경 울름(Ulm) 부근에 도착하였다. 나폴레옹은 바바리아군 2만 명을 전방에 위치시키고 그의 주력 18만 5천 명을 라인강(Rhine R) 서안에 배치했다. 그리고 차후 작전에 대비하여 적과 작전지역에 대한 상세한 정보를 획득하였다.

나폴레옹은 오스트리아군이 넓은 지역에 분리되어 배치되어 있고, 러시아군이 멀리서 천천히 이동 중인 연합군의 상황을 이용하여 각개 격파하기로 결심하고, 먼저 울름 지역에 배치되어 있는 오스트리아의 마크군을 포위 격멸하기로 하였다. 그리하여 나폴레옹은 명확하고도 세밀한 작전계획에 의해 5만 명 밖에 안되는 적에 대하여 20만 명의 대병력을 집중하여 압도적인 우세를 확보한다는 그의 작전 원칙을 그대로 실행하였다.

나폴레옹은 먼저 뮤라(Mürat)의 기병대로 하여금 마크군을 기만하고 고착시키기 위해 '검은 숲(Black Forest)' 전면에서 양동하도록 하였다. 그 다음 주력군은 마크군을 북으로부터 광정면 대우회 기동을 감행함으로써 비엔나로 연결되는 병참선을 차단하고, 나아가 다뉴브강(Danube

〈그림 5〉 나폴레옹 대(對)오스트리아 '울름 전역' 요도

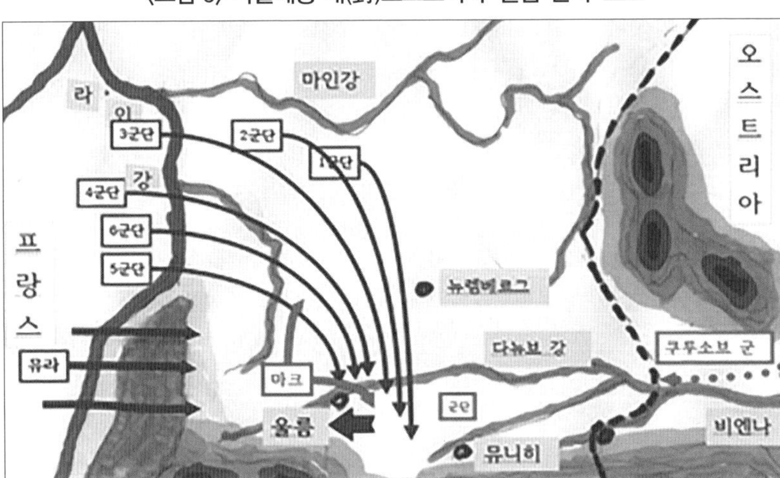

* 출처 : 육군사관학교, 『세계전쟁사』,서울:일신사, 1982, p.108.

R) 계곡에서 섬멸하려고 하였다. 프랑스군은 8월 28일부터 하루 평균 20km씩 행군하여 9월 26일에는 110km의 광정면에서 라인강을 도강하고, 10월 6일에는 다뉴브강에 도착하였다. 이때 뮤라의 기병대는 주력군의 진격 방향을 기만하는 양동작전을 실시하였다.

프랑스군은 울름의 동북방으로 부대를 전개하고, 그 다음 날부터 도나우보르트(Donauworth) 부근에서 다뉴브강을 건너기 시작하였다. 오스트리아군의 마크는 8일이 되어서야 그의 병참선이 차단될 우려가 있음을 인식하고 프랑스군의 도하를 저지하려고 울름 동쪽으로 진출하였으나, 이미 프랑스군이 다뉴브강을 도하하여 그의 병참선을 차단하고, 대병력이 포위해 오고 있었기 때문에 다시 울름으로 후퇴하였다. 나폴레옹은 마크군의 탈출을 방지하고 프랑스군의 병참선을 보호하기 위해 네에(Ney) 군단을 다뉴브강 북방에 위치시키고, 울름 지역의 작전지휘를 뮤라에게 맡긴 다음에, 자신은 진출 중에 있는 러시아군에 대한 작전을 담당하여 신속히 뮤니히(Munich)로 진출하였다. 뮤라는 울름에 있는 마크군을 총공격하기 위해 네에 군단에게 강의 남안으로 도하하여 합류하라고 명령하여 이동 중이었는데, 그 동안에 마크는 다뉴브강 북안으로 진출하여 네에 군단의 1개 사단을 격파하고 하이덴하임으로 진격함으로써 나폴레옹군의 병참선을 차단하려고 하였다.

나폴레옹은 러시아군의 위협이 대단치 않음을 확신하고 일부 부대를 뮤니히에 잔류시키고 나머지 전 부대를 회군시켜 울름 지역의 마크군을 격파하려고 서쪽으로 기동하였다. 울름 전역을 지휘하기 위해 돌아온 나폴레옹은 네에 군단을 다시 다뉴브강 북방으로 진출시켜 마크군의 북상 탈출을 저지케 한 다음, 울름에 있는 마크의 주력군을 포위하고 총공격하니 마크군은 드디어 20일에 항복하였다. 한편 북방으로 탈출한 마크군의 일부 부대는 뮤라 기병대의 추격으로 거의 전원이 포로로 잡혔다. 나폴레옹군은 라인강을 도강한 지 3주 만에 울름지역 일대에 진출한 오스트리아군을 완전히 격파하고 접근 중인 러시아군을 격파하기 위해 비엔나로 진출하게 되었다.

나. 프랑스 대(對)러시아 '오스테를리츠 전역'

'울름 전역'에서 승리한 나폴레옹은, 오스트리아군을 구원하기 위해 서진 중에 있는 러시아의 쿠투소브(Kutusov)군 약 5만 명에 대한 작전을 계속하기로 하였다. 이러한 대규모 병력을 움직여 작전을 하는 데에는 식량 보급이 가장 큰 문제인데, 나폴레옹은 현지에서 조달하는 것으로 방침을 정하였으나 이는 매우 큰 취약점을 안고 있었다.

나폴레옹은 일부 부대를 티롤 지방에 보내어 오스트리아군을 평정하고 프랑스군의 병참선을 유지하게 하는 한편, 나머지 전 부대로써 다뉴브강을 따라 1일 평균 20km의 행군 속도로 쿠투소브군을 추격하여 11월 13일에 비엔나에 입성하였고, 계속하여 다뉴브강을 넘어 추격하던 중에, 적들이 후방에서 진출한 북스훼덴(Büxhöden)군과 모라비아(Moravia) 지방에서 합류하였으므로 추격을 중지하고 11월 20일에 브륀(Brün) 전방에서 대치하였다.

이때 동맹군은 오스트리아의 페르디난드(Ferdinand) 대공(大公) 휘하에 약 2만 명의 병력이 프라그(Frag)에 있었고, 나르부르그(Nar-burg)에 약 8만 명의 병력이 북부 이탈리아로부터 퇴각하여 찰스(C-harles) 대공 휘하에 합류하였으며, 모라비아 지방에 약 9만 명의 러시아군이 쿠투소브 휘하에 있었다.

이에 대하여 나폴레옹은 비엔나 부근에 약 9만 8천 명의 병력을 가지고 있었다. 나폴레옹이 당면한 전략적 문제는 동맹군의 상호지원을 막는 것과 비엔나를 통하는 자기 군대의 병참선을 보호하는 것이었다. 이에 나폴레옹은 비엔나 부근에 약 2만 명의 병력을 남겨 놓고, 나머지 전군으로 북진하여 전략적 돌파작전을 수행하려고 하였다. 그는 병력을 모라비아 지방과 브뤈 근처에 배치시켜 놓고, 필요시에는 모라비아 지방의 어디에나 48시간 이내에 7만 명의 병력을 집결시킬 수 있도록 해 둔 상태에서 동맹군의 움직임을 주시하며 잠시 방어 태세를 취했다. 이에 동맹군은 프랑스군을 공격할 작정으로, 27일 프랑스군의 우익으로 우회해서 병참선을 차단하기 위하여 올쉬안(Ollschan)을 떠나 남진하기 시작했다. 뮤라 기병대의 보고를 받은 나폴레옹은 다부 군단, 모르티어 군단, 베르나도트 군단 등을 즉시 급행군하도록 명령하였다. 그리고 그는 오스테를리츠의 한 고지 위에 올라가 적의 동태를 주시하고는, 적이 만약 공격해 오면 프라첸(Partzen) 고지에서 결전하려는 결심을 했다. 그는 적을 완전히 포착 섬멸하기 위하여 유인(誘引)작전을 수

〈그림 6〉 프랑스 대(對)오 · 러동맹 '오스테를리츠 전역' 요도

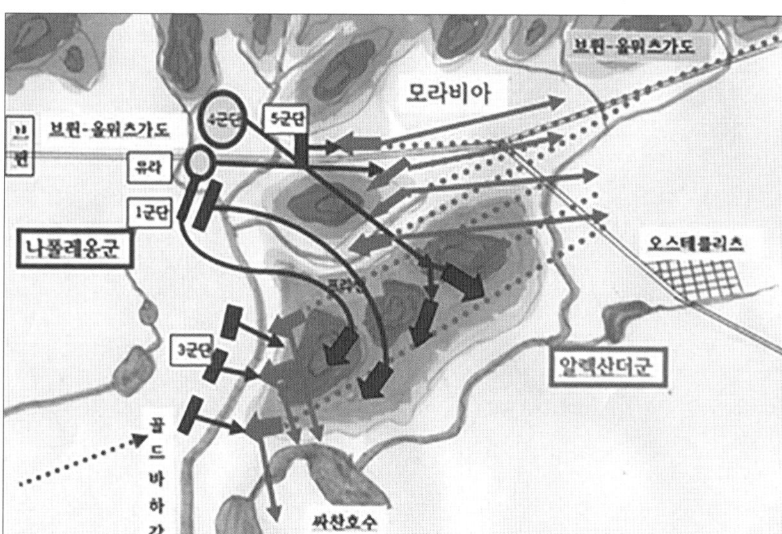

* 출처 :육군사관학교, 『세계전쟁사』, 서울:일신사, 1982, p.115.

행하기로 하였다. 즉, 그는 12월 1일까지 약 7만5천 명의 병력을 오스테 를리츠 서방의 브륀-올뮈츠 가도에 집결하고 적의 기동을 촉진시키기 위하여 전술적으로 중요한 프라첸 고지를 버려두고 2개 사단을 고지 서 방의 저지에 두어 적이 이 고지를 점령하면 곧 내려다 볼 수 있게 하였으며, 그 우측으로 1개 사단의 병력을 약 3km 이상 분산해서 골드바하(Goldbach)강에 연하여 배치했다.

이렇게 배치한 그의 의도는 적이 나폴레옹군의 약한 우익으로 공격해 올 것이 명백하므로, 적을 유인한 후에 그의 좌익군으로 노출되는 적의 후방을 차단하고 싸찬(Satschan) 연못으로 압축하여 적을 섬멸하려는 것이었다.

12월 2일 아침 7시경 러시아군은 대규모 병력으로 골드바하강을 향하여 진격하였다. 이는 나폴레옹이 예상하고 있던 적의 공격 방향이었다. 러시아군이 강을 막 건너려고 할 때 나폴레옹은 중앙을 담당하고 있던 술트(Soult)군을 프라첸 고지로 진격시켜 전술적 요지를 점령함으로써 적을 분리시키고 중앙을 돌파하여 우익 깊숙이 들어온 적의 주력을 배후로부터 포위하였다. 나폴레옹의 이런 지휘 조치로 전역의 대세는 결정되었다.

함정에 빠진 러시아군은 프랑스군에게 포위당했다는 소식이 널리퍼져 일시에 사기가 저하되고 패배의식에 사로잡혀 도망가기 시작하였고, 싸찬 호수의 얼음 위에서 또는 호수 사이의 제방에서 토끼몰이를 당했다. 그리고 중앙과 좌익에서도 러시아군이 다시 저항하지 못할 정도로 타격을 주었다. 이리하여 프랑스군은 6,800명 미만의 손실로 동맹군에게는 포로 1만5천 명과 사상자 1만 2천 명 이상의 큰 피해를 주는 결정적 승리를 거두었다. 이리하여 3차 대불 동맹(對佛同盟)은 와해되고, 나폴레옹은 이탈리아 왕의 자리까지 차지하였으며,16개의 독일 제후국들을 통일하고 '라인 동맹'을 체결하였다.

다. 울름-오스테를리츠 전역 분석 및 평가

나폴레옹군과 오스트리아-러시아 동맹군 사이에 수행된 '울름-오스테를리츠 전역'에 대하여 분석 및 평가해 보면 다음과 같다.

첫째, 나폴레옹은 이 전쟁의 주도권을 장악 및 유지하여 승리하였다. 울름 전역에서는 오스트리아군이 대규모로 집결되기 이전에, 또 러시아군이 천천히 이동 중인데 완전히 합세하기 이전에 분리되어 있는 울름 지역의 마크군을 각개 격파하기로 먼저 결심하고 과감하게 작전행동을 단행하였다. 이는 정보활동을 통하여 적들의 동태를 명확하게 파악하고 있었다는 반증으로써 선제공격을 감행함으로써 조기에 적의 기도를 차단하고자 하는 과감한 결정이었다. 또 오스테를리츠 전역에서는 비록 러시아군이 먼저 공격을 해왔지만 이는 선제를 빼앗겼다기 보다는 적의 작전을 예상하고 약점이 노출되는 때를 노리고 있었던 것이며, 최적의 시간이 다가오자 바로 공격을 개시하여 적을 분리시키고, 적의 주력을 포위하여 격멸할 과감한 지휘 조치로 전역의 주도권을 장악하고 끝까지 유지해 나간 것이다. 주도권의 핵심은 전역의 시작부터 끝까지 나폴레옹의 의도대로 작전이 수행되었다는 것이다.

둘째로, 프랑스군의 신속한 기동 속도와 압도적인 기세로 적을 마비시켰다. 두 전역 다 프랑스의 대군은 1일 20km의 속도로 신속하게 기동하여 다뉴브강을 도하하고, 또 프라첸 고지를 점령한 후 그 기세로써 싸찬 호수까지 진출하여 동맹군의 병참선을 차단하고 포위함으로써 적군의 사기가 저하되고 패배 의식이 만연하여 도주하고 항복하게 된 것이다. 나폴레옹은 "나는 병사들의 발로써 싸운다"라고 하며 행군시에 병사들의 보행속도를 높여 부대의 기동 속도를 증가시켰다. 이러한 프랑스군의 신속한 기동은 오스트리아군의 집결을 방지하였고, 러시아군의 증원과 합세를 조기에 차단하여 동맹군의 모든 작전 의도가 저지되어 버린 것이다.

셋째로, 나폴레옹은 신속한 기동 속도로 결정적인 시간과 장소에 대규모 병력을 집중시켜 적보다 상대적으로 압도적인 전력의 우세를 확보하여 적군의 전투의지를 무너뜨렸다. 오스트리아-러시아의 동맹군은 프랑스군보다 우세하지만, 울름 지역에서는 적의 약 5만 명 병력보다 18만 명 정도의 압도적인 병력을 집중하였고, 오스테를리츠 지역에서는 프랑스군이 약 7만 3천 명인데 반해 러시아군만 약 8만 6천 명으로 적이 우세하지만, 작전 중에는 러시아군을 좌우로 분리시키고 좌익의 주력군 쪽에 프랑스군을 집중하여 우세를 확보함과 아울러 싸찬 호수의 장애물로 인하여 분리될 수 밖에 없는 러시아군을 포위하고 각개 격파하였던 것이다. 나폴레옹은 전쟁에서 결정적인 시간과 장소에서는 압도적인 집중과 우세를 확보한다는 전쟁의 원칙을 고수하였다.

넷째로, 나폴레옹은 적군의 병참선을 차단함으로써 유혈 전투를 감소시키는 가운데 유리한 입장에서 작전을 수행하였다. 적의 병참선을 차단하는 것은 그의 작전 원칙이었다. 울름 전역에서 나폴레옹이 네에 군단을 북쪽에 배치하여 마크군의 탈출을 막은 후 비엔나에 이르는 다뉴브강 상의 중간지점을 점령한 것은 마크군의 병참선을 차단하기 위한 목적이었다. 오스테를리츠 전역에서도 나폴레옹의 주공이 프라첸 고지를 점령한 후 계속하여 적의 후방인 싸찬 호수로 진출한 것도 우선 적의 병참선을 차단하기 위한 조치로 보아야 할 것이다. 이 당시에 전쟁에 이용되는 주된 에너지원은 식량이라고 할 것이다. 병참선을 차단하면 싸우지 않고도 적을 굴복시킬 수 있는 것이다. 나폴레옹은 이런 점을 고려하여 출정한 프랑스군에게는 가능한 식량의 현지조달을 강조하였다.

그러나, 프랑스군이 북부 이탈리아 지역 전역에서 승리한 데 이어서 울름-오스테를리츠 전역에서도 연속하여 승리한 원동력은 나폴레옹의 천재적인 전쟁 감각과 탁월한 지휘통솔력에 있다고 할 것이다. 그는 마비전을 수행하기보다 기동전을 수행할 주요 전쟁의 원칙을 잘 알고 실천하였으며, 이번 전역에서는 기동전 수행의 원칙이 너무도 탁월하게 수행되었기 때문에 적을 마비시키는 효과를 발휘하여 승리하였던 것이다.

4. 1940년 독일의 대(對)프랑스 전쟁[124)]

독일이 폴란드를 침공하자 1939년 9월 영국과 프랑스는 독일에 선전포고를 하였지만 양국은 제1차 세계대전에서 승리한 경험에 바탕을 두고 방어 제일주의라는 편견에 사로잡혀 있었다.

그러나, 독일은 제1차 세계대전의 패인을 분석하고, 전격전 이론을 발전시키며, 이를 수행할 기갑 · 기계화부대들을 대규모로 편성하고, 급강하 폭격기를 개발하는 등 새로운 전쟁의 양상을 예견하여 이에 대한 준비를 체계적으로 추진하였다.

가. 양군의 전쟁계획

연합군의 전쟁계획은 주로 영구요새(永久要塞)에 크게 의존하는 방어전략이었다. 이 전략개념에 따라 'D계획'을 수립하였는데, 이 계획에 의

124) 육군사관학교, 『세계전쟁사』, 서울:일신사, 1982, pp.324~341.

하면 주 방어선은 딜선(Dyle Line)으로 하되 벨지움군은 앙트워프와 루벵 간을, 영국군은 루벵과 와브르 간을, 그 동부전선은 프랑스군이 담당하되, 프랑스의 제7군이 전략 예비로서 네델란드의 브레다까지 진출함으로써 독일군의 측면을 강타하도록 계획하였다.

연합군의 전력은 프랑스군 119개 사단, 영국군 10개 사단, 벨지움군 22개 사단, 네델란드군 9개 사단인데, 연합군 총사령관은 프랑스의 가믈렝(M.G. Gamelin) 장군이 맡았다. 프랑스군의 항공기는 1,400여 대이고, 영국 원정군에 300대의 전투기를 주둔시키고 있었다. 독일군은 공세 전략을 바탕으로 2단계 공격계획을 수립하였다. 제1단계는 돌파로부터 해안까지 진격하여 연합군 주력을 완전히 포위하여 섬멸하

〈그림 7〉 독일의 대(對)프랑스 공격계획 요도

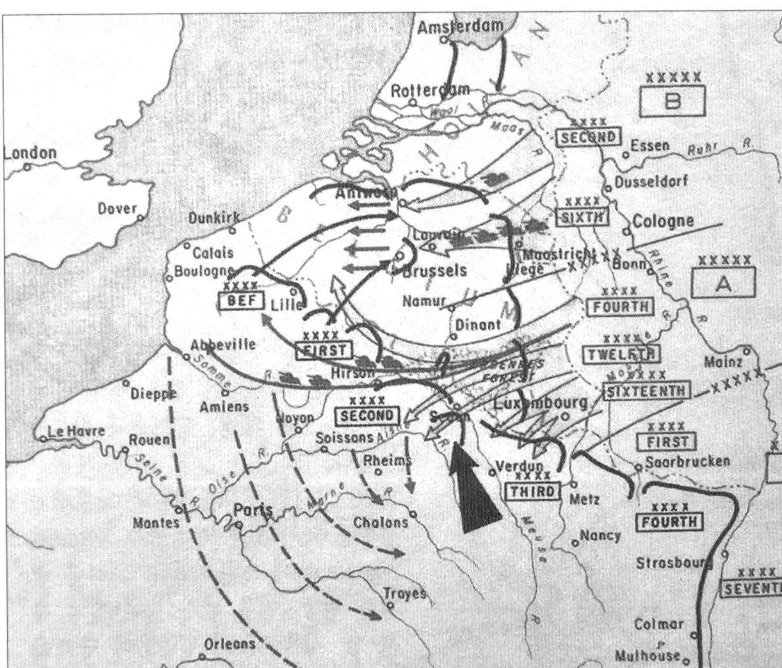

* 출처 : 육군사관학교(2007), 『세계전쟁사 부도』, p.98.

기 위해, 보크(Bock) 상급대장의 B집단군이 네델란드와 벨지움군에 대해 조공과 기만 임무를 수행하고, 레에프(Leeb) 상급대장의 C집단군이 마지노선(Maginot Line) 정면에서 견제 공세를 취하는 동안에, 룬트슈테트(von Runtstedt) 상급대장의 A집단군이 주공으로서 아르덴느(Ardenne) 삼림지대를 돌파하여 대서양 해안까지 진출함으로써 솜므강 이북의 연합군을 포위한 후에 B집단군과 협격하도록 되어 있었다.…(제2단계 계획 생략)… 여기서 양군의 계획을 보면, 연합군의 계획은 독일군 계획의 성공 가능성을 더욱 증대시켜 주는 것이었으니, 연합군의 주력이 네델란드와 벨지움으로 깊이 진출할수록 독일군에 의하여 포위될 가능성이 더 커지기 때문이다. 독일군의 전력은 총 159개 사단 가운데 123개 사단을 서부 전선에 투입하였고, 주공인 A집단군에 44개 사단(7개 기갑사단 포함)을 집중하였는데, 여기에는 클라이스트(Kleist) 장군이 지휘하는 기갑군도 포함되어 있었다. 독일 공군은 5천 대의 항공기 중에 3천 5백 대를 서부 전선에 투입하였다.

나. 작전 경과

1940년 5월 10일 자정부터 새벽까지 독일군은 네델란드와 벨지움에 대하여 무차별 폭격을 가한 후 일출 무렵에 지상군을 투입하기 시작하였다. 이와 동시에 낙하산 부대는 네델란드와 벨지움에 낙하하여 강(江)상의 주요 교량과 기동로 상의 요새지를 장악하였다. 네델란드로 침공한 퀘흘러(Kuechler) 장군의 제18군은 맹진격을 감행하여 당일에 제 1, 2방어선을 돌파하였다. 이튿날 연합군의 예비대인 프랑스의 제7군은 독일 공군의 치열한 공중폭격을 무릅쓰고 네델란드를 지원하기 위하여 브레다에 도착하였으나 격퇴당하여 네델란드의 최후 방어선인 요새 지역으로 몰리고 말았다. 독일 공군의 로테르담 상업지역에 대한 맹폭격으로 대량 인명피해가 나자 네델란드는 항복하고 말았다. 또한 벨지움으로 침공한 라이헤나우 장군의 제 6군은 낙하산 부대의 요충지 점령으로 신속하게 진격할 수 있었다. 특히 11일에 실시된 에벤 에마엘(Eben Emael) 요새에 대한 공수작전의 성공은 강력한 알베르트(Albert) 운하를 연한 방어선을 무용지물로 만들었기 때문에 벨지움군은 딜(Dyle) 선으로 철수하여 영국 · 프랑스군과 합세하였다. 독일 제6군의 벨지움 공격이 워낙 맹렬했기 때문에 연합군은 독일군의 주공이 예상했던 대로 북쪽이라고 믿게 되었다. 주공인 A집단군은 클라이스트 기갑군을 선두로 하여 아르덴느 삼림지대를 신속하게 돌파하였다. 아르덴느 삼림지대에는 사용 가능한 통로가 너무 제한되어 부대들을 횡으로 전개하여 전진하기 어려우므로 사단들을 종대로 전진시켰다. 만약 연합군의 항공기가 폭격을 하였다면 통로가 차단되어 공격이 실패할 수도 있었으나, 연합군은 이 지역으로 독일군의 주공이 올 것으로 판단하지 않았으므로 항공 폭격은 없었다.

독일군의 가운데 최선봉을 담당한 구데리안 장군이 지휘하는 기갑군단은 13일 뮤즈강에 도달하였는데, 프랑스군의 이 뮤즈강 방어선을 돌파하는 것이 최대로 어려운 문제였다. 이 뮤즈강 방어선의 세당(Sedan) 지역에는 프랑스군 제55 보병사단이 방어하고 있었다. 구데리안 기갑군단장은 그의 전격전 이론에 따라 그의 3개 기갑사단을 세당 지역에 집중 투입하였다. 보병연대가 교두보를 확보하기 위하여 프랑스군 방어 진지상의 벙커를 제거하는데 큰 어려움을 겪고 있는데, 기갑군단에는 포병 화력이 제한되어 있었으므로 항공사령부와 협조하여 3개 항공단을 집중 투입하였고, 4km의 좁은 정면에 폭격기와 슈투카(급강하폭격기)가 1215회 출격하여 집중 폭격하였다. 또한 세당 일대에서 독일군의 전투기와 연합군 전투기가 공중전을 벌였는데, 연합군 전투기가 250소티 정도 소극적으로 작전한 데 반하여 독일군 전투기는 814소티나 출격하여 압도하였고, 또 연합군 폭격기를 다량 격추시켜 연합군 폭격기 부대의 중추부가 와해되어 이때부터 독일군이 제공권을 장악하였다. 이러한 폭격기의 맹폭과 슈투카의 요란한 굉음으로 프랑스군 제55 보병사단 장병들이 공황상태에 이르렀는데, 여기에 유령 전차가 나타났다는 유언비어가 확산되어 프랑스군 55사단 장병들이 완전히 공황상태가 되어 집단으로 도주함으로써 부대가 붕괴되어 버렸다. 이러한 상황하에서 14일 독일군의 제1기갑사단이 교량을 설치하여 도하하였고, 제2기갑사단도 이 교량을 이용하여 도하하는 등 지체없이 단 하루 만에 전 기갑군단이 도하를 완료하였다. 또한 라인하르트 기갑군단은 하루 늦은 15일에 도하하였다. 이렇게 하여 A집단군은 프랑스의 제2군과 9군 사이에 약 50마일의 간격을 형성함으로써 돌파에 성공하였으며, 이로 인하여 연합군의 'D계획'은 완전히 무용지물이 되었다.

뮤즈강을 도하한 후 독일군의 기갑군은 경이적인 진격을 하였다. 독일군은 18일에 솜므강의 페론뉴에 도달하였고, 20일에는 아브빌에, 21일에는 불로뉴에 도달함으로써 영국 원정군의 병참선이 차단되었고, 프랑스군은 남북으로 두 동강이 나고 말았다. 룩셈부르크의 동쪽 국경에서 출발하여 대서양 해안에 도달하기까지의 11일간에 걸친 선풍적인 진격 작전에서 독일군은 총 240마일 이상을 기동한 셈으로써, 이는 군사작전이라기보다는 그냥 달리기 시합을 하는 것과 같은 양상이었다. 이 시기에 독일군의 기세는 마치 해일이 일어난 것과 같이 어떠한 노력도 이를 꺾을 수 없는 것이었다. 사실 프랑스군의 역습이 17일과 19일 두 차례에 걸쳐 라옹 근처에서 드골(de Gaulle) 장군이 지휘하는 제4기갑사단에 의해 실시되었으나, 전쟁의 대세를 뒤집기에는 역부족이었고 프랑스군 지휘체계의 마비로 어떠한 조치도 실행에 옮겨지지 못했다. 프랑스의 지상군 총사령관인 가믈렝 장군은 상황을 파악할 수도, 어떠한 대책도 마련할 수가 없어서 쩔쩔매다가 19일에 웨이강 장군으로 교체되었다. 이 동안에 독일군은 깔레와 오스땅 마저 점령하여 북부 전선 연합군의 퇴로는 이제 당케르크 만이 남게 되었다. 이때 독일의 히틀러 총통이 진격 중지 명령을 내려 3일간 독일군은 당케르크 전방 10km 지점에서 머물러 있게 되었던 것이다.

이 동안 연합군은 가능한 모든 선박을 동원하여 중장비는 모두 버려 둔 채, 영국군 224,000명과 벨지움군 113,646명 등을 구출하였다. 독일군은 당케르크를 점령한 후 6월 5일 제2단계 작전을 개시하였다. 조공 부대인 보크 장군의 B집단군이 솜므강 하구와 아미앵 부근에서 도하공격을 개시한 후 6월 9일에 주공인 A집단군은 파리(Paris) 동부에서 구데리안의 기갑부대를 선두로 공세를 개시하였다. 12일에는 결정적인 타격을 가하고 돌파에 성공함으로써 이후 대추격전을 감행하였다. 14일에는 파리가 무혈로 점령되었고, 17일에는 구데리안군이 스위스 국경에 도달함으로써 마지노선 후방의 프랑스군 50만 명은 완전히 포위되었다. 이때 레프의 C집단군도 전면 공격을 개시하여 16일에는 마지노선을 돌파하였다.

다. 전쟁에 대한 분석과 평가

제2차 세계대전에서의 이 독일-프랑스 전쟁은 현대 기동 · 마비전 사례 가운데 가장 대표적인 전쟁이다. 무엇보다도 현대의 전쟁 중에서 소모전 이론과 기동 · 마비전 이론이 가장 대조적이면서도 극명한 차이를 나타낸 전쟁 사례이기 때문이다. 또한 이 시대에 가장 뛰어난 통찰력과 예지력을 가졌던 세 명의 전략사상가(풀러, 리델 하트, 두헤)가 소모전적 전쟁 유형에 대한 비판과 함께 기동·마비전적 전쟁 유형의 발전에 대하여 예고한 사실도, 전차와 항공기 등 전장을 지배할 새로운 무기 및 장비의 개발도 모두 연합군 측에서 먼저 이루어졌음에도 불구하고, 당시 연합군 측 국가의 정치 및 군사 지도자들에 의해 채택되지 않고 오히려 전쟁의 상대국인 독일의 정치 및 군사 지도자들에 의하여 채택되었기 때문에, 결국 자신들이 개발한 전쟁 이론과 무기에 의해 도리혀 참담한 패배를 하는 웃지 못할 사례가 발생한 것은 참으로 아이러니한 일이라고 할 것이다. 이 전쟁에 대해 분석 및 평가를 해보면 다음과 같다.

첫째, 독일군이 주도권을 가지고 수행한 전쟁이었다. 독일이 폴란드를 침공하였을 때 영국이 독일에 선전포고를 하였음에도 불구하고, 연합국이 선제 공격을 하지 못하였고, 오히려 독일이 선제 기습공격으로 주도권을 장악하였다. 이런 주도권 장악에는 독일군이 연합군에 비하여 우수한 정보 능력을 발휘한 것에도 기인한다. 독일군은 전쟁 전에 연합군 측의 전쟁계획과 영국·프랑스군의 군사 지도자들이 소모전 이론에 크게 집착하고 있었다는 사실을 알고 있었다. 독일군의 전격전 이론의 창시자인 구데리안 장군은 그의 저서에서 "우리의 적들은 전차가 1918년에 자기들의 승리에 커다란 수단이 되었는데도 불구하고, 아직도 진지전의 개념에 마음을 빼앗기고 있었다", "적의 전투서열 및 독일군의 진격 시초에 예기할 수 있는 적의 반응에 대한 우리의 지식은 승리에 대한 나의 신념에 기여한다"[125]라고 기록하여 독일군의 수뇌부가 연합군의 계획과 대응 전략을 미리 알고 있었음을 입증해 주고 있는 것이다. 그리고 군사 작전간 공군의 정찰과 오열의 활동 및 기갑정찰대의 적극

125) 구데리안 저, 김정오 역(1990), 『기계화부대장들』, p.164, p.166.

적인 활동으로 작전에 필요한 정보를 입수하였고, 또 대부분의 기갑 차량에 무선통신 장비를 장착하고 있어서 최신 정보를 필요한 지휘관에게 전파하여 활용하였다.

둘째, 독일군은 연합군 방어 계획상의 취약점에 전력을 집중하여 계속적인 우세를 달성하고 유지해 나갔다. 또한 좁은 정면에 신속한 기동력으로 압도적인 전력을 집중하여 우세를 확보하였다. 주공인 A집단군은 좁은 정면에 45개 사단을 투입하였는데, 이 중에 7개 기갑사단(총 10개 사단 중)을 기갑군단 · 군까지 편성하여 집중 투입하였던 것이다. 독일군의 '중점 형성' 교리를 확실하게 실천한 것이었다.

셋째, 이 전쟁은 완전한 전략적 기습에 의해 균형이 깨뜨려진 전쟁이었다. 이 전쟁의 기습은 두 가지 특징을 나타내고 있다. 즉 연합군 수뇌부에서 제1차 세계대전시 슐리펜 계획의 재판일 것이라고 판단한 것과는 전혀 다르게, 전차 기동이 불가능할 것으로 고려되어 방어 준비가 가장 미약했던 아르덴느 삼림지대로 주력을 지향하고 종심 깊은 배후 기동으로 물리적 기습을 달성한 것이다. 또한, 연합군의 방어 중심의 교리에 대해 독일군의 전격전 교리가 장교단의 사고를 지배하여 교리적인 기습을 달성하였던 것이다. 당시 연합군의 교리는 보병 중심의 교리로서 많은 전차들을 보병사단에 편성하여 제병협동 전투 위주로 운용하였고, 기갑사단도 보병의 작전속도를 고려한 운용을 하였던 것이다.

넷째, 독일군은 우수한 작전속도로 전쟁에서 승리하였다. 연합군의 최고사령관인 가믈랭 장군을 비롯한 대부분의 장군들과 장교들이 소모전 이론의 사고에 빠져있어서 이러한 속도있는 작전을 예상하지 못하였던 것이다. 또한 이 전쟁은 독일군 기갑부대의 맹렬한 기세에 의해 승리한 전쟁이다. 이러한 기세가 영국 · 프랑스군에 엄청난 충격을 주었기 때문에 프랑스군의 부분적인 역습과 대응조치도 전쟁의 대세를 바꾸지 못하였고 개전 후 6주 만에 패배하고 말았던 것이다.

다섯째, 이 전쟁에서는 독일군이 공중우세를 확보하여 전격전 수행을 보장하였다. 이 초기 작전에 연합군은 총 가용 항공기 7,863기 중 1,453기를 투입한 반면에 독일군은 총 가용 항공기 2,589대를 모두 투입하여 공중전 및 지상군 지원작전을 하였다. 세당 지역 작전에서 독일군은 1,500여 대의 항공기를 투입하여 폭격을 하였을 뿐만 아니라 방공포 303문을 배치하여 연합군 공군기를 격추시켜 연합군 공군 활동을 크게 제한한 결과 이 지역에서 방어를 하던 프랑스군이 공황 상태에 빠져 전투력 발휘를 할 수 없었다.

여섯째, 이 전쟁은 심리의 전쟁에서 이긴 것이다. 일찌기 독일은 심리전의 중요성을 인식하고 정부 수준에서 심리전 장관을 임명하여 국가 전략 수준에서 적극적으로 심리전을 전개하였다. 그리고 프랑스군 최고 사령관의 마음이 교란되어 어찌할 바를 모르고 쩔쩔매는 사이에 전군의 사기가 붕괴되어 군대 조직이 붕괴되어 버린 것이다.

일곱째, 영 · 프 연합군은 지휘체계가 마비되어 패배한 것이다. 독일군은 임무형 지휘[126]제도에 따라 상급 지휘관이 많은 권한을 예하 지휘관들에게 위임하여 분권화 지휘를 한 반면에, 영국 · 프랑스 연합군은 중앙 집권형 지휘체계를 가지고 있어서 모든 작전이 상급 지휘관의 세부적인 명령에 따라 실행되었다.

그러나, 독일군의 예상 밖의 작전 템포와 전략적 기습 그리고 해일과 같은 기세에 의해 영국 · 프랑스 연합군의 모든 지휘 조치도 성공 가능성이 의심스러워지자 상급사령부의 어떠한 명령도 전혀 실행되지 못하

126) 독일군에서 몰트케 시대부터 약 100년에 걸쳐 전통적으로 수행해 온 지휘통제 방법임. 상급지휘관 의도의 범위 내 하급 지휘관의 자유 재량권을 허용하여, 임무를 부여하고 방법은 부하가 상황에 맞게 찾아서 수행하는 창의적인 지휘통제 방법임.

는 사태가 일어나서, 사실상 지휘체계가 마비되어 버렸던 것이다.

여덟째, 전략개념 및 군사교리에 부합되는 군사력 건설이 승리의 바탕이 되었다. 앞서 언급한 것처럼 독일군은 전격전 교리를 발전시키고, 이에 부합되는 기갑 및 기계화 부대의 창설, 전차의 기갑부대 집중 편성, 급강하 폭격기 등 공군의 지상 기동부대와의 합동작전, 지상군 부대의 '제병협동 전투개념'과 이에 부합되는 부대구조 등 기동 · 마비전 수행에 필요한 군사력을 건설하였던 것이다.

그러나, 연합군은 풀러의 기계화전 교리가 선행 발전되었고, 제1차 세계대전시 전차와 항공기의 위력을 스스로 체험하였음에도 불구하고 교리에 부합되는 군사력 건설을 소홀히 하였던 것이다.

5. 이스라엘과 아랍의 '6일 전쟁'[127]

이집트의 나쎄르 대통령이 이스라엘을 압박하기 위해 티란해협을 봉쇄하려 함으로써 전쟁이 불가피해졌다. 이스라엘의 국방상 다얀은 이 전쟁에 있어서 가장 중요한 고려사항은 시간으로써 미국과 소련 등 강대국이 개입하기 전에 군사적인 결과를 이스라엘 측에 유리하게 전개시켜야 한다는 것이었다.

가. 양측의 전쟁 계획

이스라엘은 '기동전' 전략개념에 입각하여 속전속결에 의한 단기전으

127) 육군사관학교(1982), 전게서, pp.565~572.

로 전쟁을 종결짓고자 하였다. 이스라엘은 지정학적 위치로 보아 내선 전략을 채택하였고, 전반적인 위협의 현상을 고려하여 이집트를 우선적으로 공격하기로 계획하였다. 따라서 이스라엘 공군작전은 3단계로서 먼저 이집트의 공군을 무력화하고, 제2단계로 시리아, 요르단, 이라크, 레바논의 공군을 무력화하여 제공권을 장악한 다음에, 제3단계는 지상 및 해상 작전을 지원하는 계획을 수립하였다. 지상 작전은 시리아와 요르단 방향은 일부 부대로 견제하고, 주력은 이집트를 선공하되 수에즈 운하 동쪽에서 주력의 퇴로를 차단하여 격멸하려 하였다. 이어서 군의 주력을 시리아와 요르단 방향으로 전환하여 공격함으로써 군사적으로 유리한 상황을 조성하여 협상에 임한다는 계획이었다.

한편 아랍측은 최초 이스라엘 공격을 흡수하고, 1단계로 이스라엘의 공군력을 분쇄하여 제공권을 장악하고, 2단계에는 여건이 허락하는 범위 내에서 3면 공세로 나아가 이스라엘을 점령하려고 계획하였다. 아랍측의 지상 작전계획은 주력군이 시나이반도의 쿤필라에서 출발하여 요르단군과 합류하여 네게브 지역을 고립시키고, 또한 부대는 엘아리쉬에서 텔아비브 북방으로 진격하여 그곳에서 시리아, 요르단, 이라크군과 합류하여 3면 공세를 취하는 것이었다. 전쟁 이전에 시나이반도와 가자지구에는 이집트군 7개 사단과 900~1,000대의 전차와 수백 문의 중포가 배치되어 있었다.

나. 작전 경과

이스라엘 공군은 1967년 6월 5일 07:45 지상공격이 개시되기 1시간 전에 선제 기습공격을 감행하였다. 이 시간은 이집트군의 일과시간 전이므로 집무에 바쁠 것이고, 안개가 걷히는 쾌적한 조건이 시작되는 시간이다. 최초 이스라엘에 직접적인 위협이 되는 비행장부터 정확한 정보를 가지고 아랍 측의 항공기를 공격하였다. 이집트의 항공기는 총 884대 중 초일 기습공격으로 비행장에서 431대가 지상 파괴되었다. 그 다음 단계로 나머지 아랍 측의 항공기와 비행장을 강타하였다

이스라엘군 탈 사단은 라파에서 돌파하여 1개 여단은 가자 지구로 진격하고, 사단의 주력은 엘아리쉬를 조기에 점령하고 전과확대 작전으로 전환하여 이스마일리아까지 맹렬히 진격한 후 요페 사단과 합류하였다. 샤론 사단은 시나이반도 중앙의 움가타프에서 시간표와 같은 정밀한 계획을 수립하여 요새화된 이집트군의 방어진지를 완전 작전으로 돌파하여 요페 사단의 초월 공격을 지원한 후 포위된 적을 격멸하였다. 요페 사단의 1개 여단은 이집트군이 도저히 통과하지 못하리라고 판단한 사막지역을 통과하고, 사단의 주력은 샤론 사단을 초월하여 수에즈 운하로 가는 도로상의 애로지점(미틀라, 기디 애로)을 점령하여 반도 중앙지역에 배치되었던 이집트군 주력의 퇴로를 차단하여 포위하였다.

이어서 사단은 수에즈 운하에 도달하여 탈 사단 및 샤름 엘 쎄이크에 투하된 공수부대와 연결함으로써 시나이반도를 완전히 장악하고, 지역 내의 이집트군을 완전히 포위하였다.

요르단의 전 지역에서는 나르키스 준장 지휘하에 3개 예비 여단을 운용하였다. 작전 초일 오후 요르단군의 공격에 대해 역습을 실시하여 6월 8일 요르단강까지 진격하였다. 시리아 지역의 골란고원에서는 이집트와 요르단에 대한 전투행위가 모두 끝난 6월 9일 아침에 전투가 시작되어 그 다음 날 저녁 정전(停戰)과 함께 종결되었다. 이 지역의 험준한 지형과 시리아군의 저항을 극복하면서 이스라엘군은 작전 초일 두 지역에서 돌파하여 6월 10일에는 쿠네이트라를 점령하고, 다마스커스로 진격하려 하였다. 이 전쟁의 결과 이스라엘은 전쟁 이전의 영토보다 3.5

〈그림 8〉 이스라엘 대(對)이집트의 '6일 전쟁' 약도

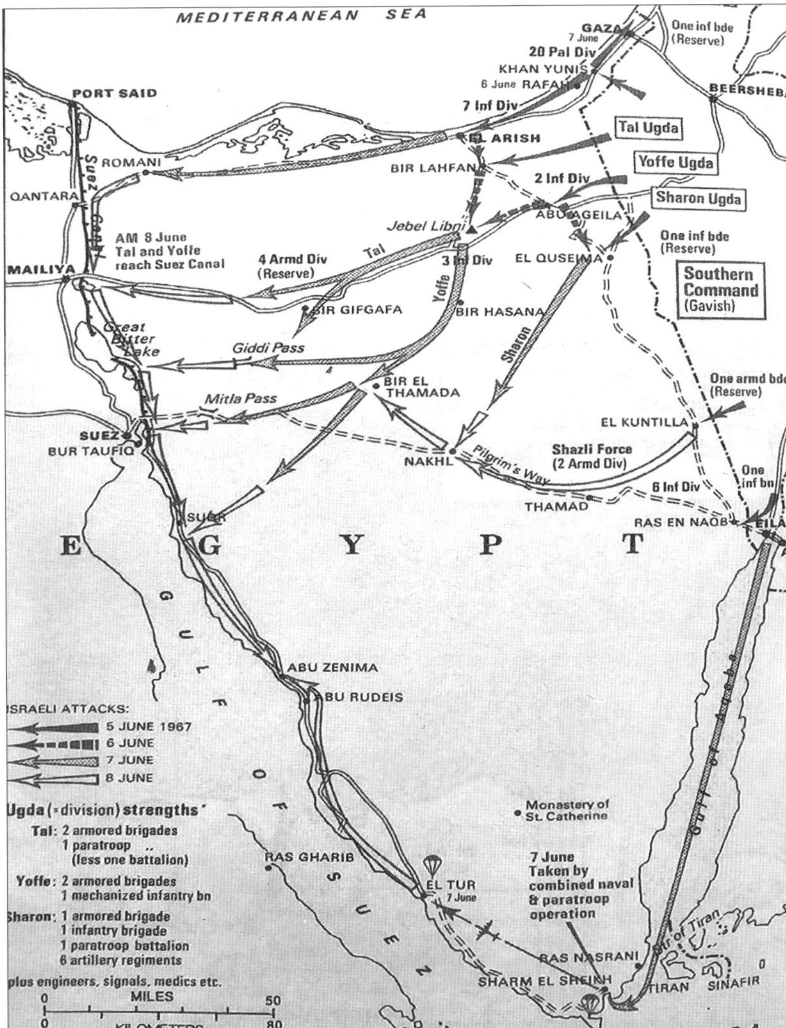

* 출처 : 육군사관학교(2007), 『세계전쟁사 부도』, p.150.

배나 되는 영토를 획득하였고, 800여 대의 전차와 수천 대의 차량을 노획하였다. 특히 예루살렘을 완전히 장악함으로써 정치적 및 심리적인 이점을 획득하였다.

다. 전쟁에 대한 분석 및 평가

이 전쟁에 대하여 분석 및 평가를 해보면 다음과 같다.

첫째, 이 전쟁은 현대전의 특징과 같이 초단기간 내에 종결되었다. 아랍군과의 커다란 군사력의 차이에도 불구하고 이스라엘은 6일 만에 전쟁을 종결시킨 경이적인 승리를 이룩하였다. 또한 이 전쟁은 피 · 아 양군의 살상률이 매우 낮은 반면에 포로의 숫자가 많은 전쟁의 도덕적인 측면이 크게 회복된 사례이다. 극히 짧은 기간 내 전쟁이 종결되었고, 화력의 사용에 의한 살상과 파괴보다는 기동을 수단으로 한 전쟁이었기 때문에 살상률이 낮은 것은 당연한 결과이다.

둘째, 이 전쟁은 시초부터 이스라엘이 완전한 주도권을 가지고 전세를 주도하여 끝까지 유지한 전쟁이었다. 이스라엘은 우수한 정보 능력을 바탕으로 전쟁의 주도권을 장악하였다. 전쟁을 기도하는 이집트의 나쎄르 대통령의 의도로부터 전쟁 시작 전에 아랍 측의 군사력에 대한 정확한 정보를 입수하고 있었다. 이 결과 전쟁 초일에 이집트의 공군력을 지상 파괴로 무력화하고, 전쟁 개시 시간의 선정도 기습을 달성할 수 있는 시간을 고려한 것이었다. 기동이 불가능하다고 판단한 사막지역에 대한 기갑부대의 기동 가능성에 대해서도 정확한 지형 정보를 가지고 있었다.

셋째, 이스라엘은 시간에 의한 전쟁에서 승리하였던 것이다. 최초 강대국의 전쟁 개입 이전에 군사적으로 유리한 상황을 만들어야 한다는 전략적 고려사항부터 이스라엘은 시간을 전략적 자원으로 사용하여 부존자원의 부족을 대체함으로써 승리한 것이었다. 또한 작전에서도 샤론 사단의 움가타프 공격 전투와 같이 시간표를 짠 것처럼 정밀한 작전계획을 수립하여 차질없이 실행에 옮겼다. 이스라엘군의 작전속도가 이집트군의 상상을 초월하였기 때문에, 이집트군 최고사령부에서는 상황을 제대로 파악할 수도 없었을 뿐만 아니라 어떤 조치를 단행해야 할지도 전혀 모르는 상태가 되었다. 이렇게 시간에 의한 전쟁은 공간과 유형 전투력의 가시적인 현상에 익숙된 인간들에게는 불가사의한 전쟁 개념이었던 것이다.

넷째, 이 전쟁은 완벽한 기습을 달성한 대표적인 사례였다. 이스라엘군의 전략적 기습은 아랍 측에서 전혀 예상치 못한 시간과 방법으로 달성되었다. 이집트군의 출근 시간에 맞추어 주요 사령부의 상황 파악과 조치를 불가능하게 만들었고, 아침 안개와 레이다 사각을 이용하여 저공 비행함으로써 완벽한 기습을 달성하여 이집트군 주요 비행장의 항공기가 지상에서 파괴되어 회복 불능이 되어버린 것이다. 이렇게 공군이 최초 충격에서 깨어나기도 전에, 지상군이 이집트군의 예상을 뒤엎고 사막으로 기동하여 측 · 후방을 공격하였기 때문에 제대로 대응할 수가 없었던 것이다.

다섯째, 이스라엘군은 제공권을 장악하여 아랍군의 모든 작전을 마비시켜 승리하였다. 앞서 기술한 바와 같이 이스라엘군은 초기 기습공격으로 아랍국들의 공군력을 50% 이상 격멸하였고, 이후 계속 적국의 공군력과 방공전력을 제압하여 제공권을 장악하였다. 그리하여 아랍측의 모든 지 · 해상 작전이 마비되어 버렸고, 지휘체계도 마비되어 어떠한 대응 작전도 불가능하게 되었다.

여섯째, 이스라엘군의 기동 속도와 공격기세는 아랍 측의 어떠한 대응조치도 공허한 것으로 만들었다. 이스라엘 공군의 기습으로 큰 충격을 받은 상태인데, 지상군의 최초 방어진지 돌파에 이어진 공격기세는 질풍노도와 같이 이집트군의 진지와 시나이 반도를 휩쓸었다. 상급사령부의 차후 명령은 전차의 연료가 고갈될 때까지 무조건 “수에즈 운하로 가라!"였다고 한다. 이러한 기세에 짓눌린 이집트군은 그저 당황하고 공포에 떨며 도망가는 일밖에 다른 도리가 없었던 것이다.

일곱째, 이 전쟁은 아랍 측 군대 조직의 심리가 붕괴되어 조기에 승리한 사례이다. 이스라엘군의 최초 기습으로 공황 상태가 된 후에 이집트군이 상상할 수도 없는 속도와 기세로 전장을 휩쓸었기 때문에 이집트군 수뇌부는 상황 파악과 조치가 불가능하였고, 장병들은 조기에 사기가 붕괴되어 군대 조직이 와해되어 버렸다.

여덟째, 이집트군의 지휘체계를 마비시켜 승리한 전쟁이다. 공격 초일에 이스라엘 공군의 공습으로 주요 사령부가 공격받아 지휘 및 통신 시설이 크게 손상되었을 뿐만 아니라, 앞서 언급한 것처럼 주요 사령부가 전반적인 작전 상황을 전혀 파악할 수도 없었기 때문에 작전의 진행 상황에 부합되는 어떠한 지휘 조치도 할 수 없었다. 이렇게 이집트군은 지휘체계가 조기에 마비되어 군대로서의 기능을 제대로 발휘할 수 없었던 것이다.

아홉째, 이 전쟁은 열세군이 우세군을 상대로 승리한 현대전의 대표적인 사례이다. 이스라엘은 인구수와 국토의 면적에서 아랍 연맹체와는 비교할 필요가 없을 정도로 열세한 국가이다. 아랍 연맹체는 이집트를 비롯한 5개 국가로서 지리적으로 이스라엘을 완전히 포위하고 있으며, 소련제 현대식 무기로 무장하고 있던 상황이었다. 이런 상황에서 이스라엘이 승리한 요인은 전쟁 수행 방법에서 찾을 수밖에 없다. "그(리델 하트)가 이스라엘 전략사상에 심대한 영향을 주었다는 것과 이스라엘군의 인상 깊었던 대부분의 승리가 그의 '간접접근전략 이론'을 적용한 결과였음이 널리 인정이 된다"[128]라고 기술하고 있는 것처럼, 리델 하트의

---

128) 주은식 譯(1998), 『리델 하트 사상이 현대사에 미친 영향』, 서울 : 홍문당, p.255.

간접접근전략 이론이 이스라엘 군사 지도자들에게 커다란 영향을 미친 결과가 이런 승리를 이룩하는 바탕이 되었다고 할 것이다.

끝으로 자주적인 전쟁 수행 방법과 이에 부합되는 군사력 건설이 승리의 요인이라고 할 것이다. 전쟁에서 우수한 전략개념과 군사교리, 소수의 정예 군대, 전문직업 장교단의 훌륭한 리더십은 열세군이 우세군을 상대로 하여 승리하는 원동력이라고 할 것이다. 이스라엘군은 국토와 자원이 열세이기 때문에 속도에 기반을 둔 전쟁을 할 수밖에 없는 것이다. 이러한 기동 마비전을 수행할 수 있도록 이스라엘은 공군력과 기갑 및 공수부대 위주의 정예 군대를 건설하였다. 제공권을 상실하면 지상전에서 속도를 발휘할 수 없기 때문에 전쟁의 주도권을 장악할 수 없는 것이다. 또한 육군은 여단을 작전술의 기본 단위부대로 하여 상황에 따라 사단에 편조시켜 집중과 절약을 할 수 있도록 레고형 부대로 편성하여 융통성 있게 운용하였다.

6. 연합국의 대(對)이라크 걸프전쟁[129)]

이라크의 사담 후세인 대통령은 1988년 8월 이란과의 전쟁이 끝나자 아랍 제국의 새로운 지도자가 되려는 꿈을 가지고 스스로 팔레스타인 해방을 부르짖고, 이스라엘에 대하여 전쟁의 위협을 하였다. 이러한 꿈을 달성하기 위해서는 안정된 정치적 기반과 강력한 군대를 보유할 수 있는 풍부한 자금이 필요하여, 그 자금원이 되는 원유 가격을 적정하게 유지하자고 주장하였으나 쿠웨이트, UAE 등이 반대하여 유가가 크

129) 기다 히데도 저, 오정석 역, 『걸프전쟁』, 서울:연경문화사, 2002.

게 하락함으로써 전쟁 이후의 경제 사정이 회복되지 못하게 되었다. 또한 이란과의 전쟁에서 유리한 상황을 조성하기 위해 페르시아만에 있는 2개의 섬을 활용하고자 하였으나 쿠웨이트가 반대하여 감정이 고조되었다.

가. 이라크의 쿠웨이트 침공

이라크의 후세인 대통령은 쿠웨이트를 침공하기로 결심하고, 공화국수비대를 비롯한 대규모 군대를 비밀리에 국경 근처로 이동시켰다. 이어서 1990년 8월 2일에 공화국수비대 3개 사단이 국경을 돌파하여 쿠웨이트를 침공하였다. 이에 쿠웨이트의 자빌 수장과 사아드 황태자(수상) 이하 주요 각료들이 사우디 아라비아로 도망쳤으며, 쿠웨이트의 군대는 사실상 싸울 능력이 없었으므로 7시간 만에 전투가 끝나고, 쿠웨이트시를 점령함으로써 사실상 쿠웨이트를 병합하였다.

나. '사막의 폭풍' 전략으로 전환

미국을 비롯한 영국, 프랑스 및 아랍 제국의 지도자들은 이라크군의 철수를 강요하고, 이라크가 사우디 아라비아 유전 지대까지 침공할 것을 우려하면서 사우디 방위 태세를 확립하기 위하여, '사막의 방패' 전략에 따라 미국의 중앙군을 중심으로 사우디로 전투부대를 긴급하게 전개시켰다. 이라크도 쿠웨이트 영토 내로 군사력을 계속 증강하였으나, 10월 말경에는 사실상 이라크가 사우디를 침공하기는 불가능한 상황이 되었다. 미국을 비롯한 다국적군은 이라크군이 쿠웨이트에서 철수하지 않고, 사우디에 대한 위협이 지속되자 '사막의 폭풍' 전략으로 전환하기로 결정하였다. 이 당시 쿠웨이트 일대에 배치된 이라크군은 병력 56만 9천 명, 43개 사단(8개 기갑사, 4개 기보사, 30개 보사, 1개 특전사), 전차 4,550대, 화포 3,257문으로써 사우디와의 국경선을 연해 전방에 3개 군단, 전술 및 작전 예비 1개 군단, 공화국수비대를 전략 예비로 하여 쿠웨이트 남부와 해안을 연해서 중점 배비하고 있었다.

이에 반하여 다국적군은 미국을 비롯한 17개국이 총 병력 54만 명, 11개 사단, 2개 기갑기병연대와 15개국의 해군 함정 179척(미국 해군 110척: 항공모함 6척, 전함 2척, 이지스함 6척, 순양함 16척 포함) 그리고 공군은 모든 공군기들을 통합군 항공부대 사령관이 2,700여 기의 항공기를 통합 운용하도록 조치하였다. 미국의 파월 합참의장은 부시 대통령의 승인을 받아 1991년 1월 17일 항공작전을 시작으로 공격을 개시하기로 하였다.

다국적군 공군은 17일 03:00시를 기해 이라크군의 방공능력과 공군력을 무력화시켜 공중우세를 획득하고, 화생무기의 사용을 저지하는 데 중점을 두고 4단계로 작전을 구분해서 항공작전을 실시하였다. 제1단계는 이라크에 대한 전략폭격, 제2단계는 쿠웨이트 전역 내 이라크의 공군 및 지상 방공조직의 제압 및 파괴, 제3단계는 쿠웨이트 전역 내 이라크 지상군에 대한 직접 공격, 제4단계는 이라크군을 쿠웨이트에서 배제하기 위한 지상공격 지원 순으로 수행하는데 이 가운데 3단계까지는 순수한 항공작전이고, 4단계는 쿠웨이트 전역 내 이라크군에 대한 항공공격과 함포 사격을 병용한 지상공격이었다. 그 결과 이라크군의 지휘통제 시설, C_3조직, 전략 방공체계 및 방공무기 등이 마비되었고, 이라크 공군은 공중전, 활주로 파괴, 항공기 대피시설 파괴 등으로 무력화되었으며, 142대의 항공기는 이란으로 대피시킴에 따라 1월 27일 다국적 공군이 항공 우세를 획득하였다고 발표하였다. 또한 이라크의 발전 시설, 화생무기의 생산 및 저장 시설, 석유 정제 및 수송 파이프라인, 항만시설, 주요 철도와 도로 및 교량 등이 파괴되어 주요 에너지원과 군수지원 체계가 마비되었다. 또한, 지상작전 개전 직전에 이라크의 지상군 전력은 크게 저하되어 제1선 부대는 33%, 제2선 부대는 55%, 공화국수비대는 약 66%의 전력이 있을 것으로 평가되었다. 이에 따라 이라크군은 크게 사기가 저하되고, 공황 상태에 빠져 탈주병이 급증하였다.

지상작전의 목적은 쿠웨이트 전역 내의 이라크군을 격멸하며, 쿠웨이트 정통 정권의 복귀를 지원함과 아울러 주변 지역의 평화와 안정에 위협을 주는 능력을 파괴하는데 두었다. 작전의 기본 구상은 이라크군의 주력을 쿠웨이트 정면에서 고착 견제하고, 미국군의 주력을 이라크와

〈그림 9〉 다국적군의 지상작전 계획 요도

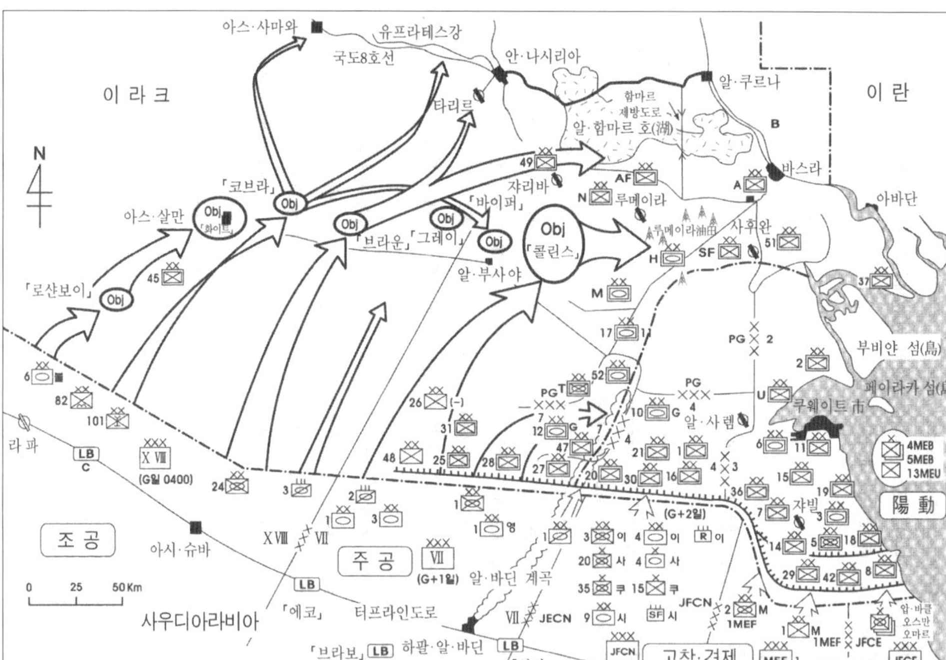

* 출처 : 기다 히데도 저, 오정석 역, 전게서, 2002, p.462

사우디 국경의 이라크군 우측방에 투입함으로써 일익포위를 달성하여 공화국수비대 등 적 주력을 격멸한다는 것이었다. 이를 위해 해병 원정군(군단급)과 2개의 군단급 아랍 합동군이 쿠웨이트 정면의 이라크군을 공격하여 고착 견제 후 쿠웨이트를 점령하며, 미국군 제7군단이 주공으로 이라크군의 우측방으로 진격하여 쿠웨이트내 이라크군을 포위하고, 특히 공화국수비대를 격멸하도록 하였고, 미국군 제18공정군단이 제7군단의 서측방을 방호하면서, 쿠웨이트와 바그다드를 연하는 축선상의 비행장과 주요 도로 및 철도를 차단하여 이라크의 군수지원을 방지하도록 하였다.

지상작전을 위하여 항공작전을 실시하고 있는 동안에 2월 20일까지 3주간에 걸쳐 제18공정군단은 420km를, 7군단은 240km를 서쪽으로 주 · 야간 연속 이동하여 공격대기지점을 점령 완료하였다. 이 기간동안은 항공작전 중이었으므로 이라크군이 정찰 활동을 실시하지 못하였고, 통신망이 파괴되었으므로 이렇게 대규모의 부대가 장기간에 걸쳐 이동하였음에도 불구하고 이라크군은 알지 못하였다. 1월 29일 19시에 이라크군 제3군단의 제5기보사단과 제3기갑사단이 해안도로와 와후라 삼림지대의 2개 정면을 돌파하여 알 미샤브항을 목표로 공격해왔으나 다국적군 공군기가 후속 종대를 공격하여 제5기보사단이 궤멸적 수준의 피해를 입어 1월 31일 공격이 종료되었다.

2월 24일 드디어 다국적군의 지상 작전이 개시되었다. 먼저 쿠웨이트 국경 중앙에서 제1해병 원정군이 이라크군의 전략 및 전술 예비를 유인 및 고착시키기 위해 04시에 공격을 개시하였다. 이어서 아랍의 북부 합동군과 동부 합동군이 쿠웨이트시를 해방시키기 위해 공격을 개시하였다. 이때 걸프만의 해군은 해병대의 상륙작전 연습, 부대 배치 및 작전 준비를 하는 등 위장 공격과 위력시위를 하였고, 제1기병사단이 알바딘 계곡 근처 이라크군 진지에 공격 행동 및 포병 사격을 실시하여 기만작전을 시행하였다.

미국군 제18공정군단은 좌측에 프랑스 제6경기갑사단, 중앙에 제101공중강습사단, 우측에 제24기보사단이 병행 공격하여 주공인 제7군단의 좌측방을 방호하고, 유프라테스강 하류의 국도를 차단하는 임무를 수행하기 위해 공격을 개시하였다. 미국군 제7군단은 주공으로서 좌측에 제1기갑사단, 중앙에 제3기갑사단, 우측에 제1기보사단이 병행 공격하여 쿠웨이트 지역의 이라크군 주력을 우회 기동하여 쿠웨이트시와 바그다드를 연하는 도로를 차단함으로써 이라크군을 포위하도록 하였고, 후방에서 영국군 제1기갑사단이 후속 공격하여 이라크군 방어지대 서쪽에서 깊숙이 진격하고 이라크군 공화국수비대를 포착 격멸하는 임무를 수행하게 하였다. 2월 26일에는 제18공정군단이 유프라테스강 후방의 보급로를 차단하여 쿠웨이트에 대한 이라크군의 증원을 저지하고, 이라크 남부에서 이라크군의 포위망을 완성하는 임무를 달성하였다.

그러나, 주공인 제7군단이 작전 초일 야간공격을 미실시하고, 군단장의 소극적인 지휘로 공격이 지연되어 이라크군 전략 예비인 공화국수비대의 후방을 차단하고 포위하는 임무를 완전히 수행하지 못한 상황에서, 2월 27일 미국의 부시 대통령이 국방장관과 합참의장의 건의를 받아 '정전' 성명을 발표하여 28일 08시 부로 정전이 시행되었다. 이에 따라 주공인 7군단이 원래 작전계획보다 약 10시간 정도 임무 수행이 늦어져 이라크군 공화국수비대 약 50%의 전력이 알 하마르 호(湖) 북쪽 제방도로를 이용하여 도망갈 수 있었다.

이렇게 다국적군은 주도권을 가지고 이라크군을 마비시켜 전쟁에서 승리하였으나, 주공인 미국군 제7군단이 쿠웨이트 전역 내의 이라크군의 퇴로를 완전히 차단하지 못한 상황에서 공화국수비대를 완전히 격멸하지 못하여 도주함으로써 12년 후 다시 '이라크 전쟁'을 치러야 하는 원인이 되었다.

다. 걸프전쟁의 분석 및 평가

이 전쟁에 대하여 분석 및 평가를 해보면 다음과 같다.

첫째, 이 전쟁은 다국적군이 시종일관 주도권을 행사하여 승리한 전쟁이다. 이라크가 쿠웨이트를 침공하여 합병한 후 미국, 영국, 프랑스가 사우디를 지키기 위해 이 전쟁에 개입한 후부터 이라크는 방어하는 상황으로 전환되어 전쟁의 주도권은 다국적군에게 전환되었다. 주도권을 상실한 전쟁에서 이라크군이 뜻대로 할 수 있는 작전행동은 아무것도 없었다.

둘째, 다국적군은 질 좋고 우세한 항공 전력으로 압도적인 항공작전을 실시하여 공중우세를 확보함으로써 이라크군의 군사작전을 완전히 마비시켰다. 다국적군 항공 전력이 전쟁 초기 항공작전을 수행한 결과 이라크군의 항공 및 방공전력이 조기에 괴멸되어 공중우세를 확보함으로써, 이라크군이 지 · 해상에서 수행하는 모든 작전행동이 마비되어 버렸던 것이다. 움직이는 모든 전투력은 모두 항공 폭격의 표적이 되었으므로 이라크군은 모두 대피하거나 숨어서 생존을 유지할 수밖에 없었다.

셋째, 이라크의 국가 및 군의 지휘체제가 조기에 마비되어 명령과 보고가 불가능하였으므로 통합된 군사작전이 이루어질 수가 없었다. 정찰과 통신이 불가능하여 다국적군의 작전 기도와 활동을 전혀 알 수가 없었기 때문에, 미국군 제18공정군단과 제7군단이 3주간에 걸쳐 공격 대기지점으로 240~420여km의 장거리 측방으로 이동하는 준비 행동도 알 수가 없었다. 다국적군의 공격작전이 지체된 것은 그 부대 지휘관의 지휘 조치가 소극적인 때문이었지 이라크군의 저항이 원인이 아니었다.

넷째, 이라크의 에너지 체계가 조기에 마비되어 국가 전체 체계가 불능상태가 되었다. 이라크 국내의 석유 정제 및 저장 시설과 발전 및 송전시설이 다국적군 항공작전의 결과 대부분 파괴 또는 마비되어 이라크 국가 및 군의 원동력이 사용 불능이 되었다.

다섯째, 다적적군은 과학기술 및 무기체계에서 이라크군보다 현저하게 차이가 났었기 때문에 전쟁 초기에 이를 인식한 이라크군 장병들은 일찍이 패배감에 사로잡혔다고 할 수 있다. 미사일, 항공기, 헬기, 함정, 전차, 각종 화력지원 무기, 통신기술 등 모든 면에서 현대 과학기술의 현저한 차이는 다국적군의 승리에 결정적인 영향을 미쳤다고 분석할 수 있을 것이다.

여섯째, 이라크군의 지원체계가 조기에 마비되어 쿠웨이트 전역 내의 이라크군은 완전히 고립되어 어떠한 지원도 받을 수가 없었다. 바그다드와 쿠웨이트시를 연하는 철도와 도로 및 교량이 파괴되어 증원군의 이동과 군수지원이 불가능하였고, 이라크 전국의 항만과 공항 및 수송기지 등도 사용할 수가 없었고, 쿠웨이트 전역 내에서도 화력지원 및 군수지원이 제대로 이루어질 수가 없었다. 심지어 부대내에서도 식량 및 식수의 지원이 어려웠고, 장비 대피호에서 승무원들이 따로 분리된 상태로 숨어있는 형편이었다.

일곱째, 이라크군의 조직심리가 마비되어 군대 조직이 조기에 붕괴되어 버렸다. 이라크군 장병들은 전쟁 상황이 어떻게 되어가고 있는지도 모르고, 식량과 식수가 바닥났는데도 보급이 되지 않아 굶어 죽을 상황이 되었을 뿐만 아니라 다국적군의 끊임없는 항공 폭격과 헬기 공격으로 사망자가 이어지자 사기가 급격히 저하되고 공황 상태가 되어 도망가고 항복하는 장병들이 수만 명에 이르게 되었다.

여덟째, 이 전쟁은 전략적 마비전의 특성을 가지고 수행되었음에도 불구하고 소모전의 특성을 탈피하지 못한 현상도 나타난 전쟁이다. 즉 전략적, 작전적 수준의 마비전을 수행함으로써 이라크군을 쿠웨이트에서 철수하게 하여 전쟁에서 승리하는 목적 이외에 항공작전 및 지상작전을 통하여 살상과 파괴를 지나치게 수행한 결과를 초래한 점이다. 이는 전후에 미국군이 철수하기 위해서는 이라크군을 완전히 격멸함으로써 이후에 이라크가 쿠웨이트나 사우디를 재차 침공하는 전력을 약화시키겠다는 의도를 가지고 수행한 결과이다.

그러나, 이 목표는 이런 과도한 살상과 파괴를 수행하지 않아도 주공인 제7군단과 제18공정군단이 우회기동으로 이라크군의 퇴로를 완전히 차단한 후 이라크의 수도 바그다드로 진격하겠다고 위협하여 이라크군의 항복을 받아냄으로써 달성할 수 있는 전략이었다고 할 수 있을 것이다. 더욱 바람직한 결과는 제7군단과 제18공정군단이 그대로 이라크의 수도 바그다드로 진격하였다면 2~3일 내에 바그다드를 점령하고 후세인 대통령을 사로잡아, 전쟁이 완전히 종결되어 10년 후에 '이라크 전쟁'을 다시 수행하는 사태가 발생되지 않았을 것이다. 이렇게 되었다면, 전쟁의 정치적 목적도 명확하게 거두었을 것이다.

제2절 한반도의 마비전 전쟁 사례

1. 광개토태왕의 백제 침공 전례[130)]

고구려를 건국한 고주몽(高朱蒙)」이 건국 후 자신의 친아들인 유리(琉璃)를 태자로 임명하자, 소서노(召西奴) 부인이 전남편의 자식인 비류(沸流)와 온조(溫祚)가 위태롭다고 판단하여 두 아들과 일부 추종 세력을 데리고 남쪽으로 도주하였다. 비류는 남하 중에 먼저 재령강(황해도 소재) 일대에서 새로운 나라의 도읍지를 정했다가 다시 남하하였다. 두 아들은 부아산(경기도 용인 소재)에 올라가 주변을 돌아보며 새로운 나라를 세울 도읍지를 선정하는 데 의견이 상충되어 각기 따로 나라를 세우기로 하고 헤어져서, 비류는 해안 가까이 미추홀(彌鄒忽: 충남 아산 밀두리)에 도읍을 정했다가 또다시 거발성(居拔城: 충남 공주)에 도읍을 정하고 '이잔국(利殘國)'을 건국하였고, 온조는 내륙으로 들어가 위례성(충남 천안시 위례산)에 도읍을 정했다가 다시 하남 위례성(河南 慰禮城: 하남시 남한산성 동쪽)으로 도읍을 옮겨 '백잔국(百殘國)'을 세웠다. 이후 역사에서는 이를 비류 백제와 온조 백제라 하고 있다.

---

130) 김성호 저, 『沸流百濟와 日本의 國家起源』, 서울:지문사, 1985, pp.37~106.

나라를 세운 후 3세기 중엽에는 두 백제가 연합하여 고구려의 평양성을 두 번이나 공략하고 고구려의 고국원왕을 전사시키기도 했다. 온조 백제는 아리수(阿利水: 지금의 한강) 주변 및 북방으로 영토를 넓혀가며 발전하였고, 아신(阿神) 왕이 취임 후에는 계속 패수(浿水: 지금의 임진강) 북방으로 영토를 넓히려고 도발을 계속하였다. 그리고 비류 백제는 해상 무역을 통하여 잘살게 되어 나라가 크게 부흥하고, 그 후손들이 지금의 충청도-호남 지방을 근거지로 하여 경기도 남부 일대로 진출하고, 바다 건너 요동(遼東) 일대까지 세력을 확장하자 마침내 고구려와 충돌하기에 이르렀다.

고구려는 광개토태왕(太王) 시대에 이르러 최고 전성기에 이른다. "『삼국지』 위지 동이전(魏志 東夷傳) 고구려조에는 3세기 중엽 무렵에 전사단(戰士團)이 1만여 명이나 되었다고 기록되어 있다… '전사단'이란, 평상시에도 생업에 종사하지 않고 오로지 사냥이나 전투훈련에만 전념하는 전문 전투부대였다"[131]고 그 위세를 기록하고 있다. 또 이 전사단의 작전 · 전술면에서 "고구려군은 원거리에서 화살로 적진의 대오를 흐트러뜨린 후에 기병이 좌우에서 협공하고, 보병이 정면공격에 나서는 방식의 협동작전을 구사했다"[132]고 하고 있으며, 이 주력군은 3~3.5m에 이르는 장창을 주무기로 한 철기병의 밀집부대였다고 한다. 또 다른 한편으로 기동성을 중시하는 경기병들은 길이80cm 이하의 짧은 칼과 '맥궁(貊弓)'이라고 불리는 1m 남짓의 활을 필수품으로 갖추었다고 한다. 이와 같은 부대 편성으로 유추해 볼 수 있는 작전술은 개마(蓋馬) 부대가 적 대오를 무너뜨리는 중추 부대이고, 경기병들은 뛰어난 기마

131) 전경일 지음, 『광개토태왕 대륙을 경영하다』, 서울:휴먼비즈니스, 2007, p.160.

132) 전경일 지음(2007), 상게서, p.161. 말에게도 갑옷을 입히고(개마:蓋馬) 장창을 들고 싸우는 기마무사의 모습은 고구려시대의 고분 벽화에 잘 그려져 있다.

술과 원거리 사격으로 적을 교란하고 마비시키는 역할을 담당했다고 할 수 있을 것이다.

고구려군이 지닌 기동성은 평소 고구려 사회의 수렵 관행이 전시에 군사적인 역량으로 전환된 것으로 볼 수 있다. 고구려는 우월한 기마부대 전력을 바탕으로 원거리 기동습격 작전을 자주 구사하였다. 대륙을 경략하며 태왕은 기마부대를 활용한 기동성을 바탕으로 소수의 정예부대로 적의 본거지를 습격하는 원거리 기동습격 전술을 자주 구사하였다.

『삼국사기』 고구려 본기 광개토태왕 즉위 년조를 보면, 391년 고구려는 두 차례에 걸쳐 백제를 공격한 다음 392년 9월 거란 원정을 단행하였다. 백제를 공격한 것은 이전에 온조 백제의 근초고왕이 평양성을 공격하여 고구려 고국원왕(태왕의 할아버지)이 전사(371년)한데 대한 보복으로 보이고, 거란을 원정한 것은 이전에 거란이 고구려를 침공하여 고구려 백성 1만 명을 잡아간 적이 있는데 이 백성들을 되찾기 위해 거란을 원정한 것으로 보인다. 광개토태왕은 즉위 후 요동 일대로 세력을 확장하여 영토를 넓히고, 한반도 내에서 황해도 남쪽으로는 백제를 응징하기로 결심하였다. 그리하여 왕으로 즉위하자 391년 4만 대군을 이끌고 아리수 이북의 10여개 성을 공략하고 관미성(關彌城: 예성강 하류 조읍포)를 공격하여 빼앗았다.

가. 광개토태왕이 비류 백제를 정벌

광개토태왕은 군사작전시에 수군을 자주 활용하였다. 고구려 해양 활동의 역사적 배경을 살펴보면, 미천(美川)왕 12년(서기 311년)에 서안평(西安平) 점령을 계기로 처음으로 서해에 진출하게 된다. 미천왕 15년에

〈그림 10〉 광개토태왕의 백제 정벌 요도

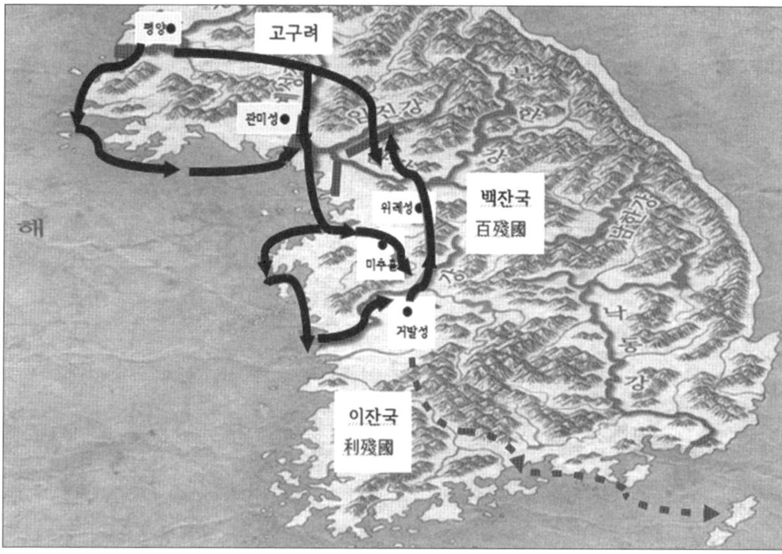

* 출처 : 저자 본인 작성

는 낙랑을 완전히 몰아내고, 이듬해에는 대방군(帶方郡)을 정벌하여 영토로 삼는다. 이후 요동반도 이남의 해상권을 고구려가 장악하게 된다. 서기 396년에 광개토태왕은 친히 수군을 거느리고 비류 백제를 토벌했다. 4년 전(391년)에 관미성을 공략할 때 노획한 선단을 확충하여 친히 수군(水軍)을 이끌고 관미성에서 출발하여 바다를 통해 남쪽으로 기동하였다. 강화도를 우회하고 해안을 따라 안성천 하류의 미추홀에서 일부 부대가 상륙하여 거발성 쪽으로 공격하고, 주력은 다시 서산반도를 돌아 해안을 따라서 계속 남하하였다. 이 주력군은 금강 하구까지 남하한 다음 금강을 거슬러 더 깊이 진입한 후 상륙하여 이잔국(비류 백제) 왕이 있는 거발성(후에 사비성泗沘城으로 개명)을 기습 공격하여 저항하는 왕의 동생을 비롯한 대신(大臣)들을 사로잡았다.

이때 이잔국의 응신(應神) 왕과 일부 신하는 남쪽으로 도주하였는데,

고구려군이 추격하였으므로 결국 왜국으로 도주하였다.[133] 이렇게 하여 413년에 걸친 이잔국(비류 백제)은 광개토태왕의 단 한번 기습 침공으로 멸망하였다.

나. 광개토태왕이 온조 백제를 침공

광개토태왕은 이후 계속하여 백잔국(온조 백제)을 침공하였다. 기병(騎兵)을 주력으로 부대를 재편성하고, 거발성을 출발하여 신속하게 왕성인 하남 위례성을 향해 기동하였다. 백잔국의 왕은 일부저항을 하였으나 광개토태왕이 이잔국을 침공하여 멸망시킨 것을 알았고, 이어서 위례성과 아리수(한강) 북쪽의 3개 성을 공격하자 항복하였다. 아신 왕은 남녀 인구 1천 명과 옷감 1천 필을 바치며 '영원한 노객(奴客)'이 되겠다고 약속하였다. 그 대가로 백잔국은 이잔국의 영토를 물려받아 통합된 백제국으로 계속 유지해 나갔다. 이 이후 고구려, 백제, 신라 삼국의 역사가 정상적으로 펼쳐졌다고 하겠다.

다. 광개토태왕의 백제 침공 전례 분석

이 전쟁에 대하여 분석 및 평가를 해보면 다음과 같이 할 수 있다. 첫째로, 이 전쟁은 고구려가 완전히 주도권을 장악하고 유지하여 마비시켰다고 할 것이다. 우선 광개토태왕이 먼저 전쟁을 결정한 다음 선제 공격을 감행하고 계속하여 의도한 대로 추진해 나갔던 것이다. 이런 결과

133) 이 때 이잔국의 응신 왕과 일부 왕족들이 일본으로 도주하여 응신 천황(天皇)이 되었다는 설이 있음. 이후 온조 백제와는 형제국이므로 양국간에 교류가 활발하였음. 일제 침략 시에 '임나 일본부'설을 주장하는 근거로 봄.

로 작전 진행 과정에서 이잔국과 백잔국에서 일부 저항하였지만 주도권을 탈취하기 위한 어떤 노력도 보이지 않고 일방적으로 수행된 전쟁이라 할 수 있다.

둘째로, 전략적 기습을 달성하여 적국을 마비시킨 전쟁이다. 고구려는 황해도 남쪽 지역에서 백잔국을 향해 전략적 기만 공격을 하여 주의를 전환시킨 후에, 주력군을 함선에 싣고 바다로 우회 기동하여 상륙한 다음 이잔국의 수도인 거발성을 기습 공격하였던 것이다. 당시의 시대 상황으로 고려해 보았을 때, 백제도 바다를 건너 산동 반도로 배를 이용하여 수송하고 무역을 많이 하고 있었지만 함선으로 군대를 기동시키는 군사행동은 예상하지 못하였다고 해야 할 것이다. 더구나 병력만을 수송한 것이 아니라 기병군(騎兵軍)을 함선에 태운 오늘날의 해병대(海兵隊)의 기동이라고 보아야 하며, 우리나라 역사상 최초의 대규모 상륙작전이라고 평가해야 할 것이다. 즉 시간, 장소, 방법상의 전략적 기습을 감행하여 일시에 승전을 결정지었던 것이다. (참고: 광개토태왕은 영락 10년에 신라국 내물왕의 요청으로 함흥咸興, 원산原山 일대에서 기병과 보병 5만 명을 함선에 싣고 동해 바다로 기동하여 지금의 울산蔚山 지역에서 약탈을 하던 왜구倭寇를 토벌한 적이 있다.)

셋째로, 예상을 뛰어넘는 작전속도와 기세로 적군을 마비시킨 전쟁이었다. 앞서 언급한 바와 같이 함선을 타고 바다와 강을 이용하여 머무름 없이 목적지로 기동하였을 뿐만 아니라 상륙 후 곧바로 왕성을 공격하여 확보하였고, 이어서 기마부대가 기동 속도를 발휘하여 백잔국의 왕성으로 돌진하여 백제군을 마비시켰던 것이다.

넷째로, 이 전쟁은 적국의 지휘체계를 마비시키고 조기에 전쟁의지를 굴복시켜 전승을 거두었다고 할 것이다. 앞서 기술한 바와 같이 이 전쟁은 적국을 방어하고 있는 외곽의 군대를 목표로 하지 않고 곧바로 적국의 왕성(王城)을 공격하여 적군의 지휘부가 조기에 격멸되어 전쟁 지휘체계가 마비되었을 뿐만 아니라, 전쟁의지의 중심인 왕이 도주 또는 항복함으로써 조기에 전쟁의지가 굴복되어 전쟁이 끝나고 나라가 망해버렸던 것이다. 실로 광개토태왕은 남다른 전쟁술과 작전 감각 및 전쟁의지를 가진 전쟁의 신(神)이요, 천재(天才)로서 동양의 알렉산더 대왕이라고 할 만하다.

2. 왜(倭)의 조선(朝鮮) 침략

일본 열도를 통일한 왜(倭)의 도요또미 히데요시(豊神秀吉)는 지나(China) 중심의 '중화사상(中華思想)'에 도전하여 왜가 중원에 가서 새주인이 되어 '신도사상(神道思想)'의 동아시아(東亞細亞) 제국을 건설하겠다는 과대망상을 가지고, 대마도주(對馬島主)의 가신(家臣)을 시켜 친서를 조선의 조정에 보내 사신(使臣)을 보낼 것과 명(明)나라로 침공하는 길을 열라고 요구하였다.

조선의 조정에서 황당한 요구에 이를 거절하자 2차, 3차로 거듭 요구하며 조총(操銃)을 보내왔다. 불안해진 조선의 조정에서는 1590년 3월 사신을 파견하여 왜의 침공 여부를 탐색하도록 하였는 바, 정사인 황윤길은 침공이 우려된다고 한 반면, 부사 김성일은 당파 싸움에 쏠려 침공 가능성이 없다고 진술함으로써 조정에서는 부사의 진술을 믿고 침공대비에 소홀하였다. 이에 히데요시는 조선부터 먼저 침공하기로 결심하고, 함선의 준비, 조총 생산, 식량 비축, 지도와 향도 마련 등 전쟁 준비를 철저히 하였다.

가. 왜의 조선 침공[134)]

조선 조정에서는 왜의 최후 통첩에 불안감을 느껴 각 지방에 방비령을 내리고, 진지를 손보며, 무기 점검 및 훈련을 강화하고 지휘관을 교체 임명하는 등 대비를 보강하였다.

왜국의 1단계 작전은 부산에 상륙한 다음에 주력군이 지상으로 신속하게 진출하여 수도 한성(漢城)을 중간 목표로 점령하고, 이어서 2단계 작전에서는 주공이 평양과 의주 방향으로 진격하고, 조공은 원산과 함경도 방향으로 진격하여 전 한반도를 점령한다는 전략계획을 수립하였다. 이 때 수군(水軍)은 지상군을 부산에 상륙시킨 후에, 남해안을 지나 서해안으로 진출하여 '제해권'을 장악한 다음, 해상으로 지상군에 대한 증원과 보급 지원 임무를 수행하도록 계획하였다.

이에 반해 조선의 전략은 특별히 준비된 것이 없는 바 전쟁에 임하는 국가안보전략 사상이 부재하여 군사전략도 불명확하며, 군에서도 전군을 통합 지휘할 사령부도 없이 각 지역별로 설치된 관군과 수군으로 편성되어 있었다. 전쟁이 발발하면 전통적으로 해왔던 것처럼, 청야전술(淸野戰術)을 수행하고, 백성들을 산성으로 옮긴 다음에 수성전술(守城戰術)을 수행하는 것이었다. 여기에 조금 더 개선한 것이 '제승방략(制勝方略)'이라고 하여 위기가 발생하였을 때 그 당시 상황에 따라 중앙군을 편성하거나 지역군을 차출하여 요구되는 지역으로 기동시켜 방어를 한다는 전략으로 보완하였다. 그러나, 조선 건국 초기에 대포(총통)와 화약을 발명하고 발전시켰는데, 왜의 조총을 보고서도 소총을 발전시키지 못한 것은 그 당시에 안보 불감증이 만연해 있었음을 증명하고 있는

134) 문영일 지음, 『한국 국가안보전략 사상사』, 서울:21세기 군사연구소, 2007, pp.575~588.

〈그림 11〉 왜군의 조선 침공 요도

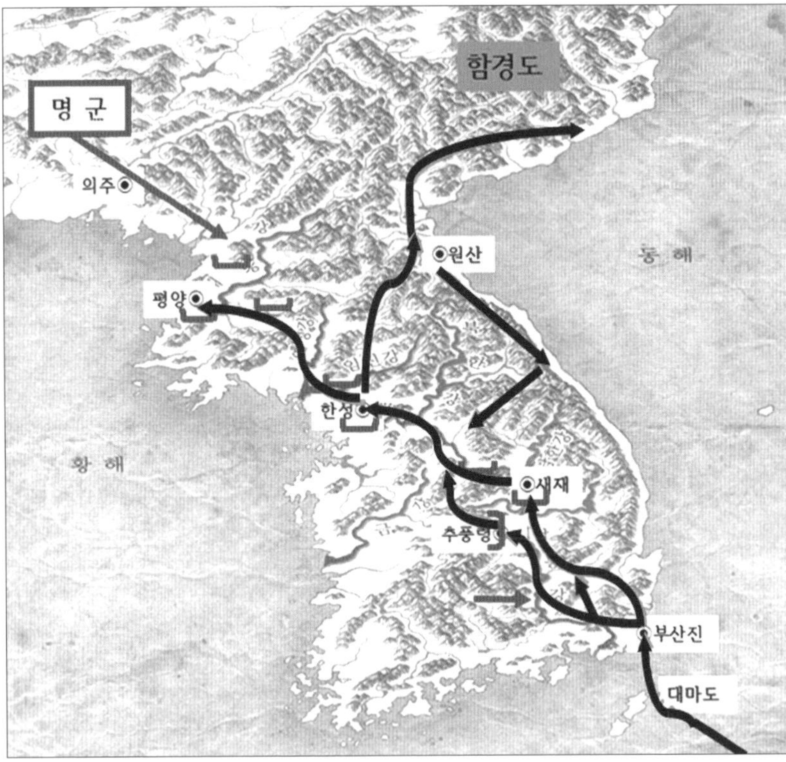

* 출처 : 저자 본인 작성

실태라고 할 것이다.

마침내 1592년 4월 13일 아침에 대마도를 출발한 왜의 침공군은 오후 5시경 부산포(釜山浦)에 도착한 후 기습적으로 공격하여 14일에 부산진을 점령하고 이어서 15일에 동래성(東萊城)까지 점령하였다. 이 과정에서 부산진 첨사 정발과 동래성주 송상현이 백성들과 함께 크게 저항하는 과정에서 대량의 인명이 피해를 입었다.

왜의 침공 소식을 '봉화(烽火)'로 접한 조선 조정에서는 한성으로 오는 접근로를 차단하기 위해 조령(鳥嶺: 문경 새재)과 추풍령을 제1방어선으로 설정하고, 중앙, 좌, 우 3개 방어사를 구분하여 대비하기로 하고 유극량을 추풍령 방어군 조방장으로, 변기를 조령 방어군 조방장으로 임명하고, 신립으로 하여금 군사를 모아 지원하도록 하였다. 또한 조정에서는 지연전술을 적용하여 축차적으로 진지를 점령하도록 하였고, 김명원을 도원수로 임명하여 한강 방어를 준비시키고 현직 우의정을 한성 수성대장으로 삼아 서울지역을 사수하도록 하였다. 중부 방어 담당 순변사 이일은 상주에서 왜군과 조우하였으나 패배하여 도망갔고, 추풍령 지역에서는 의병이 합세하여 분전하였으나 실패하였으며, 조령 방어군은 왜군의 조총 소리에 혼비백산하여 도주하므로 제대로 싸워보지도 못하고 방어선이 무너졌다. 이에 신립이 군사를 모아 편성한 기병대가 충주 탄금대에서 배수진을 치고 대비하고 있었는데, 조령을 쉽게 돌파한 왜군이 접근하자 충격을 가하려고 돌격을 감행하였으나 습지에서 돌격이 느리고 조총 사격에 속수무책이라 대패하고 말았으며, 신립은 강물에 뛰어들어 죽고 말았다.

이제 조선의 방어 체계가 무너져 조직적 저항 능력을 상실하였고, 이런 패배 소식을 접한 선조 왕과 조정은 행재소를 꾸려 4월 30일 한성을 버리고 평양으로 이동하였다. 이후 연속적인 패배의 충격과 조총의 위력에 놀라 한강 방어선도 쉽게 무너지고 한성 수성(守城)군도 도망가고 없어 5월 2일에 왜군이 한성을 점령하였다. 왜군은 19일 만에 부산에서 한성까지 하루에 약 30km 속도로 빠르게 기동하였던 것이다.

평양에 도착한 선조 왕은 명(明)나라에 원군을 요청하였고, 전라좌수사 이순신에게 경상우수사 원균과 함께 왜군을 공격하라고 지령을 내리고, 또 임진강 방어를 철저히 하도록 명령하였다.

한성을 점령한 왜군은 이후 군을 양쪽으로 나누어 2단계 작전을 감행하였다. 주공인 고니시 유끼나가(小西行長)군은 평양과 의주 방향으로 공격하고, 조공인 가또오 기요마사(加籐清正)군은 원산과 함경도 방향으로 공격을 계속하였다. 고니시군은 공격 중 임진강에서 조선군의 하천선 방어에 고전하며 10여일간 지체하다가 도하 후에 계속 북진하여 6월 8일에 대동강에 도달하였고, 6월 15일에 평양에 입성하였다. 왕과 행재소는 다시 의주로 이동하였고, 만일의 사태에 대비하여 세자인 광해군으로 하여금 제2의 조정(分朝)을 운영하여 필요시에는 전장에 직접 나가 독려하도록 하였다. 평양에 입성한 고니시군은 더 이상 북으로 공격하지 않고 지체하였다.

한편 함경도로 진격한 가또오군은 신속하게 진격하여 마천령을 넘어 온성까지 진출하였고 그 지역에 피난 중이던 조선의 두 왕자를 인질로 잡고 있었다. 그러나, 이후에 함경도 지방의 조선 의병들에 의해 고전을 치르다가 후퇴하게 되었다. 이 시기에 조선군을 지원하기 위해 온 명나라군과 조선군이 합세하여 평양성을 공격하여 탈환하였다. 이리하여 전세가 역전되어 왜군은 후퇴하기 시작하였다.

나. 조선의 수군이 왜군을 마비시킴[135]

이순신 장군은 47세가 되던 1591년 2월 13일에 전라좌도 수군절도사로 임명되었다. 조선-왜 전쟁이 일어나기 1년 2개월 전이었다. 그는 부임하자 예하 5관(官) 5포(浦)에 대한 초도 순시를 통해 전투준비 태세를 점검하였다. 이후 진지 보강, 무기 점검, 식량 비축을 확인하여 전투준비태세를 보강하였다.

그러나, 무엇보다도 중요한 것은 함선을 대폭 정비하여 해전 준비 수

135) 임원빈 지음, 『이순신 병법을 논하다』, 서울:신서원, 2005,

준을 향상시키고, 특히 '거북선'을 건조하기 시작하였다. 또한 흐트러져 있는 군기(軍紀)를 엄정하게 세우고, 장병들에 대한 신뢰와 사기를 앙양하는 조치를 취했다. 그리고 관과 포별로 분산되어 있던 병력과 함선을 집결시킨 후 화포의 발사, 전투대형, 진법훈련 등 함대 전체의 통합된 전투수행 훈련을 강화하였다. 마침내 '거북선' 건조를 완료하고 총통을 좌우에 각각 6문씩 앞뒤에 각 1문씩 거치한 후 돛을 달고 사격훈련을 완료하였는데, 이 시점이 전쟁 발발 하루 전이었다. 이렇게 이순신 장군이 부임하고부터 전쟁 준비를 서두른 것은 장차 조-왜 전쟁이 일어나리라고 예상했다고 볼 수 있는데, 이는 조정에 있는 유성룡 대감으로부터 왜군의 침공과 관련된 정보를 듣고 있었다고 할 수 있다.

이순신 장군은 1592년 4월 15일 경상우수사였던 원균으로부터 왜군이 부산포에 상륙하였다는 소식을 처음 접수하고, 예하 모든 전선을 여수 본영에 집결시켰다. 그리고 원균과 전라우수사 이억기와 협의하여 함께 왜적을 무찌르기로 하고, 5월 4일에 첫 번째로 출동하였다. 이 때는 왜군이 한성을 점령하고, 조정이 평양으로 이동한 직후이다. 이순신 함대는 판옥선 24척, 협선 15척, 포작선 46척이었는데, 이때는 '거북선'은 출동하지 않았다. 출동 후 5월 7일에 거제도에서 첫 '옥포(玉浦) 해전'을 치렀는데, 완전한 승리를 거두어 전장병이 자신감을 갖게 되었고 사기가 크게 고양되었다. 이어서 합포(合浦) 해전, 적진포(赤津浦) 해전을 수행하였는데 아군은 피해가 없이 적선(敵船) 42척을 격침시키고 탑승한 적군은 대부분 사살 또는 익사하였다. 이 해전 결과가 왜군에게 전파되어 이때부터 왜 수군 장병들은 조선 수군을 두려워하기 시작하였다. 5월 29일부터 6월 7일까지 2차 출동을 하였는데, 해안 일대에서 노략질을 하는 왜 수군을 격멸하여 백성들을 보호하기 위한 출동이었다. 이번 출동부터 거북선이 처음으로 전투에 참가하였다. 이번에는 사천(泗川) 해전에서 적선 13척, 당포(唐浦) 해전에서 21척, 당항포(唐項浦) 해전에서 26척, 그리고 거제도 동쪽에 있는 율포(栗浦) 해전에서 7척, 총 67척을 격파하여 부산포에서 서쪽으로 진출한 왜 수군을 모조리 격멸하는 전과를 올렸다.

이러한 조선 수군의 연전연승의 소식이 조정과 전국에 알려져 국난을 극복할 수 있다는 확신을 가지게 되어 조정에서는 더욱 많은 군사들을 모집하고, 전국 각지에서 의병들이 들고 일어나 지역에 주둔 중인 왜군들을 격멸하고, 왜군의 병참 지원을 차단 또는 방해하였다. 이러한 반전 소식이 평양에 입성한 왜장 고니시 유끼나가에게 전달된 결과 북쪽으로 더 진격하지 않고 지체하고 있었던 상황이라고 판단함이 타당할 것이다. 여기서 사천 해전에서 조선 수군 몇 명이 부상을 입었는데, 그 원인은 왜의 수군들이 함선을 포구에 계류해 놓은 채 육지로 올라가 조총을 쏘아대는 상황에서 왜군 함선을 격파하기 위해 무리하게 접근하다가 입은 피해인 것이다.

왜의 수군이 함선을 버려두고 육지로 올라가 조총으로 싸운다는 것은 그들이 조선함대를 보면 두려워하고 공황에 빠져 해전을 포기한 결과라고 보는 것이 타당하며, 이는 이순신 함대가 왜의 수군 작전을 마비시켰다고 할 것이다. 약 1개월 후에 왜군이 바다와 육지로 전라도를 침범할 조짐이 있다는 정보가 있어서 이를 저지할 목적으로, 이순신 장군은 원균 함대와 이억기 함대까지 3도 수군을 통합하여 총 54척의 판옥선을 주축으로 3차 출동을 단행하였다. 그리고 당포에서 잠시 휴식을 취하고 있을 때 왜의 수군 73척의 정예함대가 견내량(見乃梁)에 정박하고 있다는 정보를 입수하였다. 그리고 판옥선이 움직이기 어려운 견내량의 좁은 해역으로부터 한산도 앞 넓은 바다로 왜의 수군을 유인하여 '학익진'을 펼쳐 결전을 하기로 결정하였다.

이리하여 역사적인 '한산대첩(閑山大捷)'이 시작된 바 7월 8일 새벽에 전체 함대를 한산도 앞바다의 양측에 은폐시킨 후 몇 척의 함선을 정찰대로 위장하여 적에게 다가가서 도발한 다음 도주하는 척하며 적을 유인하였다. 이에 왜의 와끼자카 함대는 전속력으로 추격하여 한산도 앞바다 가까이 접근하였는데, 이때 이순신 장군은 전 함대에 '학익진'을 펼치도록 명령하였다. 그리고 적군이 올가미에 들어오자 전 함대에 포격 명령을 내려 삽시간에 피격되어 침몰하거나 부딪치는 함선으로 아수라장이 되었다. 이 해전에서 왜의 수군은 47척이 격침되고 12척이 나포되었으며 대열 후미의 13척 정도가 함선을 돌려 도주하였다.

다음날 7월 9일 조선 함대가 가덕도(加德島)를 향해 막 출발하려 할 때에 '탐망선(探望船)'에서 안골포(安骨浦)에 왜군 함선 42척이 정박하고 있다는 정보를 알려와서 하루 동안 휴식을 취하며 전투 태세를 가다듬은 후 안골포로 향하였다. 그러나, 안골포의 왜 수군은 이미 견내량에서의 참패 소식을 들었는지 대응하지 않으므로 하루 종일 포구를 드나들며 왜선을 공격하여 30여 척을 격파하였다, 반면에 조선 수군도 10여 명이 전사하고 100여 명이 부상을 당했다. 조선 수군은 3차 출동으로 왜 함선 100여 척을 격파 내지 나포하고, 수많은 적군을 죽이거나 부상시키는 개전 이래 최대의 전과를 올렸다. 이리하여 이순신의 3도 수군은 왜 수군과의 해전에서 완전히 주도권을 장악하였으며, 남해와 서해의 '제해권'을 장악하였다. 뿐만 아니라 해상을 통한 왜군 지상군의 증원과 병참선을 차단함으로써 전체 전쟁의 대세를 완전히 역전시켰다.

그러나, 3차 출동까지는 왜군의 남해안 서진(西進)을 막기 위한 수세적인 특성을 띄었다면, 다음의 4차 출동부터는 후퇴하여 본국으로 돌아가려는 왜군의 퇴로를 차단하여 응징하기 위한 공세적 특성의 작전으로 전환하였다. 한편 왜군은 평양성도 조선 · 명 연합군의 공격을 받고, 각 지역에서도 조선의 관군과 의병들의 공격을 받아 전력이 급격히 저하되면서 점차 후퇴하여 남해안 쪽으로 모여 진지를 구축하기 시작하였다. 조선군에서는 이러한 왜군의 동향을 본국으로 도망가려는 의도로 판단하고, 조정에서는 왜군이 도망가지 못하도록 퇴로를 차단하고 격멸하라고 지령을 내렸다.

그리하여, 8월 24일 4차 출동을 개시하였는데, 고성-진해-창원에 머물고 있던 적이 모두 도망갔다는 탐망선의 보고를 받고 김해-양산 앞 바다로 이동하였다. 그리고 8월 29일 장림포에서 왜선 6척, 9월 1일에 화준구미에서 5척, 다대포에서 8척, 서평포에서 9척, 절영도에서 2척을 만나 모두 격파하였다. 이어서 탐망선이 부산포에 왜선 470여 척이 정박하고 있다는 정보를 알려와 즉시 이동하여 공격을 개시하였는데, 역시 왜군은 함선을 버리고 산으로 올라가 총통과 활 등으로 대응하였다. 조선의 3도 수군은 위험을 무릅쓰고 온종일 종대대형으로 포구를 드나들면서 왜선 100여 척을 격파하였으나, 이 과정에서 정운 장군을 비롯한 30여 명의 사상자가 발생하는 피해를 입었다. 이런 4차 출동에서 마주친 적의 동향을 보면, 왜군은 조선의 함대를 피하여 도망가고, 함선을 버리고 산으로 도망가서 총통으로 대항하는 반응을 보일 뿐만 아니라, 부산포에서처럼 수백 척의 대함대가 있어도 해전은 완전히 포기한 것으로 평가되는 것이다. 왜왕 도요또미 히데요시는 그의 측근인 와키자카가 견내량에서 대패하자 '해전금지령'을 내렸다고 하며, 이로 인하여 왜의 수군이 조선 수군을 만나면 해전을 피하여 도망간 것이다. 이런 현상이 바로 왜의 수군이 전투의지를 상실하고 마비된 결과가 아니겠는가?

왜군은 이제 이순신이라는 이름만 들어도 벌벌 떠는 상태가 된지라, 해전은 엄두도 못내고 다른 방법으로 3도 수군통제사 이순신을 제거할

〈그림 12〉 이순신 함대와 왜 수군간 해전 요도

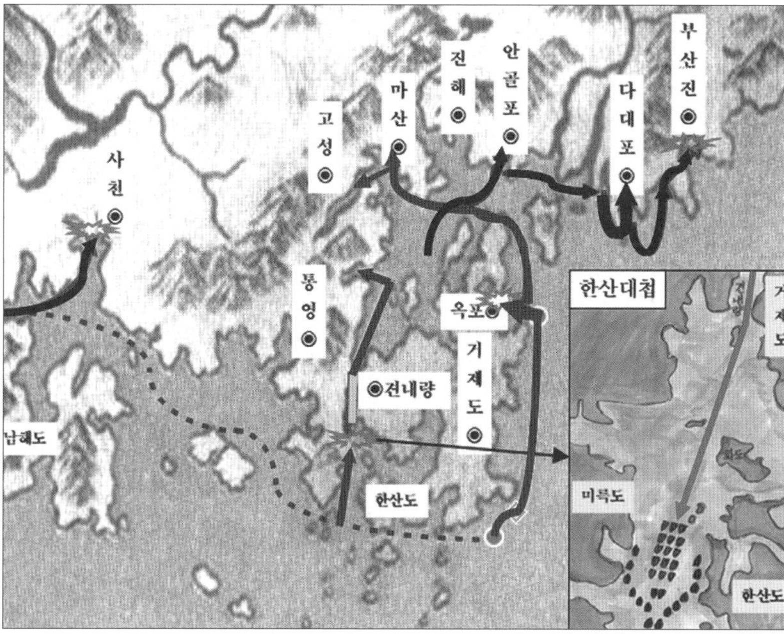

* 출처: 저자 본인 작성

방법을 모색하기 시작하였다.

이후에 더 많은 왜군들이 남해안 일대에 집결하여 성을 쌓고 진지를 강화하고 있었기 때문에 조정에서는 계속 왜군 토벌 명령을 하달하였는데, 조선의 지상군은 사실상 무력하였고, 의병들도 왜군에게는 상대가 되지 않으므로 수군에게 압박이 안될 수 없는 상황이었다. 이에 통제사 이순신은 경상도 관찰사 및 지역 의병장들과 연락하여 수륙합동군으로 왜군을 공격하기로 하고, 1593년 2월에 웅천포에서 상륙작전 및 수륙합동 공격으로 왜군에게 다소의 피해를 입혔으나, 지상 공격이 성공하여 적을 바다로 내몰지 않으면 근본적으로 성공할 수 없는 일이었다. 이후 7월이 다 되도록 수륙 합동 공격은 성사되지 못하였다.

그런데, 이 때부터 왜군이 수군을 대폭 증강하여 800여 척이나 되는 왜선들이 웅천-제포-안골포 등지로 옮기고 이어서 거제도까지 진출해 왔다. 심지어 6월 26일에는 왜의 수군 선봉대 10여 척이 견내량을 향하여 오다가 조선 수군의 습격을 받아 쫓겨 도망갔다. 이리하여 자연스럽게 견내량을 기준선으로 하여 양군이 대치하는 상황이 조성되었던 것이다. 통제사 이순신은 조정의 명령에 따라 왜군의 증강을 막으려면 부산포를 공격해야 하는데 당시의 상황으로 보아 불가하므로, 차선책으로 견내량을 분기점으로 왜의 수군이 호남지역 바다로 서진하지 못하도록 차단하는 방책이 낫다고 판단하여 1593년 7월 16일 여수에서 한산도로 진(鎭)을 옮겼다.

이후 왜군은 특공대를 보내어 이순신 장군을 살해하려고 시도하였으나 실패하였고, 가또오 기요마사군이 다시 부산에 상륙하여 증원하려 한다는 허위 정보를 조선 조정에 흘려서, 상륙을 못하게 하라는 조정의 명을 어기고 출동하지 않은 통제사 이순신의 책임을 물어 1597년 3월 13일에 해임시키고, 원균을 3도 수군 통제사로 임명하였다. 조정에서는 이순신을 심하게 고문하고 죄를 물었으나 큰 잘못이 없으므로 2차 백의종군하도록 조치하였는데, 이때 조정의 성화를 못견뎌 출정한 원균의 3도 수군이 거제도 칠천량에서 7월 15일 왜군 수군의 야간 습격을 받아 괴멸됨으로써 이순신이 6년을 넘겨 혼신의 힘을 다하여 건설한 조선의 3도 수군이 수장(水葬)되어 버렸다. 이 얼마나 통탄할 일인가? 전쟁의 실상을 모르는 무능한 왕이 군의 작전에 간섭한 결과가 어떤 것인지, 능력이 부족한 장군을 정치적 의도에 따라 임명하여 군사작전을 실패로 몰아 국가안보를 위태롭게 한 현실이 얼마나 참담한 것인지 이 역사를 통하여 배워야 할 것이다.

1597년 8월 3일 조정은 이순신 장군을 다시 3도 수군통제사에 임명하였으나 남은 함선은 칠천량에서 도망친 경상우수사 배설의 12척 뿐이었다. 조정에서는 배를 버리고 지상에서 싸우라고 하였지만, 이순신 장군은 나라가 존속하려면 서해의 제해권만이라도 지켜야 한다고 판단하여, 조정의 권고를 듣지 않고 전라우수영으로 진을 옮기고 명량(鳴梁)에서 적을 맞아 죽기로 싸울 것을 다짐하였다.

이는 명량의 좁은 물목과 조수 간만의 이점을 이용하여 싸우기로 한 것이었다. 싸움 하루 전에 장군은 전 장병들을 불러 모아 "죽기로 싸우면 살것이요, 살려고 하면 죽을 것이다(必死則生 必生則死)…한 사람이 길목을 지키면 1천 명도 두렵게 할 수있다"[136]고 훈시하여 전 장병들의 전투의지를 고양하였다. 그 다음날(9월 16일) 장군은 명량에 남은 13척의 함선을 배치하고, 왜선 133척을 맞아 죽기로 싸워 적선들을 대량 격파하여 물리쳤다. 이후 왜군은 이순신 함대를 이길 수 없다고 판단하여 또다시 싸우려 하지 않았다. 장군은 '통제영'을 고금도(古今島)로 옮겨 수군 재건에 힘을 쏟았다. 장군은 왜왕 히데요시가 죽자 철수하려는 왜군을 징벌하기 위해 명국 진린(陳璘) 제독의 함대와 연합하여 1598년 11월 17일 노량(露梁) 해전에서 최후의 일전을 감행하여 적선을 대량 격파 및 수몰시키고, 장군도 장렬히 전사하였다.

통제사 이순신은 왜국의 침략으로 발발한 전쟁에서 끝까지 '제해권'을 장악 및 유지함으로써 왜군을 마비시켜 승리하였던 것이다. 장군의 남다른 지략과 지휘통솔력으로 나라와 백성을 지키고 끝내 장렬히 순국한 그 충정은 역사에 길이 남아 만인의 표상이 되었으며, 이는 하늘이 이 나라에 준 가장 값진 보물이 아닐 수 없다. 손자가 그의 『병법』에 쓴 "장수는 나라의 보배이다(將者 國之寶也)"라는 표현이 적격이라고 할 것이다.

136) 임원빈 지음, 『이순신 병법을 논하다』, 서울:신서원, 2005, p.298.

다. 조선 · 왜 전쟁의 분석 및 평가

조선 · 왜 전쟁에 대한 분석 및 평가는 다음과 같다.

(1) 왜국의 지상군 공세작전 분석 및 평가

왜군의 지상군의 공세작전에 대하여 평가해 보자.

첫째로, 왜군이 평양 입성 때까지는 주도권을 장악하고 유지하였다. 왜군은 명국을 침공하기 이전에 먼저 조선을 침공하기로 결정하고, 전쟁 준비를 충분히 한 다음에 선제 공격을 하였다. 왜군은 사전에 정확한 정보를 입수하여 조선군의 대비 상태를 명확하게 알고 최단거리 침공로를 따라 공격하였다. 왜군은 자신들의 의도대로 전쟁을 수행해 나가면서 조선의 대응조치를 무력화시켰다.

둘째로, 왜군은 전략적 기습을 달성하여 조선의 조정과 군을 당황하게 하였다. 무엇보다도 왜군은 조선에 대하여 예상하지 못한 시기에 방비가 부실함을 공격하였다. 그러나, 사실은 조선 조정이 왜국의 사전 경고를 무시하고, 또 파견한 사신들도 정파 싸움에 국가안보를 희생시킨 결과로 사전에 대비하지 못한 조선 조정의 패악정치의 당연한 응보(應報)였다. 경상우수사 원균은 부산포가 자신이 담당한 해역(海域)이었음에도 경계에 실패하고 오히려 대부분의 함선을 스스로 침몰시켜 이후에도 왜군의 부산진 상륙을 방해하지도 못했다. 부산진과 동래성은 허둥대다가 하루도 못견디고 함락되었다. 그 이후 추풍령과 조령에서 방어선을 폈으나 급조 편성한 군대가 전투력을 발휘할 수가 없었다. 왕이 도피한 상황에서 한강 방어선도 마찬가지였다. 왜군의 전략적 기습은 조선 조정의 무능함과 조선군의 전략적 방비 부족을 확실하게 타격하여 달성된 것이었다.

셋째로, 왜군은 한성과 평양성을 향하여 기동 속도를 발휘하였다. 왜군은 기병대가 아닌데도 1일 30km씩 기동하여 19일 만에 한성을 점령하였다. 이순신 장군의 수군이 제해권을 장악하지 않았다면 한성에서 배로 수송한 증원과 보급을 받아 전력을 증강하여 압록강까지 어렵지 않게 진출하였을 것이다. 너무 빠른 왜군의 진격 속도에 대하여 조선군은 군사들을 모아 방어 준비를 할 수 있는 시간이 없었다.

넷째로, 왜군은 조총으로 조선군을 마비시켰다. 조선군의 활과 창으로 조총의 위력을 당할 수가 없었다. 조선군은 왜군의 조총 소리만 들으면 놀라서 도망가기 바빴다. 조선군은 총포와 비격진천뢰는 만들면서 왜국에서 전쟁 전에 보내준 조총은 왜 안 만들었는지 의문이다.

다섯째, 왜군은 조선군의 조직심리를 마비시켰다. 조선군은 조직심리에서 중요한 군기가 엉망이었고, 사기가 땅에 떨어졌으며, 공황상태에 빠져 전투의지를 상실하여 군이 붕괴되어 버렸다.

(2) 조선의 수군 작전 분석 및 평가

왜국의 지상군이 조선의 지상군을 마비시켜 평양까지 진격한 반면에, 왜의 수군은 조선의 이순신 장군의 3도 수군에 의해 마비되어 제해권 확보에 실패함으로써 결국 전체 전쟁에서 패배하는 결과로 이어졌다. 조선의 수군 작전에 대하여 다음과 같이 분석 및 평가할 수 있다.

첫째로, 작전의 주도권을 장악 및 유지하였다. 왜의 수군은 지상군이 한성을 향하여 파죽지세로 진격하는 동안 적극적으로 제해권을 장악하기 위해 남해에서 서진하지 않고 경상우수영 담당 해안에서 약탈하는데 노력을 허비하고 있었다. 이에 일찍부터 전투준비태세를 갖춘 이순신 장군의 전라좌수영 수군이 출동하여 분산되어 있던 왜의 수군을 격파함으로써 큰 충격을 주었다. 이리하여 이순신 함대는 주도권을 장악하였고, 2차, 3차, 4차 출동으로 부산포까지 진출하여 주도권을 완전히 장악하였으며, 적의 세력이 크게 확장되었는데도 견내량을 기준선으로 차단하여 주도권을 계속 유지하였다. 이순신 장군의 수군이 주도권을 장악하는 데에는 빠르고 정확한 정보 수집이 큰 기여를 하였다. 이순신은 정보 수집 목적의 작고 빠른 포작선을 46척이나 운용하였고, 남해안의 각 지역에 첩보원을 많이 두었으며, 지역의 백성들에게도 왜군의 동향을 알려주도록 설득해 두었다. 그래서 왜군의 동향에 대하여 비교적 빠르게 정보를 수집할 수 있었다.

둘째로, 이순신 장군의 수군은 기습을 달성하여 왜의 수군에게 충격을 주어서 마비시켰다. 왜의 수군은 조선 수군의 존재와 전력의 수준을 잘 알지 못하고 있었다. 왜국은 자기들의 국내 통일 전쟁에서도 주로 지상 전투 위주로 수행하였고 해전은 수행하지 않았다. 그래서 조선 침공 전쟁에서도 지상전 위주로 준비하였고, 수군은 해상 수송으로 지상군에 대한 증원과 보급을 담당하였다. 그리고 조선 수군과의 해전(海戰)은 크게 고려하지 않았고, 지상군이 한성을 점령하면 해상 수송이 큰 문제가 없을 것으로 생각한 듯하다. 그리하여 조선수군이 갑자기 나타나자 크게 놀라서 충격을 받고 어찌할 바를 몰랐던 것이다. 따라서 이순신 장군의 수군이 1차 출동한 옥포-합포-적진포 해전은 완전한 기습이 되었던 것이다. 왜군 수군의 입장에서는 조선 수군이 언제 공격해 올지 예상하지 못했을 뿐만 아니라, 그들이 전혀 대비하지 못한 해전이었기 때문에 당황하고 충격을 받아서 마비되었던 것이다.

셋째로, 판옥선과 거북선의 함선과 각종 총통을 무장하여 해전을 수행함으로써 왜의 수군을 마비시켰다. 앞서 기술한 바와 같이 왜군은 지상전 위주의 전쟁을 준비하였으나, 수군의 해전은 예상하지도 않았고 준비하지도 않았다. 그러므로 왜군의 함선은 병력과 물자의 수송 목적으로 제작하여 함선이 견고하지 못하고, 높이가 낮았으며, 총통을 선수(船首) 부분에 1문만 장착하였다. 그러나, 조선의 거북선과 판옥선은 좌우에 각 6문씩 12문, 전후에 각 1문씩 2문 총 14문의 총통(天, 地, 玄, 黃字)을 무장하여 전투시 막강한 화력을 발휘할 수 있었다. 또한 함선끼리 충돌을 고려하여 견고하고, 근접전시 적 병력이 승선하지 못하도록 2층으로 높게 제작하였고, 격군(노젓는 수병)과 전투원을 분리시켜서 전투원들의 전투행동을 유리하게 하였다. 그리하여 해전이 개시되자 왜군의 함선이 접근하기도 전에 조선의 함대가 원거리에서 쏘아대는 총통의 탄환으로 인하여 함선이 격파되고 부딪치며 침몰하였고, 탑승하였던 장병들은 죽거나 부상 또는 익사하였던 것이다. 그 결과 해전에서 왜의 수군이 대응할 수단과 방법이 없으므로 놀라고 공황 상태에 빠져 전투의지를 완전히 상실하고 조직이 붕괴될 수밖에 없었던 것이다. 이순신 장군의 함대가 1차 출격으로 왜의 수군이 받은 이런 충격이 왜군들에게 전파되어 왜의 수군 전체가 마비되었으며, 이후 그들은 해전을 포기하게 된 것이다.

넷째로, 통제사 이순신은 왜군의 지휘체계를 마비시켰다. 이순신 장군은 2차 출동 때부터 거북선을 참가시켰는데, 이는 돌격선으로서 적군의 함대로 돌진하여 대열을 흩뜨리고 적군의 지휘선과 대선(大船)들을 대상으로 공격하여 격파 또는 대장을 사살하여 지휘체계를 마비시켰던 것이다. 또한 한산대첩에 참가한 왜장 와끼자카는 적장들 중에 가장 잘 싸우는 장수로 알려졌는데 그 해전에서 괴멸되어 히데요시 왕에게 불려가서 처벌받고 참전이 금지되었으므로, 다른 어떤 왜장이 해전을 하겠다고 나서겠는가? 따라서 한산대첩 이후에 모든 왜의 수군 장수들의 전투의지를 완전히 꺾어서 마비시켰다고 할 것이다. 반면에 조선은 2차 출동부터 이순신 장군이 3도 수군통제사로 임명되어 모든 수군을 통합 지휘하도록 지휘체계가 더욱 확고해졌다.

다섯째, 이순신의 3도 수군은 견내량 이서의 남해와 서해에 대한 제해권을 확실하게 장악하여 왜의 수군 활동을 마비시켰을 뿐만 아니라, 왜의 지상군까지도 증원과 병참선을 차단함으로써 마비시켜 전쟁의 대세를 역전시켰던 것이다. 3면이 바다인 한반도의 지정학적 특성을 고려하여 볼 때 제해권을 확보하지 못할 경우에는 반도 남 · 북으로 깊숙이 지상군이 진격하기 어려운 특성이 있다고 할 것이다.

여섯째, 통제사 이순신은 늘 우세를 확보하여 적을 마비시켰다. 우선 그는 병력의 우세를 확보하여 승리를 거두었다. 여기에는 상대적 우세도 포함된다. 병력과 함선의 수를 비교하면 왜군이 전체적으로 우세하지만, 이순신 장군은 적이 분산되어 있는 점을 이용하여 해전을 치러야 할 결정적인 시간과 장소에서는 확실하게 우세를 확보한 가운데 싸워 이겼다. 그는 또 적은 분산시키고 아군은 세력을 합하여 우세를 확보하였다. 우선 경상우수영과 전라좌 · 우수영의 세력을 합하여 3도 수군 세력으로 적과 싸웠다. 또한 경상도 관찰사 및 지역 의병들과도 서로 합세하여 싸웠다. 그리고 이순신 장군은 화력의 우세로써 적을 마비시켰다. 한산대첩의 경우 조선 수군은 54척이지만 왜의 수군은 76척으로 함선의 수는 적이 많지만 함선에 장착된 총통의 수는 적이 76문인데 반해 조선 수군은 756문으로 10배가 많은데, 적은 총통이 선수에 장착되어 있어서 함대의 선두에 위치한 몇 척만이 발사할 수 있으나, 학익진으로 펼친 조선의 수군은 6문씩 장착된 함선의 좌 · 우측으로 회전하면서 발사하므로 그 위력은 엄청난 차이로 나타나는 것이다. 또 조선 수군은 기세(氣勢)로 적을 제압하였다. 연전연승으로 사기 충천한 조선 수군의 기세는 사기가 떨어지고 패배의식이 만연한 왜의 수군을 압도하고도 남음이 있었던 것이다.

일곱째, 이순신 장군은 적의 조직심리를 마비시켜 승리하였다. 그는 장병들의 군기를 엄정하게 확립하고 사기를 앙양하는 반면 장군 스스로 진두에서 지휘하여 장병들의 전투의지를 고양하여 해전에 임해서는 죽기로 싸우게 하였던 것이다. 반면에 왜의 수군은 앞에서 기술하였던 바와 같이 군기가 엉망이고, 연전연패로 사기가 땅에 떨어졌으며, 장수들이 해전을 회피하는 마당에 부하 장병들의 전투의지가 고양될 수가 없는 것이다. 그들은 매 해전 때마다 두려움에 떨다가 도망가기 일쑤였다. 이는 왜의 수군들의 조직심리가 마비되어 해전을 수행할 수 없는 상태였다고 평가할 수 있다.

여덟째, 지장(智將)인 이순신 장군의 지휘통솔력이 조선 수군 승전의 가장 중요하고도 으뜸가는 요인이라고 분석된다. 후임 통제사 원균은 지장이 아니라 용장(勇將)이었기 때문에 왜군의 꾀임에 빠져 이순신 장군이 수년간에 걸쳐 갖은 고난을 극복하며 이룬 조선 수군을 일시에 무너뜨린 참극을 저지른 것이다. 이순신 장군은 모든 병법서를 통독하였으며, 그 스스로 왜군과 싸워 이길 명확한 전법을 정립하고 있었고, 이러한 전법을 해전에 응용하여 적용한 바, 매 해전 때마다 적과 바다의 상황에 따라 전투대형을 달리 적용하였던 것이다. 그리고 해전에서 적진으로 돌격할 거북선도 창의적으로 건조하였다. 그는 해역 내의 백성들을 보호하고, 조정의 지원을 받기보다는 수군의 식량과 전쟁수행 비용을 자급자족하며 오히려 조정에 상납하여 조정을 지탱하는 일까지 맡아 하였다. 그리고 명나라 수군 진린 도독을 감복시켜 최선을 다하여 함께 싸우도록 이끌어 나갔던 것이다. 참으로 하늘이 이 나라의 명운을 잇게 하려고 우리 땅에 내려준 탁월한 장재(將材)가 아니겠는가! 그러나, 전쟁 이전부터 일찍 발탁되어 군대의 요직에 보임되어 있었던 신립, 이일, 원균과 원균의 후임으로 경상우수사로 임명된 배설 등은 전쟁에서 무엇을 이루었던가? 이런 인사에서 정부의 국방에 대한 인식과 인사의 기준을 어떻게 설정하고 있는 지 알 수 있으며, 국방업무의 핵심이 여기에 있는 것이다.

3. 청(淸) 태종의 조선 침공[137)]

청나라의 조선 침공 내용을 기술하기 이전에 청나라의 전쟁술이 어떤 것인지를 알 수 있고, 또 조선이 지원군을 보내어 참전하였던 관련된 사례를 먼저 알아 보고자 한다. 이는 '샤르흐(薩爾滸) 전역'으로 청 태종의 아버지인 '누르하치'와 명(明)나라와의 전쟁이다.

가. 후금과 명의 샤르흐(薩爾滸) 전역[138)]

16세기 말에서 17세기 초에 이르러 누르하치는 만주(滿洲) 지역의 여진족(女眞族)을 통일하고 '후금(後金)'이라는 나라를 건국하였다. 이에 여진족의 일부인 에호(葉赫)의 군주 긴타이시가 위협을 느껴 명나라에 도움을 요청하자 명이 이에 응함으로써 양국간에 전쟁이 발생하게 되었다. 이에 따라 누르하치는 서기 1618년 4월 명나라에 대해 선전포고를 하고, 무순성을 함락시켰다. 명나라는 사태가 위급하므로 조선에 원병을 청하여 10만 명의 대군을 편성하고, 양호(楊鎬)를 대장군으로 임명하여 출정하였다.

(1) 양국의 전쟁 계획

양호는 10만 명의 병력을 4군으로 편성하여 4기동로를 따라 분진 합

---

137) 문영일 지음, 전게서, pp.619~629.

138) 육군대학, 『군사평론 제337호』 "기동전", 대전:육군대학, 1998, pp.152~204.

격시켜 누르하치의 본거지인 흥경노성(興京老城)으로 포위 공격하여 그 본거지를 없애버리고자 하는 작전을 추진하였다. 특히 근대적인 화기인 화포와 총을 일부 병력이 무장하였고, 조선에서 온 원병 1만 명 가운데 5천 명이 우수한 포수로서, 주로 활을 사용하는 후금군을 쉽게 이길 수 있으리라 판단하였다. 누르하치는 그의 '팔기군'[139]으로 우세한 명군을 상대로 전쟁을 하기 위해서는, 자신의 군대가 지리를 잘 알고 있는 샤르흐 지역으로 적을 끌어들여 '영격전(迎擊戰)'[140]을 수행할 것과, 내선의 이점을 살려 적의 상황에 따라 신속한 기동력으로 각개 격파하여 승리하는 작전을 구상하였다. 그리고 누르하치는 적이 무장하고 있는 화포가 공성무기(攻城武器)이므로 이런 대포의 위력을 발휘하지 못하도록 성(城)을 고수하는 방책을 버리고, 야지에서 화기에 대항하는 여러 가지 방책을 강구하기로 하였다. 전장은 흥경노성을 중심으로 직경 150km에 이르는 산악 지형이다. 작전 일자는 1619년 4월로서 해빙기라 하천에 물이 불어나 도하에 지장이 많은 시기이다.

(2) 작전 진행 경과

명의 좌익 중로군의 총병인 두송(杜松)은 총수(總帥)인 양호에게 후금군이 축성공사를 하기 전에 공격할 것을 건의하였으나 미승인되자, 독단으로 먼저 출발하여 야간 강행군으로 4월 15일 새벽에 혼하(渾河)를 도하하였다. 두송은 샤르흐산을 점령한 다음 후금군의 상황을 관찰한 후 즉각 공격하기로 결심하였다. 이에 1만 명을 화포와 함께 샤르흐산

139) 누르하치는 명(明)을 극복하는 방법이 여진족의 조직화에 있음을 인식하고, 여진족의 오랜 수렵생활에서 자연스럽게 등장한 '깃발'을 떠올려, 깃발아래 뭉치고 소속감을 가지도록 '기조직(旗組織)'인 4기군(旗軍)을 편성 후 8기군(八旗軍)으로 확대하였다. 전경일 지음, 『글로벌 CEO 누르하치』, 서울:삼성경제연구소, 2005, p.48.

140) 영격이라는 말은 공격해 오는 적을 기다렸다가 나가 치는 것을 의미함.

에 머물러 엄호하게 하고, 자신이 1만 명을 직접 지휘하여 소자하(蘇子河)를 도하하고 후금의 축성 및 경계군이 지키고 있는 자이피앙을 공격하였다.

후금군은 자이피앙에서 치린하다로 후퇴하였다. 한편 두송군의 나머지 1만 명은 주로 치중부대였는데 전투병은 매우 적었으며, 반나절 늦게 무순을 출발하여 밤중에 영반의 서쪽 지역에 도착하였다. 이제 두송군의 상황은 샤르흐산에 1만 명, 치린하다에 1만 명, 영반 서쪽에 1만 명으로 3분된 가운데 원거리 무리한 행군과 2회 연속 도하작전으로 지치고 사기가 저하되어 있는 상태였다.

누르하치는 명군에 대한 정보를 종합한 결과 남쪽 2개 도로에서도 적이 접근 중이지만, 깊은 산중의 도로를 따라 이동하고 있으므로 속도가 느려 지연될 것으로 판단하여 소수의 경계부대를 배치한 후에 전 팔기군을 샤르흐 지역으로 이동시키고 명군의 상황을 관찰할 수 있는 구레까지 진출하였다. 약 50km를 6시간 정도에 주파한 것이다. 누르하치는 5개 기(旗)의 6천 명으로 하여금 샤르흐산에 있는 명군을 먼저 공격하게 하여 화포와 총기를 무용지물로 만들었으며, 순식간에 1만 명의 적을 유린하고 도망가는 적을 죽였다. 이어서 치린하다를 공격 중인 두송군을 3면에서 협공하여 두송을 비롯한 주요 장수들이 전사하고 병사들은 유린당했다. 이어서 도망치는 적을 추격하고 산에 숨은 적을 포위하고 수색하여 일망타진하였다. 그리고 영반에 있는 치중부대를 다음날 아침에 1기군으로 한 명도 남김없이 토벌하였다.

명의 좌익 북로군은 마림(馬林)이 지휘하는 2만 명과 원군인 에호의 긴타이시군 1만 명을 합친 3만 명으로 구성하였는데, 북쪽 도로를 따라 철령을 넘어 4월 15일에 도착하여 샨간하다에서 숙영지를 설치하고, 진지를 구축하였으며 화기를 배치한 후 병력들은 참호 속에 있었다. 이 마

〈그림 13〉 후금의 대(對)명 샤르흐 전역 약도

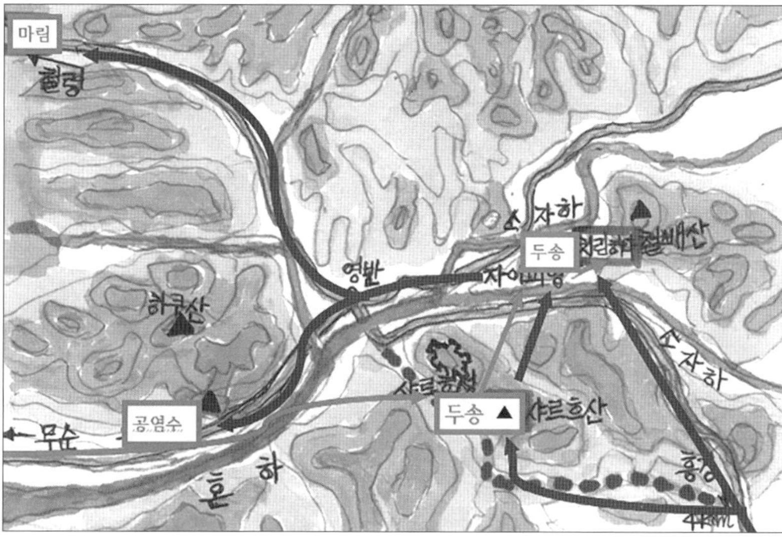

* 출처 : 육군대학, 『군사평론 제337호』, 1998, p.173.

림군도 3분되어 약 11km 떨어진 피에훈산 일대에 1만 명씩 배치되어 있었다.

4월 16일 정오경에 누르하치가 샨간하다에 도착하여 마림군의 상황을 살펴본 후 적의 견고한 진지를 공격하는 방법을 적용하도록 명령하였다. 이 방법은 말에서 내린 부대가 뒤에서 활을 쏘는 부대의 엄호하에 돌진하여 적의 장애물을 무너뜨리고 화포를 뒤엎어 통로를 개방하면, 기병들이 쇄도하여 진지내의 적을 유린하는 전법이다. 누르하치는 이 방법에 더하여 기마부대가 후방의 산으로 우회하여 측 · 후방에서 공격하는 방안을 추가로 명령하였다. 이 전투에서는 총병인 마림만이 살아서 도망가고 나머지 장병들은 전멸하였다.

이 전투에서 명군은 포와 총을 발사하였으나 후금군은 기세로써 일시에 달려들어 포와 총을 재장전할 시간을 주지 않고 휩쓸어 무용지물로 만들었고, 너무나 삽시간에 돌진함으로써 명군이 어찌할 바를 모르고 당황하고 그 기세에 눌려 도망감으로써 부대가 붕괴되어 버렸다. 이어서 피에훈산의 범종안군에 대해서도 같은 방법으로 유린하여 14시 경에 전멸시켰다. 긴타이시군은 이런 광경을 보고 겁에 질려 자기 나라로 도망가고 말았다. 후금군은 전사자가 없었으니 참으로 경이적인 승리였던 것이다.

누르하치는 정보판단 결과 남쪽으로 접근 중인 명군은 약 1~2일 후에 도착할 것으로 예상하고 장병들을 쉬게 한 후에 4월 17일 14시에 60km를 4시간 만에 이동하여 흥경노성에 도착하였다.

이 때 명군의 총수 양호는 좌익의 2개 군이 전멸되었다는 소식을 듣고 놀라 이 전쟁을 이길 수 없다고 판단하고 우익 2개 군을 철수하도록 명령하였으나, 이여백(李如栢)이 지휘하는 우익 중로군에게는 명령이 전달되어 철수하였는데, 유연이 지휘하는 우익 남로군은 철수명령을 전달받지 못하여 산중의 좁은 돈고로를 따라 계속 이동 중이었다. 우익 남로군은 유연의 명군 1만 명과 원군인 조선의 도원수(都元帥) 강홍립(姜弘立)이 지휘하는 1만 명을 합친 2만 명으로 구성된 연합군이었다. 이 양국군 사이에는 불신과 불화가 있어 협조가 잘 되지 않았고, 약 100km를 7일이 걸려 느린 속도로 이동 중인데 식량마저 제때에 보급되지 않아 사기가 엉망이었다. 유연군은 16일 환인에서 출발하여 정오경에 심하(深河)에 도달하여 후금의 경계부대 500명과 한 차례 접전한 후 17일 잘못된 정보에 근거하여 18일 일찍부터 군을 재촉하여 급진 중이었다.

한편 휴식을 취한 후금의 2기군은 17일 요충지인 가합령(家哈嶺)에 먼저 도달하여 군을 매복시키고 기다리고 있었으며, 누르하치군의 본대는 남쪽으로 접근 중이었는데 명의 이여백군이 철수하고 있다는 정보에 따라 유연군 방향으로 집중하였다.

18일 10시 경 유연군의 선봉대가 가합령에 도달하자 후금의 매복군은 이를 통과시켰는데, 가합령에 적이 없다는 허위 정보를 믿은 유연은 갑자기 나타난 누르하치의 대군을 보고 놀라 긴급히 옆의 산 정상으로 올라가 후속 제대의 도착을 기다리고 있는 사이에 누르하치의 공격 명령이 하달되었다. 즉 후속하는 총포 부대가 전개도 하기 전에 본대와 매복군으로부터 사방에서 공격을 받아 공포에 떠는 장병들은 제대로 싸워보지도 못하고 전멸당했던 것이다. 이어서 후차의 들판에 명군의 총포부대와 조선군이 서있는 상황이 눈에 보였다. 이때 바람이 세차게 불어 흙먼지를 날렸기 때문에 앞을 분간하기 어려운 상황에서 누르하치군은 명과 조선의 좌 · 우영군을 일거에 유린하였는데, 도원수 강홍립은 삽시간에 벌어지는 눈앞의 상황에 어찌할 대책이 없으므로 항복하였다.

이 전쟁에서 명군의 전사자는 46,180여 명으로 이 중에서 장수가 310여 명이 포함되고 총병인 두송과 유연이 전사하였다. 이 결과에는 긴타이시군과 조선군의 희생자는 포함되지 않았다. 마필(馬匹)의 손실은 2만 8천 4백여 필이었다. 참고로 명군의 전사자가 이렇게 많은 이유는 누르하치가 이어서 명을 침공할 때 살아서 돌아간 장병들이 명의 전력을 강화할 것이 명확하므로, 이어지는 정복전을 고려하여 전멸시켰던 것이다. 이 전쟁의 결과로 명은 회복 불능이 되었고, 후금은 중원의 패자(霸者)가 되었다.

(3) 샤르흐 전역에 대한 분석 및 평가

이 전역에 대하여 분석 및 평가해 보면 다음과 같다.

첫째, 이 전쟁은 열세군이 우세군을 상대로 단 4일 만에 경이적인 승리를 거둔 대표적인 사례이다. 연합군은 여러 가지 요인으로 후금군의 기동전에 의하여 마비되어 군이 그냥 붕괴되었다.

둘째, 이 전쟁은 후금군이 완전히 주도권을 행사하여 승리한 전쟁이었다. 전장의 선정과 작전 방법의 선택 및 공격 시간의 선택 등 모든 것이 누르하치 왕의 의도대로 수행되었다. 후금군은 연합군의 동태에 관하여 정확한 정보를 신속하게 수집하여 활용하였다.

셋째, 이 전쟁은 철저하게 시간과의 싸움이었다. 누르하치는 내선에서 명의 4로군의 전장 도착시간 차이를 정확하게 판단하고, 자신의 군대가 기동하는 데 소요되는 시간을 정확하게 계산하여, 그 결과 시간의 이점을 최대한 이용함으로써 승리를 이끌어내었다. 심지어는 한 지역의 군 내에서도 3분되어 있는 적에게 상호지원할 시간적 여유를 주지 않고, 시간차 공격을 함으로써 각개 격파하였다. 우수한 기동성을 가진 군대가 시간이 전쟁에 미치는 영향을 최대로 이용하는 것을 입증하였다.

넷째, 누르하치는 항상 상대적인 우세를 획득하여 승리하였다. 전체적인 전력은 연합군이 절대적으로 우세하지만, 연합군은 4개 군으로 나누어져 따로 움직이고 있었고, 각 군은 또 다시 2~3개 부대로 나누어져 있었으며, 심지어는 그 소군 내에서도 좌 · 우 · 중영 부대로 또 분할되어 있었으므로, 시간적 집중으로 분할된 소조직을 공격할 때에는 항상 상대적으로 우세한 전력이 집중된 것이었다.

다섯째, 후금군이 맹렬한 기세로 적을 압도하여 승리한 전쟁이다. 기병대의 신속한 기동 속도와 맹렬한 기세로 명군을 유린함으로써 연합군은 당황하여 쩔쩔매고, 공황 상태가 되어 마비되어 버렸다.

여섯째, 적의 작전수행 체계를 마비시켜 승리한 전쟁이다. 후금군은 분산된 적진으로 차례차례 돌진하면서 먼저 적군의 장수들을 우선적으로 공격하여 제거함으로써 적의 지휘체계를 마비시켰다. 또한 적의 화포 진지로 돌진하여 적의 총포를 무용지물로 만들어 버렸다. 즉 적의 전력 발휘의 핵심을 조기에 제거하여 마비시킴으로써 적을 무력화시켰던 것이다.

일곱째, 후금군은 심리의 싸움에서 승리하였다. 명군은 싸우기도 전에 이미 지치고 사기가 저하되어 있었으며, 상 · 하간 및 인접 군간 서로 불신과 불화의 심리상태에 있었다. 후금의 기병대가 돌진할 때에는 공황상태가 되어 사기가 폭락하고 군대 조직이 붕괴되어 그저 도망가기 빠빴던 상황이었다. 이 전쟁을 분석해 보면, 최고사령관의 탁월한 리더십, 뛰어난 전략 및 작전술, 잘 조직된 정예부대, 우수한 무기 및 장비 체계가 군대의 질을 결정하며, 이런 군대에게는 전쟁에서 수적인 우열이 큰 의미가 없다는 것을 교훈으로 삼을 수 있다.

나. 후금 태종의 1차 조선 침공(정묘호란)

후금국의 시조 누르하치는 1626년에 명나라가 있는 대륙으로 진출 중에 전사하고, 그의 대를 이어 왕이 된 태종 홍타이지는 나라를 동아시아의 대국으로 만들려는 야망을 실현하려고 계속하여 중원으로 진출하려는 준비를 하고 있었다. 그러나, 조선의 인조(仁祖)가 반정(反政) 이후에 후금을 배척하고 명과의 사대(事大) 외교를 복원하려는 시도를 보이자 후금이 중원으로 진출할 경우에 후방의 위협이된다고 판단하여 먼저 조선을 침공하기로 결정하게 되었다.

1627년에 태종은 왕자 아민에게 3만 5천여 명의 군대를 주어 조선을 침공하였다. 그러나, 이 때의 전쟁 결과를 보면 친명반금(親明反金)의 조선에 대한 징벌보다는 오히려 동족 국가로서 우호 친선하여 그들의 후방 안전을 확보하겠다는 외교 전략이 더 우선이었다고 보여진다. 따라서 후금군은 남진해 오면서 민간 피해를 최대한 억제하는 등 유화책을 활용하면서 화의를 계속 제의해왔다. 그리고 후금군은 별로 큰 저항을 받지 않고 1주일 만에 청천강을 도강하여 평양조차 무혈 점령(8천 여 명의 수비군이 도망감)하고, 대동강을 건너 황주를 지나 예성강을 눈앞에 둔 평산에서 일단 정지하여 다시 화의 교섭을 요청해왔다. 그 이전에 이미 인조와 조정은 침략군의 선봉이 황주를 지날 때인 1월 27일에 강화도로 파천해갔다. 그리하여 3월 초에 조선은 '후금과는 형제의 결의, 명과는 강제된 자주'를 주제로 하는 맹세식을 가지고 침략군과 화의하였다. 이 사건을 '정묘호란(丁卯胡亂)'이라고 한다.

다. 청 태종의 2차 조선 침공(병자호란)

정묘호란 이후 인조와 조정은 명에 사대관계를 여전히 유지하면서 후금과는 가식적인 외교관계를 유지하고 있었다. 특히 통상면에서는 후금의 수요를 만족시켜 주지 못하면서 군사동맹을 여전히 거절하여 명과의 동맹관계가 언제든지 부활할 것처럼 비쳐지고 있었다. 후금은 1632년에 몽고의 차카르 부족을 합방하고, 1636년에는 국호도 대청제국(大淸帝國)으로 바꾸고 '황제(皇帝)' 칭호를 사용하였다. 청(淸)나라가 명을 타도하겠다는 의도가 명확해졌음에도 불구하고, 조선은 명에 대한 절대적인 사대사상에 젖어 있어 국제 정세를 심도있게 분석해 보지도 않고 청에 대하여 적대 감정을 공공연히 드러내 보였다. 인조는 스스로 전국에 '척화교서(斥和敎書)'를 하달하고 전쟁 준비에 들어가 임경업 장군을 청천강 이북 방어 총책으로 임명하여, 평안도와 황해도의 전방 위주로 수성(守城) 및 청야(淸野)전술 중심으로 준비하고 4~6개월분의 군량미를 비축하였으며, 남한산성을 최후의 방어진지로 삼았다. 전방에 배치된 방어 병력은 총 1만2천 명이었고, 유사시 최대 동원할 수 있는 병력은 1만5천 명이었다.

〈그림 14〉 청 태종의 조선 침공 요도

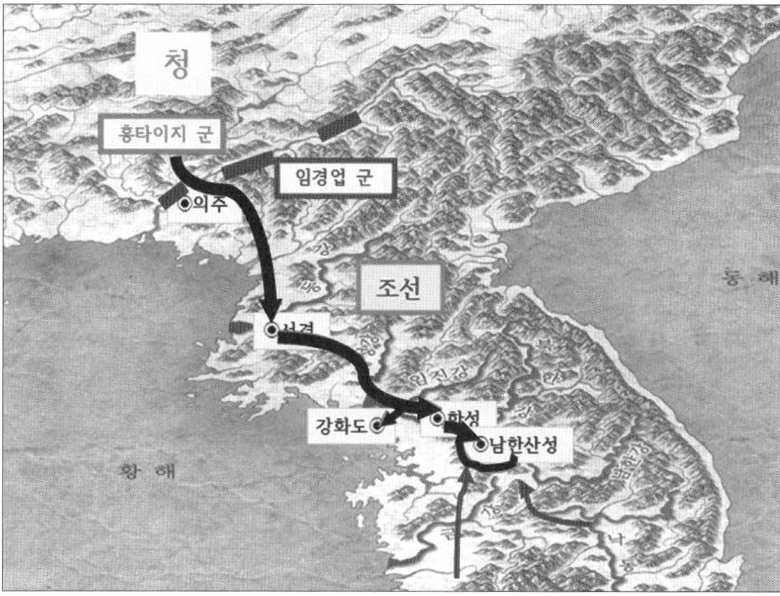

* 출처 : 저자 본인 작성

청은 명의 내란이 더욱 고조되어 가는 상황을 관찰하면서 만리장성의 산해관을 넘어 북경을 향하여 진격을 개시하였다. 그와 동시에 조선을 먼저 침략하여 후방 안전을 도모하기로 결정하였다. 청 태종은 마지막 시한부로 조선에 외교적 결단을 촉구하였으나, 인조는 마지못해 변명 외교사절을 보냈지만 시한을 넘김으로써, 1636년 12월(한겨울)에 12만의 군사력으로 압록강을 건너 침공해 들어왔다. 청군은 인조와 조정의 예상과는 다르게 공성전(攻城戰)을 취하지 않고 곧바로 한양을 향하여 고속 기동전을 감행해왔다. 청군의 경기병(輕騎兵)은 조선군의 산성과 산성 사이로 쾌속 질주하여 압록강을 넘은 지 6일 만에 대동강도 건너 황해도 황주에 도달하였다. 이때 지역 수비군이 대적해 보았으나 상대가 되지 못하였으므로 청군은 개성을 통과하기에 이르렀다.

인조는 황급히 강화도로 행재소를 이전시키려 하였으나 청군은 이 기도를 먼저 알고 행주산성과 양화진으로 진출하였으므로 좌절되었다. 그래서 인조와 행재소 요원들은 예비로 준비된 남한산성으로 이동하게 되었다. 남한산성에는 왕을 비롯한 조정의 신료들과 그 가족 1,300여 명과 군사 1만 3천여 명이 들어와 있었다. 군량미는 50일분 정도가 전부였다. 청군은 임진강에서도 저항을 받음이 없이 불과 1주일 만에 선발대가 수도 한양을 무혈 점령하고 그 이튿날 드디어 남한산성을 포위하였다. 그리고 하루가 멀다하고 항복할 것을 종용해왔다.

인조와 조정은 시간을 끌면서 비밀리에 전국에 지령을 하달하여 구원병이 오도록 조치하였다. 이에따라 경기도 지방의 1만여 군사가 포위망을 뚫고 입성하여 방위력을 일시적으로 높여 주었으나, 강원도 군사들은 금단산에서 격퇴당했고, 경상도 군사가 4만여의 대군으로 내원하였으나 정보에 의해 기다리던 청군에게 광주 쌍고개에서 기습을 당하여 와해되었다. 이어 전라도 군사 4천여 명과 함경도 군사 2만여 명, 평안도 군사 800여 명이 내원중에 있었으나 때가 너무 늦어서, 1637년 1월 절대 안전할 줄 알았던 강화도가 점령당하여 봉림대군이 항복하였다는 소식이 전해지자 인조가 항복을 결심하였다. 그리하여 1637년 1월 30일 남한산성 전투 46일 만에 삼전도에서 인조가 청 태종에게 삼배구고두(三拜九叩頭: 3번 절하고 9번 땅에 머리를 찧음)를 올리는 참담한 항복식이 있었다. 이 전쟁을 병자호란(丙子胡亂)이라고 한다.

라. 청 태종의 조선 침공 분석 및 평가

여기서, 조선 · 청 전쟁을 다음과 같이 분석해 볼 수 있다.

첫째, 청군은 이 전쟁에서 시종일관 주도권을 장악 및 유지하였다.

전쟁의 개시 자체가 청군의 의도에 달려 있었고, 조선은 처음부터 선제 공격보다 청군의 침공에 대비하여 방비하는 데 주력하였고, 전쟁의 대세를 뒤집을 반전 노력은 끝까지 하지 않았다. 전쟁을 더 이상 지속할 상황이 아님을 깨닫고서야 항복하였다.

둘째, 청군은 정보전에서 조선군보다 훨씬 우수하였다. 청군은 조선군과 조정의 의도를 모두 알았고, 심지어 언제쯤 조선의 조정이 강화도로 옮겨갈지 알고 있었으며, 남한산성에 포위된 후 언제 어느 지방군이 원군으로 올지 알고 미리 대비하여 각개 격파하였다. 정보전에서 실패한 조선의 모든 반전 노력은 다 수포로 돌아갔던 것이다.

셋째, 청군은 조선군의 수성 및 청야전술에 대해 기마(騎馬)부대의 고속 기동전으로 마비시켰다. 조선군은 성에 주둔하여 방어하고 있으면 청군이 성을 공격해 올 것으로 예상하였으나 성과 성 사이로 기동하여 지나가버렸고, 공성전(攻城戰)으로 전쟁이 장기화되고 청야전술로 보급에 어려움을 겪어 물러갈 것으로 기대하였으나 1주일 만에 수도 한양이 점령되고, 남한산성이 포위되어 전쟁 지휘가 마비되었고, 이에 따라 전쟁의지가 조기에 굴복되었다. 조선은 병자호란보다 훨씬 이전에 치러진 명과 후금간의 샤르흐 전역에 명을 지원하는 군을 보내서 청군에게 대패하여 항복한 전례가 있음에도 청군의 고속 기동전에 대한 준비를 전혀 하지 않았던 것이다. 조선군은 전략과 전술면에서 청군에 상대가 되지 않았던 것이다.

넷째, 전쟁 지휘 및 군의 조직체계가 조기에 마비되었다. 조선은 청의 침공이 명확해졌음에도 불구하고 전국의 군을 통합하는 전쟁지휘체제를 구축하지 않고, 평안도와 황해도의 전방 위주로 청천강 이북 지역방어 우선의 군사 지휘체제를 마련하였다. 수도 한양이 위협받는 상황에서도 전국의 지방군을 통합하는 통합군 지휘체제를 마련하지 못하였다. 전쟁지휘라는 수준이 조정에서 각 지방군에 전령을 보내 청군의 침공을 알리고 조정에 원군을 보내라는 칙서를 보내는 수준이지, 모든 지방군을 통합지휘할 어떤 전략적 조치도 없었다.

다섯째, 조선의 조정과 군의 전쟁의지와 조직심리가 조기에 마비되었다. 조선의 전쟁 명분은 명에 대한 사대사상의 영향으로 청에 대한 반감이 우선이며 국가와 국민의 생존과 안전을 위한 국가 차원의 대비가 아니었다. 전방의 방어군 뿐만 아니라 각 지방군까지도 부패가 만연되어 군 병력의 충원도 제대로 안되어 있었을 뿐만 아니라 조정과 각 지방의 동원도 제대로 이루어지지 않았기 때문에 병력이 턱없이 부족하였고, 조직과 훈련을 할 시간도 부족하였으며, 군의 전투의지와 사기도 저하되어 있었다. 이러한 군대와 국민이 청군의 고속기동전에 대하여 조기에 전의와 사기가 상실되는 것은 당연한 결과이다.

4. 한국전쟁 시 인천상륙작전

북한 공산군은 1950년 6월 25일 새벽에 38도선 전역에 걸쳐 기습 남침을 개시하였다. 이어서 3일 만에 서울을 점령하고 한강을 건너 계속 남쪽으로 진격하였다. 그리하여 8월에는 낙동강까지 진출하여 대구와 포항을 점령하기 위하여 집중 공격하였다. 8월의 대공세가 좌절되자 북한군은 8월 하순부터 제5차 작전을 준비하기 시작하였다. 그래서 미국군의 방어 구역인 왜관에서 현풍 일대까지는 견제하고, 한국군이 방어하고 있는 지역에 주공을 지향하여 돌파하려고 계획을 수립하였다. 그리하여 북한군 제1군단은 8월 31일 밤에, 제2군단은 9월 2일 밤에 공격을 개시하였다. 이에 국군과 연합군은 개전 후 최대 위기를 맞이하였고, 사령관 워크 장군은 전 부대를 데이비드선(Davidson: 마산-밀양-울산 북부 고지를 연한선)으로 철수하는 방안도 검토하였다. 북한군 제4 및 9사단은 낙동강 돌출부를 공격하여 영산을 점령하였고 6사단도 함안까지 진출하였으나, 미국군 제1해병여단과 제25사단이 역습으로 적을 격퇴하고 방어선을 회복하였다. 영천으로 깊숙이 침입해 들어온 북한군 15사단은 국군 8사단이 퇴로를 차단하여 괴멸시켰다. 또한 적 제12 및 5사단은 포항을 점령하고 경주까지 진출하였으나 국군 제3 및 수도사단과 미 제24사단에 의해 퇴각하였다. 이렇게 적은 국군과 연합군의 방어선을 돌파하려고 갖은 노력을 다하였으나 그동안 전력이 급격히 저하되어 이제 그 한계점에 도달한 것으로 보였다. 9월 5일 국방부와 육군본부 그리고 미 제8군 사령부가 부산으로 옮겼으나 이제 반격을 해야할 시기가 다가오고 있다고 판단되었다.

가. 인천상륙작전 계획

맥아더 원수는 6월 29일 한강 방어선을 시찰하였을 때부터 인천상륙작전을 구상하였다. 몇 개 다른 지역이 검토되었으나 최단거리로 수도 서울로 진출하여 탈환하고 적의 병참선을 차단하여 일거에 이남의 적을 무너뜨리고 승리할 수 있는 인천을 상륙지역으로 결정하였다. 그런데, 이 작전은 몇 가지 제한사항을 극복하여야 가능한 작전이다. 즉 만조시 가장 수면이 높은 시기인 9월 15~18일 사이에, 하루 2회의 만조 시간에만 상륙 가능한 점과, 부두 하역능력이 대규모 부대 상륙 지원이 어려운 점, 상륙해안 대부분이 4~5m 높이의 해벽(海壁)으로 이루어져 사닥다리나 쇠갈고리가 있어야 오를 수 있다는 점 등에 대한 극복대책을 마련해야 한다는 것이었다.

일본에 위치한 맥아더 사령부에서는 '계획 100-B, Chromite 작전'을 수립하였다. 계획에 의하면 상륙지역을 Green, Blue, Red Beach 3개 지역으로 구분하고, 9월 15일 오전 만조 시간인 06:30에 미 제5 해병연대 3대대가 Green B에 상륙하고, 오후 만조 시간인 17:30에 제1 해병연대가 Blue B에, 제5 해병연대(-)가 Red B에 상륙하여 교두보를 확보한다. 국군 해병대는 의명 Red B에 상륙하여 인천시내 적군 소탕작전을 수행한다. 교두보 확보시 미 제1 해병사단은 김포를 거쳐 서울로 진격하고, 후속 상륙한 미 제7사단과 국군 제17연대 주력은 서울 남측방으로 진격하고 일부는 수원으로 진출하여 북한군의 퇴로를 차단하도록 하였다. 그리고 이런 지상 작전을 지원할 수 있는 '항공지원 계획'과 '해상(순양함, 구축함)지원 계획'을 수립하였다.

나. 인천상륙작전 수행 경과

미 제7사단은 요꼬하마에서, 미 제1해병사단은 고오베에서, 수송 선단과 화력지원 함대와 지휘함 등은 사세보에서, 국군 제17연대와 국군 해병대 및 미 제5해병연대 등은 부산에서 각각 승선하였으며, 지원수송단은 9월 10일 이전에, 상륙 부대들은 9월 11~13일 사이에 출항하여 9월 14일에는 집결지인 영종도 근해에 집결하였다. 월미도는 인천과 약 600m 제방으로 연결되어 있었다. 9월 15일 05시부터 공격준비사격에 이어 미 제5해병연대 3대대는 전차 9대와 함께 06:33시 Green B에 상륙하여 월미도를 장악하고 소탕전에 들어갔다.

미 제5해병연대(-)는 17:33시에 Red B에 상륙하여 [묘지 고지]를 점령하고 이어서 관측고지까지 점령함으로써 교두보 확보에 성공하였으며, 미 제1해병연대도 17:32시에 Blue B에 상륙하여 교두보 확보에 성

〈그림 15〉 맥아더 원수의 인천상륙작전 요도

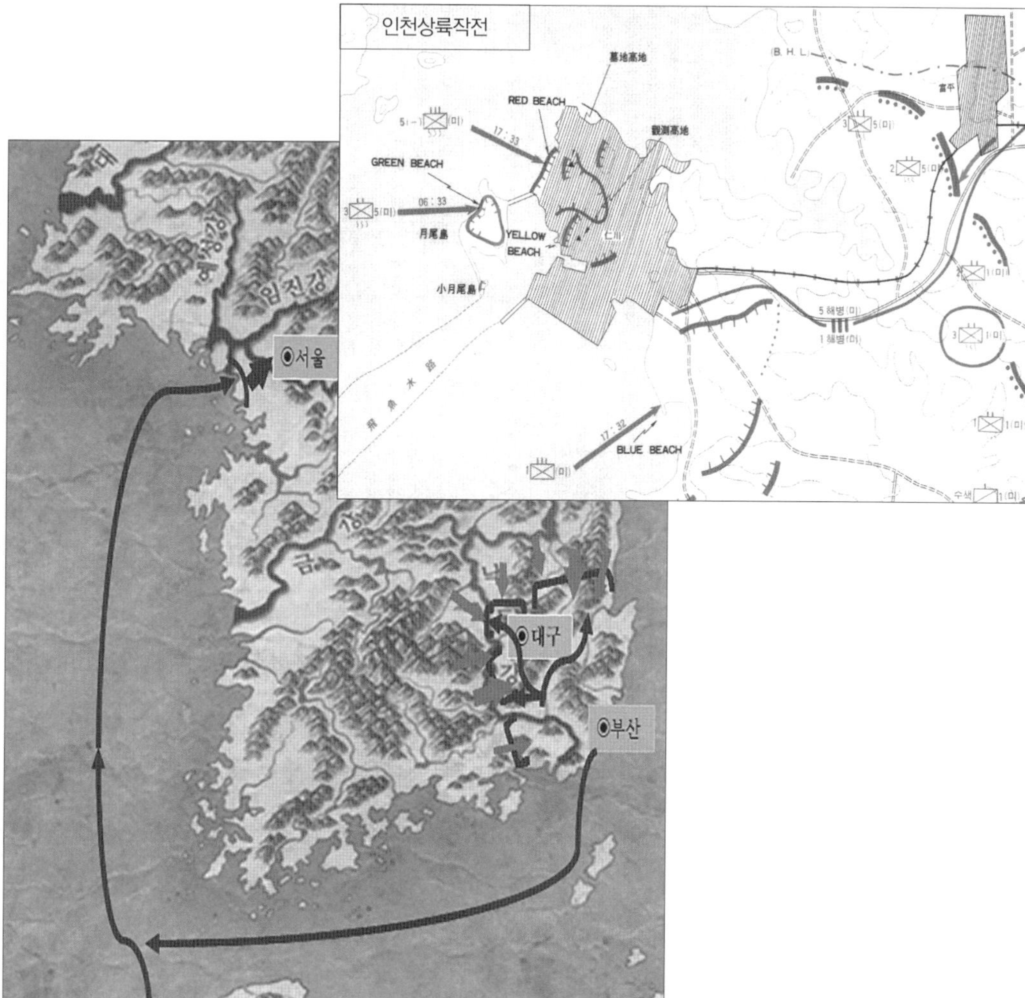

* 출처 : 육군사관학교,『한국전쟁사 부도』, 1984, P.91.

공하였다. 국군 해병대는 20:00시에 Red B로 상륙한 후 인천시가 소탕전과 경비에 임하였다. 상륙군은 9월 16일 밤까지 교두보 한계선까지 진출하였고, D+3에는 병력 25,606명, 차량 4,507대,병참 물자 14,166톤이 양륙되어 서울로 진격하기 위한 확고한 발판을 구축하였다. 9월 18일 미 제5해병연대는 김포 비행장을 탈환한 후 국군 해병대와 합세하여 행주나루를 지나 서울로 향하였고, 미 제1해병연대도 소사를 통과하여 영등포 근처까지 진격하였다.

한편 9월 18~19일 인천에 상륙한 국군 제17연대와 미 제7사단 32연대는 영등포 남쪽으로, 미 제31연대는 수원 방면으로 신속히 진격하였다. 계속하여 국군 해병대와 미 제5해병연대는 104고지를 지나 연희고지까지 진출하여 적의 완강한 저항에 부딪쳐 고전을 하였으며, 함재기와 포병의 압도적인 지원하에 9월 24일 일대의 고지군을 모두 장악하였다. 9월 25일 국군 제17연대와 미 제32연대는 서빙고 방향으로 한강을 도하한 후, 미 제32연대는 남산과 왕십리 방면으로 진출하였고, 국군 제17연대는 9월 26일 오후까지 서울 동쪽 348고지를 탈취한 후 망우리 일대를 점령하여 적의 퇴로를 차단하였다. 그리하여 국군 해병대가 중앙청에 태극기를 게양한 후에는 시내 소탕전이 전개되었고, 9월 28일 수도 서울이 수복되었다. 이튿날 정오에 국회의사당에서 감격의 '수도 탈환식'이 거행되었다.

다. 낙동강선에서의 총반격

인천상륙작전이 성공하면서 낙동강선으로부터 총반격은 9월 16일부터 개시되었으나, 북한군의 저항이 완강하였는데 인천상륙작전의 소식이 전파된 이후부터 동요하기 시작하여 23일에 이르러 전선이 돌파되어 총반격이 시작되었다. 주공인 미 제1군단의 제1기병사단은 대구-김천-대전-수원의 경부 축선을 따라 진격하여 경기-인천지구의 미 제7사단 31연대와 오산 북방 약 6km 지점에서 연결하였다. 미 제24사단은 김천-영동-옥천으로 진출하여 대전을 탈환하였고, 국군 제1사단은 보은-조치원-안성-수원을 따라 후방의 잔적을 소탕하면서 북상하여 10월 11일 고랑포에 도달하였다. 미 제2사단은 협천-거창-전주-논산을 거쳐 강경을 탈환하였다. 미 제25사단은 전라도 지역을 거쳐 군산을 탈환하였다.

국군 제3사단은 적 제5사단을 추격하여 영덕-울진-삼척-강릉을 거쳐 최선두로 38선에 도달하였다. 국군 수도사단은 적 제12사단을 추격하여 기계-청송-영월-평창을 거친 후 9월 30일 38선 부근에 도달하였다. 국군 제8사단은 적 제15사단을 추격하여 의성-안동-단양을 거쳐 제천에 도달하였고, 국군 제6사단은 적 제8사단을 추격하여 함창-문경-충주를 거쳐 원주를 탈환하였다. 국군과 연합군은 전과확대 및 추격으로 불과 보름만에 실지(失地)를 회복하였고, 6개 사단 이상의 적군이 남한 내에 고립되어 포로만 2만3천 명이 넘었으며, 나머지는 지리산, 태백산 등 주요 산악지에 입산하거나 뿔뿔이 흩어져 북으로 도주하였다. 이리하여 맥아더 원수와 워커 사령관은 전쟁의 주도권을 완전히 장악하였다. 인천상륙작전 성공과 서울 탈환으로 북한군은 지휘체계가 마비되고 병참선이 차단되어 낙동강 전선의 적 주력부대가 붕괴되어 버렸던 것이다.

이후 9월 27일 미국 합동참모본부는 맥아더 사령관에게 북괴군 격멸 및 '북한점령 계획'을 전달하여, 맥아더 사령관은 10월 2일 '작전명령 제2호'로 전 예하 부대에 북진 명령을 하달하였다. 북한군은 주력군이 붕괴되었기 때문에 대규모 부대의 조직적인 저항을 할 수 없었다. 그래서 국군 제1군단은 10월 10일 원산을 점령하였고, 서부 전선에서도 다소 적의 저항이 있었으나, 10월 19일 미 제1군단 예하 국군 제1사단(백선엽 장군 지휘)과 미 제1기병사단이 평양을 점령하였다. 이후 압록강으로 계속 진격하여 국군 제6사단은 초산까지 도달하여 그야말로 통일이 눈앞에 다가왔을 때 중국 공산군이 진입하여 전쟁은 새로운 국면에 접어 들었다.

라. 인천상륙작전에 대한 분석 및 평가

인천상륙작전에 대한 분석 및 평가를 해보면 다음과 같이 할 수 있다. 첫째, 인천상륙작전의 성공으로 수세에 몰려 있었던 방어전(防禦戰)에서 공세로 전환하여 전쟁의 주도권을 완전히 장악하였다. 북한군은 낙동강 방어선에서 8월 공세 때부터 전력이 약화되어 돌파하지 못하였으며, 이 때 전쟁의 주도권을 장악한 영향으로 공세를 가한 것이지, 실제 전체 전력은 오히려 국군과 UN군이 더 우세한 상황이었다고 할 수 있다.

둘째, 국군과 UN군이 제공권과 제해권을 완전히 장악하고 있었으므로 상륙작전을 감행할 수 있었다. 실제로 인천상륙작전을 위해 해상 기동을 할 때와 상륙작전 수행 간에 적의 공군과 해군의 저지 및 방해 활동이 전혀 없었다.

셋째, 적의 취약점을 이용한 해상으로의 우회기동과 기동 속도가 전승의 요인이었다. 제해권을 장악한 결과 바다를 통한 우회기동은 무저항 고속 기동으로 상륙작전 수행 간에 겪게 되는 자연의 제한사항만 극복하면 성공이 보장된 작전과 다름이 없다고 할 것이다. 상륙 후에도 신속하게 교두보를 확보하고 이어서 수도 서울을 향한 신속한 기동작전이 성공의 커다란 요인이었다.

넷째, 작전적 기습으로 적을 마비시켰다. 이미 언급한 바와 같이 대규모 부대의 상륙작전을 수행하기가 어려운 자연의 제한사항으로 인하여 미국의 합동참모본부에서도 인천 지역의 상륙작전을 반대하였던 바와 같이 북한 측에서도 예상하지 못하였으므로, 상륙작전에 대한 대비가 전혀 없었다고 할 수 있다. 방어부대 배치나 장애물 구축 및 화력 운용 준비 등 상륙에 대비한 노력을 찾기가 어렵다고 해야 할 것이다. 이는 자연의 장애가 오히려 기습 성공의 요인이 되었다고 평가해야 할 것이다.

다섯째, 인천상륙작전 성공과 수도 서울 탈환으로 적의 지휘체계 및 군수지원 체계가 마비되었다. 즉, 전체 전쟁수행 체계가 마비되어 더 이상 남한지역에서 전쟁을 계속할 수 없는 상황이 되었다. 낙동강 지역에서 북한군의 8~9월 공세 때에도 병참선이 길어져 병력의 증원과 군수지원 부족으로 전력이 크게 약화되어 있었던 처지였는데, 이제는 허리가 꺾여버린 상태처럼 하체가 마비되어 버렸다. 이는 낙동강 방어선에서 38선을 향한 총반격 작전시에 확인된 바와 같다.

여섯째, 북한군의 조직심리가 마비되어 군대가 붕괴되어 버렸다. 인천상륙작전의 성공 소식은 북한군에게 청천벽력과 같은 큰 충격을 주어서 사기가 떨어지고, 전투의지가 무너져 도망치는 것 외에 다른 방도가 없으므로 군대가 그냥 붕괴되어 버렸던 것이다. 그래서 산으로 도망가서 공비가 되고, 포로로 잡힌 병력만 2만3천 명이 넘었던 것이다. 끝으로, 북한에서는 일찍이 공산당 정부가 수립되었고, 소련으로부터 남침에 필요한 무기와 장비 및 물자들을 들여와 전쟁준비를 하고 있는 정보가 충분하였고, 일부 국군(특히 제6사단: 김종오 장군 지휘)은 장병들의 외출을 금지하고 방어 준비를 철저히 하는 등 대비하는 노력이 있었는데, 적의 남침에 국가 차원의 대비를 하지 못한 정치 지도자들과 군 수뇌부의 무능과 안보 불감증이 한스러울 뿐이다.

5. 민족사의 국가안보체제, 전략사상 부재 유감

고구려 광개토태왕 및 장수왕 이후 국가 방위를 위한 전략사상에 큰 변화가 있었던 것으로 보인다. 특히 수(隋)나라와 당(唐)나라의 연속적인 침공으로 국력이 쇠퇴해져 대규모 군대를 유지하기가 어려워진 상황이 큰 원인으로 사료된다. 10만 명의 군대도 유지하기 어려운 고구려의 실정에 수나라가 100만 대군을 이끌고 침공해온 당시의 상황이 얼마나 절박한 현실을 보여주고 있었겠는가?

그러나, 이때만 하여도 수성(守城) 및 청야(淸野)전술과 유격(遊擊)전술로 적에게 식량 공급을 방해하는 가운데, 전략적 유인작전으로 그물에 갖히게 한 후 살수대첩(薩水大捷)으로 단번에 적군을 대패시킨 것은 역사에 길이 남을 쾌거가 아닐 수 없다. 이 승리에는 장마와 폭우라는 자연의 재해도 크게 작용한 것으로 보인다. 이 전쟁으로 수나라는 망해버렸다. 이어서 당나라가 건국하고 안정되자 바로 또 30만 대군을 이끌고 고구려를 침공해왔으나 이번에도 청야 및 유격전술에 병행하여 요하(遼河)를 따라 쌓은 여러 성(城)을 연결하여 전략적 방어를 하는 가운데 요동성의 양만춘(楊萬春) 장군의 화살 한방에 당나라 태종이 부상을 입어 당군이 철군하여 승리를 거두었다. 이후 나 · 당(羅唐)연합군에 의해 백제와 고구려가 멸망하고, 발해(渤海)와 신라가 후대를 이었지만 고구려와 같은 전략적 수준의 전쟁술은 발휘하지 못한 것으로 평가된다.

고려(高麗)는 영토가 한반도 내로 축소된 상황에서 거란과 몽고의 침공을 10여 차례나 받았으나, 서경(西京: 평양) 이북의 국경지역 방어에 치중하여 전국적인 국가 방위체제와 군대 편성 및 전략과 전술이 부재한 가운데 그저 수성전술과 청야전술을 반복할 뿐이었다. 더구나 거란에 함께 대항하고 협력하고자 하는 오랜 이웃 여진과 협동하여 대항하지 못하고 천리장성(千里長城)을 쌓아 오히려 차단하였으니 이는 안보 불감증 외에 다른 설명이 필요없을 것이다.

이러한 현상은 고려 중엽 이후 민족사상의 주류를 대체한 '유교사상'의 영향으로 문약(文弱)한 선비들이 국가 권력을 쥐고 무관(武官)들을 천시(賤視)하는 풍토가 만연되어 민족의 상무정신(尙武精神)이 쇠퇴한 연유라고 봄이 타당하다. 그런 가운데서도 최무선이 화약과 총통을 개발하고 함선에 탑재하여 1380년 8월 나세(羅世), 심덕부(沈德符) 등과 전선 100여 척을 이끌고 금강 어귀에서 왜선 500여 척을 불태우고, 1383년 5월 수군 도원수 정지(鄭地)가 함선 47척을 이끌고 왜선 120척을 총통으로 섬멸한 것은 괄목할 일이다.

그러나, 조선 시대에 들어와 앞서 조 · 왜 전쟁과 조 · 청 전쟁에서 평가하였던 바와 같이 전통적인 수성전술과 청야전술을 반복할 뿐이었다. 나라의 전군을 통합 지휘할 최고사령부도 없었고, 당연히 국가안보 목적의 전략사상도 없었다. 수군도 경상 좌 · 우수영, 전라 좌 · 우수영의 4개 수군으로 나누어 각 해역 통제에만 관심을 두어 운영하다가 이순신 장군의 전라 좌수영군이 몇 회 해전으로 승리를 거두자 그제서야 3도 수군통제사라는 직위를 설정하여 전력을 통합 운영하게 된 것이었다. 전쟁이 발발하기 전에 전략계획을 세우고 전군을 통합하여 결전에 대비함으로써 전쟁도 예방하고, 전쟁에서 승리를 거둘수 있는 것인데 사전에 방비할 국가 차원의 안전보장 방책이 전혀 없었던 것이다. 오히려 국가안보 문제를 놓고서도 정쟁에 몰두해 대사를 그르치는 삐뚤어진 정치를 하는 정치인들이 더더욱 문제인들이라고 해야 마땅하다.

기동전은 적보다 상대적으로 우수한 기동성을 수단으로 하여 적을 물리적 · 심리적으로 마비시킴으로써 정신적으로 굴복시켜 최소의 희생으로 단기간 내에 승리하고자 하는 정규 전쟁의 한 유형이다. – 저자 본인이 정의

이 조직을 파괴하는 방법에는 적 전투력을 '닳아 없어지게 하거나' 아니면 그것이 '작용하지 못하게 하는' 2가지 방법이 있다… 작용하지 못하게 하는 것은 곧 마비시키는 것으로서 마비전이라 할 수 있다 …두 번째 방법은 머리를 관통하는 한 발의 총알과 비유할 수 있다…현재 이론이 '인원(personnel)'을 격파하는 것이므로, 우리의 새로운 이론은 '지휘(command)'를 격파하는 것이 되어야 하며, 적이 혼란된 후가 아니라 공격받기 전이어야 한다. – 풀러 (J. F. C. Fuller)

"기동전 이론의 가장 중요하고도 바람직한 적용 방법은 '선제 기습' 즉, 싸우기 전에 적을 무장해제시키거나 무력화하는 것이다… 선제 기습은 기동전 이론의 가장 강력한 표현의 수단이다" – 레오나드 지음, 최상철 역, 『기동전 대해부』, p.48, p.117

제3장
전쟁 이론과 사례의 종합 평가

"기동성은 하나의 심리적 무기이다. 적을 죽이지 말고 단지 기동만 하라… 적을 공포에 몰아넣고… 적을 깜짝 놀라게 하기 위해 기동하라… 기동의 목적은 적의 지휘부 뿐만 아니라 적의 정부 기능을 마비시키는 데 있다. 마비상태는 직접 속도에 비례한다… 언제나 속도가 승리의 비결이었다."

– 풀러 주장(노양규의 논문 "마비전 전략사상의 현대적 고찰")

"시간은 이미 기동전 이론과 소모전 이론을 구분하는 핵심적인 요소가 될 것이다. 기동전은 시간상의 우위를 점하기 위한 싸움이다"

– 레오나드 지음, 최상철 역, 『기동전 대해부』, p.141

"만약 국가가 전략적으로 마비된다면 그 국가의 야전 배치 군사력은 전혀 손대지 않아도 유지되지 못하며 패배하고 만다." – 박덕희 편역, 『항공 전략의 발전』, p.228.

제1절 기동 · 마비전 이론가들의 전쟁술 종합

1. 주요 전략사상가들의 전쟁술 분석 및 평가

앞서 제시하였던 주요 전략사상가들의 이론에서 적군을 마비시키는 수단과 방법에 관한 내용들을 종합하여 도표로 만들면 아래와 같다. 먼저 주도권 장악 및 유지로 적을 마비시켜야 한다는 주장은 손자, 몰트

〈도표 1〉 주요 전략사상가들이 제시한 마비전의 전쟁술

구 분	손자	몰트케	구데리안	리델하트	심킨	풀러	레오나드	항공이론
주도권 장악 · 유지	○	○	○		○	○		△
지휘 체계 마비	△			○	○	○	○	○
공중 우세권 장악			△			○		○
에너지 체계 마비	○			○		○		○
우세획득으로 마비	○	○	○	○		○		△
기습 달성으로 마비	○	○	○	○	○	○	○	
작전속도로 마비	○	○	○	○	○	○	○	
군수지원체계 마비	○	△	△	△		○		○
조직심리를 마비	○		○	○	○	○	○	○
중심타격으로 마비				△			○	○
무기 · 장비로 마비		△				○		○

* △은 직접적으로 적용된 요소가 아니라 간접적으로 적용된 요소임.

케, 구데리안, 심킨, 풀러가 공통적으로 하였는데, 이는 실제 전쟁에 직접 참가하여 지휘해 본 장군들이 주도권의 중요성을 절실하게 인식하고 주장한 것으로 이해된다. 리델 하트와, 레오나드는 학자로서 전쟁을 연구하여 실제 전장에서 요구되는 중요도를 잘 이해하지 못할 수 있다.

항공 이론가들은 주로 미국의 항공 관계자들로서 미국군이 수행한 대부분의 전쟁에서 항상 항공 전력이 먼저 대량 폭격과 선제 공격을 가하여 제공권을 장악한 가운데 수행되었기 때문에 주도권을 장악하는 것이 당연한 사안으로 이해되었을 것이다. 그래도 보이드는 전쟁에서 전투수행의 '주기 시간(cycle time)'을 단축하는 지휘 역량을 발휘하여 적과의 시간경쟁에서 이김으로써 주도권을 장악하고 유지해 나감으로써 적 지휘부의 의지를 꺾을 수 있다고 주장하였다. 주도권을 장악한다는 이론은 아군이 전쟁을 주도적으로 이끌어 간다는 논리와, 선제권을 행사하고 유지해 간다는 내용과, 작전 및 전투 현장에서 적의 상황조치를 불허하며 아측의 선제 상황조치로 적의 주도권 탈취를 방지하여 아군이 계속적으로 주도권을 유지해 나간다는 이론이다. 독일군에서는 주도권을 장악 및 유지하는데 미치는 시간의 영향을 고려하여 '임무형 지휘' 제도를 관행화하였는데, 현장 지휘관에게 당시의 상황에 맞는 지휘조치를 스스로 할 수 있는 권한을 허용함으로써, 현장의 상황을 고위 사령부에 보고하고 그에 따른 명령을 받아 상황조치를 하는데 따르는 시간적인 지연 문제를 해결하기 위한 창의적인 조치이다. 이렇게 주도권을 장악 및 유지하기 위해서는 시간적으로 적보다 먼저 아측의 의도와 계획을 결정하고 선제적인 행동으로 실천하며, 이에 대응하는 적의 작전행동을 허용하지 않고 계속적으로 선행 상황조치를 단행해 나감으로써 적이 어찌해야 할지 몰라 전쟁의지가 무너지는 상태로 몰아가야 하는 것이다.

적에 관한 신속하고 정확한 정보는 주도권을 장악하고 유지하는데 뿐만 아니라 전쟁에서 승리하기 위한 다른 요소에도 꼭같이 중요한 사항이다. 정보는 군사력 운용의 기초로써 특별히 강조하지 않아도 그 바탕에 깔고 있는 사고이기 때문에 전략사상가에 따라 특히 강조 또는 다소 소홀히 다룬 면이 있는 것으로 보인다. 그러나, 열세군이 우세군을 상대로 이기려면 적의 상황과 작전지역에 관하여 적보다 더 정확하고 빠른 정보를 필요로 하기 때문에 매우 중요한 요소이다. 이 정보에 관해서는 주도권 장악 및 유지의 이론에 포함시켜 함께 다루고자 한다.

적의 지휘체계를 마비시켜야 한다는 주장은 풀러, 리델 하트, 심킨, 레오나드 및 항공이론가들이 펼쳤는데, 풀러는 제1차 세계대전시에 지휘부가 도피하자 예하 장병들이 모두 도망가서 군대가 그냥 무너지는 현상을 직접 보았으므로, 적의 지휘체계를 마비시키는 것이 예하 장병들을 살상하는 것보다 훨씬 신속하게 승리를 가져다 준다는 사실을 잘 알기 때문에 1930년대에 일찍이 주장한 것이다. 풀러는 또한, 전쟁 중에 'Plan 1919'을 제출하여 이미 적의 고위 사령부에 대해 항공기로 타격하여 적의 지휘체계를 마비시키는 계획을 추진한 바 있다. 비록 실행되기 이전에 전쟁이 끝나서 그 효과를 볼 수 없었던 아쉬움이 있다. 와든은 그의 '전략중심타격 이론'에서 '5개 동심원' 중 가장 안쪽의 동심원에 해당하는 적의 전략중심이 '리더십'으로 적의 지휘체계를 가장 우선적인 중심으로 선정하여 타격할 것을 주장하고 있다. 다른 이론가들은 군대가 지휘체계로 이루어져 있고 주요 지휘관들의 지휘에 따라 전쟁이 수행됨을 알기 때문에 당연히 적의 지휘체계를 우선적으로 마비시켜야 한다고 주장하는 것이다. 손자는 직접적으로 적의 지휘체계를 목표로 하지는 않았지만, 적장을 사로잡을 수 있다는 언급을 한 바 있다.

공중 우세권 장악에 대한 주장은 풀러가 제1차 세계대전 말기에 항공기가 처음으로 전쟁에 운용되기 시작했을 때부터 예견하였던 바이며,

현대 항공 이론가들은 이구동성으로 제공권 장악 또는 공중우세권 확보는 현대 전쟁에서 필수적인 명제라고 주장하고 있는 사항이다. 구데리안은 앞서 기술한 바 있는 전격전 수행 개념에서 "공군은 기습적 일격으로 제공권을 장악하고, 아울러 적 후방의 도시, 부대 집결지, 지휘소, 그리고 통신시설 및 교통시설 등을 폭격하여 지휘조직과 예비력 동원체제를 마비시키고, 동시에 심리적 충격을 가한다"라고 하였다.

이 내용을 보면 공군이 제공권을 장악하여 항공 폭격으로 적의 지휘체계와 수송체계 및 동원체계를 마비시키고 적의 조직심리에 까지 충격을 주고자 하였다. 항공기 출현 이전의 전쟁에서는 제해권을 장악한 측이 유리한 경향이 있었지만, 항공기 출현 이후에는 "하늘을 지배하는 자가 지 · 해상도 지배한다"는 지정학적 격언까지 나올 정도로 당연한 법칙으로 되고 있다. 전쟁에서 승리하기 위해서는 공중우세권을 확보하여야 한다는 명제가 명확하게 인정되고 있을 뿐만 아니라, 이제는 우주에서의 전쟁과 우세권 확보까지도 검토해 보아야 할 시대가 되었다.

에너지 체계 마비에 대한 주장은 손자, 풀러, 리델하트, 항공이론가들이 주장하였는데, 이는 전쟁에서 유혈전투 없이 적을 패배시키는 좋은 방법으로 이해되었다. 오랜 과거에는 식량과 말먹이가 에너지원이었지만 증기기관과 석유로 가동되는 엔진이 나온 이후부터는 석유가 중요한 에너지원이었고, 현대에는 전쟁에서 운용되고 있는 대부분의 무기와 장비, 시설과 체계, 전기 등이 석유와 가스, 화약과 원자력 등을 에너지원으로 사용하고 있으므로 에너지원의 공급이 차단될 경우에는 전쟁 수행이 불가능할 정도로 매우 중요한 자원이다. 손자는 적의 식량 수송로를 차단하거나, 식량 수송대 및 창고를 습격하여 불태우거나, 심지어는 적국 깊숙이 침공하여 들어가 적군의 식량을 탈취하여 사용함으로써 적을 굴복시키려는 주장을 하였다. 풀러는 적을 기아(饑餓)로 굴복시킬 경우에는 훨씬 적은 희생으로 목적을 달성할 수 있으며, 오늘날의 기아는 식량의 결핍보다 개솔린(gasolin)의 결핍(缺乏)을 의미한다고 하며, 적의 병참지역에 대하여 동력게릴라가 취하는 '문식공격(蚊式攻擊: mosquito attack: 모기가 무는 방식의 공격)'이 매우 효과적임이 증명될 것이라고 하는 등 에너지 체계의 마비가 쉽게 적군의 전쟁의지를 굴복시킬 것이라고 주장하였다. 와든의 '5개 동심원'중 안쪽 2번째 동심원이 에너지 체계로서 전략적 중심으로 매우 중요한 위치에 있다는 것을 입증하고 있는 바 이를 타격하였을 때 전쟁에 미치는 효과가 매우 클 것임을 증명하고 있다.

우세확보로 마비시키는 이론은 모든 이론가들이 공통적으로 제시한 이론이다. 일부 이론가들은 전쟁에서의 '집중의 원칙'을 주장하고 있으나, 집중을 하는 목적이 결과적으로 우세를 확보하기 위한 방법이기 때문에 여기에서는 우세확보로 정리하였다. 우세를 확보하는 데에는 절대적인 우세와 상대적인 우세, 그리고 전력의 우세가 있다. 손자는 아군의 의도를 드러내지 않고, 적을 기만 또는 견제하여 적을 분산시킨 후에 아군이 의도하는 결정적인 시간과 장소 또는 적의 약점에 부대를 집중함으로써 우세를 확보하는 방법, 즉 상대적인 우세 확보 방안을 제시하였다. 대부분의 전쟁에서는 절대적인 우세를 확보하기 어렵기 때문에 이와같은 상대적인 우세확보 방안을 채택하기 마련이다.

몰트케는 양면 전쟁을 수행할 경우 내선전략을 채택할 때에는 상대적인 우세를 확보해야 하지만, 일방 전쟁일 경우 최대한 절대적인 우세를 확보할 것을 주장하였다. 그리하여 프랑스 및 오스트리아와 전쟁을 할 때에는 그 당시에 발전된 철도와 전신을 이용하여 동원된 군대를 집중하여 절대적인 우세를 확보하여 전쟁을 주도적으로 수행하였다. 실제로 프랑스는 30만 명의 직업군으로 싸운 반면에 프러시아는 52만 명의 징집병을 동원하여 철도로 신속히 이동시켜 메츠와 낭시 방향으로 집중함으로써 절대적인 우세를 확보하고 공세를 유지하여 승리하였다.

풀러와 리델 하트는 전통적인 전쟁의 원칙인 집중의 원칙을 주장하면서 이는 신속한 기동으로 달성된다고 하였다. 리델 하트는 전쟁의 원칙이 여러 가지가 있지만 그것을 한가지로 압축하면 집중이라고 하면서 이를 기동과 기습을 함께 연결하여 설명하고 있다. 구데리안도 집중을 강조하였는데, 그의 집중은 전력과 화력 및 물자의 집중을 모두 포함하고 있다. 우세는 집중에 의하여 달성된다. 그래서 적보다 압도적인 우세를 확보하기 위한 독일군의 집중 방법은 먼저 신속한 기동성에 의한 시간적 집중을 달성하고, 적의 약점에 대해 전력을 집중하며, 좁은 전투 정면에 압도적인 전력을 집중하는 방법이다. 그리고 독일군의 '중심(Schwerpunkt)' 개념은 '집중으로 획득된 우세의 부단한 이동과 연속'이라는 의미로 사용되고 있는데, 이는 집중으로 획득된 우세를 적의 약점으로 향하는 기동으로 계속 유지해 나간다는 개념이다. 이렇게 획득한 압도적인 우세로 적의 전투의지를 말살하겠다는 것이 이론의 핵심이다. 심킨과 레오나드는 기습과 기동 속도로 적과의 전력비를 해결할 수 있다고 하며 우세의 확보를 크게 중요시하지 않았다. 특히 심킨은 적과의 전력비가 6배 이내일 경우에 선제 기습으로 이 전력비를 상쇄시킬 수 있으며 주도권을 장악 및 유지하여 승리할 수 있다고 주장하였다. 항공 이론가들에게 적의 지상 및 해상의 우세는 크게 우려되지 않는 문제일 것이다.

기습 달성으로 마비시키는 이론은 항공이론가들을 제외한 모든 전략사상가들이 공통적으로 주장하였다. 손자는 적이 예상하지 못한 시간과 장소 및 방법[不意]으로 특히 정공법보다 기공법[以正合 以奇勝]으로 적이 방비하지 못한[無備] 곳에 공격하여 기습을 달성할 것을 강조하였다.

구데리안은 전략적 기습은 적에게 충격을 준다고 하면서, 신속한 기동으로 적의 약점에 집중하여 압도적인 우세를 달성하여 공격함으로써 기습을 달성할 수 있다고 강조하였다. 또한 연합군이 제1차 세계대전시의 소모전 교리에 집착하고 있는 사실을 알고, 자신이 개발한 전격전 교리를 전쟁에 적용하여 교리적인 기습을 달성할 수 있다고 예상하였다. 몰트케는 전쟁 초기에 기습 달성이 중요하다고 하면서 앞서 '집중' 항목에서 언급한 것과 같이 적이 조직적인 방비를 하기 이전에 동원 병력을 철도로 신속하게 기동 및 집중하여 적을 선제 공격하는 그 자체가 전략적 기습을 달성하는 것이라고 판단하였다. 풀러는 전차와 항공기 등으로 기계화되었을 경우에는 전쟁에서 기습의 원칙이 매우 중요해지며 기습을 통하여 공포와 공황을 확대하고 적 지휘관의 의지에 충격을 주어야 한다고 강조하였다. 리델 하트는 기습이 심리적 교란과 직결된다고 하며 기습을 달성하여 적에게 심리적으로 큰 충격을 주고 적군의 사기에 큰 영향을 주어야 한다고 주장하였다. 심킨은 기습이 적과의 전력비를 역전시키는 데에 큰 역할을 한다고 하며 적의 전력이 5~6배 정도 우세하더라도 전략적 기습을 달성하면 이를 역전시킬 수 있다고 강조하였다. 레오나드는 선제 기습이 기동전 이론의 가장 강력한 표현 수단이라고 하면서, 선제 기습은 싸우기 전에 적을 무장해제 또는 무력화하는 것으로 적과의 직접적인 전투를 수행하지 않아 인명피해를 최소화함으로써 병력수를 상쇄시킬 수 있다고 강조하고 있다.

작전속도로 마비시키는 이론도 기습 이론과 같이 항공이론가를 제외한 모든 전략사상가들이 공통적으로 주장하였다. 이는 마비전 수행에도 기동전처럼 기동속도가 꼭같이 중요하다고 보기 때문이다. 여기서 이 항목을 '기동속도'가 아닌 '작전속도'로 용어를 변경한 것은 마비전은 기동전과 같이 기동을 주 수단으로 활용하기 보다 다양한 마비수단을 사용하므로 이제는 전쟁 전체의 작전속도가 더욱 지배적인 역할을 담당하기 때문이다. 손자는 전쟁은 물의 속성과 같아서 적의 강점을 피하고 적의 허점을 공격하여야 하는데, 이는 전쟁이 상호의지의 충돌로써 적의 작전 행동에 따라 아군의 작전행동이 제한받기 때문에 적이 없는 곳으로 기동하여 제한받음이 없이 속도를 발휘하여야 한다고 주장하였다.

그러므로 적과 잘 싸우는 법칙은 적이 없는 곳으로 우회기동하여 속도를 발휘함으로써 승리를 거머쥐어야 한다고 강조하였다. 또한 기동속도는 기세와 연결되는데, 부대가 맹렬하게 기동 속도를 발휘하여 그 기세를 큰 바위가 천길 낭떠러지를 구르듯이 무섭고 험하게 해야 한다고 강조하였다. 몰트케는 부대의 높은 기동력만이 결정적 시간과 지점에 전력을 집중할 수 있게 해준다면서 철도와 전신을 이용하여 기동 속도를 높이고, 장비와 물자를 경량화하여 부대의 기동력을 높이는데 진력하였다. 구데리안은 우세한 기계화부대의 기동 및 기습을 보장하는 속도에 의해 적의 대응책들이 무의미해진다고 하면서, 기갑부대가 형성된 돌파구로 깊숙이 공격하여 적의 주력을 차단 포위함으로써 적이 재편성할 시간적 여유를 주지 않고 계속 돌진하여 적에게 충격과 공포를 유발하고 공황상태로 몰아가야 한다고 했다. 리델 하트는 물리적 측면의 최소저항선과 심리적 측면의 최소예기선의 작전선을 따라 전략적 기동을 감행하여 적을 교란함으로써 적의 저항의 가능성을 소멸할 수 있다고 주장하였다. 또한 구분적 전략 전진으로 최소예기선과 최소저항선을 지향하면서 '대용 목표'를 노리는 작전선으로 기동하여 적을 교란할 것을 강조하였다. 심킨은 기동전의 중심 사고는 기동성을 갖추고 질적 수준이 높은 소규모 부대에게 10배로 높은 수준의 속도를 발휘하도록 강조하였다. 그는 이런 맹렬한 속도가 작은 부대 규모를 상쇄시킨다고 하며 질량과 속도를 곱한 힘의 세기를 물리학 공식으로 풀어 설명하고 있다. 그리고 이러한 맹렬한 속도로 종심 돌파를 하면 적 부대를 물리적으로 와해하고, 적 지휘관의 심리를 붕괴시킨다고 하였다.

풀러는 "기동성은 하나의 심리적 무기이다… 기동의 목적은 적의 지휘부 뿐만 아니라 적의 정부 기능을 마비시키는 데 있다. 마비상태는 직접 속도에 비례한다"고 하며, 이렇게 기동속도를 발휘하여 시간을 절약하고, 공간을 축소시킬 수 있도록 군을 동력화 내지 기계화하여야 한다고 주장하였다. 이렇게 부대의 기동속도가 단순히 한 부대를 다른 지점으로 신속히 이동시키는 역할에 두기보다는 오히려 속도가 심리적 무기가 되어 적의 정부기능과 고위 지휘관들의 심리를 마비시키는 역할에 더 초점을 맞추고 있는 것이다. 레오나드도 기동전 이론에서는 기동이 전쟁의 핵심 요소로서 전쟁의 물리학과 심리학 사이의 연결고리 역할을 한다고 하며, 기동이 시간상의 우위를 유지하기 위하여 속도를 발휘하며, 적의 사고체계를 타격하여 심리적 중심을 무력화하는 데 더 가치가 있다고 주장하였다. 또한 레오나드는 심킨과 같이 공격기세는 질량과 속도의 산물로써 속도가 매우 중요하지만 공격기세를 유지하려면 공격 부대의 규모도 적정 수준이 되어야 한다고 언급하고 있다. 또 기세는 물리학에서 벡터 요소로서 속도 뿐만 아니라 방향성이 매우 중요하므로 적에게 최대한 충격을 줄 수 있는 목표를 향해 기동속도를 발휘하여야 한다고 강조하였다.

적의 군수지원체계를 마비시키는 이론은 손자와 풀러 그리고 항공이론가들이 제시하였다. 손자는 10만 명의 군대를 출동시키려면 엄청난 양의 식량과 장비 및 물자가 지원되어야 하며, 하루에 천금의 비용이 들어가야 한다고 하였다. 그리고 군대가 장비와 보급품을 잃으면 망하고, 물자의 비축이 없으면 망한다면서 적의 보급로를 차단하고 적의 운송 수단을 불태우고, 적의 비축 창고를 불태우는 등 적의 군수지원체계를 파괴하고 차단 및 방해하여야 한다고 제시하였다. 풀러는 앞에서 기술한 에너지 공급체계를 마비시켜야 한다는 이론에서 적의 병참 지역에 대한 동력게릴라의 '문식 공격'과 보급부대에 대해 공격을 함으로써 훨씬 적은 희생으로 적을 패배시킬 수 있다고 강조하였다. 와든은 그의 '전략적 중심타격 이론'에서 5개 동심원 중 3번째 동심원은 하부구조로서 비행장, 항만, 철도, 교량 등 수송체계를 이르고 있는데, 즉 이러한 수송체계는 주로 군수지원체계에 해당되므로 이를 마비시켜 직접적인 유혈전투 없이 승리를 거둘 수 있는 것이다. 몰트케와 구데리안과 리델하트는 직접적으로 적의 병참선을 차단해야 한다는 이론을 제시하지는 않았지만, 이들은 기동부대가 신속한 우회기동과 깊숙한 후방 진출로 적의 지휘체계와 병참선을 차단하게 되면 적을 쉽게 붕괴시킬 수 있다고 생각한 것이다.

조직심리를 마비시키는 이론은 몰트케를 제외한 모든 전략사상가들이 공통적으로 제시한 이론이다. 인간은 정신적 존재로서 생사가 걸려있는 전쟁에 임하여서는 당연히 인간의 심리상태는 전투에 심대한 영향을 미치는 것이 당연하다 할 것이다. 손자는 전장에서 적의 심리와 사기를 다스리고, 적장의 지휘심리와 전투의지를 무너뜨릴 수 있다고 하였다. 또한 포위를 당하면 합심하여 저항하고, 절박한 상황에 빠지면 죽음을 무릅쓰고 싸우게 되며, 장병들이 엄청난 위험에 빠지면 장군이 지휘하는 대로 따르게 된다고 하면서 전장의 상황에 따라 장병들의 심리를 조종할 수 있다고 주장하였다. 이렇게 민감한 장병들의 전장심리를 이용하여 상황에 맞는 적절한 지휘조치로 적군의 조직심리를 마비시켜야 한다.

구데리안은 대규모 기갑부대가 전략적 기습을 달성한 후 과감하고 신속한 기동으로 적군의 배후로 돌진해 들어간다면 어느 순간 적이 대응할 방법이 없으므로 적군의 사기가 급격히 떨어지고 군대가 그냥 붕괴된다고 주장하였다. 특히 전차가 적의 방어진지를 통과하여 후방으로 기동하면 적에게 공황이 발생하게 되고, 또 후방 종심깊이 기동해 들어가 적의 대규모 역습과 공세행동 및 병참선을 차단하면 적에게 공포와 혼란을 유발하고 사기가 급격히 저하되어 공황상태에 빠지게 된다고 강조하였다. 리델 하트는 기습을 달성하여 적에게 심리적 충격을 가하여 공황상태로 몰아가고, 고속 간접접근으로 적의 후방으로 진출하고 병참선을 차단함으로써 적군의 조직을 붕괴시키고 사기를 무너뜨려 적군을 마비시킬 수 있다고 주장하였다. 심킨은 적의 지휘체계를 마비시켜 적 사령관을 심리적으로 붕괴시켜야 한다고 하였다. 풀러는 1917년 11월 깜브레 전투에서 처음 운용된 전차의 효과에 대하여 “그것은 사기상의 효과였다. 파괴가 아닌 공포가 무장군의 진정한 목적이었다는 것을 똑똑히 보여주었다”고 하였고, 또 항공기에 대해서는 “항공기는 군의 의지를 공격할 수 있었을 뿐만 아니라 군의 배후에 있는 정치적 의지와 국가의 의지를 공격할 수 있었다”고 하며 전차와 항공기의 공격 그 자체보다 적군의 조직심리에 미치는 충격이 훨씬 더 큰 효과를 가져다준다고 강조하였다. 따라서 전략적 기습을 달성하고, 전략적 기동속도를 발휘하여 전장에 공포와 공황을 확대하고, 적군의 사기를 무너뜨려 적 사령관의 전의를 파쇄하는 것이 더욱 중요하다고 보았다. 레오나드는 전쟁이 심리학의 한 분파이며 인간 의지의 대결장이라고 하면서, 마비가 적의 심리적인 사고체계를 ‘와해’시키는 개념이라면 격멸은 적 전투력을 완전히 ‘파괴’하는 의미이기 때문에, 적의 전투력을 격멸하는 소모전보다 적의 사고체계를 와해시키는 기동전을 적극적으로 수행해야 한다고 강조하였다. 그리하여 중심타격은 전쟁의 무형요소 즉 심리, 사기, 당황, 공포 등을 최대한 이용한다고 하면서 전쟁에서 적의 조직심리를 타격하여 적군을 와해시키고 붕괴시켜야 한다고 주장하였다. 항공이론가들은 항공전력이 처음부터 전쟁의 심리적인 무기로 그 중요성이 인정되었다고 하면서, 항공전력은 전쟁에서 적국의 국민과 군대의 사기를 떨어뜨리고 적국 정부와 최고사령부의 전쟁의지를 굴복시키는 데 큰 역할을 한다는 인식을 같이하고 있었다고 한다.

중심타격으로 마비시킨다는 이론은 레오나드와 와든이 제시하였는데 서로 '중심'의 의미가 다르게 기술되어 있다. 레오나드는 중심이 적의 결정적인 취약점을 의미한다고 하면서 그 내용을 보면 적의 수도나 각급 제대 지휘부 등을 포함하고 있어서 '지휘체계 마비'와 중복되고 있다. 와든이 제시한 전략적 중심은 그 내용이 5개 동심원에 제시된 지휘체계, 에너지 체계 및 하부구조(수송체계) 등 전략적 타격 목표와 같기 때문에 별도의 이론으로 제시할 필요가 없을 것으로 판단된다.

끝으로, 무기 및 장비로 마비시키는 이론은 풀러와 항공이론가들이 제시하였다. 풀러는 깜브레 전투에서 전차가 최초로 전장에 출현하였을 때에 적에게 공포와 공황을 일으키게 한 사례를 직접 눈으로 보고 앞으로 상상을 벗어난 충격 효과를 발휘하는 신무기 및 장비가 전장에 출현하였을 때에는 적에게 심리적 충격 효과와 더불어 공황상태로 적군을 마비시키는 결과를 가져올 수 있다고 본 것이다. 항공이론가들은 항공전력이 항공기 및 미사일 그리고 우주 분야에서 현대 과학기술의 격차에 따라 전쟁에서 얼마든지 적군의 우주 및 항공분야에서 마비시킬 수 있다고 주장하는 것이다. 예를들어 지금 고도의 스텔스 기능을 갖춘 항공기가 갑자기 하늘을 지배하였을 경우에 적군이 마비되지 않겠는가?

2. 전략사상가들의 기동 · 마비전 이론 종합 평가

앞 항에서 주요 전략사상가들의 기동 · 마비전 이론을 분석 및 평가하였다. 이 분석 및 평가 결과를 종합하여 마비전 수행의 수단과 방법에 대한 제목과 주요 내용을 정리해 보면 다음과 같다. 마비전 수행의 수단과 방법에 대한 제목은 주도권 장악 및 유지, 지휘체계 마비, 공중 우세권 확보, 에너지 체계 마비, 우세획득, 기습 달성, 작전속도 및 기세 유지, 군수지원체계 마비, 조직심리 마비, 무기 및 장비로 마비의 10개 원칙이다. 주도권 장악 및 유지의 원칙은 전쟁의 주도권을 장악하고 유지할 확고한 의도를 가지고 전쟁계획을 수립한 후 먼저 전쟁수행을 결정하고 실행해야 하고, 이후 계속 선제를 유지하여 적의 반격을 불허하며, 작전속도를 가속하여 적이 대응할 방책을 찾지 못하고 마비된 상황으로 이끌어가는 것이다.

지휘체계 마비 원칙은 전쟁 초기에 적의 정부와 군의 지휘체계(C_4I)를 타격하여 상급사령부와 예하 작전 및 전투부대와 지휘를 단절시키고 마비시킴으로써 적국의 전쟁의지를 굴복시키는 것이다. 공중우세권 확보로 마비의 원칙은 전쟁 초기에 적국의 우주 전력과 항공전력 및 방공전력을 무력화하여 우주 및 공중 우세를 확보하고, 제공권을 장악하는 것이다. 그리하여 적의 항공 및 방공전력은 물론 지상전력과 해상전력까지 무력화하여 대항할 수 없게 만드는 것이다. 에너지 체계 마비 원칙은 적국의 석유, 가스, 전기, 원자력, 식량 등 에너지 공급체계를 타격하여 마비시킴으로써 적국의 지휘체계, 무기와 장비 및 시설, 수송체계 등을 무능화시켜 전쟁 수행을 못하도록 그 원기(元氣)를 없애버리는 것이다.

우세확보로 마비의 원칙은 상대적인 우세 확보와 전력의 우세 확보를 포함한다. 우세는 전력의 집중으로 확보된다. 이러한 집중은 신속한 기동력으로 결정적인 시간과 장소에 시간적으로 집중하고, 병력의 수적 집중보다 탁월한 화력과 무기의 성능 등 전력을 집중하며, 적의 약점에 집중함으로써 우세를 확보할 수 있다. 독일군은 좁은 전투 정면에 전력을 집중함으로써 압도적인 우세를 확보하기도 한다. 기습 달성으로 마비의 원칙은 적이 예상하지 못한 시간, 장소, 방법으로 공격하고, 적의 방비가 소홀한 곳을 공격하며, 적이 알지 못하는 교리(전쟁 이론)로써 공격하여 적에게 충격을 가하여 마비시키는 것을 이른다. 작전속도로 마비시키는 원칙은 부대의 기동속도 뿐만 아니라 여러 전력들을 동시다발적으로 운용하면서 엄청난 속도로 다양한 작전을 수행하여 적이 어떠한 작전이 진행되고 있는지 알지 못하여 전혀 대응을 할 수 없는 상황으로 몰아가는 것이다. 그리고 작전속도는 공격기세를 더욱 강화하여 적을 마비시키는 상황으로 몰아갈 수 있는 것이다. 군수지원체계를 마비시키는 원칙은 적의 군수기지를 공격하거나 비행장, 항만, 철도, 도로, 수송 장비 등 수송체계를 타격하여 적의 군수지원을 차단하고 전쟁 수행의 지원체계를 마비시키는 것을 이른다. 조직심리를 마비시키는 원칙은 상기와 같은 여러 가지 원칙에 따라 작전을 수행하는 것이 적의 물리적 전력을 파괴 또는 격멸하고자 하는 것이 아니라 적군에게 충격을 가하여 공포와 공황을 유발하고, 적군의 군기와 사기를 붕괴시켜 전투의지를 무너뜨리고 군대 조직이 붕괴되도록 몰아가서 결국은 적국의 정부와 최고사령부의 전쟁의지를 굴복시키는 데 있다. 무기 및 장비로 마비시키는 원칙은 적군의 무기 및 장비체계에 없는 아군의 탁월한 무기 및 장비를 사용하거나, 적군보다 월등한 성능을 발휘하거나 새로운 과학기술을 활용한 무기 및 장비를 사용하여 적에게 충격을 주어 마비시키는 수단과 방법을 말한다.

제2절 마비전 전쟁 사례의 전쟁술 종합

1. 세계의 마비전 전쟁 사례의 전쟁술 종합

이 절에서는 마비전 이론으로 전쟁을 수행하여 승리한 사례에서 적용된 전쟁술을 분석 및 평가하고자 한다. 전쟁술 이론에서 분석 및 평가된 승리의 요인과 내용이 전쟁 사례에서는 어떠한 승리의 요인과 내용으로 분석 및 평가되는지 비교해 보고자 한다.

가. 세계의 마비전 전쟁 사례의 분석 및 평가

먼저 앞의 제2장 제1절에서 제시한 세계적인 마비전 전쟁 사례에서 적용된 전쟁술을 도표로 정리하면 다음과 같다.

주도권 장악 및 유지로 마비시킨 원칙은 제시된 사례의 모든 전쟁에서 승리의 요인으로 분석된 전쟁술이다. 과가멜라 전투에서는 알렉산더 대왕이 비록 병력은 열세이지만 페르시아를 정복하기 위하여 침공하는 입장에서 자신의 의도대로 전쟁을 수행하기 위해 페르시아군의 취약점을 노출시키려고 우측으로 이동하다가 대열상의 간격을 발견하자 주력 기병대를 집중 및 돌격시켜 상대군을 양분하고, 그 기세를 몰아 배후

〈도표 2〉 세계의 마비전 전쟁 사례에서 적용된 전쟁술

구 분	과가멜라	호레즘전	울름전역	독·프전쟁	6일전쟁	걸프전쟁	금·명전쟁
주도권 장악·유지	○	○	○	○	○	○	○
지휘 체계 마비	○	○		○	○	○	○
공중 우세권 확보				○	○	○	
에너지 체계 마비		△	△	△	△	○	
우세 확보로 마비	○	○	○	○	○	○	○
기습 달성으로 마비		○		○	○		○
작전속도로 마비	○	○	○	○	○	○	○
군수지원체계 마비		○	○	○	○	○	
조직 심리 마비	○	○	○	○	○	○	○
무기·장비로 마비						○	

* △은 직접적으로 적용된 요소가 아니라 간접적으로 적용된 요소임.

를 공격하여 전쟁의 주도권을 장악한 다음에 이어서 다리우스 왕을 위협하여 도주하게 하고, 상대군의 주력 기병대를 배후에서 공격하여 주도권을 끝까지 유지하여 적을 붕괴시켰다. 몽고-호레즘 전쟁에서는 처음부터 호레즘은 방어에 주력하였던 반면에 칭기스칸은 전쟁을 먼저 결정하고 주전장을 자신의 의도대로 선정한 다음에 분진 합격하고, 곧바로 호레즘의 수도인 사마르칸트로 진격하여 전쟁을 완전히 자신의 의도대로 수행하여 주도권을 장악 및 유지하여 적을 마비시켰다. 울름-오스테를리츠 전역에서는 오스트리아와 러시아가 영국과 협의한 후 프랑스와 전쟁을 수행할 의도를 가지고 합세하기 위해 천천히 이동하고 있었지만, 나폴레옹이 먼저 전쟁을 하기로 결정한 다음 과감하게 군을 집결시키고, 오스트리아와 러시아군의 연합이 지연되고 있는 허점을 이용

하여 분산되어 있는 오스트리아군 가운데 울름 지역의 마크군을 우회기동으로 포위하여 항복을 받았다. 이어서 오스테를리츠로 이동하여 자신의 의도대로 러시아군을 유인하여 분리시키고 주력을 포위 격멸하는 전쟁을 수행하여 의도한 대로 전쟁을 주도하여 승리하였다. 그리고 나폴레옹은 울름과 오스테를리츠에서도 오스트리아 및 러시아군의 전진 및 공격상황에 따라 즉각적인 상황조치를 선제로 감행하여 주도권을 계속 유지하여 승리하였다.

독일-프랑스 전쟁에서는 독일이 폴란드를 침공하였을 때에 영국이 먼저 독일에 선전포고를 하였음에도 연합군이 소극적으로 대처하는 상황을 역이용하여 독일이 프랑스를 먼저 공격하기로 결정하고 선제 공격을 단행하였다. 독일군은 연합군의 방어계획과 방어 배치에 대한 명확한 정보를 바탕으로 전략적 기습 달성에 이어 기갑부대의 고속 돌진으로 전세를 이끌어 6주일 만에 일방적으로 전쟁을 승리로 이끌었다. 이는 연합군의 약점에 대한 집중으로 압도적 우세를 확보하고 전략적 기습을 달성한 다음, 이러한 우세를 계속 유지하며 기동하고 독일군의 '중심' 개념대로 작전을 수행하여 주도권을 장악하였을 뿐만 아니라, 독일군 지휘관들에게 허용된 자주권(initiative)을 행사하여 프랑스군의 대응조치에 대해 적극적인 상황 조치를 실시함으로써 주도권을 유지하여 전쟁을 승리로 이끌어 간 것이다.

이스라엘-아랍 6일 전쟁과 후금-명 전쟁은 이스라엘과 후금이 완전히 주도권을 가지고 일방적으로 전쟁을 수행하여 열세군으로 꼭같이 1주일 이내의 초단기간 내에 전쟁에서 승리를 거두었다. 이 두 전쟁은 공자(攻者)가 자신의 의도와 계획대로 완전하게 시간과 조직심리의 전쟁으로 수행함으로써, 이런 전쟁에 익숙하지 못하고 공간과 유형 전력에 기준을 둔 전쟁개념에 집착하는 아랍측을 몰아부쳐 조기에 마비시킨 전쟁이었다. 후금의 왕 누르하치는 명나라의 대군을 맞아 싸워 이기기 위해 자신이 잘 알고 있는 지역을 싸움터로 선정하고 명군으로 하여금 원거리 행군으로 피로하게 만들고, 명군이 4개군으로 나누어 각각 다른 시간에 접근 및 전장에 도달할 것임을 정확한 정보로 미리 알고, 시간 계산을 철저히 하여 자신이 판단한 일자와 시간에 집중 공격하여 명의 각 군을 각개 격파하도록 주도적으로 전역을 수행하였던 것이다.

걸프전쟁에서 쿠웨이트를 침공할 때에는 이라크가 주도권을 장악하였으나, 이라크의 사우디 아라비아 침공을 막기 위하여 미국을 비롯한 연합국이 사우디에 긴급히 전투부대를 전개시키면서부터 주도권은 연합국 군대로 넘어갔다. 이후 전쟁이 모두 연합군의 의도와 계획대로 수행되었고, 이라크는 지키기에 급급하였다. 총공격이 개시되기 전에 이라크의 일부 기계화부대가 반격하기도 하였지만 조기에 격퇴되었고, 이후 이라크군의 조직적인 방어와 반격 작전도 없이 일방적으로 수행된 전쟁이었다.

지휘체계 마비의 원칙은 울름-오스테를리츠 전역 외의 모든 전쟁 사례에서 공통적으로 적용되었다. 과가멜라 전투에서는 알렉산더 대왕의 기병대가 돌진해오자 위협을 느낀 페르시아의 다리우스 왕이 도주하다 죽음으로써 전쟁의지의 중심이 사라진 페르시아군이 공황상태에 이르러 붕괴되어 버렸고, 나라가 멸망하게 되었다. 몽고-호레즘 전쟁에서도 칭기스칸군이 사막을 가로질러 갑자기 부하라를 점령하고 호레즘의 수도인 사마르칸트에 나타나자 무함마드 왕과 수비군이 도주함에 따라 지휘체계가 마비되어 제대로 싸워보지도 못하고 패배하였다. 독일-프랑스 전쟁에서는 독일군 기갑군이 스당을 돌파한 후 대서양 연안을 향해 돌진함에 따라 방어를 위해 배치된 주력군의 배후가 차단되어 지휘통신이 불가하게 되었고, 어떠한 지휘조치도 할수 없게된 최고사령관

가믈렝 원수의 전쟁의지가 무너짐으로써 지휘체계가 마비되어 버렸던 것이다.

6일 전쟁과 걸프전쟁에서는 꼭같이 전쟁 초기에 이스라엘군과 연합군의 공중공격으로 최고사령부 및 주요 사령부의 지휘소가 폭격을 받아 조기에 지휘체계가 마비되어 버렸고, 또 이스라엘군과 연합군이 이집트군과 이라크군의 배후로 진출하여 지휘체계와 병참선이 차단됨으로써 지휘체계가 마비되었다. 후금과 명나라 간의 샤르흐 전역에서는 누르하치의 팔기군이 명군의 진지로 돌진하여 장수들과 신호수들을 우선적으로 제거함에 따라 조기에 지휘체계가 마비되어 군이 조직적인 저항을 할 수 없었고, 지휘가 없는 예하 장병들이 도주하여 군대가 붕괴되었다. 이 전역에서는 명군의 장수가 310여 명이 전사하였는데, 이 중에는 군사령관급인 총병이 2명이나 포함되어 있고, 1명의 총병은 일찍 도주하였다.

공중 우세권(제공권) 확보로 마비시키는 원칙은 독일-프랑스 전쟁, 6일 전쟁, 걸프전쟁에서 적용된 전쟁술이다. 독일-프랑스 전쟁에서 연합군이 총 가용 항공기 7863기 중 1453기를 투입한 반면에, 독일군은 총 가용 항공기 2589대를 모두 투입하였고, 방공포도 집중 배치하여 연합군의 공군기를 격추시켜 공중 우세권을 확보하였다. 연합군의 항공기들은 그 이후 전장에 제대로 투입하지 못하였다. 이러한 결과로 독일군의 스당 지역 돌파 작전시에 프랑스군 지상군이 공황에 빠지고 마비되어 도주함으로써 최초 방어선이 쉽게 무너졌다.

이스라엘군은 주변 아랍국에 둘러싸여 전쟁에서 이기려면 공군과 기갑부대 그리고 특수부대가 무엇보다도 긴요하다고 판단하여 군을 건설한 바, 6일 전쟁에서 공군이 기습 공격하여 이집트 공군을 비행장에서 괴멸시켰으며, 이어서 주변 아랍국들의 공군을 차례로 격멸하여 제공권을 장악하였다. 걸프전쟁에서는 4단계의 작전 중 3단계까지의 작전이 순수한 항공작전이고 4단계 작전이 지상군 지원작전이었는데, 제1단계 작전은 이라크의 전략 중심에 대한 전략폭격이었고, 제2단계 작전이 제공권을 장악하기 위해 쿠웨이트 전역 내 이라크의 공군 및 방공체계를 제압 및 파괴하는 작전이었다. 그러나, 이 전쟁은 항공전력 및 미사일 전력과 과학기술 및 성능의 차이가 현격하므로 제공권 장악은 의문의 여지가 없었다. 실제로 전쟁 중에 모든 이라크의 전력이 작전을 할 수가 없었고, 심지어 전차는 엄폐된 호속에 숨기고 승무원은 다른 곳에 숨어 있는 현상까지 일상화될 정도로 노출된 활동을 할 수 없었다.

에너지 체계 마비의 원칙은 걸프전쟁에서만 분석된 전쟁술로서, 몽고-호레즘 전쟁과 울름-오스테를리츠 전역과 독일-프랑스 전쟁 및 6일 전쟁에서는 에너지 체계를 마비시킨다는 전쟁술 자체가 발전되지 못하고 병참선 차단 또는 군수지원을 차단하는 방법으로 전쟁에서 승리하기도 하였다. 그리고 과가멜라 전투와 몽고-호레즘 전쟁 및 후금-명(샤르흐) 전쟁에서는 식량과 말먹이가 에너지원이었으므로 전쟁의 수준이 전혀 다른 시대였다. 몽고-호레즘 전쟁에서 몽고군은 말린고기와 유제품이 식량이었는데 장병 개인이 말안장에 휴대하였고, 말먹이는 초지가 있는 지역으로 침공하여 현지에서 조달하였다. 반대로, 칭기스칸군이 사막을 통과하여 부하라를 점령함으로써 호레즘군의 병참선이 차단되어 호레즘군이 쉽게 무너졌다. 울름-오스테를리츠 전역에서 나폴레옹군은 식량을 현지 조달하였고, 오스트리아군과 러시아군의 병참선을 차단하여 비교적 쉽게 승리하였다. 독일-프랑스 전쟁과 6일 전쟁에서는 독일군과 이스라엘군이 상대군의 병참선을 차단하여 상대군이 조기에 패배하였다. 걸프전쟁에서는 와든의 전략적 중심 공격 이론에 따라 '제2 동심원'인 이라크의 에너지 공급체계를 타격하고 마비시켜 이라크군을 조기에 붕괴시켜 승리하였다.

우세 확보의 원칙은 제시된 모든 전쟁에서 공통적으로 적용하여 승리한 전쟁술이다. 우세의 확보는 전력을 집중함으로써 달성된다. 과가멜라 전투에서는 알렉산더 대왕이 페르시아의 기병대에 대해 경보병과 소수의 경기병으로 대응하여 고착시킨 후, 대왕이 페르시아군의 약점을 발견하자 그곳으로 자기의 기병대를 집중하고 돌진하여 기세를 합하여 우세를 확보하였고, 이어서 페르시아군의 본대가 무너져 도주하자 이어서 고착되어 있는 적의 기병대를 상대로 시간적 집중으로 우세를 확보하고 배후를 공격하여 페르시아군을 무너뜨렸다. 알렉산더군이 우세를 확보하는 데에는 조직심리의 우세도 가세한 것으로 분석된다. 즉 알렉산더군은 수년에 걸친 정복전쟁을 치르며 승리한 실적으로 장병들의 전투기량이 대단히 뛰어나고, 자신감이 충만되어 있고, 사기가 왕성하므로, 이러한 군대의 조직심리가 우세하여 강력한 전투의지로 발휘되어 승리에 크게 기여한 것으로 분석된다.

몽고-호레즘 전쟁에서는 호레즘군이 몽고군의 침공의도와 방향을 모르므로 병력수는 절대적으로 우세하지만 여러 지역에 분산되어 있었을 뿐만 아니라, 몽고의 주치군의 견제공격에 고착되어 있는 상황에서, 칭기스칸의 주력군이 여러 진격로를 따라 분진 합격하여 수도인 사마르칸트로 시간적으로 집중함으로써 압도적인 우세를 확보하였다. 이렇게 압도적으로 우세한 몽고군을 맞이한 호레즘의 2만 명 수도방위군은 크게 놀라고 충격을 받아 공황 상태에 이르러 대부분이 도주하였고, 아울러 무함마드 왕도 도주하였기 때문에 쉽게 함락되었고 전쟁에서 패망하였다. 울름 전역에서는 오스트리아의 마크군 5만 명에 대해 나폴레옹군은 18만 명의 절대적인 우세를 확보하여 포위 공격함으로써 마크군이 항복하였다. 오스테를리츠 전역에서는 나폴레옹이 러시아군의 공격을 자신의 의도대로 유인하고, 프라첸 고지 방향으로 공격하여 적군을 좌우로 양분한 후 러시아군 주력을 싸찬 호수쪽으로 몰아 포위하고 병참선을 차단함으로써 우세를 확보하였다. 즉 병력수에 있어서는 러시아군이 우세하였지만, 나폴레옹은 적을 양쪽으로 분리시킨 후 적 주력을 싸찬 호수의 자연장애물을 이용하여 또다시 적을 부대별로 분리시켜 압도적인 우세를 확보하여 각개 격파하였던 것이다.

독일-프랑스 전쟁에서는 독일군이 프랑스군의 약점에 집중하고, 또 그 약점에서도 주공에 좁은 전투정면을 할당하여 집중함으로써 압도적인 우세를 확보하였다. 독일군은 프랑스의 마지노선 요새진지와 벨지움의 요새진지를 피하여 취약지역인 아르덴느 삼림지대로 주공을 지향하였는데, 서부 전선의 주공인 A집단군에 123개 사단 중 44개 사단을 집중하였고 이 중에는 10개 기갑사단 중 7개 사단을 할당하였으며, 공군도 항공기 5천기 중 3천 5백기를 서부 전선에 투입하여 집중함으로써 우세를 확보하였다. 또한 독일군의 '중심' 개념에 따라 적의 약점을 따라 신속하게 기동함으로써 확보된 우세를 계속 유지해 나가는 작전을 수행하였다. 여기에 군대 조직과 편성상의 집중이 전력의 우세 확보를 더욱 확실하게 해주고 있다. 즉 프랑스군의 전차수는 독일군보다 많지만 이 전차들을 보병사단에 나누어 편성하고, 기갑사단은 2개 사단을 편성하였지만 이 기갑사단도 보병 군단과 군의 작전을 지원하는 목적으로 운용하여 전차의 특성을 제대로 발휘할 수 없게 되었다. 그러나 독일군은 모든 전차를 기갑사단으로 편성하고 이를 다시 기갑군단과 기갑군까지 편성하여 주공인 A집단군에 편성하고, 클라이스트 기갑군이 집단군의 주공 임무를 수행하도록 하여 전격전 수행의 주력부대로 운용하였다. 이는 군대 조직 및 편성상의 집중으로 전력의 압도적인 우세를 확보하도록 하였던 것이다. 또 독일군은 좁은 정면에 압도적인 전력을 집중하여 우세를 확보하였다. 이 전쟁에서 아르덴느 삼림지대를 통과한 후 뮤즈강의 스당 지역을 돌파하는데 부여된 3개 (군단급)부대 정면의 넓이가 19km로써 극히 좁은 정면이 부여되었다. 그리고 독일군의 이러한 압도적인 우세는 우수한 기동성에 의해 뒷받침되는 시간적 집중에 의한 우세의 확보이다. 또한 여기에 우수한 기갑 전투병들의 자신감과 승리에 대한 확신 그리고 충만한 사기로부터 나오는 심리의 우세가 더욱 가세한 것으로 분석된다.

6일 전쟁에서는 이스라엘군이 요르단과 시리아 및 레바논에 대해서는 일부 부대로 견제 공격을 하여 기만 및 고착시킨 후에, 이집트군의 약점에 좁은 전투정면을 부여하고 기동으로 신속하게 집중하여 우세를 확보하였고, 기갑여단을 독립된 레고형 전투수행 단위로 편성하여 사단사령부에 편조하고 전투시에 항공전력을 집중 지원하는 등 전력의 우세를 확보하였다. 또한 한 사단이 돌파한 돌파구를 통하여 후속 사단이 통과하여 신속한 기동에 의한 시간적 집중으로 우세를 확보하였다. 그리고 공격기세의 우세에 더하여 무엇보다도, 모세 다얀 국방상이 '정신적 의지력에 의한 공격'을 강조한 바와 같이 이스라엘군은 정예군으로서 승리에 대한 자신감과 나라와 국민의 생존을 위하여 죽음을 무릅쓰고 전쟁에 임하여 반드시 승리해야 하는 절박한 심리의 우세가 크게 작용하였다고 분석된다. 반대로, 이집트군은 전쟁의 필요성이 절실한 상황이었다기 보다는 나쎄르 대통령의 과대망상과 강권에 의해 촉발된 전쟁이었기 때문에 장병들의 전투의지를 이끌어 내기에는 한계가 있었다고 생각된다.

걸프전쟁에서는 전쟁 개시 당시에 이미 연합군의 전체 전력이 이라크군보다 절대적으로 우세한 상황이었다. 여기에 주공인 제7군단과 측방방호부대인 제18공정군단이 이라크군의 배치가 미약한 지역으로 수백

km를 좌측으로 이동하여 우회 기동함으로써 압도적인 우세를 확보하였다. 그리고 기갑 전력은 물론이고 항공 전력과 미사일전력 등 압도적인 전력의 우세를 확보하였다. 그리고 이라크군의 약점에 대한 집중과 시간적인 집중으로 우세를 확보한 것으로 분석된다. 후금-명 전쟁에서는 4개 군으로 나누어 축차적으로 투입되는 명군이 또다시 1만 명 정도의 작은 부대로 나뉘어 분산되어 있는 상황을 이용하여, 후금의 8기군이 집결하고 맹렬한 속도로 돌진하여 소부대별로 시간적으로 집중함으로써 우세를 확보하여 각개 격파하였다. 또한 집결한 8기군이 맹렬한 속도로 돌진함에 따른 기세의 우세가 명군에게 큰 충격이 되었을 뿐만 아니라, 정예군인 8기군이 전투에 대한 자신감과 충천하는 사기를 바탕으로 돌진하는 후금군의 심리적인 우세가 명군을 압도하였던 것으로 분석된다.

기습 달성으로 마비시키는 원칙은 몽고-호레즘 전쟁, 독일-프랑스 전쟁, 6일 전쟁 그리고 후금-명 전쟁에서 적용된 전쟁술이다. 몽고군은 호레즘을 침공할 때 주치군으로 하여금 호레즘의 주력군을 기만 및 견제 공격하여 고착시킨 다음에, 몽고의 주력군은 정상적인 통로가 아닌 키질쿰 사막을 통과하고, 산맥 사이의 통로를 이용하며 4개 방향으로 기동하여 갑자기 사마르칸트로 집중 공격함으로써 완전한 기습을 달성하여 일시에 호레즘군에 충격과 공포를 주어서 마비되어 군대가 붕괴되었다. 이는 호레즘군이 전혀 예상하지 못한 시간과 방향 및 결정적인 장소인 수도로 몽고군이 기습 공격함으로써 한번의 결정적인 작전으로 호레즘군을 전체적으로 마비시켜 승리를 거두었다. 독일-프랑스 전쟁에서는 독일군이 프랑스의 마지노선과 벨기에의 딜선으로 이루어진 연합군의 요새진지 방어선을 피하여 룩셈부르크에 연한 아르덴느 삼림지대로 주공을 지향하여 기습을 달성하였다. 또한 제1차 세계대전시와 같이 벨기에와 네델란드 방향으로 우회 공격해 올 것으로 예상하여 주력군을 배치하였는데, 독일군은 예상과 달리 프랑스군의 방비가 소홀한 아르덴느 삼림지대를 통과하고 세당을 돌파하여 대서양을 향해 연합군 주력의 배후로 진격함으로써 완전한 기습을 달성하였다. 그리고 연합군이 제1차 세계대전시와 같은 소모전 이론에 따라 전쟁을 준비한 사실을 알고, 독일군은 새로운 전격전 이론을 정립하고 이를 교리화하여 전쟁술과 교리상의 기습을 달성하여 일방적인 단기 전쟁을 수행하였던 것이다.

6일 전쟁에서는 이스라엘군이 이집트군의 출근 시간에 맞추어 전략표적의 위치에 따른 시간 계산을 정확하게 하고, 레이다 사각 지역으로 비행하여 동시적으로 폭격함으로써 완전한 전략적 기습을 달성하여 일시에 전세를 뒤집었다. 그리고 이집트군에서는 기동이 불가하다고 판단하였던 사막지역을 이스라엘군이 통과하여 배후로 진격하고 애로지역을 점령함으로써 이집트군이 포위되고 병참선이 차단되어 기습을 당했다. 그리고 독일-프랑스 전쟁에서와 같이 소모전이론에 집착하고 있는 아랍국들의 군 수뇌부와 달리, 이스라엘군은 앞서 기술하였던 바와 같이 리델 하트의 간접접근전략 이론을 수용하여 전쟁술을 익히고 그에 따라 군사력을 건설한 결과로 전쟁술 및 교리적인 기습을 달성하였다고 분석할 수 있다.

후금-명 전쟁에서는 후금군에게 익숙한 지역으로 명군이 분리되어 접근하면서 후금군의 상황을 전혀 모르고 진을 쳤다가, 후금군이 시간적으로 집중하여 갑자기 공격하여 옴에 따라 방비할 여유가 없이 각각 기습을 당하였던 것이다. 이 전쟁에서도 소모전 이론에 고착되어 있는 명군에 대해 후금군의 시간과 기동의 전쟁개념이 기습을 달성하는 핵심이라고 할 것이다. 명군은 분산되어 있는 자기들의 부대에 대해 후금군이 시간적 집중과 기세와 심리적인 우세로 휩쓸고 지나가는 유형의 전쟁을 전혀 상상도, 대비도 못하였기 때문에 그저 충격을 받고 공포와 공황 상태로 빠질 수 밖에 없었다.

작전속도로 마비시키는 원칙은 제시된 모든 전쟁 사례에서 공통적으로 적용된 전쟁술이다. 과가멜라 전투에서는 알렉산더군이 기병대의 신속한 기동으로 페르시아군의 간격으로 집중하여 충격을 가한 이후에 계속 그 기세를 몰아 적의 배후와 왕을 향하여 돌진함으로써 적을 마비시키고, 이어서 그 기세로 고착되어 있는 적의 기병대를 배후에서 공격함으로써 승리하였다. 몽고-호레즘 전쟁에서는 몽고군이 1인당 3~4필의 말을 몰면서 번갈아 타가며 기동 속도를 발휘하고 분진 합격하여 호레즘군을 마비시켜 붕괴시켰고, 식량의 개별휴대와 마초의 현지조달로 기동 속도를 지연시킬 원인이 없을 뿐만 아니라, 천호제의 편제로 작전 목적과 목표에 따라 쉽게 편조하여 이합집산할 수 있는 군구조를 갖추고 있기 때문에 군대가 우수한 기동성을 발휘할 수 있었다. 또한 말의 수가 병력의 3~4배나 되므로 우세를 확보하기 쉽고, 이런 군대가 속도를 내어 달리면 그 기세가 엄청나고 대단하게 느껴지는 것이다.

울름-오스테를리츠 전역에서는 나폴레옹이 "나는 병사들의 발로 싸운다"고 말한 것처럼 20만 명에 까까운 대군이 1일 20km의 속도로 기동하여 울름을 우회 포위함으로써 항복을 받아내었다. 이어서 오스테를리츠 전역에서도 주력군을 집결시켜 대기시킨 후에 유인작전에 걸려든 러시아군의 중앙에 약점을 발견하고 주력군을 신속하게 출동시킨 다음에 그 기세를 몰아 러시아의 주력군을 싸찬 호수 쪽으로 몰아부쳐 포위격멸하였다. 독일-프랑스 전쟁에서는 아르덴느 삼림지대와 스당에서 뮤즈강 방어선을 돌파한 독일군 기갑군이 11일 동안에 240마일(1일 평균 35km)을 고속 기동함으로써 이러한 시간과 속도의 전쟁에 익숙하지 못한 프랑스군의 최고사령부가 그냥 마비되어 버렸다. 또한 이러한 기갑부대의 공격 속도와 기세는 손자가 그의 병법서에 기술한 바와 같이 둥근 바위가 천길 낭떠러지를 굴러가는 것처럼 맹렬하고 무섭기 때문에 이를 저지할 어떤 힘도 찾기 어려운 것이다. 바로 이런 속도의 전쟁을 수행하여 전쟁을 단기간 내에 승리로 이끈 것이었다.

6일 전쟁도 시간과 속도에 의한 전쟁이었으므로 아랍군 지도자들의 상상을 훨씬 뛰어넘는 가공할 전쟁이었기 때문에 손쓸 겨를도 없이 전쟁이 끝나버렸다. 이스라엘군 지도부의 명령은 상황 변화에 대한 조치가 아니라 그저 "무조건 수에즈 운하로 가라!"였다고 하니, 이것이 바로 이 전쟁의 특성을 대변해 주고 있다고 할 것이다. 후금-명 전쟁도 마찬가지로 시간과 속도에 의한 전쟁이었으므로 전통적인 소모전 이론의 전쟁 개념에 사로잡혀 있던 명군의 지도부에는 맑은 하늘에서 벼락이 떨어지는 것과 같은 충격을 주는 전쟁이었다. 누르하치의 8기군의 공격을 보고 명군이 포를 발사한 후 재장전할 겨를도 없이 들이닥친 8기군이 장수들을 먼저 제거하고 휩쓸고 지나간 후 명군은 혼비백산하여 도망치기 바빴다. 폭풍과 같은 속도와 기세에 심리의 우세가 더해져 태풍이 휩쓸고 지나간 것 같았다.

걸프전쟁에서는 먼저 항공 우세로 적을 마비시킨 후 연합군의 지상군은 이라크군의 배치가 미약한 지역으로 우회 기동하였으므로 주공의 기동 속도를 저해할 장애물이 없었고, 오히려 제7군단장의 소극적인 지휘 조치가 작전속도와 기세를 누그러뜨리는 요인이 되었다. 결국 군의 작전속도와 공격기세의 발휘를 저해하는 요인은 기동 · 마비전 이론에 무지한 지휘관의 무능이었던 것이다.

군수지원체계를 마비시키는 원칙은 과가멜라 전투와 후금-명 전쟁을 제외한 모든 전쟁에 적용되었던 전쟁술이었다. 여기서 몽고-호레즘 전쟁과 독일-프랑스 전쟁과 6일 전쟁 및 걸프전쟁은 병참선 차단이 적을 패배시키는 요인이 되기는 하였지만, 그보다도 지휘체계의 마비나 기습 달성과 작전속도 및 기세의 충격이 훨씬 더 큰 충격과 마비를 일으킨 전쟁술이었다고 분석된다.

그러나, 울름-오스테를리츠 전역에서는 나폴레옹군이 울름에 있던 마크군의 비엔나로 연결되는 병참선을 차단하고 포위함으로써 쉽게 항복을 받아내었고, 오스테를리츠에서도 나폴레옹의 주력군이 러시아 주력군의 병참선을 차단하고 포위 격멸함으로써 적을 마비시키는 큰 요인이었다고 분석할 수 있다. 나폴레옹은 전쟁에서 이기기 위해 기동과 집중 및 적의 병참선을 차단하는 데 중점을 두고 작전지휘를 하였다. 그래서 자기 군대의 병참선을 방호하기 위해 항상 일부 부대를 후방의 요지에 배치하였고, 또한 식량의 현지 조달로 그 위험을 감소시켰다. 6일 전쟁에서도 이스라엘군의 샤론 사단이 이집트 주력군의 퇴로와 병참선을 차단하여 마비시켰다. 여기서 적의 병참선을 차단하고자 하는 이유는 참혹한 유혈 전투를 감소시키면서 쉽게 승리할 수 있기 때문이다.

조직심리를 마비시키는 원칙은 제시된 모든 전쟁 사례에서 공통적으로 적용된 전쟁술이다. 인간은 정신적인 존재이므로 전장의 상황에 따라 장병들의 심리가 자주 변화하여 전쟁의 승패에 커다란 영향을 미치기 때문일 것이다. 위의 전쟁 사례에서 승리한 나라의 군대는 공통적으로 애국심과 애대심(愛隊心)이 충만하고, 엄정한 군기와 높은 사기 그리고 불타는 전투의지를 가지고 전쟁을 수행한 군대였다. 패배한 나라의 군대는 그 정반대였으며 긍정적 조직심리보다 대부분 군중심리에 휩쓸려 생존을 위해 전장을 이탈하려는 심리가 더욱 두드러졌다. 또한 승리한 나라의 군대는 대부분 전투기량이 우수한 장병들로 구성된 정예군이었고, 최고사령관과 주요 지휘관들이 고도의 전쟁술에 익숙한 군인이었다. 특히 독일군 장군들과 주요 지휘부의 참모들은 몰트케 이후의

'임무형 지휘'의 전통에 따라 기동 · 마비 전쟁술에 대한 공감을 가진 장교들이 대부분이었기 때문에 상황 변화에 따른 지휘조치를 잘 할 수 있었다고 분석된다. 아주 흥미있는 일은 이러한 독일군 내에서도 전격전 이론에 대한 견해가 달라서 참모총장과 3개 집단군 사령관 및 심지어 클라이스트 기갑군 사령관까지도 작전계획에 대하여 반대 의견을 제기한 바 있었지만, 구데리안과 만슈타인 등 탁월한 장군들이 나서서 히틀러 총통의 승인을 받음으로써 이런 유명한 세기의 전쟁 사례로 남게 되었다는 사실이다.

이렇게 조직심리를 마비시켜 군중심리가 전장에 만연하도록 하는데에는 조직적인 심리전이 한몫을 하였다. 몽고군은 호레즘을 침공하기 전에 정보원 겸 첩자를 미리 보내서 적군과 주민들에게 유언비어를 퍼뜨리고 회유하기도 하였으며, 침공 후에는 점령지 주민들이 동조하지 않으면 무참히 살해하여 공포심과 충격을 퍼뜨렸고, 사마르칸트 공격시에는 주민들을 앞세워 수도 방위군이 어떻게 해야 할 지 몰라 쩔쩔매게 하였다. 독일군은 나라에서 심리전 장관을 임명하여 조직적이고 체계적인 심리전을 펼쳤다. 명나라군은 후금군이 공격하기도 전에 군내에 불협화음과 상호간에 불신이 군의 저변에 깔려 있었고, 원거리 행군으로 장병들이 지치고, 패배감이 만연하였으며 사기가 극도로 저하되어 있었다.

걸프전쟁에서는 초기 연합군의 항공작전으로 이라크군 내에 이미 패배감이 전장에 만연하였으며 사기가 극도로 저하되어 있었다. 대부분의 전쟁 사례에서 군대내에 패배감이 만연하고, 사기가 저하되어 공황상태와 마비 현상이 현저하게 나타날 경우에는 단기간 내에 포로의 수가 엄청나게 증가한다는 사실이다. 몽고-호레즘 전쟁과 후금-명 전쟁에서처럼 호레즘군과 명군이 조기에 붕괴되어 대량의 포로가 발생될 수 있었지만, 몽고군은 대량의 포로들을 관리할 수 없었고, 후금군은 이어질 명나라에 대한 정복 전쟁에서 명군의 전력이 강화될 것을 우려해 불필요한 살육 전쟁을 감행한 결과로 발생한 비도덕적인 행위였다.

무기 및 장비로 마비시키는 원칙은 걸프전쟁 사례에서만 적용된 원칙이다. 근세를 지나 현대에 이를수록 무기 및 장비의 과학기술 수준의 격차가 전쟁에서 적을 마비시키는 위력을 발휘하는 경우가 더욱 잦아지고 있다. 독일-프랑스 전쟁과 6일 전쟁에서 전차와 항공기 및 방공무기 등이 대량으로 사용되었지만, 전쟁 상대국 사이에 과학기술 수준과 무기의 성능에서 커다란 차이가 없었으므로 전쟁의 승패에 크게 영향을 미치지 못했다.

그러나, 걸프전쟁에서는 미국과 영국 등 선진국 군대와 이라크군 사이에는 무기 및 장비와 각종 체계 사이에 과학기술 수준과 무기 성능에 현격한 격차가 있었기 때문에, 이라크군 수뇌부와 장병들은 일찍이 패배감에 사로잡히고 공황상태에 이르러 전투의지를 상실하였다. 미국군의 항공기와 먼 바다에 떠있는 항공모함에서 발사하는 미사일 및 전자전 장비 등에 대해 이라크군이 대항할 수 있는 수단과 방법이 전혀 없었기 때문이다.

나. 세계의 마비전 전쟁 사례의 전쟁술 종합

앞의 마비전 전쟁 사례에서 분석 및 평가한 마비전 전쟁술의 원칙을 종합해 보면 다음과 같다. 이 전쟁 사례에서도 앞 절에서 전략사상가들의 기동 · 마비전 이론을 종합한 원칙들과 같이 분석 및 평가되었다. 즉 마비전 전쟁 사례에서도 주도권 장악 및 유지, 지휘체계마비, 공중 우세권 확보, 에너지 체계 마비, 우세 확보, 기습 달성, 작전속도 및 기세유지, 군수지원체계 마비, 조직심리 마비, 그리고 무기 및 장비로 마비의 10가지 원칙이 분석 및 평가되었다. 그러나, 이 전쟁 사례 분석 및 평가에서는 전쟁 이론과는 다른 내용도 분석 및 평가되었다.

주도권 장악 및 유지로 마비시키는 원칙은 주도권을 장악할 명확한 의도를 기초로 작전계획을 수립한 후 적보다 먼저 전쟁을 결정하고 선제 공격을 하여 기선을 제압하며, 적의 대응 작전을 불허하며 선제 상황조치를 하면서 계속하여 전쟁을 이끌어 가는 것이다. 그러나, 전쟁 사례에서는 적군의 전략적 약점에 신속하게 전력을 집중하여 전략적 기습을 달성한 후 맹렬한 작전속도와 공격기세를 유지하여 적의 최고사령부가 어찌할 바를 알지 못하여 쩔쩔매도록 마비시키는 것이다. 즉 우세의 확보, 전략적 기습 달성, 맹렬한 작전속도와 기세유지의 원칙이 주도권 장악 및 유지의 중요한 요인이 된다는 것이다.

지휘체계의 마비 원칙은 전략사상가들이 적국의 정부와 군의 주요 상급사령부(C_4I)를 타격하여 지휘체계를 마비시키는 데 반하여 주요 전쟁 사례에서는 적국 정부와 군의 지휘부를 타격하는 직접적인 조치 외에 전략적 기습 달성과 맹렬한 작전속도와 기세유지로 적군의 최고사령부가 전쟁이 어떻게 진행되고 있는지 전혀 알지 못하고, 어떠한 지휘조치를 해야 할 지를 몰라 조기에 지휘체계가 마비되고 전쟁의지를 굴복하게 되는 현상으로 분석 및 평가되었다. 그리고 더욱 확실한 것은 적국의 최고권력자(왕조 국가에서는 왕을 이름) 및 최고사령관 또는 주요 부대 사령관이 조기에 사망하거나 도주함으로써 지휘 공백이 발생되는 경우가 많았다는 것이다. 페르시아의 다리우스 왕, 호레즘의 무함마드 왕, 명군의 3명의 총병들이 모두 죽거나 도주하여 지휘체계가 마비되었다. 독일-프랑스 전쟁과 6일 전쟁에서는 전략적 기습을 당한 데 이어서 너무나 빠른 작전속도에 최고사령부가 전쟁 상황을 제대로 파악하지도 못하고 어떠한 지휘 조치도 할 수가 없어서 조기에 지휘체계가 마비되고, 전쟁의지가 굴복되었다. 현대 전쟁에서는 에너지 체계가 마비되면 지휘체계도 마비되기 쉽다. 왜냐하면, 대부분의 지휘 · 통신 · 컴퓨터 체계가 전기 및 석유로 가동되기 때문이다.

공중 우세권 확보로 마비시키는 원칙은 전쟁 이론과 사례 분석에서 큰 차이가 없다고 평가된다. 대부분 항공전과 항공 폭격 및 방공체계 운용으로 공중 우세권을 확보할 수 있는데, 걸프전쟁에서는 현격하게 전력의 차이가 나기 때문에 파괴되지 않은 이라크의 항공기는 이란으로 대피하였다. 연합군이 공중 우세권을 확보한 이후에 이라크의 모든 작전행동이 마비되었다.

에너지 체계를 마비시키는 원칙은 독일-프랑스 전쟁과 6일 전쟁에서는 별도의 에너지 체계보다 적의 병참선을 차단함으로써 에너지체계도 함께 마비되었다. 이 2개 전쟁에서는 전기로 운용되는 에너지체계가 적었기 때문이었다. 그러나, 걸프전쟁에서는 전기로 운용되는 에너지 체계는 미국 공군의 전략 중심 타격으로 마비되었으나, 쿠웨이트를 점령한 이라크군은 쿠웨이트에도 석유와 가스 관련 시설 및 체계가 있었으므로 제한되나마 운용될 수 있었다고 평가된다.

우세 확보로 마비시키는 원칙은 적의 전력을 분산시킨 후 신속한 기동으로 적의 약점에 전력을 집중하고, 또 좁은 전투 정면에 전력을 집중함으로써 상대적 우세를 확보하는 것은 전쟁 이론과 사례 분석 결과가 동일하나, 독일-프랑스 전쟁과 6일 전쟁에서는 좁은 전투 정면에 집중하여 압도적인 우세를 확보하였다. 또한 전쟁 사례에서는 병력과 부대를 집중하여 상대적인 우세를 확보하기보다 기갑사단 · 여단에 전차를 집중 편성하고, 이러한 기갑 사 · 여단을 기갑군 · 사단에 편조를 용이하게 하거나, 항공 및 방공 전력을 주공부대에 집중 지원함으로써 압도적인 전력의 우세를 확보하는 전쟁 사례가 많이 발견되었다. 또 무기 및 장비의 기술과 성능의 격차로 인하여 발생되는 전력의 우세 확보도 새롭게 분석되었다. 그리고 전쟁 사례에서는 분산된 적에 대하여 시간적 집중으로 상대적 우세를 확보하고, 여기에 기세의 우세와 심리의 우세가 합세하여 적을 충격과 공황에 빠뜨려 마비시키는 현상이 두드러지게 확인되었다.

이러한 시간적인 집중으로 달성되는 우세와, 전투기량이 우수한 전투원들로 구성된 정예부대의 자신감, 승리에 대한 확신 그리고 왕성한 사기에서 발현되는 심리의 우세가 합세하여 무섭고도 압도적인 우세 확보가 적에게 주는 충격과 공포 및 공황 상태는 적군을 곧바로 마비 상태로 몰아가기에 충분하다고 평가된다.

기습 달성으로 마비시키는 원칙은 적이 예상하지 못한 시간과 방법으로 적의 방비가 소홀하거나 없는 장소로 공격하여 기습을 달성하는 전쟁술은 전쟁 이론이나 사례에서 공통적으로 적용하는 전쟁술이다. 그러나, 전쟁 사례에서 명확하게 확인되는 기습의 방법은 소모전 이론에 고착된 사고를 가진 상대국의 전쟁지도부와 군의 최고사령부에 대해 기동·마비전 전쟁술로 전쟁을 수행함으로써 차원이 다른 완전한 기습을 달성하였다는 것이다. 제시된 마비전 전쟁 사례에서 승리한 나라는 모두 기동·마비전 전쟁술로 전쟁을 수행하였고, 패배한 나라는 모두 소모전 이론에 고착된 사고를 가진 전쟁지도부와 최고사령부에 의해 지휘된 군대였다. 그리고 현대 전쟁에서는 고도의 과학기술에 의한 기습이 가능하다는 것이 전쟁 사례에서 확인되었다.

작전속도로 마비시키는 원칙은 기동 속도와 공격기세로 적을 마비시키는 전쟁술이 전략사상가들의 이론과 전쟁 사례에서 공통적으로 분석 및 평가되었다. 그런데, 주공부대의 기동 속도 면에서는 울름 전역에서 나폴레옹군은 1일 20km씩 기동하였으나, 독일-프랑스 전쟁에서는 1일 33km씩 기동하였고, 6일 전쟁에서는 더 빠른 것으로 이해되고 있다. 이는 전투장비의 성능이 계속해서 발전하기 때문이다. 공격기세는 적절한 부대 규모가 기동하는 속도에 따라 기세가 더욱 크고 강렬해지므로, 기동 속도가 더 빨라진 최근의 전쟁으로 오면서 그 기세는 더욱 크고 강해졌다. 그런데, 전쟁 사례에서는 신속한 기동속도로 공격 목표별로 시간적으로 집중하여 우세를 확보하고 마비시킨 사례가 분석되었다. 이는 현대 전쟁이 시간의 전쟁개념으로 발전되고 있음을 보여주고 있다고 하겠다. 따라서 현대 전쟁은 전체 작전의 속도를 가속하여 시간의 전쟁에서 이길 수 있도록 작전계획을 수립하고 실행하여야 한다. 시간의 전쟁개념에 따라 작전속도를 가속하면 전쟁이 단기간 내에 종결될 가능성이 매우 크다.

군수지원체계 마비의 원칙은 와든이 전략 중심타격 이론을 제시하여 에너지 공급체계를 병참선 차단에서 분리하여 별도의 전략적 중심으로 선정함에 따라 에너지 체계를 제외한 다른 전쟁지원 자원들을 통합하여 전장에 지원하는 체계를 이르고 있다. 이 두 체계가 분리되기 이전에는 주력 기동부대가 적 주력군을 우회기동하고 배후로 진출하여 병참선을 차단함으로써, 적에게 전쟁을 수행하는데 필수적인 자원이 지원되지 못하게 하여 함께 달성한 전쟁술이었다. 이는 전략사상가들의 이론과 전쟁 사례에서 동일하게 분석되었다. 그러나, 걸프전쟁에서는 에너지 공급체계와 다르게 적국의 수송 기반체계를 타격하여 군수지원체계를 마비시키는 전쟁술로 변화되었다. 이는 와든이 제시한 이론대로 실제 전쟁에서도 실행되었다. 그러나, 이는 이전의 병참선 차단보다 더 커다란 파괴와 자원의 소모가 발생하는 결과가 예상된다.

조직심리를 마비시키는 원칙은 전략사상가들의 이론과 전쟁 사례에서도 공통적으로 적군의 애국심, 단결, 군기, 사기, 공포 및 공황, 전투의지 등이 전쟁의 승패에 커다란 영향을 미친다는 것이다. 그러므로 전쟁에서 주도권을 장악 및 유지하고, 적의 지휘체계를 마비시키며, 제공권을 장악하고, 우세 확보 및 기습 달성, 작전속도 및 기세유지 등의 전쟁술을 적용하여 위와 같은 적의 조직심리에 충격을 가하고, 공포와 공황을 널리 확산시키며, 사기를 저하시키고, 전투의지를 소멸시키는 등 적군의 조직심리를 마비시켜야 한다고 확인되었다.

실제 전쟁 사례에서는 공자가 전쟁의 주도권을 장악하고, 적의 지휘체계를 마비시키며, 제공권을 장악하고, 우세 확보 및 기습 달성과 맹렬한 작전속도와 공격기세를 유지하는 전쟁술이 적의 조직심리를 가장 빠르게 마비시키는 것으로 분석 및 평가되었다. 그리고 정예군의 전투에 대한 자신감, 승전에 대한 확신, 충천하는 사기가 전장에서 심리의 우세를 가세하여 강한 전투의지를 불러일으키고, 적에게 큰 충격과 공포심을 유발함으로써 적군의 조직심리를 마비시키는 커다란 요인이 되는 것으로 평가되었다. 그리고 전쟁 사례에서는 적극적인 심리전으로 적군의 조직심리에 커다란 영향을 미치는 사례가 확인되었다.

무기 및 장비로 마비시키는 원칙은 전략사상가들의 이론에서 보다 실제 전쟁 사례에서 더욱 명확하게 확인되었다. 현대전에서는 과학기술과 무기 및 장비의 성능에서 커다란 격차가 생겨 적에게 큰 충격과 공포심 및 패배감을 일으키는 상황이 흔하게 발생될 것이다. 걸프전쟁에서는 연합군과 이라크군 간에 무기와 장비의 기술 및 성능의 차이가 현격하여 조기에 이라크군에게 패배감과 함께 조직심리를 마비시켰다. 장래에는 우주 및 공중 우세권 장악과 적국의 지휘체계를 마비시키기 위해 무기 및 장비체계 면에서 기습을 달성하는 사태가 흔하게 발생할 것이다.

2. 한반도의 마비전 전쟁 사례의 전쟁술 종합

여기서는 한반도 내에서 마비전 유형으로 전쟁을 수행하여 승리한 전쟁 사례에서 적용된 전쟁술을 분석 및 평가해 보고자 한다. 전쟁술 이론에서 분석 및 평가된 승리의 요인과, 세계의 마비전 전쟁 사례에서 분석 및 평가된 전쟁술과 어떠한 다른점이 있는지 비교해 보고자 한다.

가. 한반도의 마비전 전쟁 사례의 분석 및 평가

한반도 내에서 마비전 유형의 전쟁 사례에 적용된 전쟁술을 도표로 작성하면 아래와 같다.

〈도표 3〉 한반도의 마비전 전쟁 사례에서 적용된 전쟁술

구 분	고 · 백 전쟁	조 · 왜 전쟁	조 · 청 전쟁	인천상륙 작전
주도권 장악 및 유지	○	○	○	○
지휘체계 마비	○	○	○	○
제공 · 제해권 확보로 마비	○	○		○
우 세 확보로 마비	○	○	○	○
기습 달성으로 마비	○	○	○	○
작전속도 · 기세로 마비	○	○	○	○
군수지원체계 마비		○	○	○
조직심리 마비	○	○	○	○
무기 및 장비로 마비		○		

주도권 장악 및 유지로 마비시키는 원칙은 제시된 모든 전쟁 사례에서 공통적으로 적용된 전쟁술이다. 고구려–백제 전쟁에서는 광개토태왕이 백제를 침공하기로 결정한 다음 기병대를 함선에 태우고 바다를

통해 신속히 우회 기동하여 비류 백제의 수도 거발성을 기습 공격하여 일방적인 작전으로 초단기간 내에 승리하였다. 조선-왜 전쟁에서는 왜국의 히데요시가 침공을 결정하고 기습적으로 부산진을 공격한 후 신속한 기동과 공격기세로 단기간 내에 한양성과 평양성까지 진출 및 점령하여 조선군은 조기에 붕괴되어 버렸다. 그러나, 조선군 3도 수군통제사 이순신 장군이 수군을 통합하여 부산포까지 진격해 반격하고, 한산대첩으로 왜의 수군을 격멸함으로써 전쟁의 주도권을 탈취하였다. 조선-청 전쟁은 청 태종 홍타이지가 먼저 전쟁을 결정하고, 팔기군을 고속 기동시켜 한양성과 남한산성을 점령하고 포위함으로써 주도권을 장악하여 일방적으로 전쟁을 수행하였다. 조선은 처음부터 방어 배치를 하고 수성(守城)전투에 치중하는 등 수세에 몰려 청군의 의도대로 이끌려 갔다.

인천상륙작전은 맥아더 사령관의 결심으로 수행된 작전으로, 상륙군이 바다를 통해 우회 기동하여 인천에 기습 상륙한 후 수도 서울을 곧바로 탈환함으로써 전세를 역전시키고 전쟁의 주도권을 완전히 탈환하였다. 1950년 9월 초까지는 북한이 기습 공격 이후 주도권을 장악 및 유지하여 공세를 계속하였지만, 미국군과 국군이 인천상륙작전에 성공 후 전세가 완전히 역전되었다. 이후 북한군은 마비되어 모두 붕괴되었다.

지휘체계 마비의 원칙은 제시된 모든 전쟁 사례에서 공통적으로 적용된 전쟁술이다. 고구려의 백제 침공에서는 광개토태왕의 기병대가 비류백제의 수도 거발성을 곧바로 공격하여 점령하고, 중신들과 왕의 동생을 사로잡고, 응신 왕이 도주함으로써 지휘체계가 마비되었다. 조선-왜 전쟁에서는 왜군의 신속한 진격으로 조선의 주요 장수들이 죽거나 도주하였고, 선조 왕이 평양과 의주로 도피함으로써 지휘체계가 사실상 마비되었다. 수군의 해전에서는 초기 해전에서 조선 수군이 압도적으로 승전하자 왜의 수군 장수들이 해전을 기피하여 함선을 버리고 지상에 올라가서 조총으로 싸우게 되었고, 왜왕 히데요시가 해전 금지령을 내리는 등 조기에 지휘체계가 마비되어 버렸다. 조선-청 전쟁에서는 청군이 워낙 신속하게 침공해오므로 인조 왕이 강화도로 행재소를 옮기려 하였으나 청군이 이를 알고 미리 차단하고 있어서 남한산성으로 들어갔다가 포위되어 지휘체계가 마비되어 버렸다. 인천상륙작전에서는 상륙작전의 성공과 서울의 조기 탈환으로 북한군은 평양과 낙동강 전선 사이의 지휘체계가 단절되어 군대가 붕괴되어 버렸다.

제공권 및 제해권 확보로 마비시키는 원칙은 고구려-백제 전쟁과 조선-왜 전쟁 및 인천상륙작전에서 적용된 전쟁술이다. 고구려는 주변국과 무역을 많이 하면서 수군의 필요성을 알고 건설하였던 것으로 파악된다. 비류 백제도 중국의 산동반도까지 장악할 정도로 무역을 많이 하였으나 수군을 운용하지 않았던 이유는 애매하다. 그래서 고구려가 황해의 제해권을 확보하고 있었던 바, 바다를 통해 우회 기동하여 백제를 침공할 수 있었다. 조선-왜 전쟁에서 왜군의 침공 사실을 알고 난 이후부터 이순신의 3도 수군이 왜의 수군을 봉쇄함으로써 남해-황해의 제해권을 확보하여 왜군의 작전행동을 마비시켰다. 아마도 이순신 장군이 전라좌도 수군통제사가 아니라 경상우도 수군통제사였다면 왜군이 부산포에 상륙 자체를 하지 못해 침공이 실패하였을 것이다. 그러나, 원균이 경상우도 수군통제사였기 때문에 그의 경상 우수영군은 왜군의 침공에 놀라 스스로 20여 척의 판옥선을 침몰시켜 왜군의 상륙을 저지하지 못했다. 인천상륙작전에서는 미국군이 완전하게 제공권을 장악하고 있었으므로 제해권은 함께 확보되었다. 그래서 북한군의 지 · 해상 작전이 크게 제한되어 야간 공격작전이 많아졌다.

우세 확보로 마비시키는 원칙은 제시된 모든 전쟁 사례에서 적용된 전쟁술이었다. 고구려–백제 전쟁은 광개토태왕이 무방비의 백제 수도 거발성을 곧바로 기습 공격하여 압도적인 우세를 확보하여 마비시켰다. 조선–왜 전쟁에서는 대군으로 침공하는 왜군에 대해, 조선군은 조직된 중앙군이 편성되어 있지 않아서 지역별로 소규모 지방군이 축차적으로 방어 전투에 투입되었기 때문에 우세한 왜군의 위세에 압도되어 마비되어 버렸다.

조선 수군은 3도 수군을 통합하여 대규모의 수군을 편성한 후에 포구별로 소규모로 분산하여 약탈 활동에 열중하고 있던 왜의 수군에 대해 상대적인 우세를 확보하여 왜의 수군을 마비시켰고, 한산대첩에서는 왜군의 함선이 수적으로는 우세(76척 대 54척)하지만 좁은 해협인 견내량에서 종대로 접근해 오는 왜의 수군에 대해 조선 수군은 학익진을 펴고, 판옥선 좌 · 우측의 총통을 집중 발사하고 거북선을 돌진시켜 압도적인 전력(총통의 수와 발사되는 포탄의 발수)의 우세로 왜군을 마비시켜 승리하였다.

기습 달성으로 마비시키는 원칙은 제시된 모든 전쟁 사례에서 공통적으로 적용된 전쟁술이었다. 고구려–백제 전쟁은 앞서 기술한 바와 같이 광개토태왕이 바다를 통해 주력군을 우회 기동시켜 무방비의 비류백제 수도 거발성을 곧바로 기습 공격하여 비류백제군을 마비시켰다. 이어서 기병대로 신속하게 돌진하여 하남에 있는 온조백제를 공격함으로써, 아신 왕이 어찌할 방도가 없어 항복하였다. 이 전쟁에서는 광개토태왕이 기동 전쟁술을 적용하여 백제군의 공성 · 수성 전술과 병력수에 바탕을 둔 소모 전쟁술에 대하여 기습을 달성한 것이라고도 분석할 수 있다. 조선–왜 전쟁에서는 일찍부터 왜군의 침공 조짐이 있었으나 조선이 이를 무시하고 방비를 소홀히 한 상태에서 예고없이 왜의 대군이 불시에 침공해왔으므로 완전하게 기습을 당한 것이었다. 수군의 경우에는 역으로 왜군이 해전을 예상하지 못하고 준비도 못한 상태였고, 또 조선 수군의 존재와 전력을 모르고 있는 상황에서 해안의 포구별로 분산하여 약탈에 치중하고 있던 와중에 조선의 수군이 갑자기 기습 공격해왔기 때문에 당황하고 공포에 사로잡혀 마비되어 버렸다. 한산대첩에서는 왜국에서 가장 잘 싸운다는 와끼자카가 자만심을 가지고 함선의 수적 우세를 믿고 공격해왔지만, 이번에는 이순신 함대의 학익진 진법과 판옥선에서 총통이 발사하는 화력에 기습을 당하여 제대로 싸워보지도 못하고 괴멸되었다. 조선-청 전쟁에서는 청야 전술과 수성 전투 위주로 방어하려는 조선의 임경업 군을 무시한 채로, 기병대인 청의 팔기군이 고속으로 기동하여 한양성을 점령하고 남한산성을 포위하였으니, 이는 전쟁술과 작전 교리상의 기습을 달성하였다고 분석된다. 인천상륙작전에서는 상륙작전 지역으로 부적합하다는 일반적인 관점을 뛰어넘어 북한군의 방비가 소홀한 인천으로 소수의 정예군으로 상륙작전을 감행함으로써, 적의 방비가 소홀한 지역에 예상을 뒤집은 방법으로 기습을 달성하여 적군을 마비시켰다.

작전속도와 공격기세로 마비시키는 원칙은 네 개의 전쟁 사례 모두에서 적용된 전쟁술이었다. 광개토태왕의 고구려군과 태종 홍타이지의 청군은 그야말로 고속 기동의 전광석화 같은 작전으로 백제군과 조선군을 어리둥절하고 깜짝놀라게 하여 마비시켰다. 청군은 1주일 만에 한양성을 점령하였다. 광개토태왕의 고구려군은 아마도 2~3일 만에 거발성에 도착하였고, 이어서 하남의 온조백제 왕성에 도달하는 데에도 2~3일 정도 걸렸을 것으로 분석된다. 조선-왜 전쟁에서 왜군은 부산포에 기습 상륙한 후 19일 만에 한양성을 점령하여 1일 약 30km씩 기동한 것으로 분석된다. 조선의 수군은 1회 출동하여 며칠 사이에 3~4

곳의 해안상 포구를 넘나들며 수많은 적의 함선을 격파하면서 빠른 속도로 작전을 수행하였다. 인천상륙작전에서는 9월 15일에 상륙작전을 개시하여 3일 만에 교두보를 완전히 확보하고, 서울로 진격하여 9월 27일에 수도 서울을 완전히 수복하였다. 이렇게 빠른 속도의 작전은 시간의 전쟁개념과 같은 것이다. 실제로 청군이 조선을 침공해 오기 전에 후금-명 전쟁에서 후금 왕 누르하치의 팔기군이 시간의 전쟁개념에 따라 명군을 마비시켜 승리하였던 사례는 이미 앞에서 분석 및 평가한 바와 같다. 이때 명국의 요청으로 지원군으로 참전하였던 조선의 도원수 강홍립 군(1만 명)이 제대로 싸워보지도 못하고 후금군의 속도와 기세에 마비되어 항복하였던 전례가 불과 몇 년 전의 일이었는데, 이후 조선군은 전혀 교훈도 얻지 못하고 방비도 못하였던 것이다. 이는 조선의 조정과 군의 수뇌부가 국가안보와 전쟁술에 대한 무관심 및 무지의 소치로밖에 다른 원인이 없을 것이다. 또한 분석된 공통점은 4개의 전쟁 사례 중 3개의 사례에서 바다를 통한 우회기동으로 기동 속도를 발휘하였다는 점이다. 이는 3면이 바다인 한반도의 지정학적 특성에 따른 분석의 결과로 보아야 할 것이다.

군수지원체계를 마비시킨 원칙은 고구려-백제 전쟁 외의 3개 전쟁 사례에서 적용된 전쟁술이었다. 조선-왜 전쟁에서는 한양성까지 신속하게 진격한 왜군이 계속 강력한 전투력을 발휘하려면, 수군이 남해-황해를 경유하고 한강을 따라 한양성까지 수송선으로 증원 병력과 조총 탄환을 비롯한 군수물자를 지원해 주어야 하는데, 이순신 장군의 3도 수군이 왜의 수군을 격멸하고, 제해권을 확보하고 있었기 때문에 증원과 병참지원이 불가능하였다. 부산포에서 추풍령을 지나 한양성에 이르는 육로로는 대량의 군수물자를 수송하기도 어렵거니와, 그 당시 각 지역별로 조선의 의병대들이 활발하게 왜군과 싸웠기 때문에 어려움이 대단하였다. 결국 왜군의 평양성 진격도 많이 늦어졌고, 평양성 이북으로는 더 진격하지 못하고 총퇴각하였다. 청나라군은 남한산성을 포위하고, 축차적으로 증원되는 조선의 지방군들을 모두 물리치거나 격멸하여 남한산성은 완전히 고립무원의 상태가 되어 산성 방위군이 굶어 죽을 상황이 되었기 때문에 항복할 수밖에 다른 방도가 없었다. 인천상륙작전의 성공과 서울의 조기 수복으로 병참선이 차단되어 낙동강 선에서 공세 중이던 북한군은 그대로 마비되어 붕괴되어 버렸다.

조직심리 마비의 원칙은 4개 전쟁 사례 모두에서 적용된 전쟁술이었다. 고구려-백제 전쟁에서는 고구려군이 전쟁의지의 중추인 비류백제의 조정과 왕을 곧바로 기습 공격하여 조정 중신들을 사로잡고, 왕이 도주함으로써 전쟁이 종결되고 나라가 멸망하였다. 이어서 온조백제도 고구려군의 고속 기동과 기습으로 전쟁의지가 굴복되어 항복함으로써 전쟁이 종결되었다. 조선-왜 전쟁에서는 왜군의 기습공격과 기동속도 및 공격기세 그리고 조총 사격에 충격을 받아 조선군이 군기가 해이되어 도주하기 바빴고, 사기가 저하되었으며, 패배의식이 만연하여 조기에 전투의지가 상실되어 군이 붕괴되었다. 수군에서는 역으로 조선 수군의 기습 공격과 총통의 화력 그리고 조선 수군의 능숙한 진법 작전의 위력에 왜의 수군이 충격과 공황 상태에 빠져 전투의지를 상실하였다. 또한 왜군의 지휘체계가 마비되어 신속하게 전 수군에 패배의식이 만연하고, 사기가 붕괴되어 전투의지를 상실하였다. 조선-청 전쟁에서는 청군의 기동 속도와 기세로 조선군의 지휘체계가 마비되었고, 사기가 떨어지고, 패배의식이 만연해 왕이 항복함으로써 전쟁이 조기에 종결되었다. 인천상륙작전에서는 상륙작전의 성공 소식이 전해지자 낙동강선의 북한군 주력이 사기가 떨어지고 패배감이 만연하여 붕괴되었다. 또 수도 서울의 조기 탈환으로 북한군의 지휘체계가 마비되고, 병참선이 차단되어 사기 저하와 패배의식 만연으로 군이 붕괴되어 도주하였다.

무기 및 장비로 마비시키는 원칙은 조선-왜 전쟁 사례에서 적용된 전쟁술이었다. 왜의 지상군이 짧은 시일 내에 한양성까지 진출할 수 있었던 이유는 기습 달성, 신속한 기동 속도와 기세유지, 조총 사격의 충격에 있다고 할 수 있다. 조선군의 칼, 창, 활 등 전통적인 무기로서는 왜군이 조총을 집중 사격하는 그 위력에 대항할 수 없었기 때문에 큰 충격을 받아 공포와 공황 상태에 이르러 도주하기 바빴다. 이러한 공포가 군에 널리 퍼져 사기가 저하되고 패배의식이 만연하여 군이 붕괴되었다. 수군에서는 우수한 전함인 판옥선의 성능과 거북선의 충격, 그리고 함선에 탑재한 총통의 우세한 화력이 왜군의 함선과는 너무나 그 위력에 격차가 컸으므로 해전에서 왜군의 함대는 조기에 무력화되었다. 왜군의 함선은 적군 함대와의 해전을 고려하지 않은 수송 목적으로 만들었기 때문에 전투함으로서는 결함사항이 너무 많았다. 조선 수군의 판옥선은 해전 수행간에 충돌과 적선 병력이 승선해오는 것을 방지하기 위해 매우 견고하고 높게 제작되었다. 또 2층으로 제작하여 함선을 운행하는 승조원은 아래층에, 전투원은 위층에 분리 배치하여 임무 수행을 용이하게 하였고, 함선의 양측에 총통을 6문씩, 앞과 뒤에 각 1문씩 총 14문의 총통을 장착하여 접근전이 아니라 원거리 함포전으로 해전을 수행할 수 있도록 제작하였다. 또한 거북선은 판옥선을 개조하고 함선의 상부에 철침을 결합한 철갑판을 덮어 적선에서 쏘는 화살과 총탄을 막고, 적이 승선해오지 못하게 만든 돌격선이었다. 해전 수행 중에 적 함대를 향하여 돌진하며 총통 사격을 퍼붓고, 신속히 적의 대장선에 접근하여 대장선을 격침시킴으로써 지휘체계를 마비시키는 임무를 수행하였다. 이렇게 제작 목적과 구조가 다른 함선들로 함대를 편성하여 상황에 따라 전투대형을 바꾸어 가며 총통을 집중사격하여 그 위세가 적을 압도하여 마비시켰던 것이다. 이런 연유로 한산대첩에서 이순신 함대는 왜선 47척을 격파하고 12척을 나포하였으며, 14척 정도가 도망갔다. 반면에 이순신 함대는 거의 피해가 없었다. 이렇게 무기 및 장비의 기술과 성능의 격차가 전쟁에서 적을 마비시키는 중요한 요인이 될 수있는 것이다.

나. 한반도의 마비전 전쟁 사례의 전쟁술 종합

한반도 내에서 수행된 전쟁 사례에서 분석 및 평가된 마비전의 전쟁술은 앞의 1항 세계의 마비전 전쟁 사례에서 종합된 전쟁술과 '에너지 체계를 마비'시키는 원칙을 제외하고 모두 같은 것으로 확인되었다. 가장 중요한 사항은 먼저 전쟁을 수행하기로 결정하고 전략적 기습을 달성한 후 가공할 기동 속도와 기세로 적의 지휘부를 공격하여 적국의 전쟁의지를 굴복시켜 단기간 내에 승리를 거두는 것이다. 그리고 조선-왜 전쟁과 인천상륙작전에서는 적 주력군의 배후로 진격하여 지휘체계 및 병참선을 차단함으로써 적으로부터 주도권을 탈취하여 전세를 역전시키는 전쟁술도 분석되었다. 지휘체계 마비의 원칙은 고구려-백제 전쟁과 조선-청 전쟁에서처럼 적절한 전력으로 적의 정부와 최고사령부를 조기에 기습적으로 공격하여 지휘체계를 마비시킴으로써 적국의 최고 권력자로부터 항복을 받아 단기간 내에 전쟁을 종결하는 방법이 가장 효과적인 전쟁술로 확인되었다. 그리고 적 주력군의 배후로 진격하여 지휘체계와 병참선을 동시에 차단하여 마비시키는 방법이 적용되었다. 그러나, 현대에는 위성이나 다른 방법으로 통신이나 인터넷으로 지휘체계가 유지될 수 있는 것이다. 제해권 확보로 마비시키는 원칙은 근세의 전쟁까지는 적용될 수 있어도, 현대의 전쟁에서는 제공권 확보의 원칙으로 대체되어야 할 것이다. 우세 확보로 마비시키는 원칙은 전략사상가들의 이론에서나 세계의 전쟁 사례에서 분석된 전쟁술과 일치하였다. 그러나, 조선-왜 전쟁의 해전에서는 함선 제조의 기술과 성능의 격차와 총통과 화력의 위세에 의하여 확보되는 우세가 더 지배적인 전쟁술로 확인되었다.

기습 달성으로 마비시키는 원칙은 불시에 방비가 없거나 소홀한 곳을 공격하거나, 상륙이 어렵다고 판단된 지역으로 상륙함으로써 적의 심리를 기습 공격한 사례도 발견되었다. 조선-왜 전쟁의 해전에서 처럼 왜군이 전혀 예상하지 못한 함선의 성능, 총통의 화력, 진법의 위력 등 전력으로 달성되는 기습도 발견되었다. 그리고 고구려-백제 전쟁과 조선-청 전쟁에서 처럼 소모 전쟁술에 고착된 상대군에게 기동 전쟁술로 기습을 달성하여 전쟁을 단기간 내에 종결하는 전쟁술로 평가되었다.

기동속도와 공격기세로 마비시키는 원칙은 세계의 마비전 전쟁 사례에서와 같이 맹렬한 기동속도를 발휘하여 시간적 집중으로 우세를 확보하고 기습하여 적을 마비시키는 시간의 전쟁개념이 2개의 전쟁 사례에서 확인되었다. 그리고 이런 기동속도를 발휘하는 데에 바다를 통한 우회기동의 방법이 3개 전례에서 공통적으로 적용되었다. 이런 맹렬한 기동 속도는 바다를 통한 기동 뿐만 아니라 주력군이 기병대라는 기동 수단과 군구조가 중요한 요인을 제공하고 있다. 군수지원체계를 마비시키는 원칙은 적 주력군의 배후로 진출하여 병참선을 차단시키는 방법과, 제해권을 확보하여 해상 운송으로 군수물자를 지원하는 체계를 마비시키는 방법이다.

조직심리를 마비시키는 원칙은 맹렬한 기동속도와 공격기세로 적의 조직심리를 마비시키는 방법과, 시간의 전쟁개념으로 인하여 적이 어찌할 방도를 찾지 못해 조직심리가 마비되는 전쟁술이 명확하게 확인되었다. 끝으로 무기 및 장비의 기술과 성능의 격차가 주는 충격으로 적의 조직심리가 마비되는 현상이 발견되었다.

제3절 마비전 전쟁술의 종합

1. 마비전의 개념 정립

본인은 2011년 6월 석사학위 논문인 「기동전 수행의 원리에 관한 연구」에서, 기동전의 공통된 개념을 다음과 같이 분석하고 종합한 바 있다.

첫째, 기동전의 수단은 유혈 전투나 화력이 아닌 '기동'이라는 것이다.

둘째, 적의 의지를 굴복시키기 위해 저항력을 분쇄하는 방법은 적을 물리적으로 파괴하기보다 정신적으로 굴복시키려 한다는 것이다. 즉 적의 최고사령관의 지휘심리와 적군의 조직심리를 마비시켜, 적군을 붕괴시키고자 한다는 것이다.

셋째, 속전속결로 단기전을 추구한다는 것이다. 전쟁이 조기에 종결됨으로써 경제적인 전쟁을 수행하고 피 · 아 국민의 고통을 덜어주어야 한다고 하였다.

넷째, 전쟁은 쌍방 모두가 최소의 희생으로 치루어져야 한다는 것이다. 비록 전쟁이 단기간에 종결된다고 하더라도 결과가 참혹한 인명의 살상과 자원의 파괴 및 소모가 있어서는 기동전이라 할 수 없다는 것이다.

다섯째, 기동전 이론은 소국(열세군)이 대국(우세군)을 상대로 하여 이길 수 있는 전쟁수행 이론이라는 것이다. 기동전은 수적인 우세를 수단으로 하는 전쟁이 아니라, 소수 정예군의 우수한 기동성을 수단으로 하여 적 군대의 조직심리를 마비시키려는 방법을 사용하므로 적의 수적인 우세를 극복할 수 있다는 것이다.

이상에서 기술한 바와 같은 공통점을 중심으로 하여 "기동전은 적보다 상대적으로 우수한 기동성을 수단으로 하여 적을 물리적, 심리적으로 마비시킴으로써 정신적으로 굴복시켜 최소의 희생으로 단기간 내에 승리하고자 하는 정규 전쟁의 한 유형이다"라고 정의를 한 바 있다. 위의 기동전의 정의에서 전쟁을 수행하는 방법면에서 적을 물리적, 심리적으로 마비시키려는 방법을 사용하는 것은 마비전도 꼭 같기 때문에, 적보다 '상대적으로 우수한 기동성'을 수단으로 하는 대신에 적을 '마비시킬 수 있는 다양한 수단과 방법'으로 발전시키면 마비전이라고

마비전의 정의와 요건

● 마비전의 정의

마비전은 다양한 수단과 방법으로 적국을 물리적 · 심리적으로 마비시킴으로써 적국의 전쟁의지를 굴복시켜 최소의 희생으로 단기간 내에 승리하고자 하는 정규 전쟁의 한 유형이다.

● 마비전의 요건

- 목적 : 적국의 전쟁의지를 굴복시켜 정치적 목적달성
- 목표 : 적국의 전쟁의지를 굴복시켜 전쟁에서 승리
- 수단 : 적국을 마비시킬 수 있는 다양한 수단
- 방법 : 적국을 물리적 · 심리적으로 마비시킴.
- 최소의 희생(피 · 아간)으로 • 단기간 내에 종결

할 것이다. 따라서 마비전에 대한 요건과 정의를 요약하면 다음의 표에서 보는 바와 같다.

마비전을 수행하는 목적은 전쟁에서 적국의 전쟁의지를 굴복시켜 정치적 목적을 달성하는 것이다. 적국의 전쟁의지를 굴복시킨다는 것은 전쟁에서 완전한 승리를 거두어 적국을 점령하는 것만이 아니라, 전쟁 발발 이전 또는 전쟁 수행 중에도 적국이 완전한 패망을 피하려고 전쟁의지를 굴복하여 아국의 전쟁 목적을 인정하고 수용하는 경우도 포함될 수 있다. 전쟁의 목적에는 완전한 복속이나, 일부 영토와 해역의 할양, 중요 자원의 양도, 경제적 이익 및 타국과 교역의 금지 등 다양한 국가 이익을 획득하는 것이 포함될 수 있다. 전쟁의 목표는 전쟁에서 승리하는 것이지만, 전쟁 승리의 수준과 상태가 중요한 바, 전쟁 수행간 인간 존중의 사상을 실천하여 인명을 많이 살상하지 않음으로써 원한과 보복의 악순환이 반복되지 않도록 하고, 파괴와 소모를 크게 감소시켜 경제적인 전쟁을 수행함으로써 피 · 아 국민들의 고통을 덜어주고, 환경 오염과 황폐화를 최소화하면서도 전쟁에서 승리하는 것이다.

또한 마비전 수행의 목표는 열세군으로서도 우세군을 상대로 하여 살상과 파괴 및 황폐화를 최소화하면서도 최단기간 내에 전승을 이룩하는 것이라 할 수 있다. 그리고 이 마비전은 적군을 마비시킬 수 있는 다양한 수단을 활용하여 적군을 물리적, 심리적으로 마비시킬 수 있는 다양한 방법으로 적군의 전쟁의지를 굴복시켜 단기간 내에 승리하고자 하는 전쟁수행 개념이다.

위의 표에서 마비전의 요건 중 목적과 목표는 전쟁 수행시마다 변하지 않는 요건이며, 마비전도 기동전과 마찬가지로 '최소의 희생'으로 '단기간' 내에 전쟁을 종결하고자 하는 요건도 동일한 것이다. 따라서 마비전의 요건 가운데 다양하게 변할 수 있는 것은 전쟁에 활용되는 수단과 방법인 것이다. 그러므로 마비전 전략사상가들이 제시한 전쟁술은 전쟁을 수행하는 다양한 수단과 방법에 관한 것으로서, 그 내용을 면밀히 분석하고 평가하여 합리적인 수단과 방법을 선별하고 종합하여야 할 것이다.

2. 마비전 수행의 전쟁술 종합

가. 마비전 수행의 원칙

마비전 수행의 원칙은 전쟁을 수행하면서 적을 마비시켜 승리할 수 있는 수단과 방법에 관한 법칙을 이른다. 이 장의 제1, 2절에서 종합한 전략사상가들이 제시한 전쟁술과 세계 및 한반도에서 수행된 마비전 전쟁 사례의 전쟁술을 종합하여 마비전 수행의 원칙으로 정리하면 다음과 같다.

그 원칙들은 (1) 주도권 장악 및 유지로 마비, (2) 지휘체계 마비, (3) 공중 우세권(제공권) 확보로 마비, (4) 에너지 공급체계 마비, (5) 우세 확보로 마비, (6) 기습 달성으로 마비, (7) 작전속도 및 공격기세로 마비, (8) 군수지원체계 마비, (9) 과학기술 및 무기체계로 마비, (10) 조직 심리 마비의 10가지 원칙으로 종합할 수 있다. 그리고 신속 정확한 정보의 원칙을 선정할 수 있으나 이는 매우 중요하면서도 전쟁 수행에서 기본 바탕이 되는 것이므로 별도의 원칙으로 선정하기보다 주도권 장악 및 유지의 원칙에 구체적인 수단과 방법으로 포함하기로 하였다. 또한 지휘체계와 에너지 공급체계 그리고 군수지원체계 마비의 원칙을 통합하여 '전쟁수행체계 마비의 원칙'으로 정립할 수 있으나, 각각의 원칙들이 전쟁 수행에 미치는 중요도와 영향이 다르고, 또 그 수단 및 방법과 그 체계의 내용에 큰 차별성이 있으므로 각 원칙으로 분리하기로 하였다. 이는 근세 이전의 전쟁과 달리 현대전에서는 각 원칙들이 현대 전쟁에 미치는 영향이 더욱 크고 중요도가 높기 때문이다.

나. 마비전 수행 원칙의 구체적 수단과 방법 종합

마비전 수행의 원칙별로 그 구체적이고 세부적인 수단과 방법을 종합하여 정리하면 다음과 같이 할 수 있다.

(1) 주도권 장악 및 유지로 적을 마비시키는 원칙은 먼저 전쟁을 아군의 의도대로 이끌어 갈 전략계획을 명확하게 수립하여야 한다. 그 후에 전쟁을 피할 수 없다고 판단될 상황에서는 전쟁을 수행하기로 먼저 결정하고 전략적 선제 기습 공격을 단행함이 중요하다. 그 다음에는 적의 최고사령부가 아군이 어떻게 공격작전을 수행하고 있는지 알아차리지 못하게 맹렬한 작전속도와 기세를 발휘하고 적의 지휘체계를 마비시켜 적이 전쟁의지를 굴복하도록 몰아가야 한다. 또한 적이 역습과 반격을 하지 못하도록 선제적인 상황조치를 단행하여 주도권을 계속 유지하여야 한다. 만약 적이 선제 공격을 하여 주도권을 빼앗겼을 경우에는 아군의 전략계획을 조정하고 즉각적인 역공격을 감행하여 전세를 역전시키고 주도권을 탈취하여야 한다. 주도권 장악에 가장 기본적으로 필요한 것은 적과 작전지역에 관한 빠르고 정확한 정보이다. 전쟁 수행에 필요한 전략적, 작전적 수준의 정보를 우선적으로 수집하고 활용하여야 한다.

(2) 적의 지휘체계를 마비시키는 원칙은 최우선적으로 적국 전쟁의지

의 중추인 최고권력자와 전쟁지도부 및 적군의 최고사령부를 타격하여 제거하여야 한다. 그리고 최고사령부와 주요 작전사령부를 연결하는 지휘 및 통신체계(C_4I)를 차단하여야 하며, 이때 이 지휘 및 통신체계 운용의 원동력인 에너지 공급체계를 동시에 차단하는 조치를 단행하여야 할 것이다. 적 주력군의 배후로 깊숙이 진격하여 적의 지휘체계와 병참선을 차단하였을 때에는 지역을 통과하거나 우회하는 통신체계 및 위성통신체계를 병행해서 차단하여야 적의 지휘체계를 완전히 차단할 수 있을 것이다.

(3) 공중 우세권(제공권) 확보의 원칙은 기습을 달성하거나 공중전을 수행하여 적의 공군을 무력화하여야 한다. 전쟁에서 기습을 달성하여 적 항공기를 항공 기지에서 격파하는 작전은 매우 어렵기 때문에, 공중전에서 승리하는 가장 확실한 방법은 과학기술과 성능이 우수한 항공기로 무장하여야 하며, 항공기에 장착된 무기체계도 첨단과학기술 무기여야 한다. 첨단 레이다와 방공 체계도 매우 중요한 역할을 담당할 것이다. 첨단 폭격기로 적국의 항공 기지와 방공체계를 폭격하여 무력화하여야 한다. 앞으로는 우주전쟁에서 승리하기 위해 모든 노력을 다해야 할 것이다.

(4) 에너지 공급체계를 마비시키는 원칙은 적국이 전쟁을 수행할 수 있는 근원적인 힘의 기반을 무너뜨리는 이치를 말한다. 에너지는 전쟁을 수행하는 사람이 살아서 활동하고, 무기 및 장비가 가동되고 적에게 위력을 발휘하는데 필요한 근원적인 힘을 제공하는 원천이다. 그러므로 이 에너지 공급체계가 마비되면 적은 아예 전쟁을 수행할 수 없게 되는 것이다. 이 에너지 공급체계를 마비시키려면 우선적으로 적국의 전기의 생산, 저장, 배전 및 송전 체계를 타격하여 마비시켜야 한다. 또한 원자력 발전 시설을 제외한 발전소의 발전 기능을 마비시키는 방안을 강구

하여야 할 것이다. 그리고 적국의 석유 저장 및 정제 시설과 하역 및 수송체계를 마비시켜야 한다. 이렇게 적국의 전기 및 석유 공급체계를 마비시키면 적국 전체의 에너지 공급체계가 마비되기 때문에 적국의 전쟁수행 및 전쟁지원 업무가 불가할 뿐만 아니라 적군의 전쟁수행체계가 마비되게 된다. 또한 적의 화약공급과 포탄의 생산공장 및 저장시설과 식량의 수송체계를 마비시키는 방법도 강구하여야 할 것이다.

(5) 우세 확보로 적을 마비시키는 원칙은 우선 열세군이 우세군을 상대로 절대적인 우세를 확보하기 여려우므로 다양한 수단과 방법으로 상대적인 우세를 확보해야 한다. 동맹국과의 연합전력을 합세(合勢)하여 절대적인 우세 또는 상대적인 우세를 확보할 수도 있을 것이다. 아군이 적의 약점에 집중하거나, 결정적인 지역에 좁은 전투정면을 부여하고 집중함으로써 상대적인 우세를 확보할 수 있다. 다양한 방법으로 화력의 우세를 확보하거나, 우수한 성능을 가진 무기 및 장비를 부대편성으로 집중하여 우세를 확보하는 등 전력의 압도적인 우세를 확보하여 적을 마비시킬 수 있다. 그리고 지역별로 분산되어 있는 적의 전력에 대하여 시간적 집중으로 우세를 확보할 수 있다. 이렇게 획득한 우세로 작전속도를 가속함으로써 공격기세의 우세로 확대하고, 장병들의 강한 전투의지로 심리의 우세를 합세하여 압도적인 우세를 확보하여 적을 마비시켜야 한다.

(6) 기습 달성으로 적을 마비시키는 원칙은 먼저 전쟁을 개시하면서 전략적 기습을 달성하여 적에게 충격과 공포심을 일으키고, 그 우세와 기세로 고속 작전을 수행하여 적이 최초의 충격과 공포에서 헤어나지 못하게 하여야 한다. 기습은 적이 예상하지 못한[不意] 시간[不時]과 장소[無備] 및 방법[秘法]으로 공격함으로써 달성된다. 확실한 기습은 적의 방비가 소홀하거나 방비가 없는 곳[無備]을 갑자기 공격함으로써 그

효과가 크게 나타난다. 현대 전쟁에서는 적군이 아직 개발하지 못한 과학기술 수준과 무기 및 장비의 성능으로 기술적 기습을 단행하는 사례가 늘어나고 있다. 그리고 전쟁 사례에서는 적국의 소모전 전쟁술에 대하여 기동 · 마비전 전쟁술로 전쟁술 및 교리의 기습을 달성하여 단기간에 승리한 사례가 대부분이었다.

(7) 작전속도 및 공격기세로 마비시키는 원칙은 우선 주력군이 적이 없는 방향으로 우회 기동하며 맹렬한 속도로 공격하는 작전속도가 중요하다. 또한 적절한 규모의 전력으로 적의 전략적 약점을 지향하여 높은 작전속도를 발휘함으로써 공격기세를 강화하여야 한다. 그리고 분산되어 있는 적의 전략적 · 작전적 약점을 지향하여 아군이 시간적 집중 공격으로 적에게 충격을 가하여 해일이 닥치듯이 공격기세를 더욱 맹렬하게 하여야 한다. 이러한 맹렬한 공격기세의 발휘에는 충천하는 사기와 강렬한 전투의지가 크게 작용하는 심리의 우세가 그 기세를 가일층 강화하는 것으로 인식되었다.

그리고 작전속도를 발휘하는 데에는 주력 작전부대가 쉽게 집중 및 분산할 수 있는 단위부대의 편성과 작전 목적과 목표의 성격에 따라 지 · 해 · 공군의 단위 부대들을 쉽게 편조할 수 있는 합동군 조직과 편성상의 융통성을 갖추는 군사력 구조를 구비하여야 할 것이다.

(8) 군수지원체계 마비의 원칙은 이제 적의 군수기지를 공격하기보다 군수물자 및 장비를 수송하는 체계를 마비시키는 방법으로 전환되었다. 이러한 수송 체계는 공중, 해상, 지상의 철도 및 도로를 통하여 이루어져 있다. 따라서 현대에는 적국의 비행장, 항만, 철도 및 도로상의 교량이나 터널 등을 폭격하고, 수송체계의 기능과 물류체계를 마비시켜 적의 군수지원체계를 마비시키고 있다. 이렇게 함으로써 적의 수송 수단과 군수물자를 직접적으로 대량 파괴하지 않아도 되기 때문이다.

(9) 과학기술 및 무기체계로 마비시키는 원칙은 우선 적이 아직 개발하지 못한 과학기술을 반영하여 제작한 무기와 장비로 적군을 공격하고, 적의 전략적 목표들을 공격하여 적이 충격과 공포심에 휩싸이는 상황으로 몰아가야 한다. 현대전에서는 과학기술의 격차로 인하여 발생되는 피 · 아군의 전력 격차가 점점 더 심화되고 있기 때문이다. 이 과학기술 수준의 격차는 주도권 장악과 제공권 확보, 우세 확보 및 기습 달성 등 주요 원칙에도 중요한 수단 및 방법으로 적용되는 매우 심대한 전력 요소가 되고 있다. 특히 공중 우세권 확보를 넘어서 우주 전쟁에서 주도권을 장악할 수 있는 가장 긴요한 수단과 방법인 것이다. 이런 과학기술 무기는 피 · 아군의 장병들에게 가장 쉽고 빠르게 그 전력의 격차가 인식되기 때문에 적에게 충격과 공포를 확산시켜 공황 상태로 몰아가는 첩경이 될 것이다.

(10) 앞에서 제시한 모든 전쟁술의 원칙들이 적용된 결과는 모두 적의 조직심리의 마비로 귀결된다. 이 전쟁술의 원칙이 적용된 결과는 적에게는 단결, 군기, 사기 및 전투의지를 와해하고, 충격, 공포, 공황 및 패배감을 확산시키는 반면에, 아군에게는 자신감, 승리의 확신, 사기의 앙양 및 전투의지를 불러일으키는 커다란 효과로 나타나게 된다. 그러나 적의 조직심리를 마비시키는 핵심은 결과적으로 적의 지휘심리를 마비시켜 적국의 최고권력자와 적군 최고사령관의 전쟁의지를 굴복시켜 전쟁을 승리로 종결시키는 데 있다.

이상과 같이 전략사상가들의 이론과 전쟁 사례에서 확인된 승리의 전쟁술을 분석 및 평가하여 마비전 수행의 10가지 원칙들을 종합하여 기술하였다. 이 원칙들 외에도 소모전 전쟁술에 고착된 사고와 교리를 가진 군에 대하여 마비전 전쟁술로 싸운 군대가 반드시 이긴다는 사실을 전쟁 사례로 알 수 있다. 이렇게 소모전 전쟁술로 인하여 패배한 국가와 군대의 고위 지휘관들은 기동 · 마비전 전쟁술에 따라 진행되는 전쟁의 양상을 상상해 본 적도 없고 이해할 수가 없었기 때문에, 전체 전쟁의 진행 상황을 파악할 수도 없었고, 그에 따라 어떠한 대응조치도 할 수가 없었기 때문에, 그 군대에 대한 지휘가 사라져 버렸던 것이다. 지휘가 없는 군대는 그 병력수가 아무리 많아도 오합지중에 불과하다. 이러한 마비전 수행에는, 이 마비전 전쟁술에 기반한 군대 편성과 조직을 갖춘 군이 승리할 수 있다는 것이다. 그리고 이 마비전 전쟁술에는 맹렬한 작전속도로 수행하는 '시간의 전쟁개념'이 더욱 두드러지게 가시화되고 있다.

세계의 마비전 전쟁 사례와 한반도의 마비전 전쟁 사례를 분석하고 종합한 결과, 열세군이 우세군을 상대로 전쟁을 수행하여 단기간 내에 승리하는 데에 가장 지배적으로 적용된 마비전의 원칙은 주도권을 장악 및 유지하고, 공중 우세권을 확보하며, 기습을 달성하고, 작전속도 및 기세를 유지하며, 적군의 지휘체계를 마비시켜 적군의 조직심리를 마비시키고 전쟁의지를 굴복시킨 데에 있었다고 평가할수 있다. 그러나, 무엇보다 중요한 점은 마비전 전쟁술을 깨달은 전쟁의 귀재가 전쟁을 계획하고, 준비하며, 지휘하는 것이 전승의 가장 귀중한 교훈이다.

마비전의 정의

마비전은 다양한 수단과 방법으로 적군을 물리적, 심리적으로 마비시킴으로써, 적국의 전쟁의지를 굴복시켜 최소의 살상과 파괴로 단기간 내에 승리하고자 하는 정규 전쟁의 한 유형이다. – 저자 본인 정의

마비전에서 승리하는 원리는 시간을 지배하는 군사작전으로 공간의 장애를 극복 · 이용하여 적군의 조직심리를 마비시킴으로써 적군을 붕괴시켜 승리하는 전쟁술에 있다.

소모전 전쟁술에 고착된 사고와 교리를 가진 군에 대하여, 마비전 전쟁술로 싸운 군대가 반드시 이긴다는 사실을 전쟁 사례로 알 수 있다.

마비전 전쟁술을 깨달은 전쟁의 귀재가 전쟁을 계획하고, 준비하며, 지휘하는 것이 전승의 가장 귀중한 교훈이다.

제4장
마비전 수행의 원리

전쟁을 최단 기간 내에 승리로 종결하려면, 적국 전쟁의지의 중추인 최고 권력자와 전쟁지도부 및 적군 최고사령부를 타격하고 제거하여 지휘체계를 마비시켜야 한다.

– 저자 본인 주장

사고의 속도를 높이기 위해 그 요원들의 인식–판단–결심의 속도를 빠르게 하여야 한다. 전쟁 시 위력을 발휘하는 조직심리는 애국심, 전투의지, 사기, 군기, 단결이다.

전쟁에서 승리하기 위해서는 시간 중심의 사고에 기반을 두고, 전쟁을 먼저 계획 및 준비하고 먼저 실행하여 기선을 제압하고 상황 변화에 대한 조치를 먼저하여 전쟁을 주도적으로 수행하여야 한다. 또 적보다 작전속도를 훨씬 빠르게 하여 적이 아군의 작전 진행 상황을 모르게 하고, 알았다 하더라도 전혀 대응할 수 없도록 하여 스스로 포기하고 무너지게 하여야 한다. 전쟁은 가장 짧은 시간에 타격하여 적에게 더 큰 충격을 주어야 하고, 최단 기간 내에 전쟁을 종결하여 피해를 줄여야 한다. 과거의 전쟁 교훈과 전쟁술을 면밀하게 분석하고, 현재 및 미래 전쟁에 대비하여야 하고, 전쟁 개시는 최적의 시간을 선정하여 수행하고, 적에게 미치는 심리적 시간을 잘 이용하여 적의 조직심리에 큰 타격을 주어야 할 것이다. – 저자 본인이 씀

제1절 마비전의 종합적인 원리

이 장에서는 마비전 전쟁술의 원칙들에 공통적으로 적용된 마비전수행의 원리를 찾아내고, 이 원리가 각각의 원칙들에 어떻게 적용되었으며, 또 각 원칙들의 구체적이고 세부적인 수단과 방법들이 어떠한 원리에 따라 적용되는 지를 분석 및 평가하고 종합하고자 한다.

1. 마비전의 종합적인 원리

앞 절에서 최종적으로 종합된 마비전 수행의 10가지 원칙들에 공통적으로 적용된 전투의 요소는 '시간'과 '조직심리'의 작용이다. 주도권 장악 및 유지의 원칙에는 적보다 먼저 전쟁을 계획하고, 먼저 전쟁 수행을 결정하고, 먼저 실행에 옮기며, 적보다 먼저 상황 조치를 하여, 즉 선제권을 행사하여 적으로 하여금 어쩔 수 없이 끌려오게 강요하는 것이 요체이다. 그리하여 적이 아군의 의도와 선제적인 조치에 어쩔 수 없이 계속적으로 끌려오다가 적의 최고 및 고위 사령관들이 이런 현상을 해결할 아무런 대책이 없으므로 끝내 조직심리가 마비되어 전쟁의지가 굴복되는 결과를 맞이하게 되는 것이다. 따라서 '먼저'와 '선제'라는 시간의 요소와 '조직심리'라는 심리의 요소로 연결되고 있다.

지휘체계 마비의 원칙도 적의 지휘통신 및 정보의 체계를 먼저 타격하고 마비시켜 적군 장병들을 지휘가 없는 오합지중으로 만들어 결국 적국 최고 권력자 및 최고사령관의 전쟁의지를 굴복시키는 결과가 시간과 심리의 요소로 귀결되고 있다. 공중 우세권 확보의 원칙도 적의 항공 전력을 선제기습 공격을 하거나 앞선 과학기술 및 항공기 성능으로 적의 항공 전력을 무력화하여 공중 우세권을 확보함으로써 적의 공중 · 지상 · 해상 전력의 운용을 마비시키고, 적의 조직심리를 마비시는 원칙이므로 결국 시간과 조직심리 요소로 귀결된다.

우세 확보와 기습 달성과 작전속도 및 기세로 마비시키는 원칙도 모두 신속한 기동으로 단시간 내에 적의 약점에 집중하여 우세를 확보하고, 기습을 달성하며 이후 빠른 템포로 작전하고 공격기세를 유지하여 적에게 충격과 공포심을 확산시키고 공황 상태에 이르게 하여 전투의지가 소멸되고 군대가 붕괴되는 등 시간적인 선행 조치가 조직심리의 마비로 연결되고 있는 것이다.

에너지 공급체계와 군수지원체계 마비의 원칙도 적의 체계를 시간적으로 먼저 타격하여 그 체계를 마비시켜 적의 사기 저하 및 전투의지를 분쇄하는 것이므로 시간과 조직심리의 문제로 연결된다. 과학기술과 무기체계로 마비시키는 원칙도 먼저 개발된 기술과 무기의 성능으로 적의 조직심리를 마비시키는 것으로 모두 꼭같은 귀결이다.

전쟁은 피 · 아간의 의지의 충돌로써, 이 전쟁의지는 그 나라의 최고 권력자와 최고사령부의 전쟁의지가 전달되어 장병들의 전투의지로 연결되기 때문에, 전쟁을 최단기간 내에 승리로 종결하려면, 적국의 전쟁의지의 중추인 최고 권력자와 전쟁지도부 및 적군 최고사령부를 타격하고 제거하여 지휘체계를 마비시켜야 한다. 전쟁수행을 결정하는 권한이 정치적 최고 권력자에게 있는 것과 같이 전쟁을 종결하는 권한도 최고 권력자에게 있으므로, 그를 제거하거나 항복받거나 전쟁의지를 굴복시켜 유리한 협상을 하여야 전쟁의 목적을 달성할 수 있는 것이다.

〈도표 4〉 마비전 수행의 원칙 및 원리 도표

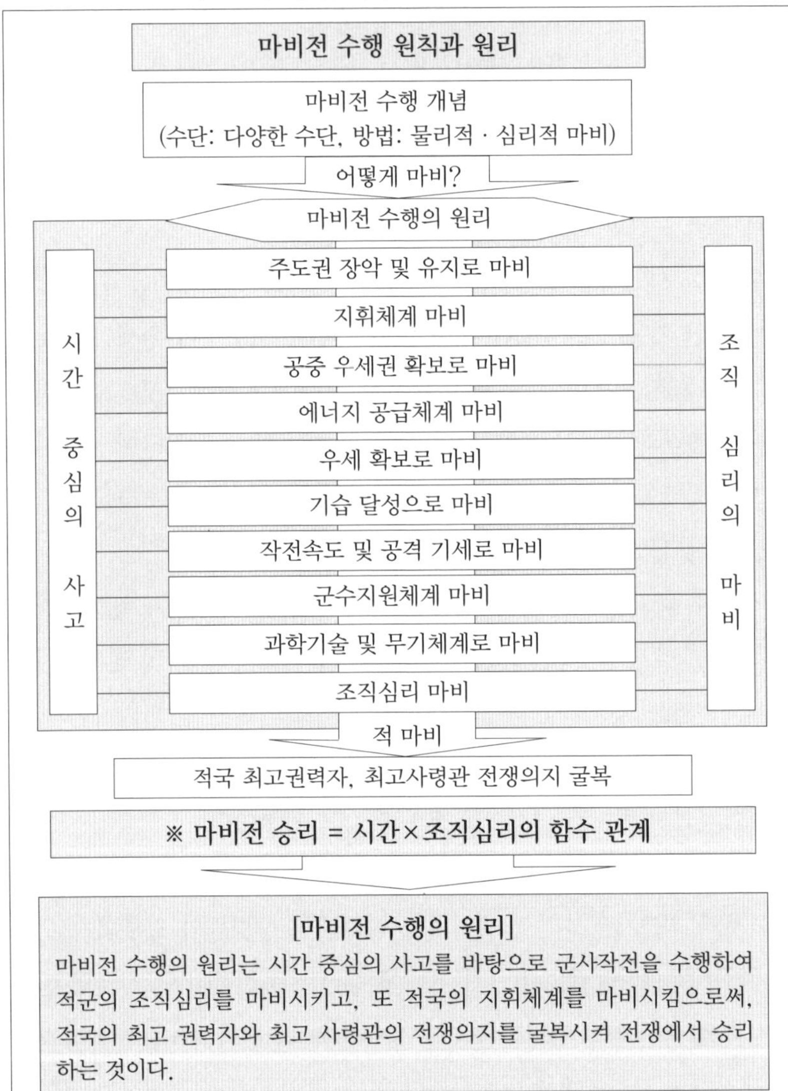

위에서 분석 및 평가한 바와 같이 모든 마비전 수행의 원칙에 공통적으로 포함되어 있는 이치는 이러한 원칙에 따라 시간적으로 먼저 단행하여 적군의 최고사령부 및 적군의 조직심리를 마비시켜야 한다는 것이다.

그리고 그에 따라 적군의 지휘체계가 마비되고 적국의 최고 권력자 및 최고사령관의 전쟁의지를 굴복시켜야 전쟁에서 승리하여 정치적 목적을 달성할 수 있는 것이다. 따라서 이런 논리를 도표로 그리면 위에서 보는 바와 같다.

2. 마비전 수행의 원리에 관한 해석

마비전 수행으로 승리하는 원리와 비결은 전쟁에서 시간과 조직심리의 함수관계로 해결해야 한다는 것이다. 그런데, 전쟁에서 시간과 조직심리가 어떻게 상호 작용하여 승패와 연계되는지 다음의 도표를 보면서 해석하여 보자.

전장에서 전투는 시간과 공간 및 전투력의 3개 요소가 상호작용하여 이루어진다. 이것을 흔히 전투의 3요소라고 한다. 즉 전투란 적대하는 쌍방이 어떤 공간에서 자기의 전투력을 시간적으로 운용하여 상대의 저항력을 분쇄하는 투쟁 활동이라고 할 것이다. 여기서 적군의 전투의지를 굴복시키려고 저항력을 분쇄하는 수단과 방법 면에서 기동 · 마비전 전쟁술과 소모전 전쟁술이 추구하는 개념의 차이를 이 전투의 3요소와 연계하여 분석해 보면 커다란 차이점이 있음을 알 수 있다. 다음의 도표에서 보는 바와 같이 소모전 전쟁술은 공간과 유형 전투력을 서로 결합하여 전투를 수행하고자 한다는 것이다. 즉 직접 눈에 잘 보이고 쉽게 계량화할 수 있는 공간에서, 유형 전투력의 많고 적음에 기준을 두고

〈도표 5〉 전쟁이론과 전투의 3요소 간의 관계

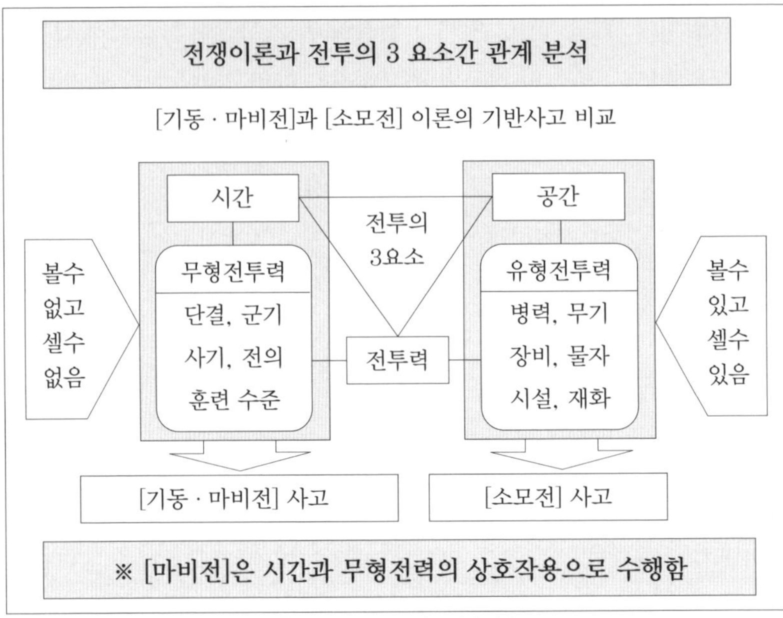

* 출처 : 저자 본인 연구 결과 작성

전투력을 운용하여 승리를 쟁취하려는 전쟁이론이라고 할 수 있다. 그러나, 기동 · 마비전 전쟁술은 눈에 잘 보이지도 않고 계량화하기도 어려운 시간과 무형 전투력을 상호 연계하여 전투력을 운용함으로써 승리를 쟁취하려는 전쟁이론이라고 할 수 있다. 물론 소모전 전쟁술이 시간과 무형 전투력을 전혀 무시한다거나, 기동 · 마비전 전쟁술에 유형 전투력이 전혀 무용하다는 논리가 아니라, 전쟁과 전투에서 승리하기 위하여 전력을 운용하는 관점과 방향성이 전혀 다른 차이점이 있다는 논리이다. 이와 같이 2가지 전쟁술이 전력을 운용하는 관점과 방향성이 전혀 다르기 때문에 전쟁에서 승리를 쟁취하기 위한 행동양식이 다르게 나타나는 것이다.

공간은 눈에 잘 보이고, 또 넓이와 부피를 계량화하여 인식할 수 있다. 또한 공간은 정태적(靜態的)이므로 변화가 심하지 않아, 공간 중심의 사고를 가진 사람은 대체로 정형화(定型化)된 사고를 가지기 쉽다. 우리 속담에 "10년이면 강산도 변한다"는 말이 있는데, 이를 다르게 해석하면 10년 정도 지나야 강산이 조금 변한다는 뜻으로 그만큼 공간은 크게 변화하지 않는다는 의미로 이해할 수 있다. 또 공간 중심의 사고를 가진 사람은 공간이 주는 제한사항에 크게 영향을 받는 특성이 있다. 즉 지형의 높낮이, 강이나 계곡의 깊이, 도로의 넓이와 길이, 지형의 굴곡과 장애물의 특징, 들판의 넓이 등에 따라 전투력을 운용하는 비중을 높게 두는 성향이 있다. 따라서 보통의 인간들에게도 공간의 문제는 쉽게 이해될 수 있는 특성이 있다.

그러나, 시간은 그 흐름이 눈에 잘 보이지 않고, 형체가 없으므로 시간의 양에 대한 인식의 차이가 크다. 또 시간은 시시각각 항상 변하고 있으며, 잠시도 머물지 않으므로 동태적(動態的)인 특성을 가지고 있다. 그러므로 시간 중심의 사고를 하는 사람은 변화에 능동적이고, 속도에 관심을 가지며, 창의적이고 융통성 있는 사고방식을 가지는 경향이 있다. 역사상의 큰 전쟁 사례에서 발견되는 점은 대체로 농경 정착민은 공간 중심의 사고를, 유목민들은 시간 중심의 사고를 가지고 있다. 이에 따라 역사상 유목민과 농경 정착민과의 전쟁에서는 유목민이 승리하는 사례가 대부분이다. 이는 바로 그 사고의 차이에서 파생되는 변화에 대한 적응 속도에 기인하는 것으로 분석되고 있다. 이러한 차이는 필연코 전쟁에서 기동 · 마비전 전쟁술과 소모전 전쟁술의 커다란 차이로 나타나는 것이다. 시간 요소와 무형 전투력 즉 정신적, 심리적인 요소는 눈에 잘 보이지 않고 계량화하기 어려우므로 사람들이 그 실체를 파악하고 확인하기 어렵다. 그러므로 눈과 수량으로 실체를 파악하기 어려운 것은 사람의 상상력과 통찰력으로 인식할 수밖에 없다. 그러나, 상상력과 통찰력이 뛰어나지 못한 보통의 인간들은 시간과 조직심리의 함수관계로 운용되는 전쟁의 양상을 상상하기 어렵고, 이해하기도 곤란하다. 더구나 소모전 전쟁술에 고착되고 정형화된 사고를 가진 사람들에게는 상상하기마저 어려운 일로써, 인간으로서는 도저히 알 수 없는 일로 간주될 것이다.

앞 장의 전쟁 사례에서 호레즘의 무함마드 왕과, 후금-명 전쟁에서 명나라 총병들과, 독일-프랑스 전쟁에서 프랑스의 가믈렝 원수가, 6일 전쟁에서 아랍국 수뇌부가 어떠한 사고에 바탕을 두고 전쟁을 준비하고 수행했으며, 상대군의 기동 · 마비전 전쟁술로 인하여 어떤 상태가 되었고, 그 결과가 얼마나 참담했는지를 확인해 보면 금방 이해가 될 것으로 생각된다.

그러므로 마비전의 승리는 시간 중심의 사고로 전력을 운용하여 적의 조직심리에 변화를 일으켜 마비시키는 데 있다고 할 수 있다. 종합하여 보면, 마비전에서 승리하는 원리와 비결은 시간을 지배하는 군사작전으로 공간의 장애를 극복 및 이용하여 적군의 심리적 중심을 무너뜨리고 조직심리를 마비시킴으로써 적국의 군대 조직을 붕괴시켜 승리하는 전쟁수행 방법에 있다고 할 것이다.

3. 시간이 전쟁에 미치는 영향

가. 시간이 전쟁에 미치는 영향의 관점

시간이 구체적으로 전쟁에 어떤 영향을 미치는지 면밀하게 분석하고 평가해 보자. 전쟁은 적대국과의 의지의 충돌이고, 생사가 교차하는 피 · 아 전력 간의 혈투이며, 상호 승리를 위해 다투는 경쟁의 장이다. 이런 적대국과의 투쟁과 경쟁에 미치는 시간의 영향을 분석하여 정리해 보면 아래 도표와 같다.

전쟁에 영향을 미치는 시간의 관점은 먼저(先)와 나중(後)의 관점, 빠르고(速) 느림(緩)의 관점, 급(急)하고 더딤(遲)의 관점, 길고(長) 짧음(短)의 관점, 앞(前)과 뒤(後)의 관점, 시기(時期)와 시점(時點)의 관점, 멀고(遠) 가까움(近)의 관점, 그리고 물리적 · 심리적 · 문화적 · 종교적 시간의 관점으로 구분하여 그 영향을 분석하고 평가할 수 있다.

전쟁에서 적보다 시간적으로 '먼저' 실행하는 힘은 기선(機先)을 제압하는 커다란 영향을 미치는 중대한 관점으로 평가할 수 있다. 상호간

〈도표 6〉 시간이 전쟁에 미치는 영향 도표

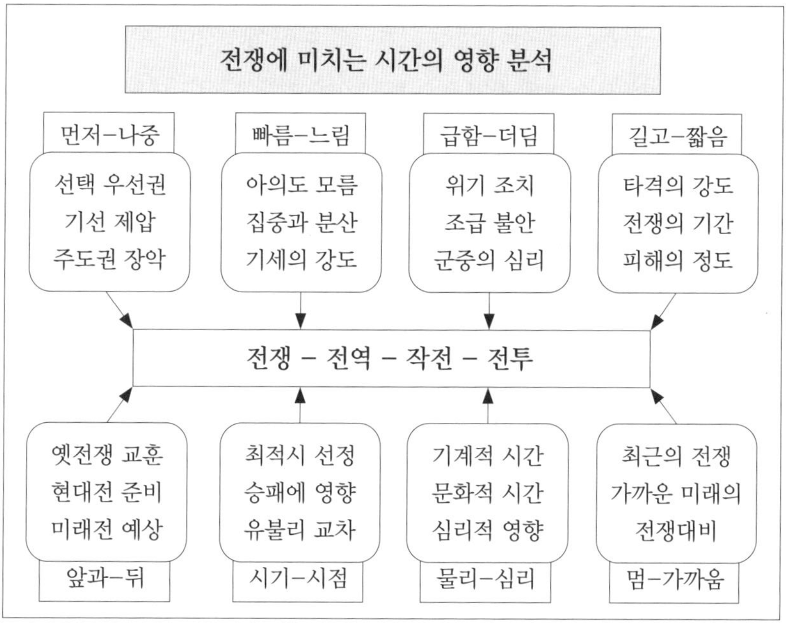

* 출처 : 저자 본인 연구 결과 작성

의 경쟁에서 '먼저'하는 이점은 그 경쟁에 영향을 미치는 여러 가지 요소 가운데 우리 측에 유리한 요소에 대하여 선택의 우선권을 행사할 수 있다. 먼저 선택한 측은 안도감과 자신감을 가지게 되고, 뒤쫓아 가는 측은 뒤처져서 불안하고 조바심이 나게 되어 있다. 상대가 먼저 선택한 다음에 후자는 서두르고 허둥대게 됨으로써 많은 허점을 노출하게 되고, 철저하게 준비하지 못한 연유로 많은 실수와 약점을 보일 수 있다. 세상사에는 선수(先手)를 빼앗김으로써 받게 되는 불이익이 너무도 많다. 아군이 선제적으로 계속 힘을 행사하면 적군은 어쩔 수 없이 아군의 의도대로 끌려오게 되어 있는 것이다.

전쟁에서 적보다 시간적으로 '빠르게' 행동함은 적군이 아군의 행위를 알지 못하여 어떤 대응책을 강구해야 하는지를 모르게 하는 위력을 발휘한다. 사람의 인식 작용은 사람에 따라 다소 차이가 있긴 하지만 보통의 경우에는 어떤 돌발적 사태에 대하여 그 진상을 아는 데에는 상당한 시간을 필요로 하는 특성이 있다. 그런데, 아군이 작전속도를 발휘하여 적보다 상당히 신속하게 작전을 진행해가면 적군은 아군의 작전 기도와 진행 상황을 전혀 모르게 될 가능성이 크다. 빠른 자는 느린 자를 상대로 갑자기 어느 방향에서도 위해(危害)를 가할 수 있다. 이는 기습을 쉽게 할 수 있다는 것을 의미한다. 빠른 속도는 적이 알아도 따라갈 수 없어서 포기하게 되고, 적이 먼저 느린 속도로 갈 경우에는 아군이 빠른 속도로 따라 잡을 수 있고 추월할 수도 있다. 이러한 빠른 속도는 적에게 심리적으로 커다란 영향을 미쳐 좌절하고 포기하게 만들 수 있다.

전쟁과 경쟁에서 급하고 더딘 조치의 문제는 주로 위기의 상황에서 나타난다. 전쟁은 장병들과 국민들이 죽고 사는 문제이며, 승리와 패배가 교차하는 매우 위험하고도 중대한 일이다. 전쟁에서는 위기가 연속되며, 이런 위기를 능숙하고 신속하게 극복하는 쪽이 승리하게 된다. 이런 위기 조치는 시간적으로 매우 급박(急迫)한 상황에서 이루어진다. 그러므로 전쟁과 경쟁의 상대적인 측면을 고려할 때 아군은 여유롭게 전쟁의 대세를 이끌어 가면서 적에게는 위급한 사태를 계속 강요하여 적으로 하여금 위기를 극복하지 못하게 함으로써 스스로 무너지게 만들어 가야 할 것이다.

전쟁에서 길고 짧음의 관점은 그 절(節)과 전쟁 기간이 짧아야 한다는 것이다. 전쟁을 수행하면서 적에게 공격을 할 때에는 그 타격력을 적에게 짧고 강하게 가해야 위력이 나타난다. 손자는 그의 병법에서 "그 기세는 험해야[其勢險] 하고, 그 절은 짧아야[其節短] 한다"고 한 것처럼, 공격 속도가 빠를수록 공격기세가 험해지고, 짧은 시간 내에 강력하게 타격할 때 그 충격이 더 커진다는 것이다. 마치 권투 선수가 상대에게 짧고 강한 펀치를 날려야 다운시킬 확률이 높은 것과 같은 현상이다. 그리고 전쟁이 장기화되어서는 그 피해가 막심해지므로 전쟁은 단기간 내에 끝내도록 하여야 한다. 전쟁에서 소모전은 장기화되는 특성이 있는 반면에 기동 · 마비전은 단기간 내에 종결되는 특성이 있다. 그리고 전쟁이 길고 짧음은 전쟁 기간의 기준이며, 이는 전쟁의 계획 단계에서 면밀히 계산하여야 한다. 또한 기간에는 순간(瞬間)이라는 관점도 있다. 이는 어떤 '타격과 위기의 순간에 어떻게 대처해야 할 것인가?' 하는 과제로 연결된다.

전쟁에서 앞과 뒤의 관점은 과거와 현재 및 미래의 전쟁이라는 사실과, 전쟁과 작전의 앞과 뒤의 상황으로 이해할 수 있다. 프랑스와 영국이 지난 제1차 세계대전에서 승리하였던 사실에 고무되어 현재의 제2차 세계대전 직전의 독일군 전쟁 준비 상황을 모르고 전쟁에 뛰어들었다가 대패한 사실과, 제2차 세계대전이 발발하기 10년 전에 영국의 전략사상가인 풀러가 미래의 전쟁이 마비전 유형이 될 것임을 예고하였는데도, 프랑스와 영국의 군 수뇌부에서 이를 무시하고 대비를 소홀히 하여 대패한 사실은 과거, 현재, 미래의 전쟁 문제를 아주 잘 대변해 주고 있다 할 것이다. 과거의 전쟁에서는 전쟁 승패의 원인과 전쟁술의 변화에 관심을 가지고 연구하여야 하고, 현재의 전쟁에 대해서는 철저히 대비하고 준비하여 전쟁 발발시 승리하도록 하여야 하며, 미래의 전쟁에 대해서는 전쟁의 양상을 예견하고 앞선 전쟁술로 전쟁을 준비하면서 첨단 과학기술 무기를 발전시켜야 할 것이다. 그리고 현재 전쟁이 발발하기 전에는 국가전략과 외교전, 경제전, 심리전 등으로 가능한 유혈 전쟁을 예방하고, 유사시 승전할 대비 태세를 확실히 해야 할 것이며, 전쟁이 종결된 후에는 전쟁의 후유증을 해소하는 데에 온갖 노력을 다해야 할 것이다. 전쟁과 관련된 앞과 뒤의 관점에서는 고대(古代), 중세(中世), 근세(近世), 현세(現世 또는 現代) 그리고 내세(來世)의 문제가 있지만, 이는 앞에서 언급한 과거와 현재 및 미래의 관점에서 다룬 내용과 차이가 없으므로 생략한다.

전쟁의 시기(時期)와 시점(時點)의 관점에서는 시대(時代), 시기(時期), 시절(時節), 계절(季節), 주야(晝夜), 시점(時點), 적시(時: timing) 또는 곧과 즉시(卽時) 등의 여러 가지 관점이 있다. 전쟁을 수행하는 데에 가장 적절한 시기는 어느 해와 달과 어느 계절(봄, 여름, 가을, 겨울)이 좋을지, 또한 가장 좋은 시점은 주간, 야간, 아침, 저녁, 시간 · 분 등으로 선택될 수 있으며, 최적의 시점(timing)에 대한 판단과 명령이 내려진 즉시(곧바로) 실행할 수도 있고, 실행으로 옮길 어떤 특정 시점을 정할 수도 있다. 한국전쟁은 북한군이 새벽에 침공을 개시하였고, 중동의 6일 전쟁에서는 아랍군의 아침 출근 시간에 기습 공격을 하였다. 인천상륙작전은 만조(滿潮)시 바닷물의 수위가 가장 높은 시기와 시간을 선택하여 상륙 작전을 개시하였다. 나폴레옹은 러시아를 침공할 때 겨울이 닥쳐 엄청난 장병이 동사하여 침공에 실패하였으며, 제2차 세계대전 시 독일군이 러시아를 침공할 때에도 겨울이 닥쳐 침공에 실패하였다. 따라서 전쟁에서 이 시기와 시점은 대단히 중요한 의미가 있다고 할 수 있다.

전쟁에서 물리적 · 심리적 · 문화적 시간의 관점은 여러 가지 변수로 영향을 미친다고 볼 수 있다. 물리적 시간은 하루 24시간 중 어느 특정 시간을 의미하는데, 이는 그 국가가 있는 지구상의 위치에 따라 변화한다. 또 우주 공간의 시간과 지구상의 시간이 다를 수도 있다. 또 심리적 시간은 상황과 사람에 따라 다르게 인식될 수 있다. 노인은 같은 하루가 너무도 짧게 느껴지지만 젊은 사람에게는 지루하게 느껴질 수도 있다. 위기와 충격적인 상황은 굉장히 길게 느껴지지만 절호의 기회는 순간적으로 사라질 수도 있다. 전장에 있는 장병들에게 충격과 공포의 시간이 어느 정도 길어지면, 다수의 장병들이 이런 상황을 견디지 못하고 공황 상태에 이르러 전장을 이탈하거나 도주하는 사태가 발생할 수 있다. 문화적 시간은 민족간의 문화적 차이에 따라 시간에 대한 인식과 이해가 다른 데에서 발생하는 문제가 있을 수 있다. 한 지역에서 연합군을 편성하여 적국과 전쟁을 할 경우에 시간에 대한 인식의 차이가 작전에 차질을 일으킬 수 있으므로 사전에 충분한 협의가 있어야 할 것이다.

전쟁에서 멀고 가까운 시간의 관점은 직접적으로 영향을 미치는 요소는 아니라고 생각된다. 이는 먼 옛날과 먼 미래의 전쟁이 지금 살고 있는 사람들에게 어떤 영향을 미치는 것도 아니다. 또한 최근에 있었던 전쟁에 대해서는 전쟁의 결과로 얻은 국가 이익이 무엇이며, 또한 국가와 국민이 받은 피해는 무엇이냐에 따라 보완할 내용과 방법을 모색하는 것이 중요할 것이라 여겨진다. 반면에 가까운 미래에 벌어질 전쟁에 대해서는 최선의 예방책을 찾도록 노력하고, 피할 수 없는 전쟁에 대해서는 앞에서 검토한 여러 방책으로 전쟁에 대비해야 할 것이다.

전쟁에 큰 영향을 미치는 시간의 관점은, 적보다 먼저, 빨리, 급속하게, 짧게, 현재, 최적시점(最適時點), 최근래(最近), 물리적 · 심리적 시간에 관심을 집중하여 전쟁에서 발생할 수 있는 문제점을 미리 해결하고 조치하여야 한다. 즉 전쟁에서 승리하기 위해서는 시간 중심의 사고에 기반을 두고, 전쟁을 먼저 계획 및 준비하고 먼저 실행하여 기선을 제압하고 상황 변화에 대한 조치를 먼저하여 전쟁을 주도적으로 수행하여야 한다. 또 적보다 작전속도를 훨씬 빠르게 하여 적으로 하여금 아군의 작전 진행 상황을 모르게 하고, 알았다 하더라도 전혀 대응할 수 없도록 하여 스스로 포기하고 무너지게 하여야 한다. 전쟁은 가장 짧은 시간에 타격하여 적에게 더 큰 충격을 주어야 하고, 최단기간 내에 전쟁을 종결하여 피해를 줄여야 한다. 과거의 전쟁 교훈과 전쟁술을 면밀하게 분석하고, 현재 및 미래 전쟁에 대비하여야 하고, 전쟁 개시는 최적의 시간을 선정하여 수행하고, 적에게 미치는 심리적 시간을 잘 이용하여 적의 조직심리에 큰 타격을 주어야 할 것이다.

나. 전쟁에서 시간을 창조하는 기술

전쟁은 인간이 시간과 공간을 양대 축으로 삼고, 유 · 무형 전력을 운용하여 승패를 가름한다. 그러나 공간과 유형 전력은 눈으로 볼 수 있고, 쉽게 계량화할 수 있으며, 변화가 심하지 않기 때문에, 전쟁의 승패는 주로 전쟁에 미치는 시간과 무형전력의 영향력에 따라 결정되기 쉽다. 그런데, 무형 전력은 전쟁의 진행 상황에 따라 변화하는 정도가 크기 때문에, 전승의 확률을 높이려면 전쟁에 미치는 시간의 영향을 더욱 높여 무형 전력의 영향을 선도하여야 할 것이다. 전쟁을 수행하는 데에 시간의 영향을 높이는 방법은 전쟁에서 시간의 가치와 역할을 더욱 확대하고 높이는 것이다.

전쟁에서 시간의 가치와 역할을 확대하고 높이는 수단과 방법은 군대의 지휘자들이 시간 중심의 사고를 가지고 전쟁(전역과 작전 및 전투를 포함)을 계획하고 준비 및 수행하는데 소요되는 시간을 압축하는 것이 우선이다. 그리고 더욱 우수한 마비전 전쟁술을 개발하고 발전시키며, 이 전쟁술에 기반을 둔 전략 및 작전계획을 수립하고, 전쟁수행 준비를 하여야 하며, 군사교리를 발전시키고 훈련을 시켜야 한다. 그리고 이 전쟁술에 따라 전쟁을 수행할 수 있는 군사 조직과 편제를 갖추고 군사력을 건설하여야 한다. 또 전쟁 수행 관련 의사결정 과정에 소요되는 시간을 단축하기 위해 군사작전을 수행하는 데에 필요한 과업의 우선순위를 설정하고, 미국의 항공 전략사상가 죤 보이드가 제시한 바와 같이 작전과 과업에 소요되는 '과정 시간(processing time)'과 '주기 시간(cycle time)'을 단축하여야 한다.

또한 시간을 압축하고, 시간의 활용 가치를 높이며, 시간을 창조하는 데에는 현대 과학기술을 적극적으로 반영하고 활용하여야 한다. 우선 컴퓨터 기술과 초고속 통신 기술, 초고속 교통 및 운송기술, 로봇 기술 그리고 이런 여러 가지 기술들을 연결하고 통합하는 체계를 갖추어 시간을 압축하고 창조하는 노력을 하여야 한다. 군사작전에서 속도를 높이고 시간을 압축하는 데에는 속도를 발휘할 수 있는 무기 및 장비의 제조 기술이 큰 역할을 한다.

전쟁에 미치는 시간의 활용 가치를 높이고, 시간을 창조하는 데에는 정부의 전쟁지도부와 군의 고위 사령부 및 작전지휘부 요원들의 사고의 기동성(속도)을 높여야 한다. 사고의 기동성을 높이는 데에는 그 요원들의 인식과 판단 및 결심의 속도를 빠르게 하여야 한다. 인간의 인식 작용은 각자의 감각기관이 어떤 사물과 사태를 접하여 받아들이고 알게 되는 과정을 말한다. 이러한 인간의 인식작용과 과정을 가장 잘 설명하고 있는 것이 불교(佛敎)의 『반야심경(般若心經)』이다. 이 경전에서 설명하고 있는 인간의 인식작용과 그 과정을 다음 도표를 보고 이해해 보자.

인간의 인식 작용은 감각기관을 통하여 이루어진다. 불교에서는 이 인식 작용의 뿌리가 되는 눈, 귀, 코, 혀, 몸, 뜻의 6개 감각기관을 6근(根)이라고 부른다. 또 이 감각기관이 대상으로 삼는 색깔과 모양, 소리, 냄새, 맛, 닿음(촉감), 법(이치)을 6경(境)이라고 하고 있다. 눈으로 대상물을 보고 색깔과 모양을 식별하듯이 각각의 6근이 6경을 대상으로 소리, 냄새, 맛, 닿음과 법을 식별(識別)해 내는 데 이를 6식(識)이라 부른다. 즉 눈이 어떤 대상물의 색깔과 모양을 보고 빨강, 파랑, 노

〈도표 7〉 인간의 인식 작용과 과정 도표

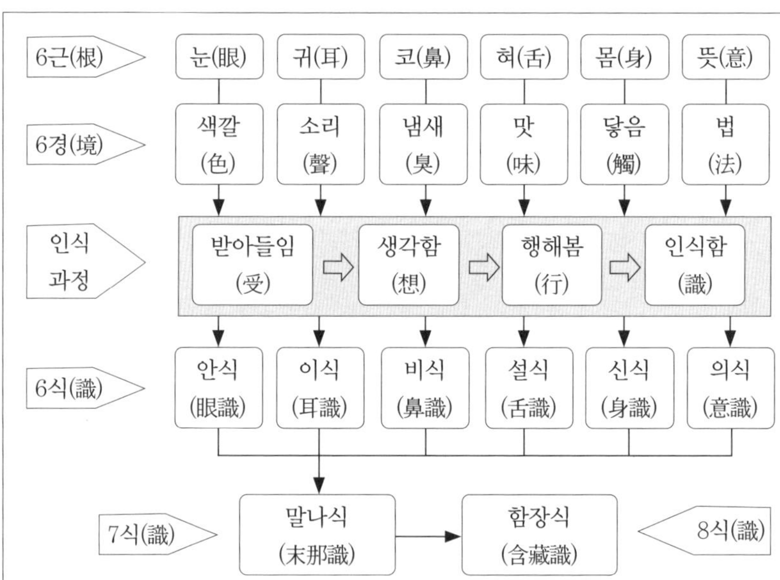

* 출처 : 저자 본인 작성(『解說 般若心經』, 李靑潭說法 참조)

랑, 검고 흰색깔과 그 혼합색을 식별해내고, 또 그 대상물이 둥글고, 모나고, 매끄럽고, 울퉁불퉁한 모양을 식별해낸다. 이렇게 눈으로 색깔과 모양을 식별하는 인식기능을 안식(眼識: 1識)이라 하고, 이어서 귀로 소리를 식별하는 기능을 이식(耳識: 2識), 이와 같이 비식(鼻識: 3識), 설식(舌識: 4識), 신식(身識: 5識)이라 한다. 그리고 이 5개의 감각기관이 1식에서 5식까지 식별한 결과를 종합하여 각각 세상사에서 어떤 뜻과 의미가 있으며 이러한 자연의 이치가 무엇인지를 식별하는 인식 기능이 의식(意識: 6識)으로서, 우리가 흔히 사용하는 용어인 '의식'의 인식 기능인 것이다.

그리고 이 6식(의식)까지 인식한 결과를 종합하여 우리가 일상생활을 하는 데에 상식과 전문지식으로 살아가게 하는 인식기능이 말나식(末那識: 7識)으로, 이는 이렇게 종합하여 인식한 결과를 함장식(含藏識: 8識) 또는 장식(藏識), 아뢰야식(阿賴耶識)으로 옮기고 저장하여 그 사람의 지식과 지혜의 수준이 이루어지고 있다. 그런데, 이 8식은 인식한 결과를 저장한다고 하여 함장식(含藏識) 또는 장식(藏識)이라고 하는데, 그래서 이 인식기능은 깊이 내장(內藏)되어 있어서 밖으로 잘 표출되지 않는 특성이 있어서 이 기능의 작용을 잘 알기 어려운데, 이런 기능이 심리학에서 말하는 '잠재의식(潛在意識)'이라고 판단된다. 우리가 어떤 사람을 보고 "그 사람 참 감각이 뛰어나다"거나, "그 사람 참 아는 것이 많다"고 하는 것은 그 사람이 평소에 자신의 감각기관으로 다양한 사물과 사태를 접하여 인식한 결과를 종합하여 다른 사람보다 더 빠르게 인식하고, 알고 있는 바를 잘 표현함으로써 그 다양성과 우수성이 인정되기 때문에 받게 되는 평가인 것이다.

다음은 위 도표에서 '인식 과정'이라고 기술된 분야에 대하여 알아보자. 『반야심경』의 서두 부분에 '색수상행식(色受想行識)'이라고 기술된 내용이 있는데, 이를 '5온(五縕)'이라고 일컫는다. 색(色)은 앞에서 설명한 바 색깔을 말하는 것인데, 여기서는 소리, 냄새, 맛, 닿음과 뜻까지 모두를 포괄하여 인식의 대상을 총칭한 의미라고 본다. 그 다음은 수(受: 받아들임)와 상(想: 생각함)과 행(行: 행하여 봄)과 식(識: 인식함)이 있는데, 이는 사람이 인식의 대상물을 접하여 인식해가는 과정을 설명하고 있다. 즉 화단에 무궁화꽃이 피어 있을 때, 무궁화꽃을 눈으로 보는 행위가 '받아들임(受)'이고, "이게 무슨 꽃이더라?"하고 궁금해 하고 궁리하는 과정이 '생각함(想)'이며, 냄새도 맡아보고 만져보기도 하고 잎을 씹어 보기도 하는 행위를 '행하여 봄(行)'이라 하고, 끝으로 "아하! 이게 무궁화꽃이구나. 우리나라 국화가 무궁화꽃이지!" 하고 식별하여 알게 된 것이 '인식함(識)'인데, 이는 사람이 어떤 대상에 접하여 그것이 무엇이며, 무슨 뜻이 있는 것인지를 알게 되는 인식의 과정을 보여주고 있다고 하겠다.

그런데, 이런 과정을 거쳐 인식하게 되는 시간과 속도가 사람마다 큰 차이가 있을 수밖에 없다. 평소에 무궁화꽃을 자주 보고 알고 있는 사람은 꽃을 보자마자 바로 알아 보겠지만, 본 적이 없거나 외국인인 경우에는 한참 동안 여러 과정을 거쳐야 알게 될 것이다. 이와 마찬가지로 전쟁에서도 평소에 마비전 전쟁술에 관하여 공부를 많이 하고 이를 수행할 준비를 착실히 해 온 사람은, 전쟁 상황과 적의 작전행동을 보고 금방 적의 작전 기도를 알아차리고 선제적으로 상황조치를 하여 기선을 제압할 수 있을 것이다. 그러나, 반대로 소모전 전쟁술에 고착된 사고를 가진 사람은 적이 마비전을 수행하는 작전행동을 하더라도 금방 인식하지 못하여 낭패를 볼 수밖에 없는 것이다. 이런 현상은 역사상의 전쟁사례에서 이미 분석하고 평가해 보았던 바와 같다. 따라서 전쟁에서 시간의 가치를 높이고 시간을 창조하는 활동을 하려면, 앞서 언급한 주요 인사들이 전쟁에서 발생되는 주요 상황과 사태에 대하여 인식 과정상의 시간을 단축하고, 그 인식을 바탕으로 더욱 빠른 판단과 결심을 함으로써, 적을 훨씬 능가하는 작전속도를 발휘하여야 하는 것이다. 이런 주요 지휘관들의 빠른 인식과 판단 및 결심도 중요하지만, 주요 지휘부에서 적에 관한 정보를 수집, 분석 및 판단하고, 작전에 관한 복안과 계획수립 및 실행에 이르기 까지의 주기시간(OODA cycle time)을 단축하여 전쟁에서의 시간가치를 높이고, 시간을 창조하는 전쟁을 수행해야 한다. 그러나, 무엇보다 중요한 사항은 역사상의 전쟁 사례에서 보았듯이 알렉산더, 칭기스칸, 누르하치, 나폴레옹, 다얀 등과 같은 전쟁의 귀재를 총사령관으로 삼아 전쟁을 계획 및 지휘하는 것이 전쟁에서 시간가치를 높이고, 시간을 창조하여 승리하는 가장 확실한 방안이라고 할 것이다.

4. 조직심리가 전쟁에 미치는 영향

우리는 전쟁 상황에서 군대가 수행하는 물리적인 방법이 적에게 미치는 심리적인 영향을 함께 연구하여야 한다. 레오나드도 "전쟁이란 인간들 간의 결투이다. 따라서 인간 심리를 연구하는 것은 기동전 이론의 핵심 요소이다. 사실 전쟁은 '심리학(psychology)'의 한 분과로 연구되어야 한다"[141]라고 하여 전쟁 승리의 법칙을 연구하는 데에는 군대와 무기 및 장비의 물리적 사용 뿐만 아니라 인간의 심리에 대한 연구가 병행되어야 한다는 점을 인정하고 있다. 전쟁에 영향을 미치는 인간의 심리에는 개인의 심리와 집단의 심리가 있는데, 집단심리에는 다시 군중심리와

141) 레오나드 저, 김상철 역(2001), 전게서, p.180.

조직심리로 구분하여 설명할 수 있다.

가. 개인심리가 전쟁 수행에 미치는 영향

우리 민족 고래의 종교(환인桓因 천제와, 환웅桓雄 천제와, 단군檀君 왕검王儉님의 종교)인 대종교(大倧敎)의 『삼일신고(三一神誥)』 경전에 사람과 만물이 어떻게 구성되고 창조되었는지 잘 기술되어 있다. 그 내용을 압축하여 표현한 '진리도(眞理圖)'가 다음의 도표와 같다. 한얼님(創造主)께서 이 세상을 창조하실 때에 '하늘(天)'과 '땅(地)'과 '사람(人)'을 세 축으로 삼고, 이 세 축의 범위에 맞는 요소들을 조화롭게 구성하여 창조하셨다. 그 세 축이란 한얼님이 갖추신 큰 덕(大德)과 큰 슬기(大慧)와 큰 힘(大力)을 하늘과 땅과 사람 및 만물이 갖추도록 맡겨서 창조하신 것이다. 그리하여 "사람과 만물이 다 같이 세 가지 참함을 받나니 이는 성품과 목숨과 정기라.(人物이 同受三眞하니 日, 性命精이라)"[142]라고 가르치고 있다. 즉 사람과 만물이 최초에는 꼭 같이 오염되지 않은 세 가지 참된 성품과 목숨과 정기를 타고 났는데, 사람은 이 세 가지를 균형되게 받아 출생하였지만, 다른 만물은 각 물건에 따라 이 세 가지를 치우치게 받고 생겨났다는 것이다. 나무는 종류에 따라 타고난 정기와 수명이 각각 다르고, 사람이나 동물과 같은 정신 요소가 거의 없이 생겨났다.

그런데, 그 다음에 "참 성품은 착함도 악함도 없으니 이는 으뜸 밝은 이로서 두루 통하여 막힘이 없고(眞性은 無善惡하니 上喆이 通하고), 참 목숨은 맑음도 흐림도 없으니 이는 다음 밝은 이로서 다 알아 미혹함이 없고(眞命은 無淸濁하니 中喆이 知하고), 참정기는 후함도 박함도 없으니

142) 대종교 종경 편수위원회, 『대종교 경전』, [삼일신고], 서울:대종교출판사, 2002년, p.55. 대종교는 고대에는 신교(神敎), 국선도(國仙道)라고도 함.

〈도표 8〉『삼일신고』의 진리도(眞理圖)

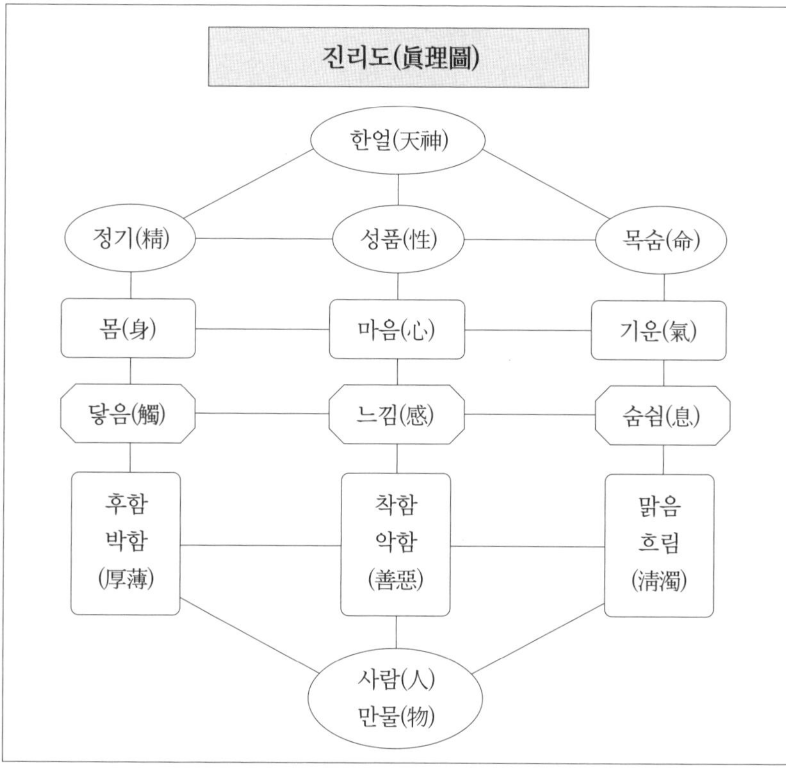

* 출처 : 『대종교 경전』, 「삼일신고」, p.73.

이는 아랫 밝은 이로서 잘 보전하여 이리러짐이 없되(眞精은 無厚薄하니 下嚞이 保하나니), 모두 참함으로 돌이키면 한얼님과 하나가 되느니라.(返眞하얀 一神이니라.)"[143)]라고 하여 사람이 세상사에 오염되지 않고 참성품과 참목숨과 참정기를 그대로 유지하면 한얼님과 같은 경지에 도달할 수 있다고 가르치고 있다.

그런데, 여기에서 으뜸 밝은이(上嚞), 다음 밝은이(中嚞), 아랫 밝은이

143) 대종교 종경 편수위원회, 전게서, p.55. 참고로 경전에는 神자가 아닌 다른 한자인데 그 한자가 없어 대체함. 대종교에서 이 세상을 창조한 한얼님을 의미함.

(下詰)라는 내용이 나오는데, 이는 성품이 목숨과 정기를 이끌어 가고, 영향을 미친다는 의미로 이해할 수 있다고 여겨진다. 여기서 또 알수 있는 것은 성품(性)과 연관되는 요소는 하늘의 축에 존재하여, 땅의 축에 존재하는 목숨과 앎(知)의 요소와, 사람의 축에 존재하는 힘(力)과 정기(精氣)의 요소를 제어하고 영향을 미친다는 사실이다. 이어서 경전에는 "뭇사람들은 아득한 땅에 태어나면서부터 세 가지 가달이 뿌리 박나니, 이는 마음과 기운과 몸이니라(惟衆은 迷地에 三妄이 着根하니 曰, 心과 氣와 身이라). 마음은 성품에 의지한 것으로서 착하고 악함이 있으니(心은 依性하야 有善惡하니)… 기운은 목숨에 의지한 것으로서 맑고 흐림이 있으니(氣는 依命하야 有清濁하니)… 몸은 정기에 의지한 것으로서 후하고 박함이 있으니(身은 依精하야 有厚薄하니)…"[144]라고 쓰여 있다. 이는 이 땅에 태어나는 많은 사람들은 거짓으로 오염되어 마음(心)과 기운(氣)과 몸(身)으로 바뀌어 출생하게 되었는데, 마음은 착함과 악함이 뒤섞여 나고, 기운은 맑고 흐린 기운이 뒤섞여 나며, 몸은 두텁고 엷은 몸뚱아리로 뒤섞여 출생한다고 설명하고 있다. 우리들은 보통 사람이 몸과 마음의 두 가지로 구성되어 있다고 알고 있는데, 여기서는 기운을 더하여 세 가지로 구성되어 있다고 알려주고 있다. 또 본래의 참 인간은 성품과 목숨과 정기로 구성되어 있으나, 이 세상에 태어날 때에는 가면을 쓴 것처럼 마음과 기운과 몸을 받아 나기 때문에 사악하고 일찍 죽으며 힘이 약한 사람이 많다는 것이다. 그래서 본래의 참인간으로 돌아가기 위한 방도를 가르쳐 주고 있다. 즉 "참과 가달이 서로 맞서 세 길을 지으니 이는 느낌과 숨쉼과 부딪침이오.(眞妄이 對하야 作三途하니 曰, 感과 息과 觸이라)… 느낌에는 기쁨과 두려움과 슬픔과 성냄과 탐냄과 싫어함이

144) 대종교 종경 편수위원회, 전게서, p.58.

있고(感엔 喜懼哀怒貪厭이오), 숨쉼에는 맑고 흐리고 차고 덥고 마르고 젖은 기운이 있으며(息엔 淸濁寒熱乾濕이오), 부딪침에는 소리와 빛깔과 냄새와 맛과 음탕함과 살닿음이 있느니라(觸엔 聲色臭味淫抵니라)… 밝은 이는 느낌을 그치고 숨쉼을 고루하며 부딪침을 금하고 한 곬으로 수행하여 가달을 돌이켜 참함으로 나아가… 참된 본성을 통달하고 모든 공적을 다 닦음이 곧 이것이니라(喆은 止感하고 調息하며 禁觸하고, 一意化行하야 返妄卽眞하야 性通功完이 是니라)."[145]라고 가르치고 있다.

여기서, 추가적으로 알 수 있는 바는 사람의 마음(心)은 성품(性品)에 속한 것으로 착한 성품(善性)과 악한 성품(惡性)과 감성(感性)이 있다는 것이다. 그리고 위에서는 이 감성에 기쁨, 두려움, 슬픔, 성냄, 탐냄 그리고 싫어하는 등 6가지 감정을 표현하였으나, 실제로는 이 6가지 감정의 반대되는 6가지 감정이 더 있고, 또 2가지 감정을 더 보태 14가지 감정이 있다고 풀이할 수 있다. 앞에서 한얼님이 큰 덕(德)과 큰 슬기(慧)와 큰 힘(力)을 갖추신 분이라고 하였는데, 여기서 덕(德)의 한자 구성을 보면 '人人十四一心' 의 여섯 글자의 뜻이 합쳐져 만들어 졌는데, 이 뜻을 풀이해 보면 두 사람 이상이 살고 있는 공동체에서 14가지 인간의 감정을 자기 멋대로 표출하지 않고 한결같은 한 마음으로 다른 사람을 대하고 더불어 살아가는 사람이 덕(德)이 있는 훌륭한 사람이라는 의미라고 풀이할 수 있다. 그래서 사람이 14가지 감정을 갖고 있다고 설명하는 것이다.

여기까지의 경전 내용을 종합하여 보면, 한얼님이 세상을 창조할 때에 하늘(天)과 땅(地)과 사람(人과 物)의 3개 축으로 구성하였는데, 하늘의 축에는 큰 덕(大德), 성품(性), 마음(心), 착함(善)과 악함(惡), 감정(感

145) 대종교 종경 편수위원회, 전게서, p.62, p.66.

情) 등 성품과 감성(感性)의 요소로 구성되어 있고, 땅의 축에는 큰 슬기(大慧), 목숨(命), 기운(氣), 인식(認識), 앎(知) 등 목숨과 기운과 지성(知性)의 요소로 구성되어 있고, 사람의 축에는 큰 힘(大力), 정기(精), 몸과 물체(身과 物體), 두텁고 엷음(厚薄)과 강약(强弱), 의지(意志) 등 힘과 정기와 의성(意性)의 요소로 크게 구성되어 있다는 것을 알 수 있다. 이 결과를 바탕으로 개인의 심리가 전쟁에 미치는 영향을 분석 및 평가해 보자.

인간은 정신적 존재로서, 그 정신 요소에는 위에서 본 바와 같이 감성(感性)과 지성(知性)과 의성(意性)이 있다. 감성은 14가지 긍정 및 부정적 감정(感情)으로서 기쁨과 슬픔(喜悲), 즐거움과 괴로움(苦樂), 사랑과 미움(愛憎), 좋고 싫음(好厭), 온화함과 성냄(和怒), 평안함과 두려움(安恐), 베품과 탐심(施貪) 등의 마음이며, 지성은 사고(思考), 상상(想像), 인식(認識), 이해(理解), 추리(推理), 판단(判斷), 결정(決定) 등의 마음이고, 의성은 의지(意志), 신념(信念), 용기(勇氣), 자신(自信), 투지(鬪志), 극기(克己), 인내(忍耐) 등의 마음이다.

상기와 같은 정신 요소들이 삶과 죽음이 교차되는 전쟁터에서 어떻게 상호 작용하여 싸움에 어떠한 영향을 미칠지 아래의 도표를 보며 생각해 보자. 전쟁터에서 인간의 심리는 생존하고 싶은 마음이 본능이다. 전쟁터라고 하여 꼭 부정적인 심리만 작용하는 것이 아니다. 애국심과 전우애(戰友愛)와 가족애(家族愛) 등 사랑하는 마음은 나라와 전우 및 가족을 지키기 위해 죽음을 무릅쓰고 싸운다. 투쟁 의식이 강한 사람은 전쟁에서 즐겁게 싸울 것이다. 전쟁 승리에 대한 열망과 기대감이 클 때나, 피할 수 없는 상황에서는 용기를 내어 죽음을 무릅쓰고 싸우게 된다.

그러나, 기습을 당했거나, 적에게 공중 우세권을 빼앗겨서 연일 심한 폭격을 받거나, 에너지와 군수지원을 받지 못하거나, 아군 무기의 성능

〈도표 9〉 전장에서 인간의 심리 작용

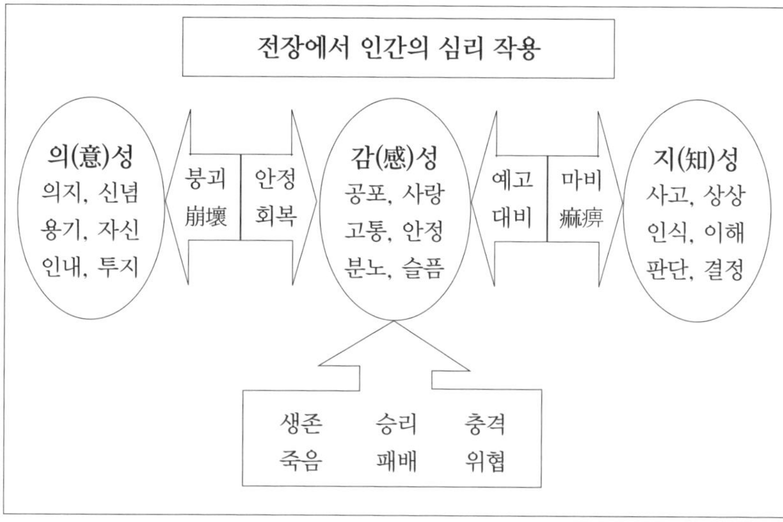

* 출처 : 저자 본인 작성

이 현저하게 떨어진다고 여겨질 때에는 장병들이 위협과 충격을 받아 고통스럽고 공포심에 사로잡히기 마련이다.

이렇게 감성에 충격을 받아 공포심으로 쩔쩔매게 되면 지성 분야에 마비 현상이 일어나서 사고 · 인식 기능과 판단 · 결정 기능이 작동하지 않거나 방해를 받게 되고, 의성 분야에서도 자신감이 상실되고 용기와 신념과 투지를 잃게 되거나 끝내 전투의지마저 무너져 내리는 상태에 이르게 되는 것이다. 이런 현상은 전쟁터에서 겪게 되는 개인적인 심리 현상으로서 장병 개개인은 물론이고, 개인으로서의 최고 사령관을 비롯한 주요 지휘관들에게도 다 같이 영향을 미치게 되는 것이다. 장병 개개인이 감성에 충격을 받아 슬픔과 괴로움과 공포심에 불안해 하거나 전투의지가 크게 저하되더라도 주요 지휘관이 중심을 잡고 건재하면 그 지휘관들의 리더십으로 안정감과 자신감을 회복할 수 있지만, 주요 지휘관이 공포심에 불안해하고 전투의지가 저하되면 이런 현상이 곧바로 부하 장병들에게 전염되어 매우 심각한 결과가 발생할 수 있다.

나. 집단심리가 전쟁 수행에 미치는 영향

인간사회에서 대부분의 활동은 군중(群衆)과 조직(組織)들이 수행한다. 사람들이 많이 모여 활동하는 집단의 심리상태는 군중심리와 조직심리로 구분하여 설명할 수 있다.

군중심리에 관한 세계적인 대가인 귀스타브 르봉은 "동질적 군중들에는 파벌, 카스트, 그리고 계급이 포함된다"[146]고 하면서 군대와 성직자들이 최고 단계의 조직화된 '카스트' 군중이라고 설명하고 있다. 이 말은 군대는 가장 강력한 조직으로 편성되었지만, 조직심리가 아닌 군중심리가 작용할 상황이 되면 동질적 군중이 된다는 의미이다. 그리고 "군중은 의식의 개성이 소멸하는 경향, 무의식의 개성이 우위를 점하는 경향, 감정과 생각이 암시에 걸리고 감염됨으로써 동일한 방향으로 집중되는 경향, 암시된 생각을 즉시 행동으로 옮기는 경향을 지녔음이 밝혀졌다"[147]고 하여, 군중심리의 특성을 밝힌 바 있다. 이 군중심리는 인간의 무의식과 본능에 따라 금방 행동으로 표출되기 때문에, 여기에 지성이 반영된 이성적 사고와 행동은 기대하기가 어렵다. 그리고 군중의 감정은 암시에 잘 걸려들고 빠르게 감염되는 특성이 있다고 하였다. 따라서 군중의 감정과 행동은 일단 표출되면 암시와 감염을 통해 순식간에 전파되고 그 위력이 증폭되어 나타나기 마련이다. 또한 군중을 형성한 개인들 모두가 동일하게 걸린 암시는 상호 작용함으로써 더욱 강력한 위력을 발휘하게 된다. 군대가 어떠한 상황에 처하였든지 간에 지휘

146) 귀스타브 르봉 지음, 김성균 옮김, 『군중심리』, 경기 고양:이레미디어, 2008, p.238.
147) 귀스타브 르봉 지음, 상게서, p.53

관의 리더십이 제대로 영향을 미칠 때에는 조직심리가 작용하여 커다란 전투력을 발휘하겠지만, 전쟁 상황에서 부대가 매우 불리한 상황에 처하여 군기가 이완되고 사기가 저하되어 있는 상황에서는 군중심리가 발동하게 되는 것이다. 더구나 최고 및 고위사령부에서 조직심리가 마비되어 적절한 상황조치를 못하여 예하 부대들이 곤경에 처하였을 때에는 이런 상황이 암시가 되어 바로 전파됨으로써 예하 부대의 장병들이 군중심리에 사로잡혀 겉잡을 수 없는 상태로 변화되는 경우가 일반적이라 하겠다. 앞서 사례로 제시한 독일-프랑스 전쟁과 걸프전쟁과 조선-왜 전쟁 및 후금-명 전쟁에서 군대가 쉽게 붕괴된 현상이 바로 이를 설명해 주고 있다 하겠다. 한국전쟁에서도 1951년 5월 강원도의 현리전투에서 중국 공산군이 오미재를 점령하여 퇴로를 차단하자 이를 탈환하지 못한 한국군 3군단 전체가 그대로 붕괴되어 도주한 전례는 전사에 잘 기록되어 있는 사실이다.

군대가 아닌 조직화되지 못한 일반 사람들의 무리는 군중으로서 개개인의 이성과 지성이 발휘되지 못하고 군중심리가 지배적으로 작용하게 된다. 그러나, 이러한 군중이 때로는 영웅적인 면모를 보여주기도 한다. 어떤 조직된 단체가 아니라 하더라도 애국심이나 어떤 신조나 사상 및 문화를 지키기 위하여 군중들이 벌떼처럼 일어나 죽음을 무릅쓰고 투쟁하는 경우도 있다. 대한 독립을 위하여 맨주먹으로 일어난 '3·1 독립운동', 또 우리의 '민주화 투쟁' 등은 대표적 사례라고 할 수 있다.

이러한 군중심리와 달리 인간사회에는 임무와 특성이 다른 많은 조직체들로 구성되어 있는데, 각 조직체마다 고유의 정신 및 임무 수행과 관련된 조직심리가 있다. 이런 조직의 대표적인 정신과 심리에는 민족정신(성), 헌법정신, 애국심 및 충성심, 전투의지, 사기, 군기, 단결, 전우애, 정의심 등이 있다. 이 가운데 전쟁에서 가장 큰 위력을 발휘하는 군대의 조직심리는 애국심, 전투의지, 사기, 군기, 단결, 정의심이라고 할 것이다. 인간의 힘이 정신력에 기반하여 나오므로 정신전력의 기반이 강력한 군대가 전쟁에서 승리한다.

민족정신 또는 민족성은 주로 민족종교에 그 뿌리를 두고 있으며, 이는 전쟁의 원인을 제공하기도 하고 전쟁 수행에 영향을 미치기도 한다. 오늘날 아랍 민족들이 살고 있는 중동 또는 서아시아 지역에서 일어나는 대부분의 분쟁이 종교간 내지 종교 내 분파 간의 알력으로 인하여 발생하고 있다. 우리 민족의 고래 종교인 대종교에서는 '홍익인간(弘益人間): 널리 인간을 이익되게 함'의 이념을 강조하였는데, 이 이념이 민족정신이 되어 우리 민족이 착하고 다른 민족에 대한 침략 전쟁을 일으키지 않는 바탕이 되고 있는 바가 아닌가 싶다.

애국심은 전쟁을 수행하는 데에 커다란 힘이 된다. 국민과 가족을 사랑하는 마음은 나라를 사랑하고 지켜야 한다는 의무감으로 승화되어 전쟁에서 목숨을 걸고 싸울 정신적 토대가 된다. 일제 시대에 우리 대한 독립군이 만주 일대에서 일본군에 대항하여 고군분투한 역사적 사실은 바로 이 애국심의 발로라고 할 것이다. 과거 왕조시대에서는 군의 장병들에게 왕과 상급 지휘관에 대한 충성심이 큰 덕목이었지만, 자유민주주의 정치체제에서는 대통령과 지휘관이 자주 바뀌므로 특정 개인에 대한 충성심은 퇴색되고 나라에 대한 애국심이 군인정신의 중요한 요소가 되었다고 할 수 있다. 그러나, 일반 장병들보다 군의 지휘관들에게는 국가원수와 상급 지휘관에 대한 충성심이 필요하다고 판단된다.

전투의지는 매우 중요한 조직심리로서, 다른 조직심리가 작용하여 전쟁에서 유리한 상황을 조성하여도 그 결과는 결국 전투의지로 표출된다. 따라서 장병들의 전투의지가 크게 불타야 승리할 수 있는 반면에, 전투의지가 박약한 장병들로서는 전쟁에서 승리하기가 어렵다. 그런데, 여기서 "군의 의지는 지휘관의 의지이고, 군의 승패는 주로 지휘관의 의지로 지배된다… 전쟁에 있어서 하나의 신념은 1백 가지 지식을 능가한다. 생사의 단계에서 중대한 과업을 수행하는 근본 바탕은 신념이지 지식이 아니다."[148)]라고 한 것처럼 전쟁에서 지휘관의 의지가 부하 장병들의 감투정신을 일깨우고, 신비적인 힘을 발휘하게 하여 승리를 쟁취하는 것이다. 조선-왜 전쟁 시에 이순신 장군이 명량 해전을 하루 앞두고 부하 장병들에게 "죽기를 각오하고 싸우면 살 것이고(必死則生), 살고자 하면 죽을 것이다(必生則死)"[149)]라고 훈시하여 장병들로 하여금 죽음을 무릅쓰고 싸우게 하였을 뿐만 아니라, 해전 수행 중에 왜군 함선을 보고 놀라 퇴각하려는 거제 현령 안위를 호출하여 "군법에 죽고 싶으냐?"고 호통을 쳐서 싸우게 하여 대승을 거둔 사례는 너무나 유명한 일화이다. 이와 같이 부하 장병들의 전투의지를 고양시키는 데에는 그 지휘관이 전투의지에 불타는 의지와 신념을 가지고 진두에서 모범을 보이는 태도가 중요하다.

다음은 군대의 높은 사기는 전승의 필수요소이다. 앞 장에서 기술한 바와 같이 레오나드는 "전쟁은 하나의 심리적 대결장으로서 값으로는 도저히 매길 수 없는 전장의 사기를 핵심으로 한다"[150)]고 한 바 있다. 이러한 사기는 과거 전쟁에서 승리한 경험, 전투에 대한 자신감, 전승에 대한 기대감 또는 확신에 그 심리적 바탕을 두고 일어난다고 할 수 있다. 이런 장병들의 높은 사기는 충만한 전투의지로 나타난다. 군기(軍紀)는 전장에서 질서를 유지하는 데에 매우 중요한 조직심리로서 지휘관의 명령과 지시가 철저히 이행되고, 장병들이 전장에서 지켜야 할 수

148) 大橋武夫 해설, 강창구 역(1976), 『統帥綱領』, 서울:병학사, pp.5~7.
149) 임원빈 지음, 『이순신 병법을 논하다』, 서울:신서원, 2005, p.245.
150) 레오나드 著, 김상철 譯, (2001), 『기동전 대해부』, 대전:문경출판사, p.133.

칙을 엄정하게 이행하게 하는 조직심리이다.

군기가 엄정한 군대는 부대가 아무리 불리하고 어려운 상황에 처해도 장병들이 물러나지 않고 끝까지 부여된 임무를 수행한다. 그러나, 군기가 무너진 군대는 부대가 불리한 상황에 처하면 쉽게 군중심리가 작용하여 무질서하게 전장을 이탈하거나 도주하기 쉽다.

단결의 조직심리는 부대원들이 지휘관을 중심으로 똘똘 뭉쳐 하나 같이 힘을 모아 적과 싸우는 조직심리이다. 이는 우선 장병들의 지휘관에 대한 신뢰가 기본이며, 지휘관이 엄정하기도 하지만 평소에 부하들을 가족이나 친구처럼 사랑하고 알뜰하게 보살펴 주는 친밀감에서 나타나고, 부하 장병들이 서로 믿고 아껴주는 전우애가 그 바탕을 이루고 있다. 단결된 부대원은 전장에서 전우애를 발휘하여 서로 도우며 싸우고, 합심 단결되지 못한 부대는 서로 협력하지 않으므로 전투의 효율이 저하되어 패배하기 쉽다.

오늘날에는 쇄국주의가 퇴색하고 세계화가 보편적인 현상이므로 민주주의가 세계적으로 공인되고 자유, 평등, 인권, 인류공영 등의 가치를 지키기 위하여 나라들이 서로 조약을 맺고 동맹을 체결하여 공통적인 정의를 위해 전쟁에 참여하는 현상이 일반화되었다. 이런 이웃 나라나 동맹국의 전쟁에 참여하는 장병들의 심리 저변에는 인류의 공통적인 가치를 위한 정의심의 발로라고 해야 마땅할 것이다. 그러므로 군의 고위 지휘관들은 앞에서 논의한 군중심리와 조직심리가 전쟁 수행에 미치는 영향을 알고 평시에 조직심리의 긍정적 효과를 높이는 데에 노력하여야 한다.

제2절 마비전 수행 원칙들의 원리

이 절에서는 앞에서 종합한 10개 마비전 수행의 원칙들이 전쟁 수행에서 어떠한 원리로 적용되는 지를 분석 및 평가하고 종합하고자 한다. 즉 전쟁 수행에서 각 원칙들을 적용하는 데에 마비전 수행의 종합적인 원리인 '시간' 요소와 '조직심리'의 요소가 어떠한 원리에 의하여 적용되는 지를 밝히고자 하는 것이다. 그리고 마비전 수행 원칙의 구체적인 방법별로 그 원리를 탐구하기 위해서는 그 수행방법이 철학적, 심리학적, 물리학적, 사회과학적 제 이론으로 증명되어야 할 것이다. 인류 역사상 수많은 전쟁을 통하여 많은 군사이론가들이 적국을 굴복시키기 위해 대량의 살상과 파괴를 하는 방법에 매몰되었다. 『손자 병법』이 이미 2,500여년 전부터 있었지만, 그 병법의 오묘한 진수를 깨달아 손자가 바랐던 전쟁을 수행한 사례는 드물었다. 현대에 이르러 풀러와 리델 하트 같은 전략사상가들이 출현하여 손자가 바랐던 기동 · 마비전을 수행하여야 한다고 주장하였다.

그러나, 그 이후에도 세계 도처에서 일어나는 전쟁에서 살상과 파괴를 일삼는 일이 허다하다. 그 이유는 전쟁 과학을 조직적이고 체계적으로 연구하여 진정한 기동 · 마비전을 수행하려는 학구적인 군인은 드물고, 과학기술의 발달로 우수한 정보 장비와 장거리 정밀타격 무기가 발전되었으므로 쉽게 살상과 파괴로 이끌리기 때문이다. 이런 현상은 아직도 기동 · 마비전을 통하여 승리하는 전쟁 과학이 제대로 발전하지 못했다는 증거이다. 이제 마비전 수행 원칙별로 그 구체적인 수단과 방법에 연관된 원리를 탐구하여 보자.

1. 주도권 장악 · 유지로 마비 원칙의 적용 원리

주도권은 아군이 주체가 되어 의도대로 전세를 이끌어 가는 권리를 말한다. 따라서 주도권 장악 및 유지는 전쟁을 시작할 때부터 아군의 의지와 의도대로 끝까지 전세를 이끌어 가야한다. 전쟁에서 주도권을 장악하고 유지하기 위해서는 전쟁을 주도할 전쟁 계획 수립과 준비를 철저히 하여야 하고, 의사결정(意思決定)의 자주성(自主性)과 선제권(先制

> **주도권 장악 · 유지로 마비시키는 원리**
>
> 주도권은 아군의 의도대로 전세를 이끌어 적으로 하여금 전쟁의지를 굴복하도록 강요하는 것이다. 주도권 행사의 핵심은 의사 결정의 자주성과 선제권 행사이다. 주도권 행사의 시간적 요건은 '먼저시(時)'와 '빠름시(時)'이고, 심리적 요건은 적극성과 공세 정신이다. 우선 주도권을 행사할 의도를 바탕으로 전략계획을 수립하고, 이를 수행할 전쟁 준비를 철저히 하여야 한다. 전쟁을 피할 수 없는 상황으로 판단될 경우에, 먼저 전쟁을 결정하고 선제 기습 공격을 감행함이 중요하다. 이와 동시에 적군 지휘체계를 마비시키고 공중 우세권을 확보하면 주도권 장악은 확실해질 것이다. 이어서 고속 작전과 기세유지로 적을 유린하고, 적군이 주도권을 탈취하려고 역공격을 시도하면, 선제적인 상황 조치로 적을 무력화시켜야 한다. 주도권 장악 및 유지에는 정예 직업군이 핵심 전력이며, 정확하고 적시적인 전략적 · 작전적 정보가 필수적인 요소다.

權)이 필수적이며, 적극적인 공격기세 유지가 중요한 사항이다. 그리고 이를 가능하게 하는 것은 적보다 우수한 정보 능력이다. 기습 달성과 공격기세 유지가 주도권을 장악 및 유지하는데 중요한 요건이지만 이 두 가지 요소는 각각 해당 원칙의 주제에서 설명하고자 한다.

가. 전쟁을 주도할 전략계획 수립과 전쟁 준비

전쟁에서 주도권을 장악하고 유지할 전략계획을 수립함에 있어서 그 가장 기초가 되는 것은 적에 관한 정확한 정보이다. 적군이 어떤 전쟁술과 교리에 따라 전쟁계획을 수립하고 준비하며 훈련하고 있는지, 그런 전쟁 계획을 수행하기 위해 군대를 어떻게 편성하고 배치하고 있는지, 무기 및 장비의 기술 수준과 성능은 어떠한지, 전쟁 수행을 지원할 능력은 어떠한지에 관한 상세하고 정확한 정보를 바탕으로 삼아야 한다. 그래서 적군의 전쟁 수행 의도와 계획 및 전쟁술을 완전히 쓸데없고 효과가 없는 무용지물로 만들 수 있는 창의적인 아군의 전략계획을 수립하여야 한다. 마치 독일-프랑스 전쟁에서 전격전 전쟁술에 기반하여 제1차 세계대전시의 '슐리펜 계획'과는 전혀 다른 연합군 주력의 배후로 독일군 기갑군이 고속 기동하여 마비시키는 전략계획을 수립하였던 바와 유사한 방식이다.

전쟁을 수행하기 위한 전략계획(현재는 작전계획이라 칭하고 있음)은 아군이 주도권을 장악하고 끝까지 유지하여 적군 최고 사령부의 의사결정을 마비시킴으로써 최소의 살상과 파괴로 단기간 내에 전쟁을 승리로 종결하는 데 주안을 두어야 한다. 아군이 전쟁의 주도권을 장악하기 위해서는, 적군의 전쟁의지의 중추인 적국 전쟁지도부와 적군 최고 사령부를 타격하여 지휘체계를 마비시키고, 적군의 공중 전력을 무력화하여 공중 우세권을 장악하면 그 이후에는 아군의 의도대로 전쟁을 이끌어 갈 수 있다. 이런 사안을 계획에 반영하고, 기습적으로 공격할 수 있도록 전략계획을 수립하여야 한다. 이 전략계획에는 적군을 전략적으로 마비시킬 수 있는 구체적인 방안이 반영되어야 하며, 불필요한 살상과 파괴를 자행하지 않기 위한 방안과 전쟁을 조기에 끝내기 위한 구체적인 일정계획도 포함되어야 한다. 대부분의 전쟁 계획에서는 '전쟁을 어떻게 하겠다'는 방안은 포함되어 있지만, '전쟁을 언제까지 끝내겠다'는 계획은 잘 반영되지 않고 있는 현실이다. 이 전략계획은 단일 계획이어서는 안된다. 전쟁이 발발할 수 있는 여러 가지 상황을 가정하여 가능성 있는 수 개의 전략계획(예비계획)을 마련해 두어야 한다. 그래야 상황이 바뀌면 그 당시 상황에 맞는 전략계획을 선택하여 곧바로 시행할 수 있기 때문이다. 또한 각각의 전략계획을 수행하는 도중에 예상되는 돌발적인 상황에 대비하여 필요한 우발계획도 수립해 두어야 할 것이다.

전략계획을 수립한 후에는 가장 우선적인 전략계획을 기초로 하여 전쟁을 수행하기 위한 국가 차원의 준비를 철저히 하여야 한다. 전략계획에 따라 이를 수행하기 위해 부대를 재편성하여야 하고, 작전수행 집단별로 지휘, 지원, 협조체제를 확실하게 하여야 한다. 전쟁 수행에 소요되는 무기 및 장비들을 충분히 확보하여야 하며, 국가 차원의 전쟁지원체제와 동원 및 물자 지원을 위한 준비를 철저히 하여야 한다. 국민들의 삶과 안전을 위한 제반 대책을 점검 및 대비하여야 한다.

나. 주도권 장악의 우선적인 원리는 "주동"이다

이 "주동(主動)"[151]은 두 가지 의미가 있다. 그 하나는 '의사결정의 자

151) "어떤 일에 주장이 되어 행동함"이라고 정의됨. 이기문(2010), 『동아 새 국어사전』,

주성(自主性)'이요, 다른 하나는 '선제권(先制權)'이다.

(1) 의사결정의 자주성(自主性)

이에 관해서는 "적보다 앞서 자주적으로 나의 의사를 결정하고, 조속히 방침을 확립하는 것은 선제권(先制權)을 장악하여 적극적이고 주동적(主動的)인 작전지도를 하기 위한 첫째 요건"[152]이라고 하여 '의사 결정의 자주성'이 주동의 우선적인 요소임을 밝히고 있다. 여기서 전략적 상황을 고려하여 '전쟁을 감행할 것인가?'를 우선적으로 결정하여야 한다. 전쟁 수행 여부는 나라의 존망과 국민의 생사가 걸린 국가의 중대 사안이다. 그러므로 어떤 가벼운 이유와 감정에 따라 쉽게 결정할 사안이 아니다. 전쟁은 지금의 상황에서 전쟁 이외의 다른 수단과 방법으로는 요구되는 국가 이익을 획득할 수 없을 때 마지막 수단으로 선택해야 할 중대 사안인 것이다. 그러므로 전쟁 이외에 모략(謀略)이나 외교적 또는 경제적 수단과 방법으로 국가 이익을 획득할 수 있는지 여부를 신중하게 검토하여야 한다. 전쟁은 적국과의 상호관계에서 이해충돌로 인하여 발생하므로 적국의 의도와 태도를 감안하여야 한다. 이러한 제반 사항을 모두 검토해 본 결과 전쟁을 피할 수 없다고 판단될 상황이라면 먼저 단호하게 전쟁을 결정하여야 한다.

전쟁 수행 여부는 최고 정치권력자가 결정할 사안이지만, 어떤 전략계획에 따라 전쟁을 수행할 것인지는 최고사령관의 결정 사안이다. 이 전략계획의 선정과 결정에는 정치권력이 개입하면 안된다. 이는 최고사

서울:두산 동아(주), p.2136, 또 "자주 적극적(自主積極的)으로 행동하여 아군의 의지를 적에게 강요하여 전세를 지배하는 지위를 획득하는 것"이라고 함. 양창식 역(1977), 『전리란 이런 것이다』, 서울:한줄기, p157.

152) 대교무부 해설, 강창구 역, 『통수강령(統帥綱領)』, 서울:병학사, 1976, p.83. 구 일본군이 군사 비밀로 분류하여 주요 지휘관들에게 배포하여 읽힌 책이라고 함.

령관의 의사결정의 자주성이 인정되어야 하기 때문이다. 이외에도 전쟁 수행과 관련된 전략적 조치는 최고사령관이 자주적으로 결정하고 지휘 조치하여야 한다.

전쟁은 적대하는 국가와 군대 간의 의지의 충돌이기 때문에 전쟁을 개시할 때에는 주도권을 장악하였다고 하더라도 적의 의지에 따라 신속하고 효과적인 상황조치를 할 때에는 주도권이 피탈될 수도 있다. 이런 상황에서도 주도권을 계속 유지하려면 선제적인 상황 조치를 계속해 나가야 한다. 이런 때에 선제적인 상황 조치를 하려면 각급 제대 지휘관에게 상황 조치에 대한 '의사결정의 자주성(Initiative)'이 허용되어야 한다. 어떤 시간과 지역에서 발생한 돌발적인 상황에 대하여 현장 지휘관이 상급 지휘부에 보고하고, 이에 대하여 상급사령부의 명령을 받아 상황 조치를 하려면, 시간적으로 너무 늦고 현장 상황에 알맞지 않는 조치일 수 있으므로 상황 조치에 실패하여 주도권이 피탈될 수 있기 때문이다. 그러므로 주도권을 계속 유지하려면, 돌발적 상황이 발생한 즉시 현장 지휘관이 그 사태에 대한 가장 합당한 상황 조치를 하여 계속 아군의 전세를 유지하여야 하는 것이다. 따라서 현장 지휘관에게 당시의 상황에 맞는 해결 방책을 스스로 찾아내고 결심할 수 있는 권한을 허용해주어야 한다는 것이다.

현장 지휘관의 이런 '의사결정의 자주성'을 허용한 가장 좋은 사례가 프러시아의 몰트케가 창안하여 시행한 '임무형 지휘' 제도와 장군참모 제도이다. 그 세부 내용은 앞장의 전략사상가의 이론 편에 기술되어 있다. 독일군의 작전명령은 임무 중심으로 간략하게 기술되므로 훈령, 지령, 명령 형태로 하달한다. 그 임무를 수행할 구체적인 작전 방안은 현장 지휘관에게 위임된 사항이다. 따라서 상황의 보고와 명령의 하달 그리고 현장 지휘관의 복안 수립과 지휘조치에 소요되는 시간이 엄청나게 단축되고, 의사결정의 자주성이 허용되어 주도권을 계속 유지할 수 있는 것이다.

(2) 선제권(先制權)의 행사

적보다 선제권을 행사함은 주도권을 장악 및 유지하는 데 가장 중요한 요건이다. 선제는 적보다 먼저 자주적으로 의사를 결정한 다음에, 이 의사 결정에 따라 적보다 먼저 작전 행동으로 옮기는 것을 말한다. 선제권 행사의 핵심 요건은 '먼저시(時)'라는 것이다. 전쟁에서 중대한 행동을 먼저 하려면, 그와 관련된 의사결정을 시간적으로 빠르게 하여 적보다 먼저 결정한 후에 먼저 행동으로 옮길 수 있다. 행동의 속도가 빠르면 목표에 먼저 도달하고, 먼저 타격할 수도 있다. 그래서 주도권을 장악하고 유지하는 데에는 시간의 관점 가운데 '먼저시(時)'와 '빠름시(時)'의 요건이 매우 중요한 것이다. 전략적으로 전쟁을 피할 수 없는 상황이라고 판단하였을 경우에는, 먼저 전쟁을 결정하고 선제 기습공격을 감행하여 주도권을 장악하여야 한다. 전쟁 수행 중에는 돌발적인 상황 변화에 대하여 자주적으로 먼저 의사결정을 하고, 먼저 작전 행동으로 상황조치를 함으로써 전쟁 초기에 장악한 주도권을 계속 유지하여야 한다.

전장에서 기상과 지형은 군사작전의 마찰 요인이다. 그러나, 전장에서 공간은 그 자체로 싸우지 않는다. 인간이 그 공간을 이용하여 싸우는 것이다. 따라서 공간은 먼저 점령하고 통제하여 이를 이용하는 측에게 기득권을 주어서 유리하게 싸울 수 있게 한다. 그리하여 이렇게 자주적인 의사결정으로 선제권을 행사하는 군대는 전쟁전구내에서 '시간과 공간상의 기득권(既得權)'을 가지게 된다. 이것이 전장에서 시간을 지배하여 공간의 장애를 극복하고 이용함으로써 주도권을 장악하는 원리인 것이다.

앞에서 제시한 전쟁 사례에서 후금국의 누르하치는 자신이 수 차례 싸워 보았고, 지형 지세를 잘 알고 있는 지역을 명국과의 전쟁지역으로 선정하고, 여기서 팔기군의 빠른 기동성을 활용하여 시간과 공간상의 기득권을 획득함으로써 전쟁의 주도권을 장악하고 유지하였던 것이다. 또 독일군과 이스라엘군은 프랑스군과 이집트군이 전차 통과가 불가능하다고 판단하였던 아르덴느 삼림지역과 사막을 먼저 이용하고, 기갑부대의 우수한 기동성을 활용하여 시간과 공간상의 기득권을 획득함으로써 전장의 주도권을 장악 및 유지하였던 것이다.

특히 이 선제권이 기습 달성과 함께 이루어져 선제 기습이 되었을 경우에는 더욱 확실하게 주도권을 장악하게 된다. 이런 사례는 제4차 중동전쟁(10월 전쟁)에서 기동 속도와 작전의 템포 면에서 이스라엘군보다 뒤떨어지는 아랍 연맹군이지만 초전에서 선제 기습을 달성하였기 때문에 전쟁 초기에 주도권을 장악할 수 있었다. 그러나, 이후 이스라엘군에게 선제적인 상황조치에 실패함으로써 이스라엘군의 역공격에 주도권을 탈취당하여 패배하였던 것이다. 그러므로 주동(主動)은 아군이 먼저 자주적으로 의사결정을 한 후에 선제권을 행사하여 작전 행동으로 먼저 실행함으로써, 적으로 하여금 아군의 의도대로 대응하도록 강요하기 때문에 주도권을 장악하는 가장 중요한 물리적, 심리적 요건이 되는 것이다.

다. 주도권의 심리적 요건은 적극성과 공세정신이다

적극적이고 공세적이며 자신감이 넘치는 군대는 소극적이고 수세적이며 패배감에 사로잡힌 군대와 싸우면 비록 열세군이라 하더라도 승리할 수 있다. 주도권을 빼앗기는 군대는 먼저 대응의식을 가지고 있다.

즉 항상 "적이 어떤 행동을 하면 그에 대응하여 행동한다"는 사고를 가지고 있기 때문에 의식 구조상 상대에게 선제를 허용하고 있다는 사실이다. 공격작전 준칙과 방어작전 준칙에 꼭 같은 '전투력 집중'이라는 준칙이 있다.[153] 공격 작전시 전투력 집중의 준칙은 공자(攻者)가 주도권을 가지고 있기 때문에 자신의 의도대로 방자(防者)의 약점에 대하여 전투력을 집중한다는 것이다. 그러나, 방어 작전시 전투력 집중의 준칙은 방자가 공자의 전투력 집중에 대응하여 그 우세를 상쇄시키기 위하여 가용한 전투력을 대응하여 집중한다는 것이다. 이렇게 수세적인 군대는 공세적인 군대에 대응하여 항상 선제권을 빼앗긴 채 자신을 지키기에 온 힘을 다하게 되는 것이다. 패배감에 젖어 있는 군대는 주도권을 빼앗긴다. 『삼국지』에 "죽은 공명(孔明)이 산 중달(仲達)을 친다"라는 말이 있다. 이는 위(魏)나라의 사마의가 촉(蜀)나라의 제갈공명과 싸울 때마다 늘 패배하여 패배감에 사로잡혀 있었기 때문에, 제갈공명이 죽은 후에 그를 가장하여 만든 허수아비를 보고 싸우지도 않고 군대를 철수시킨 고사(古事)를 말하는 것이다.

3차에 걸친 중동전쟁에서 늘 패배한 아랍 연맹은 제4차 중동전쟁을 사전에 철저히 준비하여 선제 기습을 성공하고서도 수에즈 운하에서 교두보를 확보 후 과감한 전과확대를 하지 못하고, 이스라엘군의 대응에 신경을 쓰다가 역공격을 당하여 패배한 사례는 아랍군의 패배의식으로 인하여 주도권을 유지하지 못했기 때문이라고 보아야 할 것이다. 전승에 대한 자신감은 전쟁에서 승리한 경험에서 획득되며, 상대국이 확실한 약소국일 때 가질 수 있을 것이다. 그러므로 주도권을 장악 및 유지하기 위해서는 패배의식과 소극적이고 수세적인 자세를 탈피하여, 전승

153) 육군본부, 『지상군 기본 교리』, 대전:육군본부, 2005, p.3~17.

에 대한 자신감을 바탕으로 적극적이고 공세적인 정신자세를 가지고 전쟁에 임해야 한다.

라. 정예 직업군은 주도권 장악의 중요 요건이다

비록 수적으로 열세한 군대라도 정예화된 직업적 군대는 전투가 전문인 조직이기 때문에 몇 배로 우세한 적군이라도 싸워 이길수 있는 것이다. 수적으로 많은 병력의 군대라도 전투기량이 부족한 오합지중(烏合之衆)인 경우에는 정예화된 직업군과 싸우면 쉽게 무너지는 것이다. 칭기스칸과 누르하치 군대는 생활 자체가 전투와 같은 유목민으로 구성되어 싸움을 전문적으로 수행하는 군대이다. 독일군은 대부분 구시대 군대였지만 10개 기갑사단과 차량화사단은 우수한 정예 군대였고, 이스라엘군도 고도로 훈련된 예비역으로 편성된 정예 기갑군이었다. 이런 기갑군은 칭기스칸과 누르하치의 기병군(騎兵軍)이 현대화된 군대라고 해도 무방할 것이다. 기동수단이 말에서 전차와 장갑차로 바뀌었을 뿐이다. 그러므로 호레즘군, 명군, 프랑스군, 아랍군과는 전투기량에서 상대가 안되는 군대인 것이다. 이러한 군의 질적 차이는 제4차 중동전쟁에서 격추된 항공기와 파괴된 전차의 수를 보면 알 수 있다. 이스라엘군의 항공기와 전차는 대부분 아랍 연맹군의 대공 미사일과 대전차 미사일에 의해 격추 및 파괴된 것이지만, 아랍 연맹군의 항공기 및 전차는 이스라엘군과 공중전 및 전차전에서 격추 및 파괴된 것이었다.

정예화된 직업군은 전투기량 뿐만 아니라 기동도 잘하고, 전술적 운용 능력도 뛰어나며, 모든 조직원들이 개념의 공감을 가지고 조직내에서 자신의 역할을 스스로 잘하며, 사기도 높고 전투의지도 매우 강하다. 이러한 정예 직업군은 비록 열세군이라고 하더라도 우세군을 상대로 하여 두려움을 가지지 않고 능숙하게 싸워 이기는 것이다. 그러므로 마비전을 수행할 주력군은 비록 규모가 다소 작더라도 정예직업군으로 건설할 필요성이 인정되는 것이다.

마. 우수한 정보 능력은 전쟁 수행의 기초이다

앞에서 적을 알고 나를 알면 위태롭지 않으며, 천시(天時)를 알고 지리(地理)를 알면 항상 승리할 수 있다는 손자의 병법 내용을 기술한 바 있다. 적에 관한 정보는 적의 능력과 의도를 알게하여 아군의 전략계획 수립과 작전 수행의 기초를 제공해 준다. 이러한 정보는 소모전과 기동 · 마비전을 수행하는 데에도 꼭 같이 필요한 전쟁 수행에 필수적인 요소이다. 단지 소모전과 기동 · 마비전에서 필요로 하는 정보의 관점과 내용에 차이가 있다. 소모전 수행에 필요한 정보는 영토의 넓이, 인구수와 관련된 병력의 수, 적의 무기 및 장비의 수와 이를 지원할 포탄과 물자의 톤수, 적의 방어계획이나 적의 공격을 저지시킬 유리한 방어지역 등에 관심을 가진다. 그리고 전략정보와 작전정보 및 전술정보 가운데 전술정보에 대한 비중이 높다. 왜냐하면, 적의 부대를 격멸하기 위해서는 전투를 수행하는 전술적 수준의 정확한 정보가 더욱 중요하기 때문이다. 기동 · 마비전은 적국의 저항력을 분쇄하는 수단과 방법이 소모전과 전혀 다르기 때문에 필요로 하는 정보 또한 전혀 다른 것이다.

(1) 마비전은 전략 · 작전정보를 우선적으로 요구한다

마비전은 적의 전투력을 격멸하고자 하는 것이 아니라 적을 전략적으로 마비시켜 적에 대한 살상과 파괴를 최소화하면서 단기간 내에 승리를 추구한다. 그러므로 적을 전략적으로 마비시킬 수 있는 전략적 중심에 대한 정보를 필요로 한다. 또한 전략적 수준에서 전쟁의 주도권을 장악하고, 기습을 달성하며, 작전과 기동을 수행하는 데에 필요한 정보를 필요로 한다. 그러므로 적의 지휘체계를 마비시키기 위해 적국의 전쟁지도부와 적군의 최고사령부와 주요 작전사령부의 위치, 적의 정보 및 통신체계 등에 관한 정보와, 적의 우주 및 항공 전력에 관련된 주요 정보, 적의 에너지 공급체계와 관련된 정보, 전략적 우회기동에 필요한 적군의 배비상의 미약한 축선 등에 관한 전략적 정보가 가장 긴요한 요소이다. 또한 전세를 일시에 전복시킬 수 있는 전략적 무기와 그 운용에 대한 정보와, 적의 조직심리를 마비시키는 데 필요한 심리적 취약성 등에 관한 정보가 우선적으로 요구된다. 그러나, 전쟁이 개시되고 나면 피 · 아군의 의지의 충돌로 비롯되는 돌발적인 사태에 따른 작전 상황의 변화에 대한 작전적 정보가 매우 긴요하게 된다. 따라서 전략정보 뿐만 아니라 작전수행과 관련하여 실시간(實時間) 정보가 요구되는 것이다.

제2차 세계대전의 독일-프랑스 전쟁에 관한 정보를 고려해 보면, 독일군에게 요구되는 정보는 프랑스군과 영국군의 교리가 소모전 전쟁술에 집착하고 있다는 사실, 제1차 세계대전시와 같이 독일군의 '슐리펜 계획'에 대해 벨기에와의 국경선에 주력군을 배비한 정보, 아르덴느 삼림지역에서 전차 통과 가능성과 투입 가능한 전략군의 규모, 세당을 돌파 후 대서양 해안까지 진격할 때에 이를 저지할 수 있는 연합군의 존재 여부, 프랑스군 전차의 분할 편성 및 배비 실태, 연합군 공군의 운용에 대한 정보 등 전격전을 수행하는 데 긴요한 전략정보가 가장 중요하고 필요할 것이다. 전쟁 초기에는 독일군이 이런 전략정보를 정확하게 입수하고 활용하여 전쟁에서 괄목할 승리를 거두었다.

그러나, 전쟁의 후반기에 독일군이 소련을 침공하였을 때에는 소련군에 대한 전략적 · 작전적 정보 능력이 부족하여 소모전의 늪에 빠져들었고, 그 결과 커다란 피해를 입고 전쟁에서 패배하였다. 이와 같이 앞에서 제시한 전쟁 사례에서 칭기스칸, 누르하치, 나폴레옹과 이스라엘군이 모두 전쟁에 필요한 전략적 · 작전적 정보를 입수하고 잘 활용하여 전쟁에서 승리하였다. 반면에, 걸프전쟁에서 500km 이상 측방으로 기동하여 전략적 · 작전적 기동을 실시함으로써, 예하 전술 제대는 작전지역에 관한 정찰을 전혀 실시할 수가 없어서 전술적 수준의 전장정보준비(IPB)가 필요 없었다고 증언하고 있다. 마비전을 능숙하게 잘 수행하면 전술적 수준의 정보가 거의 필요 없는 상태가 된다.

(2) 마비전은 정확하고 적시적인 정보를 요구한다

마비전은 전쟁과 작전의 속도가 매우 빠르므로 작전의 템포에 부합되는 적시적인 정보를 요구한다. 앞서 '전쟁에 미치는 시간의 영향'이라는 항에서 마비전에 영향을 미치는 시간의 관점은 먼저시(時)와 빠름시(時)와 최적시(最適時)가 제일 중요하다. 즉 적군보다 먼저 전쟁을 개시하고 상황 조치를 하며, 적군보다 빠르게 작전을 수행하고 기동하며 행동하여야 한다. 그리고 최적시점에 타격하고 조치를 하여야 한다. 이러한 작전을 수행하려면 작전에 필요한 정확한 정보가 적시(適時)에 제공되어야 한다. 풀러는 "기계화 육군이 직면할 또 하나의 문제는 적의 기동을 적시에 보고하는 일이다. 더욱 큰 문제는 이 정보에서 이점을 획득할 수 있어야 한다는 점이다. 왜냐하면, 기동력이 증가할수록 이 정보 중요성의 시효가 감소되기 때문이다"[154]라고 하여 기동전의 빠른 작전속도에 맞는 정보의 적시성이 매우 중요하다고 강조하고 있는 것이다. 정보처리의 적시성은 전장에서 주도권을 장악하고 유지하는 데에 기초를 제

154) 풀러 저, 강창구 역(1995), 전게서, p.116.

공해 준다. 현대전에서 정보 제공의 적시성을 방해하는 주요한 원인은 정보처리의 병리현상이다. 정보는 수집-분석-평가-종합-전파 등 정보 처리의 과정을 거친다. 그런데, 현대에는 여러 가지 수집 수단으로부터 수집되는 정보가 너무 많아 그 중에서 가치있는 정보를 가려내는 것이 어렵고 시간이 소요되며, 이를 또 분석하고 평가하여 중요한 정보로 선정함이 또 어렵고 시간이 소요되고 있다. 그리고 개개의 정보를 종합하여 적의 작전 의도와 방법을 알아내고 이를 필요로 하는 부대에 전파하는 과정이 또 상당한 시간이 요구되고 있다. 그러므로 현대전은 정보의 홍수 속에서 가치있고 중요한 정보를 찾아내고 종합 및 정보판단 과정을 거쳐 전파하는 정보의 여과 과정이 매우 복잡하고 많은 시간이 소요되고 있기 때문에 마비전 수행에 요구되는 먼저시(時)와 빠름시(時)와 최적시(時)라는 시간의 관점을 만족시켜 주지 못하는 현상이 초래될 수 있다. 적군이 소모전을 수행할 경우에는 여유있는 작전을 수행할 수 있으나, 마비전을 수행하는 양쪽 군이 유동적인 상황하에서 서로 속도있는 작전을 실시할 경우에는 지휘관의 신속한 상황판단과 선제적인 조치가 주도권을 장악하고 유지하는 데 매우 중요한 사항이므로, 실시간(實時間) 정보가 더욱 요구되는 것이다.

이와 같이 마비전 수행을 위한 정보에서는 적군을 마비시키는 데에 필요한 전략적 · 작전적 정보의 중요성이 더욱 부각되고, 정보의 적시성이 주도권을 장악하는데 필수적인 요소라고 할 것이다. 그러므로 마비전 수행을 위해서는 정확한 전략적 · 작전적 정보를 수집하고, 이를 실시간에 처리 및 전파할 수 있는 체제의 준비가 요구되고 있는 것이다.

바. 주도권 장악은 적 조직심리를 마비시킨다

아군이 주도권을 장악하고 유지하는 전략적 조치는 적의 조직심리를 마비시키는 데 초점을 맞추고 있다. 앞서 기술한 바와 같이 주도권을 장악하고 유지하는 데 필요한 시간적 관점은 먼저시(時)와 빠름시(時)이며 심리적 요건은 적극성과 공세 정신이다. 아군이 적극적인 정신자세를 견지하고 전략적 선제 기습공격을 감행하여 주도권을 장악하고 적에게 수세를 강요한 다음에, 계속하여 공세 정신으로 작전속도를 빠르게 추진하면서 적의 대응 행동에 따른 우발 사태에 대하여 선제적인 상황조치를 계속하면서 주도권을 유지해 나가면, 적군 최고사령부가 단행한 모든 지휘 조치가 무위(無爲)로 돌아가면서 마침내 사령부 내에 패배감이 감싸고 사기가 떨어지면서 전쟁의지가 무너지는 결과가 초래되는 것이다. 적군이 계속해서 수세에 몰리면서 어떠한 대응조치도 성공하지 못하게 되면 위기 의식을 느낀 예하 작전사령부에서는 더욱 현실적으로 패배감이 만연하게 되고 사기가 저하되면서 전투의지가 약화되고, 좀 더 심해지면 전장을 이탈하려는 조짐이 나타나게 된다. 전쟁에서 주도권을 장악 및 유지하고자 하는 목표가 바로 적의 패배감, 사기 저하, 전투의지 약화, 그리고 적 최고사령관의 전쟁의지 굴복을 지향하고 있는 것이다.

2. 지휘체계 마비 원칙의 기본적인 원리

모든 조직은 유기체와 같아서 인체의 구성과 기능체계와 같다. 두뇌는 인식과 판단과 사고의 중추이며, 신경 체계는 감각의 전달과 사고와

지휘체계 마비의 원리

군대는 지휘체계와 엄정한 위계질서가 유지되는 강력한 조직이다. 따라서 군대의 전력 발휘는 고위 지휘관의 지혜와 의지에 따른 리더십에 의해 좌우된다. 단기간 내에 전쟁에서 승리하려면 적국의 최고 권력자와 최고사령관을 조기에 제거하고, 전쟁지도부와 최고사령부를 타격하여 지휘의 중추 기능을 마비시켜야 한다. 그 후에 적군의 주요 전략사령부와 작전사령부를 타격하여 전력의 통합 발휘와 작전실행을 마비시켜야 한다. 그리고 적의 지휘통제 및 통신과 정보체계(C4I)를 여러 가지 수단 및 방법으로 마비시켜야 한다. 지휘체계 마비는 적군의 전쟁의지를 굴복시키는 첩경이다.

결심을 신체 각 기관으로 전달하는 매개체이고, 팔과 다리와 각 기관은 활동하는 수단이다. 전쟁에서 군대 조직과 군사작전 활동도 인체의 구성과 기능 및 활동과 같이 이루어진다.

가. 적의 전쟁의지와 지휘의 중추를 마비시켜라

어떤 사람을 무능화 시키려면 그 사람을 죽이지 않더라도 두뇌를 가격하여 뇌의 기능을 마비시키면 인식 및 사고 기능이 무능화되어 활동을 못하고 능력을 발휘할 수 없는 멍청한 사람이 되고 만다. 이와 같이 적군 지휘의 중추를 조기에 마비시키면 그 군대가 전력 발휘는 물론 무능화되어 전쟁에서 조기에 승리할 수 있다.

적의 전쟁의지와 지휘의 중추를 마비시키기 위해서는 최우선적으로 적국의 최고 권력자를 제거하거나 무능화시켜야 한다. 왜냐하면, 전쟁을 수행하겠다는 의지를 가지고 결정하는 권한이 정부의 최고 권력자에게 있음과 마찬가지로, 전쟁을 중지 또는 종결하는 권한도 그에게 있기 때문이다. 또 많은 경우에 있어서 최고 권력자의 과대망상과 오만 그리고 과욕 등에 의해서 강요된 전쟁을 수행하는 사례가 많기 때문이다. 중국 역사상 수(隋)나라의 양제(煬帝)와 당(唐)나라의 태종 이세민이 과대망상과 과욕을 부려 대군을 이끌고 우리의 고구려를 침공하였다가 패배하고 돌아간 사례가 대표적이다. 또 독일의 히틀러가 제2차 세계대전을 일으킨 사례, 제3, 4차 중동전쟁에서 이집트의 나쎄르와 사다트 대통령이 오만과 과욕으로 전쟁을 일으킨 사례, 걸프전쟁과 이라크 전쟁을 일으킨 이라크의 후쎄인 대통령의 과대망상과 과욕, 한국 전쟁을 일으킨 김일성의 과대망상과 과욕 등 많은 전쟁 사례에서 최고 권력자의 과대망상과 과욕 및 오만으로 전쟁이 강요되었던 바, 그 최고 권력자가 죽거나 제거되자 전쟁이 종료되었다는 사실이다. 히틀러와 나쎄르와 후쎄인이 죽자 전쟁이 완전히 종결되었다. 또한 대부분의 왕조 국가나 독재국가에서는 최고 권력자가 과대망상과 과욕으로 전쟁을 일으키는 원인을 제공하고 있는 바, 그 최고 권력자가 조기에 제거되면 전쟁을 그치게 된다는 것이다. 앞에서 연구하였던 전쟁 사례에서도 페르시아의 다리우스왕이, 호레즘의 무함마드 2세 왕과, 이잔국(비류 백제)의 응신왕이 죽거나 도주하였고, 백잔국(온조 백제)의 아신 왕과 조선의 인조 왕이 조기에 항복함으로써 전쟁이 종결되었다. 이렇게, 그 나라의 전쟁의지와 지휘의 중추인 최고 권력자가 죽거나 도주 또는 항복하게 되면 전쟁이 조기에 종결된다는 것이다.

다음으로, 적국의 전쟁의지와 지휘의 중추인 적국 정부의 전쟁지도부와 적군의 최고사령부를 타격하여 최고사령관을 제거하거나 지휘 기능을 마비시켜야 한다. 적국의 전쟁지도부는 군사작전을 지원하기 위한 정부 차원의 전쟁지원에 관한 업무를 총체적으로 지휘하고 있으므로 이를 타격하여 마비시키면 적군의 전쟁 수행을 매우 어렵게 만들 수 있다.

적군의 최고사령부는 전쟁 수행을 위한 전략계획을 수립하고, 군대의 전쟁 준비를 추진하고 감독하며, 강력한 전쟁의지를 가지고 전쟁을 실행하고 이를 총 지휘한다. 따라서 적군의 최고사령부를 타격하여 최고사령관이 제거되면, 전쟁 지휘에 큰 장애와 혼란이 발생할 수 있다. 왜냐하면, 최고사령관은 그가 가진 전쟁술에 따라 전략(작전)계획이 수립되었고, 또 그 계획을 실행하기 위해 전쟁 지휘를 하며, 또 최고 권력자와 같은 전쟁의지를 가지고 강력하게 실행에 옮기고자 하는 전쟁 지휘의 중추이기 때문에, 이런 최고사령관의 부재는 전쟁 지휘에 공백과 혼선이 발생할 수 있는 것이다.

비록 곧바로 후임 사령관이 임명되더라도 처음부터 전쟁을 계획하고 결행하지 않았기 때문에 전반적인 전쟁 상황을 파악하고 이해하는 데 다소 시간이 소요될 것이다. 그러므로 과감한 결심을 쉽게 할 수 없는 것이며, 사령부가 타격을 받아 주요 참모들 마저 죽거나 부상당하여 사령관을 보좌하기에 어려움이 많게 될 것이다. 더구나 최고 사령부의 정보통신이 큰 타격을 받아 전쟁 상황을 파악하기 어렵게 되어 최고사령부의 지휘기능이 마비되게 될 것이다. 따라서 최고사령부의 지휘기능이 마비되어 최고사령관이 전쟁의 진행 상황을 알 수도 없고, 지휘 조치도 할 수 없어 결국은 그의 전쟁의지가 굴복될 수밖에 없는 것이다. 적의 최고 권력자와 최고사령관 및 사령부의 지휘기능이 마비되고, 전쟁의지가 굴복되면 전쟁을 조기에 승리로 끝낼 수 있는 것이다.

나. 적군의 지휘체계를 마비시켜라

군대는 위계 질서가 엄격한 임무 지향의 강력한 조직이다. 군대는 임무를 수행할 때 지휘체계에 따라 명령과 보고를 하면서 적시적인 행동으로 한다. 이 지휘체계는 최고사령부에서부터 주요 작전사령부를 거쳐 예하 부대 지휘소에 이르기까지 통신체계로 구성되어 있다. 이런 지휘체계를 풀어서 지휘 및 통제, 통신 및 컴퓨터 그리고 정보체계(C_4I : Command and Control, Communication and Computer and Intelligence System)라고 하고 있다. 이는 곧 상급사령부에서 통신 및 컴퓨터 체계를 통하여 지휘 및 통제를 하고, 정보를 수집하고 전파하여 임무를 수행하는 체계라고 할 수 있다. 그러므로 지휘 및 통제를 하는 주체는 각급 제대의 지휘소이고, 이들 지휘소 간에 통신과 컴퓨터 체계로 연결하여 예하 부대 지휘부가 정보와 상황을 보고하고, 상급사령부가 예하 부대에 작전명령과 정보를 하달하여 작전 행동으로 임무를 수행하게 한다.

(1) 주요 작전사령부를 타격하여 마비시켜라

전쟁은 최고사령부의 지휘로 전쟁(전략)계획에 따라 주요 전략사령부 및 작전사령부들이 행동으로 수행한다. 각군 전력을 합동으로 편성하여 전략적 임무를 수행하는 전략사령부와, 육 · 해 · 공군 및 특수전 부대가 주요 작전을 수행하는 작전사령부를 타격하여 마비시키면 예하 부대의 실질적인 작전 행동을 수행하지 못하게 할 수 있다. 이러한 주요 전략사령부와 작전사령부는 대체로 고정된 시설에 설치되어 있는 경향이 있으므로 이를 타격하여 마비시키면 이를 회복시키는 데 상당한 시간이 소요된다. 그러므로 매우 빠른 속도로 수행되는 마비전의 특성을 고려해 볼 때 아군이 주도권을 장악 및 유지하는 데 크게 기여하게 될 것이다.

또한 이런 주요 사령부는 예하 부대의 전력을 통합 및 분배하고 부여된 임무에 따라 여러 전력을 편조하여 통합된 임무를 수행하는 주체이기 때문에, 이런 주요 사령부의 지휘체계가 조기에 마비된다면 전략적 · 작전적 임무 수행에 커다란 차질을 빚을 가능성이 크다. 뿐만 아니라 이런 주요 전략 · 작전사령부의 사령관이 일찍 제거된다면 적의 전략 및 작전 수행에 큰 혼란이 야기될 수 있을 것이다. 이렇게 지휘체계가 마비되면 전략과 작전의 목적 및 목표를 달성하기 위한 전력의 통합운용이 불가능하게 되고, 전략 · 작전적 상황의 변화에 적시적절한 대응조치를 하지 못하여 회복 불가능한 상황에 처하게 된다. 앞에서 제시된 전쟁 사례에서 독일-프랑스 전쟁과 6일 전쟁 및 걸프전쟁에서는 프랑스군과 이집트군과 이라크군의 지휘체계가 전쟁 초기에 마비되어 패배하게 되었던 것이다. 따라서 이런 주요 전략사령부와 작전사령부를 타격하여 마비시키는 것은 적군의 실제적인 작전 행동을 못하게 하는 결과로 이어지므로, 아군이 전쟁의 주도권을 장악 및 유지하는 데 실질적으로 기여하는 효과가 유발되는 것이다. 이에 더하여 이런 상급 제대 지휘부의 무능과 불안한 분위기가 예하 부대 지휘부에 전달되고 장병들에게 전파되어 공포가 공황으로 확산되어 군이 붕괴되는 현상으로 이어지게 될 수 있다.

(2) 적군 지휘소 간의 통신과 컴퓨터 체계를 마비시켜라

적의 지휘체계를 마비시키기 위해서는 최고사령부와 주요 전략 · 작전사령부 그리고 예하 부대 지휘소를 연결하는 통신과 컴퓨터 및 정보체계를 타격하여 마비시켜야 한다. 그리하여 정보의 전파와 명령의 하달과 상황에 관한 보고를 불가능하게 함으로써 적의 군대를 무력화하여야 한다. 오늘날의 통신체계는 통신기기를 통하여 전파가 발송 및 수신되고, 원거리 통신을 위해 통신중계소, 지역별 통신센터 등을 통하여 이루어진다. 컴퓨터 통신도 유사한 체계로 이루어진다. 오늘날에는 과학기술의 발전에 따라 통신 위성을 띄워 지상의 여러 가지 장애를 극복하고 용이하게 통신을 하고 있다.

과학기술의 발전은 이런 통신체계를 공격하거나 방해하는 수단과 방법 또한 다양하게 만들었다. 직접적으로 지휘소와 통신시설을 타격하여 파괴하지 않아도, 전자전이나 전파를 방해하는 등 여러 가지 기술적 수단과 방법을 사용하여 통신을 차단 및 방해하고 있다. 암호 통신을 수신하여 암호를 해독함으로써 적의 대응 행동을 사전에 알아내고 역으로 선제 조치하여 실패로 돌아가도록 하기도 한다. 오늘날에는 통신 및 컴퓨터 체계가 전기 에너지를 사용하므로 전기 에너지 공급체계를 마비시켜 통신 및 컴퓨터 체계를 무능화하기도 한다. 장차전에서는 우주 전쟁에서 적국의 통신위성을 공격하여 통신 및 컴퓨터 운용체계를 마비시키는 방안도 충분히 예상되고 있다. 장차전에서는 적국의 통신 및 컴퓨터 체계에 적군의 공격 및 방해 능력을 초월하는 양자통신 기술 등 새로운 통신기술과 체계가 개발될 것으로 기대된다.

다. 지휘체계 마비는 적의 전쟁의지를 굴복시킨다

적의 지휘체계를 마비시키는 선제공격은 직접적으로 적국의 전쟁의지를 굴복시키는 큰 성과를 달성한다. 적국의 최고 권력자를 직접적으로 제거하는 공격이 성공하면 이는 직접적으로 적국의 전쟁의지를 굴복시켜 전쟁을 최단기간 내에 끝낼 수 있다. 적군의 최고사령관을 제거할 경우에는 적국의 최고 권력자가 후임 최고사령관을 임명하겠지만 최고사령부의 지휘 능력에 커다란 손상을 입고 충격을 받아 전쟁의지가 크게 저하될 수 있다. 적국의 전쟁지도부와 최고사령부가 타격을 받아 지휘체계가 마비되었을 때에는 전쟁을 제대로 수행할 수가 없어서 단기간 내에 적의 전쟁의지가 굴복될 수 있다. 적군의 주요 전략사령부와 작전사령부가 타격을 받아 지휘체계가 마비되었을 경우에는 통합된 전력 발휘가 어렵고 예하 부대의 실제적인 작전행동으로 옮겨지기 어렵기 때문에, 아군이 장악하고 있는 주도권을 탈취할 수 없으므로 적군 최고사령부의 전쟁의지가 무너지기 쉽다. 적군의 주요 통신과 컴퓨터 및 정보체계가 마비되었을 경우에는 명령과 보고 및 정보의 전파가 불가하여 신경이 마비된 사람처럼 아무 작전도 할 수 없는 무능한 군대가 되어 적군의 전쟁의지가 굴복될 수밖에 없는 것이다. 이렇게 적군의 지휘체계를 마비시키는 전략적 선제 공격은 적군의 전쟁의지를 직접적으로 굴복시켜 최단기간 내에 전쟁을 승리로 종결할 수 있다.

앞의 전쟁 사례에서 전쟁이 단기간 내에 종결된 사례는 대부분 적국의 최고 권력자가 사망 또는 도주하였거나 적군의 지휘체계가 전쟁 개시와 동시에 마비되었던 경우였다. 이런 결과는 군대가 엄격한 지휘체계에 의해 일사불란하게 작전을 수행하여 승패를 겨루는데, 군대의 지휘체계가 마비되면 작전 지휘가 불가능하기 때문에 적극적인 상대군의 작전에 일방적으로 당할 수밖에 없기 때문이다. 그러므로 전쟁을 감행하여 단기간 내에 승리하려면 적군의 지휘체계를 최우선적으로 마비시켜야 한다.

3. 공중 우세권 확보로 마비 원칙의 적용 원리

"하늘을 지배하는 자는 지상과 해상도 지배한다"는 지정학적 명제와 같이 현대전에서는 공중 우세권(제공권)을 확보하는 군대가 전쟁의 주도권을 행사하여 승리할 수 있다.

현대 이전의 전쟁에서는 지상과 해상에서 수행하는 전쟁은 많이 있었으나, 공중을 비행하는 무기와 장비가 없었기 때문에 공중을 장악하려

> **공중 우세권 확보로 마비시키는 원리**
>
> "하늘을 지배하는 자는 지상과 해상도 지배한다"는 지정학적 명제의 원리를 실현하기 위해서는 공중과 우주에서 우세권을 확보하여야 한다. 탁월한 과학기술 능력과 기습 및 공중전으로 적군의 항공 · 방공 전력을 격멸, 무력화하여 공중 우세권을 확보하여야 한다. 아울러 아군은 다층 방공망을 구축하여 영공을 방호하여야 한다. 다양한 소형 무인기를 개발하여 활용하고, 적의 소형 무인기에 대한 방책을 발전시켜야 한다. 또한 우주 공간의 우세권을 확보하여 적국의 정보와 통신을 무능화하고 우주 전쟁에 대비하여야 한다. 공중 우세권을 확보하면 적군의 조직심리를 쉽게 마비시킬 수 있다.

는 노력 자체가 없었다. 그러므로 하늘의 힘은 신의 영역에 속하는 것으로써, 인간은 오직 하늘의 권능을 인정하고 주간과 야간의 이용, 기상의 변화와 더위 및 추위에 대비하면서 전쟁을 수행하였다. 중국의 삼국 시대에 적벽 대전에서 촉나라의 제갈량이 풍향(風向)의 변화를 예견하고 강상(江上)의 대전에서 화공(火攻)으로 위나라 조조의 80만 대군을 단번에 격파하고 승리한 사례에서 보듯이 사람이 하늘을 통제할 수 없으니, 하늘의 힘을 예견하고 이용하여 승리를 쟁취할 수 있었던 것이다. 그러나, 항공기가 개발된 이후 현대전에서는 공중전을 우선적으로 수행한 후 지상 · 해상 작전을 수행하는 바와 같이 우선순위가 바뀌었다.

가. 제공작전으로 공중 우세권을 확보하라

공중 우세권을 확보하기 위해서는 먼저 제공작전을 수행하여 적의 공중작전 전력을 제거하여야 한다. 제일 좋은 방법은 6일 전쟁에서 이스라엘군이 수행하였던 것처럼 적군의 항공기지와 비행장을 기습 공격하여 적의 공중작전 전력을 일시에 제거하는 것이다. 다량의 미사일을 발사하여 폭파하는 방법도 있겠지만 이는 적의 항공기가 격납고에 대피하여 있을 경우에는 커다란 효과를 보기 어려울 것이다. 여러 가지 수단과 방법을 사용하여 우선적으로 적군의 비행장을 파괴하여 항공기를 뜨지 못하게 한 다음에 기지 내의 적 항공기를 제거하는 방법도 고려할 수 있을 것이다.

선진국에서는 적의 레이다 망을 무력화하는 스텔스 기능의 전폭기가 개발되어 적군을 기습적으로 공격하는 능력을 가지게 되었다. 따라서 이런 고성능 항공기를 활용하여 언제든지 적군의 항공기지를 기습적으로 공격하여 공중 우세권을 확보할 수 있게 되었다. 그러므로 공중 우세권을 확보하기 위해서는 이런 고성능 항공기를 개발하고, 충분한 양(量)을 확보하여야 할 것이다.

적의 항공 전력을 지상에서 파괴하지 못하였을 경우에는 적군 항공기와 공중전을 수행하여 격추시켜야 한다. 이 경우에는 제4차 중동전쟁시 이스라엘군처럼 항공기의 성능과 조종사의 전투기량이 적군보다 우수하여야 한다. 앞서 언급한 바와 같이 아랍 연합군의 조종사보다 이스라엘군 조종사들의 전투기량이 훨씬 우수하여 격추된 대부분의 아랍 연맹군 항공기들이 공중전에서 발생된 것이었다. 공중전에서 괄목할만한 성과를 거두는 데에는 항공기의 과학기술 수준과 성능의 격차가 커다란 역할을 하게 된다. 과거에는 공중에서 항공기끼리 접전하고 기총소사하여 격추시켰으나 오늘날에는 좀 더 원거리에서 적 항공기를 포착하여 미사일을 발사하여 격추시키는 방법으로 바뀌었다. 장차전에서는 레이저나 또 다른 에너지 무기가 개발되어 사용될 수도 있을 것이다. 또 악천후에서도 우수한 성능을 발휘하여 적군의 항공기를 제압하는 그런 기술도 필요할 것이다.

나. 다층 방공망을 구축하라

공중 우세권을 확보하기 위한 다른 방책은 대공 미사일을 조직적, 체계적으로 배치하여 다층 방공망을 형성함으로써 적군 항공기의 영공 침입을 방어하는 대책을 강구하여야 한다. 이는 현대전에서 거의 관례화된 것처럼 각국이 공통적으로 마련하는 대책이다. 문제는 얼마나 치밀하고, 조직적으로 방공망을 구축하였는가이다. 이런 방공망은 방공 무기의 사격 고도(高度)별로 여러 층의 망(網)을 형성하는 것으로, 각 작전 지역별로 저고도, 중고도 및 고고도 방공망을 구축하는 것이다. 적 항공기를 격추할 수 있는 미사일의 최적 사거리를 고려하여 그 사이에 추가적인 방공망을 구축할 수 있다. 이는 적 항공기의 속도와 방공 미사일의 속도를 상대적으로 고려하여야 할 것이다. 이스라엘군은 3~4층의 방공 미사일 망을 구축함으로써 거의 90% 이상의 적 미사일을 포착하고 파괴하여 영공을 방어하고 있는 것으로 최근의 중동 사태(2024년 9~10월, '헤즈블라'와 이란과의 대립)에서 확인되고 있다. 이런 방공망 형성에는 조기 경보 레이다 망의 구축이 매우 중요하다. 또한 적국의 스텔스 기능 항공기에 대한 방공 대책도 개발되어야 할 것이다.

적군의 방공망을 무력화하는 방책도 강구하여야 한다. 이 방책을 강구하기 위해서는 먼저 적군의 방공망을 구성하고 있는 방공기지와 레이다 및 방공무기의 위치에 대한 정확한 정보가 필요하다. 적군의 방공기지에 대하여 아군의 스텔스기나 미사일을 발사하여 적군의 방공 레이다와 무기를 타격하여 무능화시켜야 한다. 제4차 중동전쟁 시 이스라엘군 샤론 사단이 수에즈 운하를 역도하하여 공격하고 교두보를 확보한 다음에, 주변 지역의 방공기지를 지상군이 공격하여 무력화한 후 공군이 아단 사단의 도하 및 초월 공격을 지원함으로써 이집트군 3군을 포위하여 승리한 사례가 있다. 이는 역도하 공격시 이집트군 방공기지로 인하여 이스라엘 공군이 제대로 지원하지 못하여 큰 피해를 입었기 때문에, 이집트군 방공망을 무력화하는 조치가 필수적이었기 때문에 샤론 사단의 부대가 우선적으로 적의 방공망을 무력화한 것이다. 이렇게 적의 방공망을 무력화하는 데에는 공중 폭격, 미사일 공격, 지상군 및 특수전 부대의 투입 등 다양한 수단과 방법을 사용할 수 있다.

다. 다양한 소형 비행 전력의 우세를 확보하라

오늘날에는 항공기와 미사일 외에도 소형의 무인 항공기와 비행체들이 개발되어 전장에서 운용되고 있다. 헬리콥터기는 지상군이 운용하는 비행체이지만 이를 운용하는 데에는 많은 제한사항이 있다. 그러나, 요즈음 개발되고 있는 무인 항공기와 무인 비행체는 종류와 용도도 다양하지만 그 위력도 점점 커져가고 있다. 이런 소형 무인 비행체(드론)는 레이다에도 잘 포착되지 않을 뿐만 아니라 고도를 낮춰 지형 비행을 하므로 쉽게 발견되지도 않는다. 그러나 전파로 조종하거나, 인공지능(AI)에 의하여 자동으로 조종되므로 위험을 쉽게 피하면서 목표에 도달할 수 있다. 이러한 무인 항공기와 소형 무인 비행체가 이제는 폭탄을 싣고 적진 깊숙이 침투하여 살상 및 파괴 행위를 하고 있다. 우크라이나 전쟁에서 우크라이나군은 항공 및 우주 전력이 미약하기 때문에 이와같은 소형 무인 비행체를 운용하고 러시아 영토 깊숙이 침투 비행하여 타격하고 있다. 앞으로는 기술과 형태 및 목표가 다르고 위력이 다양한 각종 소형 무인기들이 더욱 많이 전장을 누빌 것으로 예상되기 때문에, 이런 유형의 저고도 공중 전력을 적극적으로 활용할 방책과 또 적군의 방책에 대한 대책을 발전시켜야 할 것이다.

라. 마비전 수행 위한 항공전력의 운용

항공기가 개발되고 전력화된 이후 항공 전략사상가들은 항공기의 위력을 활용하여 적국의 인구 밀집 지역이나 산업기지 등을 무차별 폭격하고, 적군의 병력, 무기 및 장비, 물자, 시설과 체계 등 모든 전력 요소들을 가리지 않고 폭격하여 엄청난 살상과 파괴를 저지르는 전략사상을 주장하여 왔다. 미국의 공군 창설에 공헌한 항공 전략사상가인 세버스키는 모든 전쟁이 총력전이므로 적국의 파괴를 항공력의 목표로 삼고, 항공력과 제공권 확보의 필요성 그리고 전략폭격의 중요성을 강조하였다. 그는 항공력으로 적국의 전쟁의지를 마비시킬 수 있다고 주장하며, 전략폭격으로 적의 산업능력을 겨냥해 가공할 일격을 가하거나 적국의 정부를 정밀 폭격할 것을 강조하였다. 그리하여 공중을 통제해야 지상 또는 해상 작전도 가능하다고 하며, 미국이 대규모 항공력을 건설해야 한다고 주장하였다. 이런 주장과는 달리 와든은 적국의 '전략 중심'을 선별해서 공격하는 이론을 제시하였지만, 그가 전쟁계획 수립에 참여하였던 걸프전쟁에서 미국 공군은 이라크의 전략적 중심 뿐만 아니라 모든 전력을 폭격하였고, 심지어는 사막에 배치된 전차까지 폭격하였으므로, 이라크군이 이런 전차를 위장하여 숨기고 승무원은 옆의 방카에 따로 숨어 있는 현상이 벌어졌다. 이러한 전쟁수행 방법은 소모전 이론에 따른 것이지 마비전 전쟁술의 현상이 아니다. 마비전은 적군을 마비시켜 승리하고자 하는 전쟁 유형이기 때문에 걸프전쟁과 같은 불필요한 살상과 파괴를 할 필요가 없는 것이다. 전쟁에서 항공 전력의 위력을 과시하기 위하여 전쟁에서 승리하는 데에 꼭 필요하지 않은데도 이렇게 살상과 파괴를 하도록 이끌리는 경향이 있다고 볼 수 있다. 항공전에서도 마비전을 수행하려면 공중 우세권을 확보하기 위하여 적국 공군의 전투기들을 폭격 또는 격추시키고 방공기지들을 폭격하더라도, 적군의 폭격기와 수송기들은 작전활동을 하지 않는 한 꼭 파괴할 필요가 있겠는가? 왜냐하면, 아군이 공중 우세권을 확보하게 되면 적군 폭격기와 수송기들은 작전 활동을 할 수 없을 것이기 때문이다. 이와 마찬가지로 지상군에서도 아 주력군이 우회 기동하여 적군의 지휘체계와 병참선을 차단하고 마비시켜 적의 사기가 저하되고 패배의식에 사로잡힌 적군이 붕괴되도록 만들어야지, 전선에 배치된 부대와 전차 등 장비들을 꼭 폭격하여 파괴할 필요가 있겠는가?

걸프전쟁에서도 연합군의 주공인 미국군 7군단이 공세정신을 가지고 더욱 적극적으로 기동하여 쿠웨이트에서 이라크에 이르는 주요도로를 완전히 차단하여 이라크군을 포위하고 항복을 받았더라면, 전쟁 종료 선언 후에 이라크로 돌아가는 이라크군이 없었을 것이다. 그렇게 하였다면, 10여년 후에 또 다시 이라크 전쟁을 치르는 사태는 일어나지 않았을 것이다. 그러므로 마비전에서는 공중 우세권을 확보하여 적군을 마비시켜 승리하려는 목적에 맞게 항공 전력을 운용해야 하며, 목적 이외의 불필요한 살상과 파괴를 하지 말아야 한다.

마. 우주 전력의 우세를 확보하라

현대 및 장차전에서는 공중 공간 뿐만 아니라 우주 공간이 전쟁에 미치는 영향이 점점 더 커져가고 있다. 오늘날에는 우주 공간이 정보와 통신의 운용 면에서 큰 역할을 하고 있다. 위성에서 적국의 전 지역과 해역에 걸쳐서 빈틈없이 정찰을 하고, 정밀한 사진을 찍어 본국으로 전송하고 있다. 또한 통신위성에서 지상의 장애에 관계없이 모든 지역 및 해역에 걸쳐서 통신을 가능하게 하고 있으며, 적국의 통신을 감청하기도

하고 방해하기도 한다. 이러한 정보와 통신이 거의 실시간(實時間)에 이루어지고 있으므로 마비전 수행에 큰 역할을 하고 있다. 그러므로 이렇게 우주 전력을 운용할 수 있는 국가와 그렇지 못한 국가는 전쟁수행 능력에 커다란 차이가 날 수밖에 없다. 적의 작전 활동에 관한 정확한 정보를 실시간에 입수하고, 즉각적인 상황판단과 결심으로 선제적인 상황조치를 계속하여 나간다면 주도권을 장악 및 유지하여 전쟁에서 승리할 수 있음은 당연한 일이라 할 것이다. 그러므로 마비전에서 승리하기 위해 우주 전력에서 적보다 우세를 확보하여야 한다.

장차전에서는 우주 기지에서 적국의 우주 기지를 공격하거나, 적국의 위성을 공격하는 우주 공간에서의 전쟁이 발생할 것으로 예상된다. 인간이 상상하는 많은 일들을 현대 과학기술이 이루어내고 있기 때문이다. 우주기지나 위성에 사람이 직접 가서 행할 수도 있지만 오늘날에는 인공지능(AI)을 가진 로봇트(Robot)가 대신 수행할 수도 있다. 숨을 쉬어야 살 수 있는 사람보다 인공지능 로봇트가 더 지속적으로 능숙하게 할 수 있을 것이다. 과학기술이 더욱 발전하게 되면 현대보다 더욱 가공(可恐)할 위력을 가진 우주 무기 및 장비가 개발될 수도 있을 것이다. 이제는 미래의 마비전 수행을 위해 우주 전쟁에 대비하여야 한다.

바. 공중 우세는 쉽게 적의 조직심리를 마비시킨다

공중 우세를 확보하여 하늘을 지배하면 전쟁에서 적군의 조직심리를 쉽게 마비시킬 수 있다. 항공기는 무엇보다도 비행 속도가 빠르기 때문에 미리 계획한다면 적에게 먼저 기습적인 공격을 가하여 큰 충격을 안겨줄 수 있다. 이러한 기습적 일격이 앞서 언급한 적군 지휘체계의 중추에 가해졌거나, 적군의 공중 전력에 회복이 불가능한 타격을 주었을 경우에는, 적군이 큰 충격에 휩싸여 단번에 공황 상태에 이르고 패배의식에 사로잡혀 조직심리가 마비될 수 있다. 또한 항공 폭격은 그 위력이 대단히 크기 때문에 일시에 적에게 큰 피해를 줄 수 있고, 적군 장병들에게 주는 심리적 충격이 매우 크다고 할 것이다. 그리고 공중전의 결과 항공기의 기술적 수준과 성능에 큰 차이가 확인될 경우에는 적군의 항공기가 교전을 피하고 도망가는 현상이 발생할 것이며, 이 결과 적군의 공군에게 사기 저하는 물론이고, 공포와 공황을 유발하며, 패배 의식이 만연하여 마비되어 버리는 현상이 발생할 것이다. 걸프전쟁과 이라크 전쟁에서 이라크의 공군이 교전과 폭격을 피하여 인접국인 이란으로 대피한 사례가 이를 증명해 주고 있다.

아군이 공중우세권을 확실하게 확보할 경우에는 적국의 공군은 이미 무력화된 상태이고, 적국의 지상군과 해군도 주도적인 작전 활동을 하기가 어려우므로, 아군의 공군 활동으로 적군의 지상 및 해상 전력이 소극적인 작전을 하거나 숨어 있어야 하는 상태가 되어, 이러한 상황에 대한 인식이 단시간 내에 전 예하 장병들에게 전파되어, 전군의 사기가 무너지고 패배의식이 만연하게 되며, 심지어는 공황 상태에 이르러 도주하거나 항복하여 포로로 잡히는 장병들이 급격히 늘어날 수 있다. 이렇게 공중우세권을 확보하게 되면 지상 및 해상에서의 작전이 더욱 과감하고 속도있게 진행되어 전쟁 승리를 더욱 앞당기고 확실하게 만들 수 있는 것이다. 이렇게 공중우세권의 확보는 적군의 조직심리를 더욱 쉽고 빠르게 마비시켜 전쟁 승리를 앞당길 수 있다.

4. 에너지 공급체계 마비 원칙의 적용 원리

에너지는 전쟁에 임한 장병들과 무기 및 장비, 시설과 체계 운용의 원동력으로서 전쟁을 수행하는 근본적인 힘이다. 사람에게는 정신력도 큰 힘을 발휘하지만 무엇보다도 음식을 먹어야 살 수 있고 힘을 내어서 싸움에 임할 수 있다. 그러므로 고대와 중세 시대의 전쟁에서는 유혈이 낭자한 전투를 하지 않고 쉽게 이길 수 있는 방법으로 적군의 식량 창고를 불태우거나, 식량 수송대를 격멸하거나, 우회기동으로 적군의 배후로 진출하여 병참선을 차단함으로써 전쟁을 승리로 이끌은 사례가 많다. 『삼국지』를 보면 조조가 8만 군으로 원소의 1백만 대군과 싸우는

에너지 공급체계를 마비시키는 원리

에너지는 전쟁에 임한 장병들과 무기 및 장비, 시설과 체계를 운용하는 원동력으로서 전쟁을 수행하는 근본적인 힘이다. 현대전에서 주로 사용되는 에너지는 식량, 석유(유류), 가스, 전기와 화약과 원자력 등이다. 전장에 이런 에너지의 공급체계를 마비시키면 적과의 유혈 전투를 최소화하면서 적군을 무력화하여 승리할 수 있다. 이 가운데 전기가 가장 주된 에너지이므로 우선적으로 전기의 발전, 저장, 송전 및 배전 시설과 장비를 파괴하고 무능화시켜야 한다. 전기 공급을 근원적으로 차단하면 국가의 주요 체계와 군의 지휘 및 군수지원 체계가 마비되어 전쟁 수행에 큰 차질이 발생한다. 대부분의 군 무기 및 장비와 나라의 수송 체계가 유류를 사용한다. 이런 유류 공급체계를 마비시키려면 정제시설과 각종 저장시설과 파이프라인, 급유시설, 군의 급유 장비 등을 파괴 또는 기능을 상실시켜야 한다. 그리고 적국의 화약 재료 공급과 제조 공장, 탄약과 포탄 생산 공장과 저장 시설, 수송 장비들을 파괴하여 공급을 차단하여야 한다. 이러한 에너지 공급체계가 마비되면 전장에 있는 장병들의 전투의지를 약화시켜 적군의 전투력을 급속도로 저하시킬 수 있다.

데, 조조가 오창에 있던 원소 군의 식량창고를 불태움으로써 단번에 전쟁의 주도권을 장악하였고, 이로 인하여 원소 군이 붕괴되어 승리한 사례가 기술되어 있다.

앞에서 제시한 전쟁이론에서도 손자가 적군의 식량창고를 불태우고, 식량 수송로를 차단하며, 심지어는 적국 깊숙이 침공하여 적의 식량을 탈취함으로써 적군이 식량부족으로 전쟁에서 패하게 되는 방책을 기술하였다. 이렇게 과거의 전쟁에서는 식량이 가장 중요한 에너지원이었기 때문에 유혈전투 없이 이기는 가장 좋은 방법으로 활용되었던 것이다.

근세의 르네상스 이후에는 증기기관차와 같은 기계의 엔진이 개발되면서 연료가 석탄에서 석유로 바뀌고, 이제는 석유류와 개스가 장비 가동의 주연료로 사용되고 있다. 또한 전기를 생산하는 다양한 방법들이 개발되면서 현대에는 모든 무기와 장비, 시설과 체계에 석유류와 전기가 결합되어 원동력으로 사용되고 있다. 통신과 컴퓨터 체계가 다 전기를 기반으로 하여 운용되고 있다. 그리고 현대 무기는 대부분 화약을 원료로 하는 탄약과 포탄이 장착되어 살상과 파괴의 힘으로 사용되고 있다. 그러므로 현대전에서는 식량과 화약, 석유와 전기가 전장에 공급되지 않으면 대부분의 무기 및 장비를 운용할 수 없어서 전투력 발휘가 불가능하다. 따라서 유혈 전투 없이 전쟁에서 이기려면 이런 에너지 공급을 차단시켜야 한다.

가. 적국의 전기 공급체계를 우선 마비시켜라

적국의 전쟁지도부와 최고사령부 그리고 주요 예하 부대의 지휘소를 운용하는 원동력은 전기 체계이다. 이동식 지휘소는 발전용 차량에서 전기를 생산하여 공급하지만, 대부분의 상급부대 지휘소는 주요 시설을 사용하므로 국가의 발전(發電) 및 전기 공급체계에 의해 전기가 공급된다. 따라서 발전소를 직접적으로 타격하기보다는 생산된 전기를 저장 · 송전 · 분배하는 시설과 체계를 타격하여 전기 공급을 차단함으로써 지휘소 운용과 통신 및 컴퓨터 운용체계를 마비시켜야 한다. 발전소 부근의 전기 저장 및 송전 시설과 체계를 타격하여 전기 공급을 근원적으로 차단하면 적국의 정부는 물론 국가의 모든 체계가 마비되어 정지된다. 대부분의 국가 체계가 마비되고 정지되면 정부의 전쟁 지원이 어렵게 되고, 국가의 교통 및 운송체계와 통신 및 컴퓨터 체계가 모두 마비되어 가동이 멈춰서게 된다. 이러한 결과로 대부분의 상급 부대 지휘소의 운용에 커다란 장애가 발생하여 지휘체계가 마비될 수 있다. 이라크 전쟁에서 실제로 이런 현상이 발생하여 이라크의 후세인 정부가 할 수 있는 모든 업무가 정지되었다. 모든 통신 및 컴퓨터 체계가 마비되어 전쟁 상황을 파악할 수도, 명령을 내릴 수도 없었다.

또한 교통 및 수송체계도 마비되어 병력의 증원도, 무기와 장비의 수송도 어려웠다. 이와 같이 국가의 전기 공급체계가 마비되면 국가와 군의 중요한 체계가 마비되어 전쟁 수행이 어렵게 된다. 마비전 수행과 관련하여 아군 지휘체계의 멈춤없는 운용을 위하여 이동식 소형 발전 장비가 필요할 것이다. 현재에도 각 부대별로 소형 발전장비가 있지만 발전량이 적고 안전에 취약한 편이다. 원자력 잠수함과 같이 견고하고 효율적인 발전장비가 요구되고 있다.

나. 적국의 유류 공급체계를 마비시켜라

대부분의 군 무기 및 장비는 유류를 사용하여 가동되고 성능이 발휘된다. 이런 유류에는 항공유, 휘발유, 경유, 오일, 유압유, 윤활유, 강중

유 등 다양한 종류의 기름을 사용하고 있다. 이 가운데 엔진에 사용되는 항공유, 휘발유와 경유가 대량으로 소모되므로 제때에 충분히 공급되어야 한다. 이를 위하여 국가와 군의 유류 공급체계가 가동되어야 한다. 유류 공급체계는 석유 채굴시설(산유국일 경우), 저장시설, 정제시설(석유 화학 공장), 파이프라인, 지역별 저장시설, 부대별 저장탱크, 부대별 유조차(대, 중, 소) 등 다단계의 체계로 구성되어 있다. 공군에는 항공기지와 비행장까지, 해군에는 기지까지 이러한 유류 공급체계가 갖추어져 연료가 공급되고 있다. 작전 중에는 공중 급유기로 항공유를 공급하고, 함선과 함정에 대하여는 유조선으로, 지상군의 전차와 자주포 등은 대형 유조차로 기름을 공급한다. 적진 깊숙이 진격하였을 때에는 파이프라인이 없으므로 종심깊은 유류 공급대책을 강구하여야 한다.

이런 유류 공급체계를 마비시키려면 정제시설과 각종 저장시설과 파이프라인, 급유시설, 대형 급유기, 유조차, 유조선 등을 파괴 또는 기능을 상실시켜야 한다. 때에 따라서는 이라크가 쿠웨이트를 침공하고 점령한 후 쿠웨이트의 유류 공급체계를 이용하였던 바와 같이 적국의 종심깊은 곳에 갖추어진 유류 공급시설을 역이용하는 방안도 고려해 볼 수 있다. 이러한 유류 공급체계가 마비되면 각급 부대 지휘소의 발전장비의 가동이 중단되어 전기 생산이 함께 중지될 수도 있다. 어쨌든지 적군의 유류 공급체계가 마비되면 적군 전투장비의 가동율이 급격히 저하되어 전력발휘가 마비될 수 있다. 제2차 세계대전시 북아프리카 전역에서 독일의 롬멜군이 영국군을 상대로 연전연승하였으나, 영국의 공군과 해군이 지중해를 장악하여, 독일군이 롬멜군에게 유류와 추가적인 무기와 장비를 공급하지 못함에 따라 롬멜군의 전력이 급격히 저하되어 끝내 영국군에게 패배하여 북아프리카를 상실하게 되었다. 이 사례에서 보듯이 롬멜같은 전쟁의 귀재도 전투장비와 유류가 부족하여 약화된 전력으로서는 패배할 수 밖에 없다는 사실이다. 또한 이 사례에서도 영국군의 공중 우세권 확보가 지중해의 제해권도 확보하고, 북아프리카 전역에서 승리하는 요인이 되었다는 것을 알 수 있다. 이와 같이 유류 공급체계를 마비시키면 적군의 전력 발휘를 크게 제한하여 아군이 주도권을 계속 유지하고, 전승을 기약할 수 있는 것이다.

다. 기타 에너지 공급체계를 마비시켜라

전기와 유류 이외의 에너지는 가스(gas), 탄약과 포탄, 그리고 식량이 있다. 군의 전투 장비는 거의 가스를 사용하지 않는 경향이다. 그 이유는 파괴될 경우 폭발이 동시에 일어나 피해가 더욱 커지기 때문이다. 중세 이후에 화약이 전쟁에 크게 활용되었으나, 현대에는 대부분 탄약, 포탄, 미사일 등으로 제조되어 신관과 별도로 공급되고 있다. 그런데, 화약으로 탄약과 포탄을 제조하는 것은 공장에서 대량 생산하여 부대별 탄약고에 저장하거나, 작전시에는 탄약 차량에 적재하여 수송하여 공급하고 있다. 따라서 적군의 파괴용 에너지 공급을 마비시키려면, 적국의 탄약 및 포탄 생산 공장을 무능화시키거나, 공장에 화약을 공급하는 근원을 타격하거나 공급을 중단시키는 방안이 유효하다고 할 것이다. 그리고 탄약 및 포탄 저장 시설을 파괴하는 방안을 고려하여야 할 것이다. 그러나, 공장에서 생산된 탄약과 포탄을 수송하는 체계는 식량 수송과 함께 다음의 군수지원체계 마비의 원칙에서 논의하고자 한다. 식량의 경우에는 장병들이 조작하는 전투장비에 몇 일 분을 적재하여 취식하고 있기 때문에 기계화군에게는 매우 유리하며, 더구나 마비전은 단시일 내에 끝날 수도 있어서 고민을 덜 수 있을 것으로 본다.

라. 에너지 공급체계 마비는 적 조직심리에 직접적으로 영향을 미친다

전장에서 사용되는 에너지는 장병들이 전투에서 직접적으로 사용하여 전투력을 발휘하기 때문에, 에너지 공급체계가 마비되어 전장에 필요한 에너지가 적시에 공급되지 않으면 부대 장병들의 조직심리에 직접적으로 영향을 미친다. 이럴 경우에는 장병들이 불리함을 직접적으로 체감하기 때문에 불안과 공포감에 사로잡히게 되고, 사기가 급격히 저하되며, 군기가 이완되고 패배의식이 만연하여 전투의지를 상실하기 쉽다. 평소 신뢰하던 지휘관의 적절한 리더십으로 잠시 동안은 이런 장병들의 심리를 안정시킬 수 있겠지만, 전기가 공급되지 않아 상 · 하급 제대간에 지휘가 단절되고, 유류가 없어 전투장비 가동이 안되며, 포탄이 부족하여 사격을 할 수 없다면 현장 지휘관이 이를 어떻게 무마할 수 있겠는가? 그러므로 에너지 공급체계가 마비되면, 전장의 장병들의 전투 에너지 즉, 전투의지를 직접적으로 떨어뜨려 전력발휘가 급속도로 저하되게 된다.

5. 우세 확보로 마비 원칙 적용의 원리

우세 확보로 마비시킨다는 원칙은 적을 위협할 훨씬 우월하고 거센 힘을 확보한 다음에 과감하게 공격하여 적에게 생존을 위협하고 공포심을 유발함은 물론 전투의지를 약화시켜 마비시킨다는 의미이다. 우세에는 절대적 우세와 상대적 우세가 있다. 절대적인 우세는 병력과 무기 및 장비 등을 포함한 유형 전력이 전체적으로 적보다 우세하다는 뜻이다.

이는 적보다 인구도 많고 영토도 넓은 대국일 경우에 쉽게 획득할 수 있는 우세이다. 그러나, 프러시아의 몰트케처럼 상비군 외에 예비 전력을 신속하게 동원하고, 철도를 이용하여 전선에 신속하게 이동시켜, 오스트리아나 프랑스의 상비군보다 절대적으로 우세한 병력을 확보한 다음에 기습적으로 공격하여 승리한 사례처럼, 국력은 열세이지만 예비 전력을 신속하게 동원함으로써 절대적 우세를 확보한 사례도 있다. 그러나, 이런 사례는 매우 특이하고 예외적인 경우이다.

약소국이 열세군으로 대국의 우세군을 상대로 하여 전쟁을 수행할 때에는 상대적인 우세를 확보하는 방안이 합리적이라고 할 것이다. 상대적인 우세를 확보한다는 의미는, 절대적인 전력은 약세이지만 다양한 수단과 방법을 이용하여 공격하고자 하는 시간과 대상에 신속하게 전력

우세 확보로 마비시키는 원리

우세 확보는 적을 위협할 우월하고 거센 힘을 확보한다는 의미이다. 이 원칙 적용의 요건은 '먼저시(時)', '빠름시(時)', '최적시(時)'를 연결하고 우세를 확보하여 공격함으로써, 적의 생존을 위협하고 충격을 주어 전투의지를 약화시키는 것이다. 우세는 전력의 집중을 통하여 확보된다. 열세군이 우세군과 싸우는 전쟁에서는 상대적인 우세를 확보하여야 한다. 또한 상대적인 우세에는 양적 · 질적 우세, 양과 질을 합한 우세, 기세와 심리적 우세가 있다. 전장에서 아 분산→적 분산 후 아군이 신속히 집중하여 우세를 확보, 적의 약점에 신속히 집중하여 양적 우세를 확보할 수 있다. 또 분산된 여러 대상에 대하여 시차를 두고 신속하게 기동하여 시간적 집중으로 우세를 달성하는 방법도 있다. 병력과 무기 · 장비 등의 양적 열세를 극복하여, 화력과 무기 · 장비의 기술과 성능의 격차로 질적인 우세를 확보하거나, 맹렬한 작전 · 기동 속도에 따른 기세의 우세와, 정예 부대의 전승에 대한 자신감과 높은 사기와 전투의지에 기반한 심리적 우세를 확보하는 방법도 있다. 이런 모든 우세 확보의 지향 목표는 적군의 조직심리를 마비시키는 데 있다.

을 집중하여 적보다 우세한 전력을 확보하는 방안을 말한다. 우세 확보는 전력의 집중을 통하여 달성된다. 군의 교범에 '전쟁의 원칙'을 기술하고 있는데, 여기에 '집중의 원칙'이 있다. 즉 결정적인 시간과 장소에 전력을 집중하여 우세를 확보한다는 개념이다. 이러한 집중은 신속한 기동력으로 달성되고, 기습 달성과도 연계된다. 즉 신속한 기동 속도를 이용하여 집중을 달성함으로써 상대적인 우세를 확보하고자 하는 원칙이다.

상대적인 우세를 확보하는 방법에는, 양(量)적인 우세를 확보하거나, 질(質)적인 우세와 심리적 우세를 확보하는 방법이 있다. 그리하여 상대적인 우세를 확보하는 방안에는, 적은 분산시키고 아군은 신속히 집중하는 방안, 적의 약점에 집중하는 방안, 공격할 대상별로 시차(時差)를 두고 시간적으로 집중하는 방안, 전력의 양적 우세보다 질적 전력의 우세, 공격 기세(氣勢)의 우세, 심리적 우세를 확보하는 방안 등이 있다. 이 중에서 공격 기세의 우세를 확보하는 방안은 제7항(작전속도로 마비)에서 설명하고자 한다.

가. 적 분산, 아 집중으로 우세를 확보하라

앞에서 손자의 기동 전쟁술을 분석 및 평가하면서 "아군은 집중하고 적은 분산되어 마침내 아군이 적의 10배가 되는 병력으로 공격하는 셈이 되므로, 아군은 우세하고 적이 열세한 형세가 된다"고 한 손자의 병법 내용을 제시한 바 있다. 바로 이 논리가 적을 분산시키고 아군이 집중함으로써 달성되는 우세 확보의 이론이다. 그런데, 여기서 적을 분산시키는 방법이, 적은 형체를 드러냈는데, 아군은 형체와 의도를 드러내지 않음으로써, 적이 아군의 의도에 대하여 어떻게 대비해야 할지 확실하지 않기 때문에 부대를 분산하여 전 지역에 걸쳐 대비함으로써 분산된다는 것이다. 이와 같은 현상은 호레즘 전쟁에서 입증되었다. 호레즘군은 약 40만 명 정도의 대군이었는데도 몽고의 주치군에 대항하여 약 4만 명을 전면에 배치하고, 나머지 주력군은 몽고군이 어디로 공격해 올지 몰랐기 때문에 전국에 분산 배치하였는데, 정작 몽고군은 4개의 진격로로 진출하여 호레즘의 수도 사마르칸트로 집중하여 압도적인 우세를 확보하였다. 울름 전역에서도 나폴레옹 군의 의도를 모르는 오스트리아군이 분산되어 천천히 전장으로 접근 중인데, 나폴레옹 군이 20만여 명의 대군을 집중하여 울름 지역에 있는 5만여 명의 마크 군을 포위하여 항복받은 사례도, 적이 분산된 상황에 대해 아군이 집중함으로써 우세를 확보하여 마비시켰던 것이다. 이와 같이 적이 비록 우세한 유형 전력을 보유하고 있어도, 적이 아군의 의도를 모르고 분산 배치하고 있는 상황을 역이용하여 아군이 결정적인 시간과 장소에 집중하여 공격한다면 상대적인 우세를 확보하여 놀라고 충격받은 적을 마비시켜 이길 수 있는 것이다. 아군이 의도를 드러내지 않으면서도 아군이 의도적으로 분산하여 적군으로 하여금 따라서 분산하게끔 유도한 후에, 아군이 먼저 신속한 기동 속도를 활용하여 계획한 최적시점과 대상에 전력을 집중하여 우세를 확보할 수도 있다.

나. 적의 약점에 집중하여 우세를 확보하라

적의 강점에 대한 집중은 큰 효과를 거두지 못한다. 왜냐하면 적의 강점에 대해서는 집중하여도 우세를 확보하기 어렵기 때문이다. 그러므로 적의 약점에 대해 집중하여 우세를 확보하는 것이 올바른 집중의 뜻이다. 적의 약점이란 군 전력 발휘의 중요성에 비하여 덜 방호 및 경계되고 있는 대상을 일컫는다. 이런 약점은 적군의 배치가 없거나 미약한 지역, 적의 경계가 소홀한 곳, 적 주력군의 배후에 병참선을 차단할 수 있는 지역, 소규모의 부대가 경계하고 있는 주요 상급사령부 등 공격함으로써 적군에게 큰 충격을 주고 마비시킬 수 있는 곳을 이른다. 이 약점과 관련하여 와든은 5개 전략동심원 모델에 관한 이론을 제시하면서 '모든 힘과 운동의 축'을 나타내는 '전략적 중심(center of gravity)'이 존재한다고 하며, 적국을 취약하게 만들 수 있는 특정한 전략적 중심이 있다고 설명하고 있다. 와든의 이론에서는 제1,2,3 동심원의 주요 전략적 중심은 타격하면 적국을 취약하게 만들 수 있는 약점이라 할 수 있다. 또 레오나드는 중심으로 표현하면서도 이는 적의 힘의 원천이 아니라 결정적인 취약점으로서 파괴되거나 무력화될 경우 적의 전투력이 마비되어야 할 약점이라고 설명하고 있다. 이러한 중심들은 파괴되거나 무력화될 경우 적국과 적군이 매우 취약하게 될 약점으로서, 이 약점에 집중하고 우세를 확보하여 타격하면 적군을 마비시킬 수 있다.

적군의 약점에 집중하려면 적의 강점은 소규모 전력으로 고착시키고 견제하여야 한다. 손자는 이를 "정공법으로 적을 고착한 다음에 기공법으로 승리한다(以正合 以奇勝)"고 하며 변화무쌍한 방법들을 적용하여 전쟁에서 승리하여야 한다고 강조하였다. 이미 앞 항에서 언급한 바 있지만 적의 주요 사령부 및 지휘부, 적 공군의 항공기지 및 비행장, 적국의 에너지 공급 및 수송체계, 그리고 군수지원체계 등 전쟁 수행에 막대한 영향을 미치는 약점들이 산재해 있으며, 또 이런 약점에 대한 방호 대책이 매우 미약하기 때문에 이런 약점들에 전력을 집중하여 타격하면 우세를 확보할 수 있는 것이다. 그리고 이런 약점들에는 방호하고 있는 전투력이 대단히 미약하므로 특별히 많은 전력을 집중하지 않아도 우세를 확보할 수 있다. 인천상륙작전에서는 인천이 상륙지역으로 부적합하다고 판단하여 북한군이 방어배치를 미약하게 하였으므로, 1개 군단(-)규모의 전력으로 상륙하여 2일 만에 교두보를 확보하고 곧바로 서울로 진격하여 탈환할 수 있었던 것이다. 전쟁에서 인천 항은 북한군에게 큰 약점이었고, 1개 사단 정도의 전력만으로도 우세를 확보할 수 있었는데 1개 군단(-) 전력과 공군 및 해군의 지원 전력은 그야말로 압도적으로 우세한 전력이었던 것이다.

위에서 분석 및 평가하였던 바와 같이 전쟁을 수행하는 과정에서 전략적 · 작전적 약점은 계속하여 변하고 있다. 한국전쟁 초기에는 인천 항이 커다란 중요성을 가지지 못했지만, 북한군이 남침을 계속하여 낙동강까지 진출한 상황에서는 적군의 허리를 꺾을 수 있는 중요한 지역이 되어 북한군의 중대한 약점이 되었던 것이다. 오스테를리츠 전역에서도 러시아군이 공격해 옴에 따라 프라첸 고지는 나폴레옹 군이 러시아군을 좌 · 우로 양분할 수 있는 요충지로서, 또 사찬 호수는 러시아군의 후방을 차단할 수 있는 장애물로서 러시아군에게는 중대한 약점이 되었던 것이다. 그러므로 전쟁을 수행하면서 변화하는 강점과 약점을 계속 평가하면서 그에 대한 대비를 잘하여야 할 것이다.

다. 질적으로 우수한 전력의 우세로 마비시켜라

전쟁에서 확보하려는 우세는 유형 전력의 단순한 수적 우세만을 의미하지 않는다. 전장에서 발휘되는 총합적인 전력의 우세가 더 큰 의미를 가진다. 한산대첩에서는 왜군의 함선이 수적으로는 이순신 장군의 3도 수군의 함선보다 20여 척이나 많았지만, 왜군의 함선은 병력과 물자의 수송용으로 제작되어 높이가 낮고 견고하지 못한 반면에, 조선의 판옥선은 '해전(海戰)'용으로 건조되어 매우 견고하고 2층으로 노군(櫓軍)과 전투원이 구분되어 전투를 할 수 있었으며, 장착된 총포는 매 함선에 왜군은 1문인데 반하여 조선군의 판옥선은 14문씩 장착되어 있어서 해전 수행간에 왜군이 판옥선에 승선할 수 없었고, 조선의 함대가 발사하는 총포의 위력에 속수무책으로 파괴되고 침몰하여 패배하게 된 것이다. 이 해전 승리의 요인은 함선의 수가 아니라 함선의 우수성과 총포가 발사하는 화력의 세기 등 전력의 질적 우세가 가장 중요한 원인이었다. 독일-프랑스 전쟁에서 국가 전체의 전차와 항공기의 수량 면에서는 프랑스군과 영국군이 더 많았지만 이를 분산 편성하고 다른 전장에 투입하였던 반면에, 독일은 전차를 10개 기갑사단에 집중 편성한 후 그 중 7개 사단을 기갑군단 및 기갑군으로 집중 편성하여 주공 전력으로 운용하고, 항공기도 주공 정면에 집중 운용함으로써 군의 구조 및 편성과 운용 방법을 전격전 전쟁술에 맞춰서 실행하여 전력의 압도적인 우세를 확보하였다. 이와 같이 병력의 수보다 무기 및 장비의 기술과 성능면에서 우세한 전력 발휘를 하고, 또 군의 구조 및 편성과 운용 면에서 집중함으로써 전력의 우세를 확보하여 적군을 마비시켜 승리할 수 있었다. 걸프 전쟁과 이라크 전쟁에서는 미국군과 이라크군 간에 무기 및 장비의 기술적 성능의 격차가 너무나 현저하여 이라크군이 조기에 마비되었기 때문에 승패는 전쟁 이전에 이미 결정되었다고 해야할 것이다. 따라서 현대전에서는 무기 및 장비의 기술 수준과 성능의 격차로 인하여 전력의 우열(優劣)이 가려지는 경우가 많다고 할 것이다. 최신형 전투기는 기존의 전투기와 현저한 기술과 성능의 차이가 있기 때문에 구형 전투기와 수적인 비교를 한다는 게 무의미할 정도이다.

열세군으로 우세군을 상대로 하여 전쟁을 수행해야 할 상황에서 동맹국과의 연합전력으로 우세를 확보하는 방책은 매우 획기적이고 합당한 전략이다. 인천상륙작전에서는 지상군만이 아니라 공군과 해군 함포의 지원이 가세하였고, 여기에 미국군과의 연합전력 등 질적으로 우수한 전력의 총체적인 우세가 결정적인 승리의 요인이었다. 우리나라는 미국과 안보 동맹을 맺고 있으므로, 주변 강대국으로부터 안보상의 위협이 있어도 연합전력으로 우세를 확보할 수 있기 때문에 국가와 국민의 안전을 보장할 수 있는 것이다. 상기한 바와 같이 현대전에서는 병력과 무기 및 장비 등 유형 전력의 우세는 그 의미가 크게 퇴색되고 있다. 반면에 무기 및 장비의 기술 수준과 성능의 격차에 따른 질적으로 우수한 전력의 우세 확보가 더 큰 의미를 주고 있다. 또한 이런 우수한 장비들을 군대 구조와 편성에 반영하고, 전략과 작전 운용에서 기묘한 방안으로 명백한 우세를 확보하여 적을 마비시켜 승리하여야 한다. 그리고 동일한 작전 목적을 달성하기 위하여 합동전력과 연합전력을 통합 운용함으로써 압도적인 우세를 확보하여야 할 것이다.

라. 시간적 집중으로 우세를 확보하여 마비시켜라

시간이 전쟁에 미치는 영향에서 본인은 시간적으로 먼저시(時)와 빠름시(時)와 최적시(時)가 지배적으로 영향을 미친다고 강조하였다. 신속하고 정확한 정보로 적군의 의도와 배치 상황을 명확하게 알고 있을 때에는, 적군의 여러 가지 약점에 대하여 목표별 시차를 두고 시간적으로 전력을 집중하고 우세를 확보하여 마비시켜야 한다. 와든은 적의 '전략 중심'에 대하여 병행 공격을 주장하였으나, 이는 공격할 수 있는 전력이 충분할 경우에 가능한 작전이다.

그러나, 동시에 다수의 적 약점에 집중할 수 없을 경우에는 시차를 두고 시간적으로 집중함으로써 우세를 확보하여 적을 마비시켜야 한다. 후금-명 전쟁에서 누르하치 군은 명나라의 대군이 4개 군으로 편성하여 각 군이 따로 전장에 진입하는 정보를 입수하고, 또 각 군이 3~4개의 소군(小軍)으로 구분되어 시차를 두고 전장에 진입하거나 각 소군이 거리를 두고 이격되어 진을 치고 있는 상황을 알아차리고, 각 소군별로 시차를 두고 그의 팔기군의 우수한 기동 속도를 이용하여 시간적으로 집중함으로써 우세를 확보하여 승리하였다. 6일 전쟁에서 이스라엘군은 이집트군의 최고사령부나 항공기지는 같은 시간에 맞춰 병행 공격하거나 그 이후에는 전략 목표별로 시차를 두고 시간적으로 집중하여 우세를 확보하고 마비시켜 승리하였다. 이렇게 적군의 전략적 약점에 따라 시간 차이를 두고 목표별로 최적 시점에 신속하게 집중하고 우세를 확보하여 적을 마비시켜 승리하였던 것이다. 이와 같이 제한된 전력으로서는 시간의 이점을 잘 활용하여 우세를 확보하고 적을 마비시킬 수 있는 것이다. 이러한 시간적 집중을 달성하기 위해서는 정확한 정보로 공격 목표별 우선순위를 설정하고, 목표별로 공격할 최적시점을 잘 선정하는 것이 대단히 중요한 과업이라고 할 수 있다.

마. 심리적 우세를 확보하여 마비시켜라

앞에서 유형 전력 면에서는 열세이지만 정예군으로서 우세군과 싸워 승리한 사례를 제시한 바 있다. 이런 정예군은 전투기량이 대단히 우수한 장병들로 군대를 편성하고, 수차례의 전쟁을 치루어 승리한 경험을 가지고 있으므로, 전투에 대한 자신감과 전승에 대한 확신, 그리고 높은 사기와 강력한 전투의지를 가진 장병들로 구성되어 있으므로, 이런 집단은 기세와 함께 전장에서의 심리적 우세가 적군을 압도하여 마비시킬 수 있다. 이런 심리적 우세는 알렉산더군, 광개토태왕군, 칭기스칸군, 누르하치군과 이스라엘군에서 확인된 바 있다. 이런 군대는 공통적으로 전쟁을 거의 직업적으로 한다고 할 만큼 전문적이고 고도로 숙련된 직업군이라고 할 수 있다. 또 이런 군대의 장병들은 매우 적극적인 사고와 왕성한 공격 정신을 가지고 과감한 공세 행동을 실행한다. 그리고 이런 군대가 단결되고 군기도 엄정하며, 또 충성심과 애국심까지 갖춘 열렬한 장병들이기 때문에 전쟁 시 이들이 전장에서 토해내는 뜨거운 열정과 미치광이처럼 광분한 전투 행동은 심리적으로 적을 압도하고도 남을 것이다. 이런 양상이 심리적 우세로 적군의 조직심리를 마비시킨다고 할 것이다.

6. 기습 달성으로 마비 원칙의 적용 원리

기습(奇襲)이란 기묘한 수단과 방법으로 예상하지 못한 데를 갑자기 습격(襲擊)한다는 의미이다. 따라서 기습의 가장 필수적인 요건은 시간적으로 '먼저시(時)'와 심리적으로 '불의(不意)'이다. 이 불의는 '뜻 밖의'와 '예상하지 못한'이란 의미이기 때문에 기묘한 수단과 방법, 예상하지 못한 곳, 그리고 갑자기 습격이라는 의미를 모두 포괄하고 있다. 그러므로 기습이란 적이 예상하지 못한 시간과 방법으로, 적의 방비가 소홀한 데를 먼저 습격한다는 의미이다. 그래서 손자는 "적이 방비하지 않은 곳을 공격하고, 적이 예상하지 못한 데로 나아간다(攻其無備 出其不意)"라고 하였다.

전쟁에서 이런 기습으로 노리는 것은 이 책의 도표9(전장에서 인간의 심리 작용)에서 보는 바처럼 적군 지휘관과 장병들의 개인심리에 생존의 불안감과 정서에 충격을 주어서 공포심에 떨게 만들어 이성적인 사고와 판단을 마비시키고 전투의지를 무너뜨려 살고자 하는 본능에 따라 전장

기습 달성으로 마비시키는 원리

기습이란 기묘한 수단과 방법으로 예상하지 못한 데를 갑자기 습격한다는 의미이다. 따라서 기습의 필수적인 요건은 시간적으로 '먼저시(時)'와 심리적으로 '불의'이다. 이 기습이 성공하면 그 충격이 크기 때문에 적군의 조직심리에 지대한 영향을 미치고, 적군과의 전력비를 역전시키는 효과를 발휘한다. 기습은 주도권 장악에 큰 기여를 하고, 단기전으로 끝맺는 요인이기도 하다. 이런 기습을 달성하려면, 적이 예상하지 못한 시간과 방법으로 습격하고, 적의 방비가 없는 데를 공격하여야 하며, 적이 아직 개발하지 못한 과학기술로 공격하고, 적의 예상을 뒤엎는 전쟁술로 공격하여야 한다. 역으로, 적군에게 기습을 당하지 않도록 완벽하게 대비하여야 한다.

을 이탈하여 도망가게 만드는 데 있다. 이런 현상의 장병들이 몇 명 나타나든지 또는 부대의 지휘관에게 이런 현상이 나타난다면 이는 곧바로 군중심리화되어 군대의 조직심리에 큰 타격을 주게 되는 것이다. 그리하여 부대의 사기가 저하되고, 공황 상태에 이르를 수도 있으며, 전투의지가 약화되어 전력이 약화될 수 있는 것이다. 이러한 결과로 인하여 기습은 전쟁에서 적과의 전력 비율을 단번에 전복시키고 무의미하게 만드는 예상외의 전과를 올리기도 한다.

기습을 달성하려면 적이 예상하지 못한 시간과 방법으로 공격하여야 하고, 적이 방비하지 않거나 소홀한 곳을 습격하여야 하며, 적이 개발하지 못한 과학기술 무기 및 장비로 공격하고, 적이 잘 모르는 전쟁술을 적용하여 전쟁을 하여야 한다. 그러면 전쟁에서 이런 기습 방안을 어떻게 적용할지 알아보자.

가. 적의 불의(不意)를 습격하라

기습은 적이 예상하지 못한 시간과 방법으로 습격하는 것이다. 시간면에서 적이 예상하지 못한 시기와 일자 및 시간에 공격하고, 방법면에서 통상적인 방법이 아닌 기상 천외한 방법으로 공격하는 것이다. 한국 전쟁에서 북한군은 6월 25일 일요일 새벽 5시에 남침 공격을 개시하였다. 하루 전일은 토요일로서 한국군 장병들이 외박을 나가서 부대별 전투력에 공백이 많은 일자이며, 또 일요일로서 정부와 군의 고위직 인사들이 회식을 하였거나 출타하여 지휘에 공백이 많은 일자였다. 이는 당일 서부 전선에서는 쉽게 전선이 돌파되어 3일 만에 서울이 점령당했는데도, 동부전선에서는 춘천의 제6 사단장이 적의 남침을 예상하고 장병들의 외출을 금지하고 경계를 철저히 하고 있었던 바, 북한군의 공격을 물리치고 방어선을 지켜 북한군의 남침계획에 큰 차질을 빚게 만든 결과에서 확인되었던 것이다. 6일 전쟁에서는 이집트군 간부들의 아침 출근 시간에 맞춰 기습적으로 공격하였다. 그러나, 제4차 중동전쟁(10월 전쟁)에서 아랍 연맹군은 이스라엘의 종교적 성일(聖日)에 공격하여 이스라엘군의 정보능력이 그렇게 우수한데도 불구하고 완전한 기습을 당하여 정상을 회복하는데 엄청난 어려움을 겪었다. 이러한 공격 일자 및 시간의 선택 결과 적에게 얼마나 큰 충격을 주었는지 그 후유증을 보면 알 수 있다.

인천상륙작전에서는 적의 방비가 없는 바다를 통해 기동하여 상륙작전을 감행하였고, 6일 전쟁과 걸프전쟁에서는 공중공격을 선행하여 제공권 장악과 이집트 및 이라크의 지휘체계를 마비시키는 방법으로 기습 공격하였다. 또 한산대첩에서는 이순신 장군이 왜의 수군을, 오스테를리츠 전역에서는 나폴레옹이 러시아군을 유인하여 기습 공격하는 방법을 사용하였다. 특히 방법 면에서의 기습은 그 방법이 변화무상하고 또 무수하고 다양한 방법이 있다고 할 것이다. 옛날 전쟁에서 공성전(攻城戰)을 할 때 적의 성을 공격하고 점령하는 방법이 첩자를 투입하여 성문을 열게 하거나, 심지어는 강을 막고 물길을 빠꿔 수공(水攻)으로 적의 성을 함락시킨 방법도 있었다. 이 방법은 상황과 여건의 변화에 따라 그 방법도 다양하게 변할 수 있다.

이런 시간과 방법면에서 기습 달성의 핵심 요건은 '적이 예상하지 못한[不意]'이라는 데 있다. 이미 다 알려진 방법이라도 전쟁의 상대자인 적군이 모르고, 예상하지 못한 방법이면 성공적으로 기습할 수 있다. 조선-왜 전쟁 시에 해전에서는 이미 함선에 총포를 장착하는 것이 명나라의 수군도 알고 참전하였는데, 정작 왜국은 지상전에 치중하여 조총은 준비하였으면서도 해전을 예상하지 못하고 전선(戰船)을 준비하지 못하여 조선 수군으로부터 기습을 당했던 것이다. 그러므로 전쟁에서 기습을 당하지 않으려면 우수한 정보 능력으로 적군의 능력과 의도를 신속 정확하게 알아내야 하고, 적의 능력으로 할 수 있는 가능한 모든 방법을 예상하고 대비하여야 한다.

나. 적의 방비가 없는 데를 공격하라

다음으로 기습을 달성하려면 적이 방비하지 않고 있거나, 방비가 소홀한 데를 공격하여야 한다. 이때 공격의 대상은 방비가 없는 지역 또는 장소나 경계가 미약한 약점 등 대상물을 말한다. 방비가 없거나 소홀한 지역과 장소는 기습이 성공하기 좋은 곳이다. 인천상륙작전에서는 인천항구에서, 조선-왜 전쟁 시에 왜군이 부산포에서 기습 상륙에 성공한 것은 그 곳의 방비가 미약하였기 때문이다. 독일-프랑스 전쟁에서 독일군이 프랑스군의 강력한 방어선인 마지노(Mag-inot)선과 딜(Dyle)선을 피하여 아르덴느 삼림지대로 기습 공격한 것은 그 지역이 프랑스군의 방비가 미약한 곳이기 때문이다. 대부분의 경우 기습적으로 공격하는 지역과 장소는 적의 방비가 없거나 소홀한 곳이다.

현대전에서는 적의 약점을 기습적으로 공격하여 적을 마비시키는 사례가 많다. 앞서 기술한 바와 같이 와든과 레오나드가 제시한 '중심'은 공격을 받아 파괴되거나 무력화될 경우 국가가 매우 취약해지는 약점이기 때문에 기습 공격의 대상이 된다. 이러한 전략적 중심들은 대부분 나라의 중요기관 및 시설이지만 군대가 배치되어 경계를 하고 있는 곳이 아니기 때문에 기습 공격에 매우 취약하다. 국가의 전쟁지도부나 군의 최고사령부 및 주요 전략 · 작전사령부 등도 기습 공격에 매우 취약한 대상이다. 걸프전쟁에서 이라크의 이런 중심들은 연합군의 항공작전으로 무력화되어 이라크군이 전체적으로 마비되었다. 6일 전쟁에서 이스라엘군의 요페 기갑사단이 샤론 사단을 초월하고 사막을 통과하여 미틀라 애로를 기습 점령하여 차단함으로써 이집트군의 주력이 포위되어 격멸되고 붕괴되었다. 이와 같이, 방비가 없고 소홀하거나 경계가 미약한 장소나 약점들을 기습 공격하여 충격을 주고 마비시켜야 한다.

다. 기술적 기습을 달성하라

현대전에서는 무기 및 장비에 적용되는 과학기술과 성능의 현저한 격차에 따라 기습의 효과를 달성하는 사례가 많아졌다. 적국의 과학기술 수준이 미치지 못하는 분야의 무기 및 장비는 그 성능과 전력 발휘면에서 하늘과 땅의 차이가 나타나는 것이다. 스텔스 기능의 항공기는 선진국의 최신예기로서 방공 및 조기경보 레이다에 잡히지 않으므로 언제 어디서 나타날지 알 수 없는 귀신같은 항공기이기 때문에 적의 항공기 격추는 물론이고, 언제든지 적의 중심을 공격할 수 있어서 기습을 달성할 수 있는 최적의 무기이다. 또한, 원자력 잠수함도 오랜 기간 동안 잠수상태로 암행 운행하여 적의 함선은 물론이고 적국 가까이 접근하여 미사일로 기습 공격할 수 있는 선진국의 전유물이다. 최근에는 미사일도 저공 및 지형을 따라 비행하는 순항미사일이 개발되어 목표물을 기습 공격할 수 있는 과학기술 무기이다. 이런 과학기술 무기 및 장비는 그 나라의 과학기술 수준이 이루어 낸 성과물이기 때문에, 이와 같은 과학기술 수준에 도달하지 못한 국가의 군대는 언제 어디서든 기습공격을 당할 수 있는 상황에 처한 실정이다. 그러므로 기술적 기습을 달성하기 위해서는 적국의 수준을 능가하는 과학기술을 개발하고 발전시켜 이를 효과적인 무기 및 장비에 반영하여야 할 것이다. 최근에 우크라이나 전쟁에서 우크라이나가 '자폭 드론'을 개발하고 수시로 러시아의 내륙 깊숙이까지 침투 비행하여 중요 목표물을 기습 타격하여 큰 성과를 거두고 있는 것은 좋은 사례라고 하겠다.

라. 적의 예상을 뒤엎는 전쟁술로 기습하라

역사상 많은 전략사상가들이 전쟁이론과 전쟁술을 발전시켜 왔지만 전쟁술을 기습 달성의 관점에서 논하지는 않았다. 손자가 만약에 그의 병법을 세상에 널리 공표하지 않고 오(吳)나라에서만 비밀리에 적용하였더라면 인접국과 전쟁 시에 전쟁술로 기습을 달성하는 성과를 거두었을지도 모른다. 그러나, 적이 예상하지 못한 전쟁술로 기습을 달성하고 마비시켜 전쟁에서 승리한 사례가 더러 발견되고 있다. 칭기스칸의 기동 전쟁술은 그 당시에 혁명적인 전쟁술이었기 때문에 대적할 상대국을 찾기가 어려웠던 것이다. 누르하치의 기동전쟁술도 명나라군이 상상도 못해 본 기상천외의 전쟁술이었기 때문에, 제대로 된 저항도 한 번 못해 보고 그냥 태풍이 휩쓸고 지나간 것처럼 전쟁이 끝나버렸다.

구데리안의 전격전 전쟁술도 제1차 세계대전시의 소모전 전쟁술에 집착하고 있었던 프랑스군과 영국군 수뇌부에게는 전혀 상상도 되지않는 기상천외의 전쟁술이었기 때문에, 기습을 당한 차원을 넘어서 저항 한번 못해보고 전쟁에서 패배하였던 것이다. 그리고 6일 전쟁 시에 이스라엘군의 기동 전쟁술은 주변 아랍 연맹군에게는 그저 귀신에게 홀린 것 같은 충격을 주어서 소련제 신형 무기로 무장한 거대한 군대였지만 손 쓸 방법과 대책이 없어 6일 만에 패배로 종지부를 찍었다.

이상과 같이 탁월한 전쟁술로 달성하는 기습은 그 충격에서 헤어날 기회도 없이 그대로 전쟁에서 패배하는 결말로 끝나게 된다. 왜냐하면, 그 새로운 전쟁술을 이해하고 터득하여야 하고, 이를 주요 간부들에게 전파하여 이해하고 숙달하여야 하며, 이를 수행할 수 있는 군구조와 편성을 바꾸어야 하는데, 전쟁 수행 중에 이러한 획기적인 개혁을 단행할 수 없기 때문이다. 이와 같이 탁월한 전쟁술로 달성하는 기습은 그 효과가 너무도 크고 결정적이므로 최고사령부에서는 새롭고 탁월한 전쟁술을 개발하는 데에 진력하여야 한다. 역사상 소모전 전쟁술로 싸운 군대는 기동전 전쟁술로 싸운 군대에게 늘 패배하였으며, 기동전 전쟁술에서 한 단계 더 발전한 것이 마비전 전쟁술이므로 우리 군은 이 전쟁술을 채택하고 앞으로 더욱 발전시켜야 할 것이다.

마. 기습으로 적 조직심리를 마비시켜라

앞에서 기습의 필수 요건은 시간적으로 먼저시(時)와 심리적으로 불의(不意)라고 하였다. 이는 시간적으로 갑자기 즉, 먼저 준비되지 않은 적의 마음을 강타하여 충격을 주고 놀라게 하는 것이다. 앞(도표9: 전장에서 인간의 심리 작용, p.263)에서 제시한 바와 같이, 생사(生死)의 갈림길인 전장에서 사람이 기습을 받으면 감성(感性)에 큰 충격을 받아 불안과 공포심에 떨게되어, 인간의 지성(知性)을 마비시켜서 어떻게 대처해야 할지 몰라 쩔쩔매다가, 의성(意性)이 붕괴되어 전투의지를 상실하고 생존에 대한 본능에 따라 현장에서 피하여 전장을 이탈하려는 심리 현상이 나타난다. 전장의 장병들이 대부분 이와 같은 상태가 되어 전장이 큰 혼란에 빠지면 군중심리가 작용되어 현장 지휘관이 이를 진정시키려고 하여도 쉽지 않고, 특히 지휘관이나 지휘자들이 같은 현상에 휩쓸리면 지휘가 마비되고 공황상태에 이르러 군대 조직이 붕괴되게 된다.

그러나, 지휘관의 지성이 사전(앞시간)에 작용하여 이런 기습을 예상하고 이를 예고(豫告)하여 미리 대비한다면, 의성이 작용하여 자신감과 전투의지가 살아나고, 감성에 영향을 미쳐 안정감을 회복하게 될 것이다. 어떤 경우에는 적의 기습을 예상하고 그 양상에 맞는 덫을 준비하였을 경우에는, 적의 기습을 오히려 반격의 기회로 삼아 회심의 일격을 가할 수 있어서 감성상의 기쁨을 느낄 수 있는 역현상도 일어날 수 있는 것이다.

위에서 분석한 바와 같이 기습의 필수 요건인 먼저시(時)의 '갑자기 습격'한다는 것과 적이 예상하지 못한 불의(不意)의 요건이 대단히 중요하다는 사실을 알 수 있다. 전략적 기습이 성공할 경우에는 그 효과가 엄청나게 크기 때문에, 그 결과로 적과 아군의 전력비가 5~6배일 경우에는 역전될 수도 있다고 심킨이 그의 저서에 기술한 바 있고, 어떤 경우에는 기습 성공이 주도권 장악에 큰 기여를 하여 전쟁이 최단기간 내에 끝날 수도 있다고 분석한 바 있다. 앞에서 제시된 전쟁 사례에서 고구려-백제 전쟁과 6일 전쟁에서 입증된 바와 같다. 이와 같이 기습 달성은 피 · 아군의 조직심리에 큰 영향을 미치므로 전쟁에서 열세군으로서도 살상과 파괴를 감소시키면서 단기간에 전승을 이룩할 전쟁술이라고 할 수 있다.

7. 작전속도 · 기세유지로 마비 원칙의 적용 원리

마비전은 기동전 전쟁술을 더 발전시켜 적을 마비시키려는 전쟁술로 살상과 파괴를 최소화하면서 단기간 내에 승리하고자 하는 전쟁 유형이다. 따라서 마비전 전쟁술은 기동전 전쟁술을 바탕으로 어떤 수단과 방법이 구체적으로 발전되었는지 연구해 보아야 한다. 기동전의 가장 중요한 수단은 적보다 '상대적으로 우수한 기동성'이라고 하였다. 기동성에서 가장 핵심이 되는 특성은 속도이다. 그래서 "기동의 생명은 속도다"라고 하였다. 이와 관련한 가장 대표적인 풀러의 표현은 "기동성은 하나의 심리적 무기이다. 적을 죽이지 말고 단지 기동만 하라. 적을 공포에 몰아 넣고, 어리둥절하게 하고, 미치게 하고, 깜짝 놀라게 하고, 적의 후방을 의심과 혼란의 도가니로 몰아넣기 위해 기동하라. 기동의 목적은 적을 마비시키는 데 있고, 마비 상태는 직접 속도에 비례한다." 라고 하여, 기동전은 기동 속도로 적을 마비시키는 전쟁의 유형이라는 점을 분명히 제시하고 있다. 그런데, 기동전은 적을 마비시킬 수 있는 다양한 수단과 방법이 부족할 당시에 지상군의 기동 속도가 가장 중요한 수단이었기 때문에 적보다 '상대적으로 우수한 기동성'이라고 표현하였던 것이다. 따라서 기동성이라는 의미는 '속도를 가장 중요시하는 기동의 특성'이라는 뜻으로 이해되어야 한다. 그러므로 마비전에서는 '기

> **작전속도와 기세유지로 마비시키는 원리**
>
> 작전속도로 적군을 마비시키는 필수 요건은 '빠름시(時)'를 바탕으로 작전하여 적군의 사기와 전쟁의지를 무너뜨리는 것이다. 마비전은 먼저 시간 중심의 사고를 기반으로 작전을 수행하여야 한다. 작전속도는 시간의 개념으로 전환된다. 고속작전이 시간 개념으로 인간의 인식 작용과 결부되어, 사태의 진상을 인식하지 못한 적군이 대응조치를 못하고 전전긍긍하다가 조직심리가 마비되는 것이다. 또 작전 간 적의 대응 조치에 대해 선제적인 상황조치를 하고, 합동 · 연합 전력을 통합하여 가속도를 더하여 작전 시간을 압축하여야 한다. 마비전은 과학기술 발전으로 창조하는 시간을 전략적 자원으로 활용하고, 시간에 기반한 전략개념에 따라, 전략적 수준의 적의 약점에 전력을 집중하여 타격 · 무력화시켜 적군을 마비시켜야 한다. 공격 부대가 신속한 속도로 작전하게 되면 그 운동에너지가 무서운 공격 기세로 변한다. 또 합벡터의 원리에 따라 적의 강점을 피해 우회기동하여 공격기세를 높여야 한다. 맹렬한 공격기세를 발휘하기 위해서는 작전속도를 더욱 가속하고, 높은 사기와 심리적 우세로 가세하여야 한다.

동성'을 '작전속도'로 표현해야 할 것이다. 그러면 "작전속도로 어떻게 적을 마비시킬 수 있는가?"라는 문제를 시간과 인간의 심리 작용과 연계하여 풀어 보자. 작전속도와 기세유지로 적군을 마비시키는 수단과 방법에는, 시간 중심의 사고를 기반으로 작전을 수행하고, 가속도 전력으로 시간을 압축하고, 시간 요소를 전략적 자원으로 활용하고, 작전속도로 공격 기세를 유지하며, 사기와 심리의 우세를 통합하여 기세를 강화하여야 한다.

가. 시간 중심의 사고를 기반으로 작전을 수행하라

레오나드는 "시간은 아마 기동전 이론과 소모전 이론을 구분하는 핵심적인 요소가 될 것이다. 기동전은 시간상의 우위를 점하기 위한 싸움이다"라고 하였다. 시간이 전쟁술의 핵심 요소인 것은 마비전에서도 마찬가지다. 앞에서 마비 상태는 직접 속도에 비례한다고 하였는데, 속도는 다시 시간의 개념으로 전환된다. 그러면, 속도가 어떻게 시간의 개념으로 전환되는지 물리학 공식을 통하여 알아보자.

〈표 4-1〉 속도에 관한 공식

S (공간거리) = vt (속력×시간) ⇨ t = S/v[155]
속력은 단위시간 동안에 물체가 이동한 거리를 가리키는 말임.
속도는 단위 시간 동안의 변위임.(변위는 위치의 변화를 말함)

위의 물리학 공식에서 공간거리를 속도로 나누면 이동 소요 시간이 산출된다. 즉 일정한 공간거리를 빠른 속도로 이동하면 소요 시간이 짧아 진다는 것이다. 그리하여 속도의 개념이 시간의 개념으로 전환되는 것이다.

이제 시간과 인간의 인식 작용의 관계를 알아보자. 사람은 어떠한 사태가 갑자기 일어나면 이런 사태가 왜, 어떻게 하여 발생했는지를 금방 알지 못한다. 사람마다 차이는 있지만, 이러한 사태를 명확하게 인식하는 데에는 상당한 시간이 걸린다. 즉 사람이 어떤 갑작스런 상황과 사태를 명확하게 인식하는 데에는 시간이 관건이라는 것이다. 마비전에서 군대가 신속히 기동하여 시간적으로 집중함으로써 어떤 돌발적인 사태를 일으키면, 적이 무슨 사태가 왜 발생했는지를 몰라 어리둥절하게 되고, 다각적인 노력으로 상당한 시간이 경과한 연후에야 사태의 진상을

155) 이투스 과학팀, 『누드 교과서 SE(물리 I)』, 서울:이투스 교육(주), 2011, p.15.

알게 된다는 것이다. 그러나, 이러한 최초 상황에 대한 인식이 완전하게 되지 않은 상태에서 계속적으로 속도를 발휘하여 연속적으로 동시 다발적인 사태를 일으키면, 적은 전반적인 사태의 진상을 파악하지 못하고 전전긍긍하게 되며, 사태에 대한 정확한 인식이 안되었으므로 종합적인 상황판단이 되지 않아 이에 대한 합당한 대응조치를 할 수 없게 된다.

이렇게 빠른 기동 속도는 결국 시간 요소로 전환되어, 짧은 시간내에 발생한 상황과 사태에 대하여 명확하게 인식하지 못하게 되므로 적의 지휘관이 적시적인 상황조치를 할 수가 없어서 어리둥절하고, 혼란스럽고, 당황하게 되는 것이다. 결국 군의 빠른 작전속도는 시간의 문제로 전환되어 인간의 인식 작용과 결부됨으로써 적으로 하여금 오리무중의 혼란한 상황을 유발시키는 것이다. 즉 마비전은 속도전(速度戰)이고, 시간과의 싸움으로써 시간전이며, 또 시간전이 심리전으로 결부되는 것이다. 이와 같이 기동전에서의 기동 속도는 마비전에서 작전속도의 개념으로 전환되고, 이러한 작전속도는 시간의 개념으로 전환되어 전장에서 장병들의 개인심리와 군대의 조직심리에 변화를 일으키는 주요한 요인이 되었다.

이제 군사작전에서 작전속도의 개념을 시간의 개념으로 전환한다는 의미는, 작전속도의 증가가 작전에 소요되는 시간을 단축한다는 의미로 전환되어야 한다. 전체 작전의 시간을 단축한다는 의미는, 지상군 주력부대는 맹렬한 기동 속도를 발휘하여 짧은 시간내에 목표에 도달하여야 하며, 공군과 해군은 공중작전과 해상작전에서 신속하게 작전을 수행하여 작전 목적을 달성하는 데 소요되는 시간을 단축하여야 한다는 뜻이다. 작전속도의 개념을 시간의 개념으로 전환한다는 의미는 시간 중심의 사고로 모든 작전을 수행하여야 한다는 의미로 이해될 수 있다. 시간 중심의 사고로 작전을 수행하려면 모든 부대의 지휘부에서 작전계획을 수립하고 작전 수행간 상황 조치를 할 때에, 정보의 처리 과정과 의사결정 주기와 명령의 하달과 작전행동으로 옮기는 전과정의 시간을 단축하고, 작전 부대가 신속하게 작전을 실행하여 전체 작전에 소요되는 시간을 크게 단축하여야 한다. 독일-프랑스 전쟁에서 구데리안 기갑군단은 11일간의 선풍적인 작전으로 국경에서 대서양 연안까지 240마일을 기동하였고, 6일 전쟁에서 이스라엘군은 이집트군 주력의 퇴로를 차단하여 포위하는 데에 그치지 않고 "무조건 수에즈 운하로 가라!"는 지침에 따라 맹렬한 속도를 발휘하여 6일 만에 전쟁이 종료되었다. 후금-명 전쟁에서 누르하치의 8기군은 맹렬한 속도를 발휘하여 명나라의 4개 군 가운데 전장에 진입한 3개군을 유린하여 4일만에 전쟁을 끝냈다. 이런 전쟁 사례들이 속도의 전쟁을 시간의 전쟁으로 전환하여 승리한 대표적인 사례라고 할 수 있다.

시간 중심의 사고에 기반한 고속의 작전은 적군의 정보를 혼란시킨다. 아군의 신속한 속도에 의한 작전은 적으로 하여금 갑자기 동시다발적으로 발생한 상황과 사태에 대하여 부정확한 정보를 상급사령부에 보고하여 정보의 홍수를 일으킴으로써, 적의 정보 처리에 혼란을 유발하여 정확한 정보판단을 할 수 없게 만든다. 이렇게 시간에 기반한 고속도 전쟁은 적의 정보를 혼란시켜 정확한 정보판단을 할 수 없게 하고, 정보가 부족한 적의 사령관은 종합적인 상황판단을 할 수 없어 대응조치를 위한 결심을 못하게 된다.

시간 중심의 사고에 기반한 작전 방책은 적의 예측을 불허한다. 공간 중심의 사고와 시간 중심의 사고는 전혀 다른 것으로서 커다란 행동의 차이를 가져다 준다. 예를들어, 공간 중심의 사고를 가진 사람들은 소의 코를 꿰고 목으로 연결된 줄을 말뚝에 묶어 달아나지 못하게 하지만, 몽고인들은 시간 중심의 사고를 가졌기 때문에 소와 말의 앞다리 하나를 관절을 꺾어서 줄로 묶어 절뚝거리게 만들어 멀리 달아나지 못하게 한다. 이렇게 공간 중심의 사고에 고착된 사람은 시간 중심의 사고를 가진 사람의 행동을 이해하기 어렵다. 공간 중심의 전략개념과 방책은 주요한 고지군과 도로망 위주로 접근로를 분석하고, 직선 단거리 접근로를 우선적으로 선정하여 방책을 발전시키므로, 가능한 몇 개의 방책을 예상하고 아군의 군사교리를 알 경우에는 적이 최선의 아군 방책을 예상할 수 있다.

그러나, 시간 중심의 사고에 기반한 방책은 동일한 작전지역 내에서도 수 없이 많은 방책을 발전시킬 수 있으며, 시간 단위로 변화되는 아군의 방책을 전혀 예측할 수 없으므로 적군의 정보를 더욱 혼란스럽게 만드는 것이다. 마비전은 시간과의 싸움이기 때문에 시간에 바탕을 둔 방책을 발전시키게 되고, 공간 중심의 고착된 사고를 가진 적군에게는 전혀 예측할 수 없는 도깨비와 같은 작전으로 이해되는 것이다. 이와 같이 마비전은 속도의 전쟁에서 시간의 전쟁으로 전환되어 적군을 마비시킴으로써 최단시일 내에 전쟁을 승리로 끝낼 수 있는 전쟁 유형이다.

나. 가속도 전력으로 시간을 압축하라

작전을 수행하고 있는 군대의 작전속도를 가속하여 시간을 단축하고 압축하여야 한다. 아래에서 보는 바와 같이 물리학에 가속도에 대한 공식이 있다.

〈표 4-2〉 힘과 가속도에 관한 공식

F (힘) = ma (질량×가속도)[156] 단위시간 동안 속도의 변화량을 가속도라고 한다.

위의 공식을 보면, 일정 규모의 부대가 가속도를 발휘하는 만큼 적에게 미치는 힘의 세기가 더욱 커진다는 의미로 해석할 수 있다. 작전하는 부대에 가속도를 내게 할 수 있는 요소는 작전 진행 중에 발생하는 돌발 사태에 대한 선제적인 상황 조치와, 해군과 공군 및 특수전 부대 등 합동 전력과 동맹군의 연합 전력을 통합하여 발휘하는 것 등이다.

이 절의 1항에서 "선제적인 상황 조치로 주도권을 유지한다"라고 하였는데, 전쟁을 개시함과 동시에 적의 약점에 기습적으로 집중하여 우세를 확보하고 주도권을 장악한 다음에, 적이 이에 대응조치를 하기 위해 반격을 가해 올 때에, 이러한 적의 대응조치를 예상하고 즉각 인식하여 선제적인 상황 조치를 단행할 경우에, 적은 더욱 무력감에 빠지고, 아군은 더욱 과감하게 작전을 수행하므로 가속도가 붙어서 주도권을 더욱 확실하게 유지해 나갈 수 있는 것이다. 그러므로 아군은 계속적으로 적군의 대응조치에 대하여 신속 과감하게 상황 조치를 하여 작전에 가속도를 더하여야 한다.

너무나 당연한 전략적인 합동전력의 통합이지만, 주도권을 장악하고 유지하는데 공중 및 해상 전력과 특수전 및 미사일 전력을 통합하여 적군의 약점에 대하여 시차별로 집중하여 적을 마비시킨다면 작전에 가속도를 더하여 승리는 더욱 확실해 질 것이다. 광개토태왕이 기마군을 승선시켜 바다로 기동하여 지 · 해상 전력을 통합 운용한 것이나, 독일-

156) 이투스 과학팀(2011), 전게서, p.52.

프랑스 전쟁에서 독일의 기갑군단 · 군을 공군이 집중 지원하여 맹렬한 기동 속도를 발휘한 사례는 합동 전력의 통합으로 가속도를 더한 것으로 평가할 수 있다.

그리고 연합 전력을 통합함은 가속도를 더하는 더욱 좋은 방법이다. 이는 아군이 갖추지 못한 더욱 강력하고 특별한 전력을 동맹국 군대로부터 지원받아 연합 전력을 통합하여 가속도를 더함으로써 시간을 압축할 수 있는 탁월한 방법이다. 이와 같이 가속도를 더하는 선제적인 상황조치와 합동 및 연합 전력의 통합은 작전의 목적을 달성하는 데 소요되는 시간을 단축 및 압축하는 효과를 발휘하여 적군을 마비시키는 데에 크게 기여하는 방법이라 할 수 있다.

다. 시간 요소를 전략적 자원으로 활용하라

소모전 전쟁술은 영토와 병력을 비롯한 유형 전력의 양을 자원으로 사용하여, 유혈 전투를 통한 누적된 소모량을 보충할 수 없도록 살상과 파괴의 방법으로 적을 격멸하는 이론이다. 그러나, 기동전 전쟁술은 상대적으로 우수한 기동성을 자원으로 활용하여 적을 격멸하거나 마비시키는 이론이다. 이런 기동전은 현대에 이르러 앞서 설명한 바와 같이 기동속도의 개념을 시간의 개념으로 전환하여 적을 마비시키는 이론으로 발전되었다. 그리하여 현대의 마비전 전쟁술은 시간을 자원으로 활용하여 적군을 마비시키는 이론이라고 설명할 수 있다. 그래서 마비전은 이 시간 자원을 전략적 · 작전적 · 전술적 수준에 맞게 유리하게 활용하여야 한다. 또한 전략의 역할은 작전적 수준의 주요 작전과 전술적 수준의 전투를 최소화하여 승리할 수 있도록 하는 데 있으므로, 이 시간 자원을 우선 전략적 수준에서 유용하게 활용하여야 할 것이다.

시간 자원을 전략적 수준에서 활용하기 위해서는 단기간 내에 적군이 인식할 수 없는 다양한 전략적 수준의 작전을 단행함으로써, 적군 수뇌부가 아군의 전략을 전혀 파악할 수 없어 어떠한 대응조치도 할 수가 없어서 쩔쩔매다가 전쟁의지가 굴복되는 상황으로 몰아가야 한다. 마비전은 이런 시간에 기반한 전략개념에 따라, 전략적 수준의 적의 약점(전략적 중심)에 가용한 전력을 시차를 두고 차례로 집중하여 타격하고 무력화시켜 적군을 마비시켜야 한다.

적국의 전략적 수준의 약점이면서 심리적 중심은 적국의 전쟁지도부와 적군의 최고사령부의 전쟁의지이며, 적군의 주요 전략사령부와 작전사령부의 전력통합과 작전실행을 위한 지휘역량이다. 이와 같은 적국의 전략적 약점들이 단시간 내에 기능을 상실하거나 무력화되어 적군이 마비된다면 시간에 기반한 전략이 성공하였다고 할 것이다. 마치 광개토태왕이 이잔국(비류 백제)의 왕성인 거발성을 전쟁 시작과 동시에 기습적으로 공격하여, 응신왕이 도주하고 나라가 멸망한 사례와 흡사하다. 또 6일 전쟁에서 이스라엘군이 이집트군의 항공기지와 최고사령부를 기습 공격하여 적군을 마비시킨 사례가 시간 자원을 전략적으로 활용하여 승리한 사례이다.

오늘날에는 시간을 창조하는 다양한 방법과 기술들이 개발되고 있다. 과거에는 시간을 단축 또는 압축하는 방법이 주요 지휘관의 감각과 상황 변화에 대한 인식 능력과 상황 조치에 대한 주기시간을 단축하는 방법, 그리고 부대의 기동 속도를 향상시키는 인간의 노력에 주로 의존하였다. 그러나, 최근에는 과학기술의 발전에 힘입어 컴퓨터 및 자동화 체계가 발전하고, 초고속으로 운행하는 기술과 장비가 개발되고 있으며, 무인체계와 인공지능(AI) 기술이 급속도로 개발되고 있어서 이제는 시간을 활용하고 단축하는 수준을 넘어서 시간을 창조하는 시대가 열리고 있다. 최근에 개발되고 있는 항공기와 미사일은 음속(音速)을 초과하는 수준을 훨씬 넘어서 음속의 몇 배에 이르는 무기 및 장비가 개발되고 있다. 또한 레이다에 포착되지 않는 소형 무인기는 기습적으로 적국 전쟁의지의 중추를 타격하여 조기에 전쟁의지를 굴복시킬 수 있으며, 인공지능은 인간의 인식기능을 보좌하여 정보처리와 상황에 대한 판단과 결심을 신속하게 할 수 있게 됨으로써 시간을 창조하는 역할을 하고 있다.

그리고, 우주 공간에서의 주도권 장악 및 우세 확보는 아군의 정보 및 통신 능력을 더욱 강화하는 반면에, 적군의 정보 및 통신 능력을 상대적으로 크게 제한시키므로 이 또한, 시간을 창조하는 역할을 하게 될 것이다. 앞으로는 우주전쟁을 통하여 적군의 주요 전력 발휘를 마비시키는 임무도 수행할 것으로 예상된다. 따라서 장차전에서는 창조하는 시간을 전략적 자원으로 활용하여 적의 조직심리를 마비시켜 최단기간 내에 전쟁을 승리로 끝내는 마비전을 수행하여야 할 것이다.

라. 기세는 속도에 따라 세기가 달라진다

손자는 급격하게 흐르는 물의 속도가 바위를 떠내려 보내는 것이 기세인데, 그 기세가 험해야 하고, 가파른 절벽에서 바위를 굴러 내리듯이 갈수록 그 힘이 강력해야 한다고 그의 병법에서 가르쳐주고 있다. 이 기세란 운동에너지의 크기인데, 아래의 표에서 보는 물리학 공식에서 운동에너지의 작용을 살펴보자.

〈표 4-3〉 운동에너지에 관한 공식과 기세의 원리

E (운동에너지) = ½mv^2 (질량×속도의 제곱)[157]
운동에너지는 물체의 질량에 비례하고, 속도에 제곱 비례한다.
(※ 물체가 운동하고 있을 때 물체가 갖고 있는 에너지를 운동에너지라 한다.)

위의 표에서 보면, 전쟁에서 군의 기세는 이동하는 물체의 운동에너지와 같다. 그러므로 군의 기세는 부대의 규모(m)에 비례하고, 작전속도(v)의 제곱에 비례한다. 여기서 부대의 규모에 비례한다는 의미는 작전하는 부대의 규모가 크면 적에게 미치는 충격의 세기가 더 커진다는 의미이다. 즉 대대급 부대가 작전할 때보다 사단 및 군단급 부대가 작전할 때에 적에게 미치는 충격이 훨씬 더 커진다는 의미이다. 여기에다 빠른 속도로 작전할 때에는 그 작전속도의 제곱에 해당하는 만큼 적에게 미치는 충격이 더욱 커진다는 뜻이다. 바로 이와같은 이치에 따라 총알이 사람을 관통하여 살상할 수 있는 것이다. 이 조그만 총알을 사람이 던진다고 하였을 때 그 총알이 사람을 관통할 수 있겠는가? 그러나, 총으로 쏘았을 때에는 화약의 폭발력에 의하여 총알의 속도가 엄청나게 빠르기 때문에 사람을 관통하여 살상하게 되는 원리와 같다. 그러므로 전쟁에서 군의 공격 기세는 작전하는 부대 규모가 사단 및 군단급 이상이 된다면 그 부대의 작전속도의 정도에 따라 크게 달라진다는 사실을 알 수 있다. 따라서 군이 전쟁에서 최초 획득한 우세와 기습의 효과를 유지 및 확대하기 위해서는 지체없이 맹렬한 속도로 전과를 확대해야 한다. 걸프전쟁에서 연합군의 주공인 제7군단이 공격 초일 야간에 정지하지 않고 맹렬한 속도로 기동하여 이라크군의 퇴로를 차단하였다면 쿠

157) 이투스 과학팀(2011), 전게서, p.173.

웨이트에서 작전 중이었던 이라크군이 조기에 마비되어 붕괴되었을 터인데, 야간에 공격을 중단하였기 때문에 좌측 공정군단보다 공격 속도가 느려서 조기에 목표에 도달하지 못하여 이라크군의 공화국 수비대 등 주력군의 상당 규모가 이라크 본국으로 퇴각할 수 있었던 것이다. 그러나, 독일-프랑스 전쟁에서는 독일군 구데리안 기갑군단이 맹렬한 속도로 진격하여 프랑스와 영국 연합군의 배후를 차단 및 포위하였기 때문에 연합군이 마비되어 붕괴되었던 것이다. 6일 전쟁도 마찬가지로 이스라엘군 3개 기갑사단의 맹렬한 기동속도에 의해 이집트군이 마비되어 붕괴되어 버렸다. 이런 사례에서 보는 바와 같이 공격 부대가 맹렬한 속도로 작전하게 되면 그 운동에너지가 무서운 공격기세로 변하여 적군을 마비시켜 붕괴되는 것이다.

기세는 또한 벡터(vector)의 합성과 같다. 물리학에서 크기와 방향을 갖는 물리량이 벡터이다. 벡터의 합성(합벡터)에는 평행 사변형법과 삼각형법이 있다. 아래 표에서 보는 바와 같이, 평행 사변형법에서는 각각 다른 세기의 힘이 양쪽으로 나뉘어 지향될 경우에 그 합벡터는 각각의 힘이 작용하는 각도에 맞게 평행 사변형이 만들어지는 만큼 가운데로 힘이 가해진다. 이때 각각 다른 힘이 가해지는 사이각이 작을 경우에는 평행 사변형이 더욱 길게 형성되므로 그 합벡터는 더욱 커진다. 평행 사변형법 합벡터 법칙과 같이 동일한 방향으로 지향되는 2~3개 기갑 및 기계화 군단이 사이각을 줄이고 맹렬한 속도로 공격기세를 발휘할 때에는 전략기동축선 또는 작전선 방향으로 엄청난 세기의 힘이 가해지므로, 이러한 기세에는 감히 적이 대항할 수 없는 것이다.

〈표 4-4〉 합벡터에 관한 법칙[158]

크기와 방향을 갖는 물리량이 벡터(vector)이다.
벡터의 합성(합벡터)은 평행 사변형법과 삼각형법이 있다.

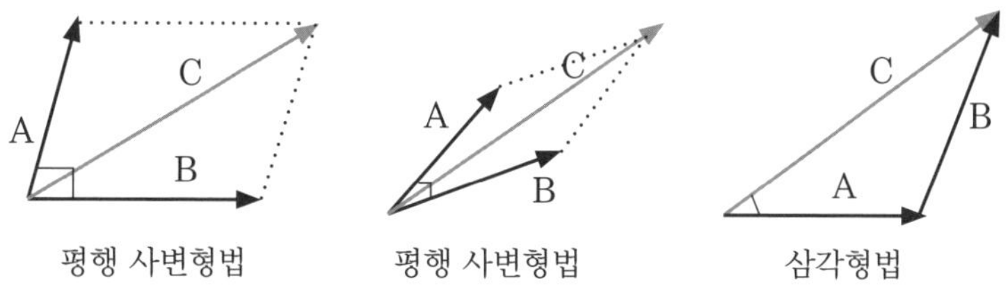

삼각형법에서는 2개 이상의 부대가 동일한 축선으로 공격(A부대)하고 초월 공격하며 기동 속도를 발휘할 경우에 제일 나중(B부대)의 부대가 도달한 목표까지 합벡터(C)가 지향되고 뻗어나간다. 이러한 합벡터의 원리를 보면 손자가 그의 병법에 기술한 "적의 강점을 피하고 약점을 공격한다(避實而擊虛)", "정공으로 고착시키고, 기공으로 승리한다(以正合 以奇勝)", "우회 기동하는 작전법(迂直之計 軍爭法)"과 일맥상통(一脈相通)한다고 해석된다. 이는 강력한 저항이 예상되는 정면의 적을 고착시킨 후에 아군의 주력군은 적의 저항이 없거나 미약한 축선으로 우회 공격하면서 고도의 작전속도를 발휘하여 적에게 큰 충격을 줌으로써 마비시키고 붕괴시켜야 한다. 이런 우회 공격하는 방법은 지상군에게만 적용되는 것이 아니라 해상으로 우회 공격하는 방안도 포함된다. 특히 우리 나라와 같이 한반도가 3면이 바다로 둘러싸여 있으므로, 공중 우세만 확보된다면 적의 저항을 받지 않고 어디든지 기습적으로 공격할 수 있는 것이다. 칭기스칸은 주치군으로 호레즘군의 주력을 고착시킨 후 자신은 주력군을 이끌고 적의 저항이 없는 키질쿰 사막을 가로질러

158) 김종권외 1명,『HIGH TOP(고등학교 물리Ⅱ)』,서울:두산동아, 2010, p.12.

호레즘의 수도인 사마르칸트를 곧바로 기습 공격하고 마비시켜 승리하였다. 걸프전쟁에서는 연합군의 주공인 미국군 제7군단과 제18공정군단이 좌측방으로 240~ 420km를 이동하여 쿠웨이트의 국경을 벗어나 이라크군이 배치되지 아니한 이라크 영토로 크게 우회 공격하여 이라크군의 배후로 진격하였다. 고구려-백제 전쟁에서 광개토태왕군이, 인천상륙작전에서 맥아더 원수의 상륙군이 서해 바다로 우회 공격하여 완전한 기습을 달성함으로써 큰 승리를 거두었다. 이러한 공격법이 합벡터의 원리를 전쟁 수행에 반영하여 공격기세를 발휘함으로써 적군을 마비시켜 승리한 방법인 것이다.

마. 기세는 사기와 심리의 우세가 통합 발휘된다

기(氣)는 생명력이며, 삶의 에너지이다. 사람의 기는 인기(人氣)와 정기(精氣)와 심기(心氣)이고, 부대와 조직의 기는 사기(士氣)이다. 손자가 "용병의 대가는 적의 사기가 왕성할 때를 피하고, 해이해졌을 때 공격하니 이것이 바로 사기를 장악하는 방법이다" 라고 하여 전쟁에 미치는 사기의 위력을 주장하였다. 작전의 속도를 더욱 빠르게 하여 맹렬한 공격기세를 발휘하는 데 더하여 부대의 왕성한 사기는 공격기세를 더욱 강화하는 데 큰 역할을 한다. 맹렬한 작전속도를 발휘하여 적을 무력화하고 승리의 기대감이 커져 갈수록 부대의 사기는 더욱 왕성해지고 공격기세는 더 한층 맹렬해지게 된다.

여기에 앞서 5항에서 기술한 심리의 우세가 사기를 더욱 높이고, 이에 더하여 공격기세를 훨씬 더 맹렬하게 하는 역할을 하게 된다. 정예부대가 견지하고 있는 더 높은 사기와 전투의지는 심리의 우세로 승화되어 주력군 전체의 사기와 심리의 우세를 북돋우고, 공격기세를 더욱 북돋우는 기폭제가 된다. 마치 지진으로 인하여 해일이 일어나 거센 기세로 해안을 덮치고 있는데 여기에 강한 태풍이 불어 그 기세를 더욱 맹렬하게 하고 있는 형세와 닮았다고 할 수 있다.

독일-프랑스 전쟁에서 독일군의 기갑군이 뮤즈강과 세당을 돌파한 후 맹렬한 공격기세를 발휘한 사례와, 6일 전쟁에서 최초 이스라엘 공군의 전략적 기습 공격이 성공한 후에, 지상 작전에서 샤론 사단을 초월한 요페 사단이 미틀라 애로를 점령한 후 기동 시합하듯이 공격기세를 발휘한 사례는 왕성한 사기와 심리의 우세가 공격기세를 더욱 맹렬하게 한 대표적인 사례이다.

8. 적의 군수지원체제 마비 원칙의 적용 원리

전쟁을 수행하는 데에는 전투부대에 전투지원, 군수지원 등 적극적인 지원체계가 뒷받침되어야 한다. 전투부대에 대한 통신 및 화력지원, 공병과 화생방 지원 등은 후방에서 후속하며 지원하는 것이 아니라 전투부대와 밀접하여 전투 현장에서 지원하여야 하므로, 이를 전투지원이라고 하지 병참지원 또는 군수지원이라고 하지 않는다. 따라서 이런 지원부대는 전투가 수행되는 현장에서 전투부대와 함께 피해를 입게되므로 작전을 마비시키는 데 큰 영향을 미친다고 보기 어렵다. 이에 따라 이 항에서는 전쟁 수행에 결정적으로 영향을 미치는 후방에서의 군수지원 또는 병참지원을 차단함으로써 작전군을 마비시키는 데 대하여 논하고자 한다. 작전부대를 후방에서 지원하는 군수지원체제를 마비시키면 유혈이 낭자한 작전과 전투를 크게 감소시키면서 승리할 수 있다. 이런 군수지원은 군대만의 일이 아니라 국가 차원의 지원이 있어야 하므로 군

군수지원체제를 마비시키는 원리

적의 군수지원체제를 마비시키면 유혈 전투를 크게 감소시키면서 승리할 수 있다. 이 작전의 필수 요건은 '먼저시(時)' 를 적용하여 장병들의 사기와 전투의지를 저하시켜 마비시키는 것이다. 먼저 적국의 수송 체계를 타격하거나 마비시키면 작전부대에 대한 군수지원이 불가능하게 된다. 가장 좋은 방안은 비행장, 항만, 적재 · 하역체계, 수송기와 수송선을 타격 하고, 지상 집적소의 통제체계와 철도 · 도로의 터널과 교량 등을 파괴하여 수송할 수 없게 만드는 것이다. 국가 수송 · 에너지 체계는 연계되어 있으므로 동시에 마비시켜야 한다. 또한 군수지원체제를 마비시키려면, 적국의 전투 장비와 주요 결합체를 생산하는 제조공장의 기능을 정지시키려고 노력해야 한다. 그리고 적국 군수지원체제를 마비시키려면 적 주력 군의 배후로 진격하여 병참선을 차단하는 방안이 가장 빠르고 확실한 방법이다. 이 군수지원체계를 마비시키는 것은 전장의 장병들이 직접 체감하므로 적군의 조직심리가 직접적으로 충격을 받아 마비되는 방법이다.

대의 군수지원체제는 물론 그 국가의 전쟁 지원체제를 함께 검토해야 한다. 앞에서 기술한 바와 같이 손자는 “나라에서 군대를 동원하여 전쟁을 하려면, 전차 1천대와 운반용 수레 1천대를 출동시켜야 하고 천리 길에 걸쳐서 군량미와 물자를 수송해야 한다. 이렇게 하려면… 하루에 천금에 이르는 막대한 전쟁 비용이 들어간다”고 하였고, 또 “군대가 장비와 보급품을 잃으면 망하고, 식량이 없으면 망하고, 물자의 비축이 없으면 망한다”고 하여 전쟁 수행 중에 있는 작전부대에 군수지원을 적시에 해 주어야 계속 싸울 수 있다고 강조하였다.

이를 역으로 풀이해 보면 적국과 적군의 군수지원체제를 차단 또는 마비시키면 적군의 작전부대가 제대로 싸울 수가 없어서 패배하게 된다는 의미가 된다.

작전부대에 대한 군수지원은 후방에 위치한 육 · 해 · 공군의 군수사령부가 책임을 지고 지원해야 할 장비 및 물자를 집적(集積)한 다음에 국가 및 군의 수송체계를 이용하여 전선까지 지원한다. 그리고 이런 장비 및 물자들은 국가에서 마련하고 구매하여 국가의 수송체계를 이용하여 군수사령부의 집적소까지 수송한다. 그러므로 국가의 이동 및 수송 관련 체계가 파괴되거나 마비되면 작전부대에 대한 군수지원이 불가능하게 된다. 앞의 4항에서 기술한 바 있는 식량, 유류, 가스, 포탄 및 화약 등 에너지도 대부분 이런 국가의 수송체계를 이용하여 전선에 지원되고 있다.

적국의 군수지원체제를 마비시키는 원리는, 먼저 적국의 수송체계를 마비시키고, 적국의 주요 전투장비와 결합체를 생산하고 조립하는 공장의 기능을 정지시켜야 하며, 아군의 주력군이 적 주력군의 배후로 진격하여 병참선을 차단하는 데에 있다. 이와 같이 적국 군수지원체제를 마비시키면, 전장의 적 장병들이 전력의 저하를 체감하기 때문에 적군의 조직심리 마비로 직접 연계될 수 있다.

가. 적국의 수송 체계를 마비시켜라

적군의 군수지원체제를 마비시키려면 적국의 수송체계를 우선적으로 마비시켜야 한다. 이러한 국가의 수송체계는 공중 · 해상 · 지상수송체계로 구분할 수 있다. 공중 수송체계는 비행장, 창고, 하역 및 적재 체계, 수송 항공기, 이를 통제하는 통제체계 등으로 볼 수 있고, 해상 수송체계는 항만, 창고, 하역 및 적재 체계, 수송선(輸送船) 및 이를 통제하는 통제체계 등으로 볼 수 있을 것이다. 지상 수송체계는 철도와 도로, 터널 및 교량, 기차 및 수송차량, 역을 포함한 통제체계, 집적소와 창고, 군대내의 장비 및 물자 집적소, 통제체계, 수송차량 등이 될 것이다. 따라서, 가장 포괄적인 방안은 비행장 및 항만과 적재 및 하역체계, 수송기 및 수송선을 타격하고, 지상 집적소의 통제체계와 철도 및 도로의 터널과 교량 등을 파괴하여 수송할 수 없게 만드는 것이라 할 수 있다. 이러한 국가의 수송체계가 마비되면 군의 수송체계도 동시에 마비된다. 만약에 고속도로 상의 터널과 교량이 파괴되었는데도 지방도로를 경유하여 수송 차량으로 수송한다면 그 차량들을 직접 타격하여야 할 것이다. 그리고 수송기와 수송선으로 수송한다면 이들을 직접 타격하여 파괴하여야 한다.

그러나, 아군이 공중 우세권을 확보한 상태라면 이런 수송기와 수송선을 이용하여 수송하기는 쉽지 않을 것이다. 앞 4항에서 기술한 바와 같이 이러한 국가의 수송체계는 대부분 전기 에너지를 사용하여 운영된다. 그러므로 국가의 전기 에너지 체계가 마비되면 국가의 수송체계도 함께 마비될 것으로 예상된다. 또한 수송기, 수송선, 기차, 트럭 등 주요 수송 장비들도 유류 에너지를 사용하므로 국가 에너지 체계가 마비되면 이러한 수송 장비들도 운용하기 어렵다. 그러므로 국가 수송체계의 마비와 국가 에너지 체계의 마비를 연관시켜 이해하여야 할 것이다. 마비전은 적군을 격멸하기보다 적군의 체계와 조직심리를 마비시켜 이기고자 하기 때문에, 전쟁이 단기간 내에 끝날 것으로 예상되므로 수 일 내에 지원될 수 있게 하는 적국의 수송체계를 우선적으로 마비시키는 것이 타당할 것이다.

나. 전투 장비 및 물자의 생산 공장을 무능화하라

전쟁 수행간에는 파괴되거나 기능이 상실되는 전투 장비와 물자가 많이 발생한다. 전투 장비가 부족하거나 없으면 전투력을 발휘할 수가 없다. 전투기, 함정, 미사일, 전차 및 장갑차, 화포 등 전투장비는 전투력을 발휘하는 핵심 장비들이기 때문에 이들 장비들이 파괴되거나 무능화되면 전투력이 급격히 저하된다. 또한 전투 장비의 부분이 파손되거나 고장난 장비들은 정비 부대가 파손된 부분을 고치고 수리 부속을 바꾸어 재생하여야 한다. 그래서 이렇게 전투장비를 재생하는 데에는 많은 결합체와 수리 부속이 소요된다. 그러므로 매 작전과 전투가 끝나면 전투장비를 재생 및 보충하고 병력을 충원하여 재편성을 하여야 한다. 이런 전투력 복원에는 총기의 수리 및 보충, 포탄과 탄약의 보충, 연료 및 유류의 재보충, 식량과 보급품의 재보급 등이 함께 이루어져야 한다. 이런 작전 · 전투 부대의 재편성과 재보충 및 재보급에는 대량의 장비와 결합체 · 수리 부속과 물자 및 보급품이 소요된다. 이러한 군수지원은 대량의 장비와 물자가 필요하지만, 그 또한 적시(適時)에 지원되어야 한다. 그러므로 적군의 전력 복원을 못하게 하려면 이런 군수지원을 차단하거나 방해하여야 한다. 군수지원체제를 마비시키려면, 적국의 수송체계를 마비시키기는 활동에 이어서 이와 같은 전투 장비와 주요 결합체를 생산하는 제조공장의 기능을 정지시키려는 노력을 해야 한다. 전쟁에서 전력발휘에 필수적인 주요 전투 장비들의 국내 생산 공장을 타격하여 기능을 정지시키고, 외국에서 도입하거나 지원되는 전투 장비들은 국내도입을 차단하여야, 군수지원의 근원을 차단함으로써 적군의 군수지원체제를 마비시킬 수 있다.

주요 전투 장비의 생산에는 모든 결합체와 부속품들을 모두 한 공장에서 생산하는 경우는 거의 없다. 주요 결합체를 생산하는 공장과 수많은 부속품들을 생산하는 공장들이 있는데, 이런 많은 공장들을 모두 타격하기보다 주요 결합체—엔진, 사격 조준 장치, 궤도, 주포결합체 등—를 생산하는 공장이나 완성품으로 조립하는 공장을 타격함으로써 전투 장비의 생산을 못하게 할 수 있다. 또 수 많은 보급품들을 생산하는 공장을 타격할 필요는 없으며, 이런 보급품들은 수많은 생산 시설보다 수송 체계를 타격하여 마비시키는 것이 합리적일 것이다.

다. 적 주력군의 병참선을 차단하여 마비시켜라

과거의 수많은 전쟁에서 유혈 전투를 최소화하면서 단기간 내에 전쟁을 승리로 끝맺음한 사례들은 대부분 아군의 주력군이 적군의 주력군의 배후로 고속 기동하여 지휘체계를 마비시키고 병참선을 차단함으로써 적군을 붕괴시켜 이루어내었다. 앞서 기술한 바와 같이 독일-프랑스 전쟁에서 독일군 기갑부대들이 프랑스 · 영국 연합군의 배후로 고속 기동하여 지휘체계와 병참선을 차단함으로써 연합군이 조기에 붕괴되어 버렸다. 또 독일군 롬멜 장군의 북아프리카군이 영국 공군의 공격과 해군의 지중해 차단으로 전투 장비의 보충과 정비지원 및 연료 보급을 받지 못해 끝내 패배하였다. 6일 전쟁에서도 이스라엘군 요페 사단이 미틀라 애로를 점령하여 이집트군 주력의 퇴로와 병참선을 차단함으로써 이집트군이 붕괴되어 6일 만에 전쟁이 종결된 사례들이 이를 증명해 주고 있다. 공중 우세권을 확보하여 위에서 기술한 바와 같이 적국의 수송체계를 마비시키거나, 주요 전투장비들의 생산 공장을 타격하여 마비시키는 방법도 유효하지만, 위와같이 적 주력군의 배후로 진격하여 지휘체계 및 병참선을 차단하는 방안이 가장 빠르고 확실한 방법이라고 하겠다.

라. 군수지원을 차단하여 적 조직심리를 마비시켜라

전투 장비의 보충과 정비지원, 탄약과 연료의 보충, 주요 보급품의 보급 등이 적시에 이루어지지 못하면 전장의 전투력이 급격히 저하되고, 그 부족함과 결핍을 전장의 장병들은 곧바로 감지하게 되므로 불안감과 함께 사기의 저하와 전투의지의 약화로 확산되게 되는 것이다. 전쟁에서 아군이 주도권을 장악한다든지 또는 적의 지휘체계를 마비시킨다든지 우세를 확보하는 방법은 주로 적군의 수뇌부에 충격을 주어 마비시키려는 방안인 반면에, 이 에너지 공급체계 및 군수지원체계를 마비시키는 방법은 전투 현장의 장병들이 곧바로 5감으로 체감케 하는 방법이기 때문에 적군의 조직심리가 직접적으로 충격을 받아 마비될 수 있는 방법이라 하겠다. 이렇게 에너지 공급체계 및 군수지원체계를 마비시키면 전투 현장에 있는 탁월한 지휘관의 리더십으로도 해결이 될 수 없는 중요한 사안인 것이다. 즉 아무리 유능한 지휘관이 있어도 파손된 전투장비들을 어떻게 복원시키며, 전투 장비의 엔진과 연료를 현장 지휘관이 무슨 수로 보충을 하고 보급을 할 수 있겠는가? 따라서 이런 작전의 결과로 발생된 조직심리의 마비는 회피할 수 없는 절실한 문제인 것이다.

9. 과학기술 · 무기체계로 마비 원칙의 적용 원리

전쟁은 사람이 무기 및 장비를 가지고 수행한다. 과거의 전쟁에서 사용된 무기 및 장비는 고도의 과학기술이 적용되지 않았기 때문에 사람이 무기와 장비를 사용하는 능력과 숙련도에 따라 그 위력이 발휘되

과학기술 · 무기체계로 마비시키는 원리

오늘날에는 과학기술이 전장에 대한 지배력을 높여 가고 있다. 국가 간에 과학기술의 현격한 차이는 전쟁의 승패에 지배적으로 영향을 미친다. 적이 아직 발전시키지 못한 첨단 과학기술을 개발, 이를 무기, 장비, 체계에 적용하여 전장을 지배할 수 있다. 무기체계의 발전은 오행(五行)의 상극(相克)의 원리로 이해될 수 있다. 5행의 같은 단계의 시대에서는 더 빠르고 정확하며 위력이 센 무기를 개발하고, 5행의 다음 단계의 무기체계를 적보다 먼저 개발하여 전쟁에서 적군을 마비시켜야 한다. 현재 불(火)의 원소를 사용한 과학기술의 단계를 뛰어 넘어 다음 단계의 물(水)의 원소를 사용한 과학기술을 먼저 개발하여 전쟁에서 적군을 마비시켜야 한다. 그리고 레이저 및 빛의 무기, 인공지능 무기, 우주전력의 우세를 확보할 무기 및 장비, 양자 및 광통신 기술, 한반도의 지정학적 환경을 극복할 장비 등 전장을 지배할 과학기술을 먼저 개발하여야 한다.

었다고 할 수 있다. 과거에는 과학기술의 발전 속도가 매우 느렸을 뿐만 아니라, 발전된 기술도 대체로 인류의 생활 수준을 향상시키려는 방향으로 활용되었다. 그러나, 화약을 사용하는 무기가 출현한 이후에는 총포의 성능과 화약의 위력이 전쟁의 승패에 영향을 미치는 정도가 점차 높아지기 시작하였다. 현대에 이르러서는 과학기술의 발전 속도가 굉장히 빠르고, 그 활용 방향이 인류의 생활 수준을 향상시킬 뿐만 아니라 전쟁에서의 무기 및 장비에 반영되어 대량살상과 파괴의 수단으로 활용되고 있다. 그리하여 오늘날의 전쟁에서는 고도의 과학기술이 개발되고 무기 및 장비의 위력에 반영되어 전쟁의 승패에 큰 영향을 미치는 시대가 되었다. 이제는 무기와 장비를 사람이 직접 사용하지 않고, 사람이 전파로 조종하거나 자동 기능 또는 인공지능 컴퓨터에 의해 무인(無人) 체계로 무기 및 장비가 운용되고 있다. 이것이 바로 과학기술의 급속한 발전에 따라 이루어 낸 성과이다.

가. 무기체계는 5행 상극의 원리에 따라 발전된다

적이 모르거나 아직 발전시키지 못한 첨단 과학기술을 개발하여 이를 무기 및 장비와 체계에 적용하여 전장을 지배할 수 있다. 무기체계의 발전은 음양(陰陽) 오행(五行)의 상생상극(相生相克)의 원리로 이해될 수 있다. 오행은 이 우주를 구성하고 있는 대표적인 5가지 물질로서 불(火), 흙(土), 금속(쇠: 金), 물(水), 나무(木)를 말한다. 전쟁에서 무기 및 장비의 개발에는 현재의 무기 및 장비 체계를 극복할 수 있는 상극(相克)의 원소(元素)가 적용되어야 한다. 즉 흙을 극복하고 나무가 자라며, 쇠가 나무를 자르고, 불이 쇠를 녹이고, 물이 불을 끄고, 흙이 물을 흡수하고 가두는 우주 만물의 이치에 따라 무기체계가 발전하는 것이다. 이에 따라 인류가 이 지구상에 생겨나 무리를 이루고 서로 다툴 때, 최초에는 맨주먹(흙:土)으로 싸웠고, 그 다음에는 몽둥이(木)나 대나무 창으로 싸우던 시대를 지나, 칼과 창과 도끼 등 구리(銅)와 철(金)로 만든 무기 시대를 거쳐, 화약 및 폭발물과 '원자 폭탄'(火) 시대를 넘어서, 오늘날은 '수소 폭탄'(水) 시대까지 이르게 된 것이다. 이와 같이 현재의 무기 및 장비 체계에서 새로운 과학기술이 개발되거나, 현재의 무기 및 장비 체계를 극복할수 있는 다음 단계의 기술 체계가 개발되어 전장에 적용되었을 때에는 적으로 하여금 무력감, 패배감 그리고 공포심을 확산시켜 전의를 상실하게 만들 수 있다.

1592년 조선-왜 전쟁에서 왜국의 조총에 놀라 조선군의 방어선이 쉽게 무너진 현상이나, 이순신 장군의 판옥선과 거북선에서 발사하는 원거리 총포의 집중 포격에 왜군이 어찌할 바를 모르고 3회의 해전(海戰)으로 완전히 마비되어, 도요또미 히데요시가 왜군에게 해전을 금지함으로써 함대가 부산포 안에 갇혀 버렸던 것이 역사적 사실이다. 이 때까지 조선군은 칼과 창 및 활 등 철기시대의 무기를 사용하고 있었던 반면에, 왜군은 철기를 이기는 화약 무기인 조총으로 무장하였기 때문에, 조선군이 조총 소리와 위력에 놀라 마비되었던 것이다. 그러나, 당시 왜군의 수군은 칼과 활 및 조총으로 무장하였고, 조선의 수군은 칼과 활로 무장했지만 함선의 주무기는 총포였으므로, 대적하는 양군이 모두 화약무기를 가졌지만 그 사거리와 위력면에서 총포가 압도적이었으므로, 조선 수군의 판옥선에서 발사하는 총포의 위력에 왜의 수군이 마비되어 버렸던 것이다.

나. 적보다 더 센 위력의 과학기술 무기를 개발하라

현대는 5행 가운데 불(火)의 원소를 사용하는 무기체계 단계의 다양한 무기를 사용하여 전쟁을 수행하는 시대이다. 그래서 현대에 수행된 여러 전쟁에서 사용된 무기를 보면 소총부터 화포, 폭탄, 미사일 및 원자폭탄까지 다양하게 사용되었다. 다만 소총은 자동으로 다량의 사격이 가능하고, 화포와 폭탄은 사거리와 위력이 크게 향상되었고, 미사일은 비행 기술과 사거리, 표적 타격의 정밀도와 위력이 크게 발전하였으며, 원자폭탄은 그 위력이 엄청나게 커졌으나 그 살상력과 파괴력이 세상을 파괴할 정도이므로 위협만 할뿐 사용은 억제하고 있는 실정이다. 이런 상황을 분석해 보면 동일 단계의 시대에서도 과학기술의 발전 수준에 따라서 적의 수준을 뛰어넘어 고속으로 더 원거리를 날아서 더 큰 위력으로 타격할 수 있다. 이는 동일 단계의 시대에서도 적국보다 훨씬 더 높은 과학기술 수준의 무기를 개발하여 적군을 마비시킬 수 있다는 사실을 보여주고 있다.

그러나, 이런 과학기술의 발전 수준은 나라에 따라 크게 차이가

난다. 국가 간에 과학기술의 현격한 차이는 전쟁의 승패에 지배적으로 영향을 미친다. 걸프전쟁과 이라크 전쟁 시 미국군이 지중해의 항공모함이나 걸프 만의 함대에서 발사하는 미사일에 대하여 이라크군은 속수무책이었고, 미국군의 전략폭격과 미사일 공격으로 이라크의 국가체계가 마비되고 전쟁의지가 굴복되어 단기간에 전쟁이 끝났다. 그리고 비장의 전략무기는 전세를 역전시키고, 적국의 전쟁의지를 단번에 굴복시킨다. 태평양 전쟁 시 태평양과 동남 아시아(東南亞)에서 오랜 기간에 걸쳐 수 많은 희생자를 내면서 수행되던 전쟁이었지만, 미국이 히로시마와 나가사키에 투하한 2발의 원자폭탄의 위력에 일본은 공황 상태가 되어 무조건 항복하였다. 이 사례에서 보는 바와 같이 총알, 포탄, 미사일탄 등은 모두 화약(火藥: 불)을 사용하는데, 히로시마에 투하된 원자폭탄도 5행으로 보면 불(火)의 원소를 사용하는 무기이지만 그 위력과 기술 수준의 차이는 엄청나다.

그러므로 고도의 과학기술 무기로 적군을 마비시키려면, 불(火)의 원소를 동일하게 사용하는 현대에서도 적군의 대항(對抗)을 무력화시킬 수 있는 고도의 과학기술 무기를 발전시켜야 한다.

다. 다음 단계의 고도의 과학기술 무기를 개발하라

현재의 상황은 5행으로 보아 불(火)을 이길(극: 克) 수 있는 물(水)의 원소를 사용하는 '수소(H_2)폭탄'이 개발되어 있는 상황이다. 알려진 바에 의하면 이 수소 폭탄은 원자 폭탄보다 엄청나게 더 큰 위력을 가졌다고 한다. 그렇지만, 사용할 수도 없는 수소폭탄 같은 극초 위력의 무기를 개발하기 보다는, 물(水)의 원소를 사용하면서도 전쟁에서 사용할 수 있는 더 높은 능력의 과학기술 무기를 개발할 필요가 있는 것이다.

오늘날에는 '레이저 광선(laser beam)'무기도 개발 중인 것으로 알려져 있다. 이는 빛을 전자파와 연계하여 무기화한 것으로 아직은 그 위력이 크지 않지만 과학기술이 더욱 발전한다면 새로운 무기로 각광받을 수 있을 것이다. 만약 태양광 같은 강력한 빛을 무기화한다면 그 위력은 상상을 초월할 것이다. 필자는 김정빈씨가 쓴 실화 소설『단(丹)』을 읽은 적이 있는데, 그 소설의 주인공인 '우학' 도인이 말씀하시기를 "이 땅에 두 사람이 각각 흑막탄(黑幕彈)을 개발 중인데 그 두 사람이 만나면 성공할 것이다"라고 한 내용을 똑똑하게 기억하고 있다. 참으로 과장되고 허황된 얘기 같지만 너무나 충격적인 내용이어서 아직도 잊혀지지 않는다. 빛의 원리를 안다면 빛을 무기화할 수 있고, 빛이 없는 암흑의 현장도 만들 수 있을 것이다.

최근에는 인공지능(AI) 기술이 괄목할 만큼 발전하여 인간형 및 동물형 로봇(robot)이나 여러 가지 장비에 장입되고 있다. 이 기술이 멀지 않아 무기화될 것이라는 데에는 의문의 여지가 없다. 벌써 사람이 아닌 로봇이 인간보다 더 높고 빠르고 정확한 지능과 행동력을 가진 살상 무기로 개발될 우려를 가지고, 세계적인 윤리 장전이 제정되어야 한다고 과학자들이 주장하고 있는 현실이다.

또한 선진국들 간에는 우주 공간에 대한 우세권 확보를 위하여 치열한 경쟁을 하고 있는 중이다. 우리나라에서도 우주청이 설립되어 경쟁에 뛰어들었다. 벌써 수 개의 위성을 쏘아 올려 정보 및 통신과 기상 예보에 활용 중에 있다. 앞으로는 적대국 간에는 우주전력의 우세를 확보하고, 적국의 우주 전력을 제거 또는 약화시키기 위한 우주 전쟁이 벌어질 것이다. 따라서 이러한 상황과 사태에 대비하여 우주과학을 크게 발전시켜야 할 것이다. 왜냐하면, 우주 공간을 지배하는 자가 공중도 지배하고 지상과 해상도 지배할 것이기 때문이다.

정보통신 분야에서는 선진국에서 양자통신 및 컴퓨터 체계에 대한 연구가 고도화되고 있다. 이 기술은 현재의 기술로서는 해킹과 암호해독이 불가능하다고 한다. 그렇다면 그 결과는 적의 통신은 불가능하게 되고, 아군의 통신은 어떤 위협에도 보장되는 획기적인 사태로 발전하게 될 것이다. 이상에서 기술한 바와 같이 다양한 분야에서 개발되고 있는 과학기술이 피 · 아군의 전쟁 수행 능력에 커다란 격차를 벌여 적을 마비시키고 전쟁을 단기간 내에 승리로 이끌어 가는 원동력이 될 것이다.

그러나, 여기서 비록 적에게 사용하는 것이라 하더라도 생명을 대량 살상하고 환경을 파괴하는 극한의 무기 및 장비 개발은 반드시 제한하여야 할 대상이며, 이는 적국을 견제하여 국가의 안보를 달성할 목적으로만 허용되어야 할 것이다. 오늘날 핵무기를 개발하여 보유하고 있는 국가들과 같은 사례이다. 이런 무기체계는 인류와 지구상의 생명체를 멸종시킬 뿐만 아니라, 살아가는 환경을 파괴하기 때문이다. 이는 생명을 발전시키고자 하는 우주의 창조 정신에 위배된다.

오히려 장려되어야 할 것은 대량 살상과 파괴를 일으키지 않는 현재 및 다음 단계의 탁월한 과학기술이 개발되고 적용되어 적을 마비시킬 수 있는 무기 및 장비체계인 것이다. 현재의 무기 및 장비 체계를 상극(相克)할 수 있는 미래의 기술이 더 일찍 개발된다면 가장 좋은 일이지만, 현재의 체계 내에서도 적을 마비시킬 수 있는 전혀 새로운 과학기술이 개발될 수 있는 것이다. 앞으로 과학기술은 적을 살상하고 파괴하는 무기 및 장비를 개발하기보다는 적의 무기 및 장비의 기능을 정지시키고, 적군의 전력을 무력화할 수 있는 그런 과학기술을 발전시켜야 할 것이다.

라. 지정학적 환경을 극복할 무기와 장비를 개발하라

우리 한반도에는 종횡으로 뻗은 산과 횡으로 흐르는 강이 많은 특징을 가지고 있다. 그러므로 한국 전쟁에서도 동부전선에서는 고지 쟁탈전이 많았고, 서부 전선에서는 도하 공격에 어려움이 많았다. 그러므로 이러한 산악지형과 하천선을 쉽게 극복할 수 있는 과학기술 무기 및 장비가 개발될 필요가 있다. 물론 현재 개발된 K_2전차와 장갑차는 자체 도하가 가능한 장비이다. 좀 더 가파른 산비탈로 기동할 수 있는 장비나 또는 공중과 지상을 병행 기동할 수 있는 무기 및 장비가 개발된다면 산악과 강을 쉽게 극복할 수 있을 것이다.

3면이 바다인 한반도에서는 해상으로 우회기동하는 작전으로 적군을 용이하게 마비시킬 수 있다. 공중우세를 확보하면 제해권도 함께 확보가 되겠지만 함선이 지상으로 올라가 공격할 수는 없으므로 어차피 함선으로 수송해 주고 상륙해야만 지상 공격이 가능하다. 따라서 해상으로 고속 기동하여 곧바로 지상 공격을 감행할 수 있는 장비가 개발된다면 적국의 어떤 약점(중심)이라도 해상으로 우회기동하여 기습 공격이 가능할 것이다. 아군이 공중 우세를 확보하면 적군의 해상 전력에 대해서는 직접적으로 지배력을 행사할 수 있지만 잠수함 등 해저 전력에 대해서는 직접적으로 통제하기 곤란하다. 물론 지상기지를 타격하거나 에너지 공급을 차단하든지 아니면 정확한 위치를 알 경우에는 함선에서 어뢰를 발사하는 등 여러 가지 방법으로 마비시킬 수 있다. 그러나, 가장 직접적으로는 아군의 최첨단 잠수 전력을 강화하여 적의 잠수 전력을 마비시키는 것이 우선이다. 뿐만 아니라, 아군의 잠수 전력이 상륙과 지상전력으로 병용될 수 있다면 더할 나위가 없을 것이다. 아군의 잠수 전력이 언제 어느 곳을 막론하고 적국의 약점을 기습 공격할 수 있다면 적은 전력을 집중하지 못하고 분산 운용할 수 밖에 없다. 또한 이런 잠수 전력이 확실하게 해저 전력의 우세를 확보한다면 아울러 제해권을 확실하게 확보할 수 있다. 그러나, 무엇보다도 소형 잠수 전력이 해저로 우회기동하여 지상으로 곧바로 기습 공격하는 그 위력은 적군을 마비시키는 데 큰 역할을 할 것으로 예상된다.

10. 적군 조직심리 마비 원칙의 적용 원리

사람은 정신적 존재이기 때문에 그 사람의 심리 상태에 따라 행동에 큰 영향을 미친다. 전장에 임한 장병 개개인의 심리 상태는 상황 변화에 따라 수시로 변한다. 전장에서 장병 개개인은 삶과 죽음의 기로에 처해 있기 때문에, 생존 여부가 개인심리 변화에 가장 큰 영향을 미친다. 그러므로 생존 여부에 직접적으로 영향을 미치는 아군의 충격과 위협에 대하여 매우 민감하게 반응하고, 심리적 충격도 받게 된다. 앞의 도표9(전장에서 인간의 심리 작용)에서 제시한 바와 같이, 이렇게 받게된 충격의 정도에 따라 심리 상태는 불안과 초조(焦燥)와 공포심을 촉발하고, 더 심해지면 공황(恐惶) 상태가 되어 생존하고픈 본능에 따라 도주하려는 충동에 휩싸이게 된다. 이런 심리상태에 따라 충동적으로 행동에 옮기는 개인의 언행에 따라 주변에 함께 있는 장병들을 자극하여 군중심리를 유발한다. 군중심리는 불안과 초조와 공포심을 더욱 확산시키고, 이런 상태가 심해지면 공황 상태가 더욱 확산되어 전장을 이탈하고 도주하게 된다. 이와 같은 상황에 도달하면 현장 지휘관의 리더십으로도 통제가 되지 않는다.

그러므로 장병들이 전장에서 쉽게 이런 심리 상태에 빠지지 않도록

적군의 조직심리를 마비시키는 원리

마비전은 전쟁에서 유혈전투를 최소화하면서 적군의 조직심리를 마비시켜 최단 기간 내에 승리하고자 한다. 전쟁에서 큰 힘을 발휘하는 군대의 조직심리는 애국심, 정의심, 단결, 군기, 사기와 전투의지이다. 애국심과 정의심은 장병들이 참전하는 기반 심리로서 사기와 전투의지로 바로 연결된다. 단결과 군기는 지휘관의 리더십 발휘와 관련이 있다. 이러한 조직심리는 군대의 정신전력의 바탕으로, 정신전력이 강한 군대가 전쟁에서 승리한다. 따라서 전쟁에서는 다양한 수단과 방법으로 적군의 조직심리를 마비시키고 무너뜨려야 한다. 전쟁에서 아군이 주도권을 장악 · 유지하고, 적군의 지휘체계를 마비시키고, 공중 우세권을 확보하며 기습을 달성하고, 고속도와 기세로 작전을 수행하는 방책은 적의 전쟁지도부와 최고사령부의 전쟁의지를 굴복시킬 수 있다. 우세 확보와 적의 에너지 공급체계와 군수지원체계 마비, 그리고 우수한 과학기술 무기로 적을 마비시키면 전투 현장 장병들의 사기를 저하시키고 전투의지를 굴복시킬 수 있다. 심리전은 전장에서 적 장병들의 불안과 공포심을 자극하고 공황상태로 이끌어 마비시킬 수 있는 좋은 수단이다.

정신전력과 군대의 조직심리를 강화하여야 한다. 적군의 조직심리를 마비시키기 위해서는, 적의 전쟁지도부와 최고사령부 및 고위 지휘부의 지휘심리를 마비시키고, 전투 현장에서 싸우는 장병들의 전장심리를 마비시켜야 한다. 또한 고도의 심리전을 수행하여 적군 장병들의 조직심리를 마비시켜야 한다.

가. 정신 전력의 기반이 강력한 군대가 승리한다

인간은 정신적인 창조물이며, 만물의 영장(靈長)으로서, 인간의 힘의 기반은 정신력이다. 인간의 힘이 정신력에 기반을 두고 나오므로, 정신전력의 기반이 강력한 군대가 전쟁에서 승리한다. 이 정신 전력은 장병들의 개인심리에서 나오기보다 군대의 조직심리로부터 나온다. 앞서 기술한 바 있는 '집단심리가 전쟁수행에 미치는 영향(p. 264)'에서 조직심리에는 민족정신(성), 애국심, 단결, 군기, 사기와 전투의지가 있으며, 오늘날에는 자유, 민주, 평등, 인권 등 인류의 보편적인 가치를 지키고자 하는 정의심이 있다. 그러나, 전쟁에 가장 큰 영향을 미치는 조직심리는 군대의 장병들이 "왜 전쟁에 적극적으로 참여하게 되었는가?"하는 데 있다. 장병들이 전쟁에 참여하는 가장 중요한 이유는 가족을 지키는 데 있을 것이며, 가족을 지키기 위해서는 나라를 지켜야 하므로, 결과적으로 애국 · 애족심으로 나라를 지켜 가족을 보호하려는 것이라 할 수 있다. 그리고 우리 나라는 국가와 국민을 위한 정치를 잘하고 있는데, 인접국이 최고 권력자의 과대망상이나 과도한 욕망을 채우려고 일방적으로 침공할 경우에는 국민들이 정의심과 분노가 폭발하여 전투의지를 불태우게 된다. 인류의 보편적인 가치를 지키기 위해서도 흔쾌히 전쟁에 참여하여 전투의지를 표출하게 된다. 전쟁이 나라의 보존과 전체 국민의 생존이 달려있는 중차대하고도 절실한 상황이라면 온 국민이 들고 일어나 죽기로 싸우게 될 것이다. 4차례에 걸친 전쟁에서, 또 지금도 주변 아랍국들과 계속 싸우고 있는 이스라엘 국민들은 나라와 민족의 존망이 걸린 전쟁이므로 죽음을 두려워하지 않고 전투의지를 불태우며 전쟁을 수행하였던 것이다. 한국전쟁은 해방 이후 어렵게 세운 나라와 자유 및 민주주의를 지키기 위해 북한 공산주의자들과 싸웠다. 이와 같이 애국(애족)심과 정의를 실현하려는 전투의지 그리고 인류의 보편적 가치를 지키기 위해 피를 흘리며 전쟁을 수행한다. 단결심은 지휘관에 대한 신뢰와 전우애 등으로 부대가 한 덩어리로 똘똘 뭉치게 되고, 군기는 평소부터 지휘관이 부하들을 사랑하면서도 군법의 시행을 엄정하게 시행하였기 때문에 장병들이 지키는 법질서 의식이며, 사기는 전승을 경험하였거나 희망이 있을 때 나타나는 것으로, 이는 상황에 따라 변할 수 있다. 그러나, 이러한 조직심리는 장병들의 자발적인 정신자세와 각오로부터 발휘되는 것이 가장 좋지만, 경우에 따라서는 지휘관의 지휘 조치에 따라 발휘되는 경우도 있다. 지휘관이 적진 깊숙히 부대를 이끌고 진격하였을 경우에 부하 장병들은 피할 수가 없기 때문에 전투의지를 발휘하여 싸울 수밖에 없으며, 적에게 포위되어 죽기로 싸울 수밖에 없는 상황에 처하면 장병들이 스스로 전투의지를 발휘하여 분투하게 된다.

민족성과 민족정신은 과거에는 전쟁에 큰 영향을 미쳤으나, 세계화가 일반화되고 또 다른 민족들이 국내에 많이 들어와 국적을 바꾸고 함께 살아가고 있는 현상이 보편적인 현대의 상황에서는 전쟁에 큰 영향을 미치기는 어려울 것으로 사료된다. 전쟁은 적군과의 의지의 대결이기 때문에 적군의 뛰어난 작전 수행으로 아군이 위기에 처할 수도 있다. 장병들이 아무리 투철한 정신전력으로 무장되어 있다고 하더라도 적군의 우수한 작전으로 아군이 위태로워지면 장병들의 개인심리 중 불안과 초조감 및 공포심이 작용하고, 군중심리가 발동하여 마비될 수도 있다. 그러므로 전장의 지휘관은 장병들에게 군중심리가 발동하기 훨씬 이전에 리더십을 발휘하여 위기 사태를 사전에 방지하여야 한다. 지휘관은 사전에 리더십을 발휘하여 군대의 조직심리를 조직적 내지 인위적으로 강화하여야 한다. 전장에서 미리 강화된 조직심리로 군중심리의 돌출을 예방하여야 한다. 제4차 중동 전쟁에서 이집트군이 기습 공격하여 수에즈 운하를 도하하고, 이스라엘군의 전초 진지를 유린하고 교두보를 확보하였으나, 이스라엘군이 큰 피해를 입고 사투를 하면서 샤론 사단장이 역도하 공격을 성공시키고, 아단 사단이 초월하며 수에즈 시로 진격하여 이집트군 주력을 포위함으로써 전세가 뒤바뀌어 승리하였던 사례가, 이스라엘군 장병들의 정신전력과 뛰어난 지휘관들의 지휘 조치로 역전시킨 대표적인 사례이다.

그러므로 군대의 조직심리를 바탕으로 전쟁에서 승리하기 위해서는 정의로운 전쟁으로 장병들의 애국(애족)심과 전투의지를 불러일으키고, 지휘관의 훌륭한 리더십으로 장병들의 단결심과 군기 및 사기를 북돋우고 확립하여 정신 전력을 강화하여야 한다. 전쟁에서 승리할 수 있는 가장 확실하고 강력한 전력은 전쟁에 임한 장병들의 정신전력으로부터 나오는 것이다.

나. 적군의 지휘심리를 마비시켜라

조직심리에는 적의 정부나 군대의 최고사령부와 고위 지휘부의 지휘심리와 작전 현장의 장병들이 가진 전장심리로 구분할 수 있다. 전쟁에서의 조직심리는 최종적으로 최고 지휘부의 전쟁의지와 작전 현장에 있는 장병들의 전투의지를 굴복시키는 것이 가장 중요하다. 적군의 지휘심리를 마비시키는 것은 적국의 전쟁지도부나 최고사령부의 '전쟁의지'를 조기에 굴복시키는 것이 목표이다. 전쟁을 개시하고 계속하려는 의도는 적국의 최고 권력자와 최고사령관이 가진 전쟁의지가 기반심리이다. 따라서 전쟁 개시와 동시에 적국의 전쟁지도부와 최고사령부를 타격하여 최고 권력자와 최고사령관을 제거하고 지휘체계를 마비시킨다면 전쟁의지를 굴복시킬 수 있다. 적군 지휘체계가 마비되면 적군은 전쟁 진행 상황을 파악할 수도 없고, 예하 부대에 명령을 내릴 수도 없게 되어 사령부가 할 수 있는 역할이 없게 된다. 다음 도표에서 보는 바와 같이 아군이 전쟁의 주도권을 장악하면 적은 아군으로부터 주도권을 탈취하기 위하여 계속 노력하겠지만, 아군이 작전속도를 발휘하

〈도표 10〉 전장에서의 조직심리의 변화

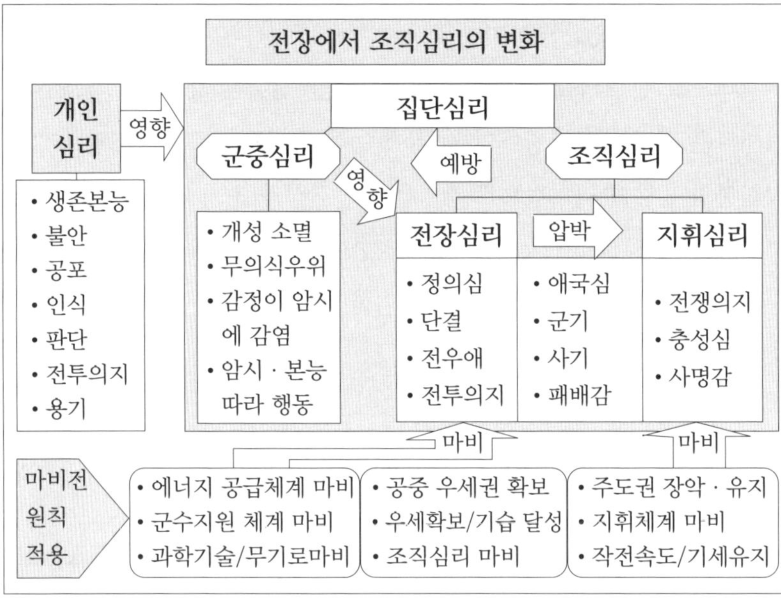

* 출처 : 저자 본인 작성

고 공격기세를 유지하며 선제적인 상황조치를 하면서 주도권을 유지해 나간다면, 적국 전쟁지도부와 최고사령부 내에 패배의식이 만연하게 되고, 적군 최고사령관이 더 이상 할 수 있는 조치가 불가하여 전쟁의지가 굴복되는 것이다.

아군이 전략적 기습을 달성하여 적에게 충격을 가하고, 공중 우세권을 확보한다면 적군은 더욱 전쟁 상황을 뒤집을 수 있는 가능성이 희박하기 때문에 최고사령부와 고위 지휘부 내에 사기가 바닥으로 떨어지고 패배의식이 더욱 빠르게 확산되어 마침내 최고 권력자와 최고사령관의 전쟁의지가 굴복될 수밖에 없게 된다. 이와 같은 최고사령부와 고위 지휘부에 영향을 미치는 조직심리는 사기와 전쟁의지가 가장 지배적으로 작용한다. 독일-프랑스 전쟁에서 독일군 기갑부대가 뮤즈강과 세당을 돌파하고 프랑스 · 영국 연합군의 배후로 고속 돌진하여 연합군이 마비되고 붕괴되자 영국의 처칠 수상이 프랑스의 최고사령관 가믈렝 원수에게 "이제 어떻게 할거냐?"고 물었는데, 원수는 어떤 대답도 못하고 해임되었다. 최고사령관이 마비되어 전쟁의지가 굴복되었기 때문이었다. 6일 전쟁에서 이집트군은 비행기지와 최고사령부가 기습 공격을 받아 마비되어 제대로된 대응 조치를 하지 못하고 전전긍긍하다가 6일 만에 패배하였다. 이라크 전쟁에서도 미국 공군이 이라크의 정부와 최고사령부를 공습하여 지휘체계가 마비되어 어떠한 대응 조치도 못하고 조기에 패배하였다. 이렇게 국가의 전쟁지도부와 최고사령부가 타격받고 지휘체계가 마비되어 전쟁의지가 굴복되면 전쟁이 단기간 내에 끝날 수밖에 없다.

이와 같이 나라의 최고 지휘부에서부터 지휘체계가 마비되고, 전쟁의지가 굴복되면, 예하 부대 장병들이 건재하고 전투의지가 생생하게 살아 있어도, 최고 지휘부의 지휘가 없기 때문에 전쟁을 계속할 수가 없게 된다. 또한 이러한 최고 지휘부의 마비 상황은 곧바로 예하 부대에 전파되어 장병들이 사기가 저하되고 전투의지가 손상받아 제대로 싸울 수가 없게 된다. 즉 정부의 전쟁지도부와 최고사령부의 전쟁의지가 굴복되면 그대로 전쟁 패배로 이어지게 된다.

다. 적군의 전장심리를 마비시켜라

적군의 전장심리를 마비시키는 것은 예하 작전 · 전투부대 장병들의 조직심리를 마비시키는 것을 일컫는다. 위의 그림에서 보는 바와 같이 전장에서는 기본적으로 생존본능, 불안, 공포 등 개인심리가 저변에 깔려있다. 군대는 지휘관을 중심으로 위계질서에 의해 구성된 강력한 조직이다. 그러므로, 군대 조직의 조직심리가 우선적으로 작용하여 개인심리가 덮여져 잠재되어 있게 된다. 이러한 상황에서 여러 가지 마비전 원칙들이 적용된 작전으로 충격과 위협을 받게 되면 개인심리가 작용되는 전장상황이 조성되는 것이다. 지휘관도 개인심리가 작용하므로, 용기와 의지가 강한 지휘관일 경우에는 조직심리를 우선적으로 하여 이끌어 가겠지만, 겁이 많고 생존의지가 강한 지휘관일 경우에는 지휘관의 개인심리가 조직심리에 위해를 가하는 현상이 발생할 수도 있게 된다.

앞 항에서 기술한 바 있는 공중 우세권을 확보하거나 적군의 최고사령부와 고위 지휘부를 타격하여 지휘체계를 마비시키기도 하지만, 장병들의 개인심리가 발돋움하여 공중을 지배하고 있는 아군의 공중 전력으로부터 장병들이 수시로 공격받거나, 또 공격을 피하기 위하여 엄폐하거나 숨어 있어야 하는 불리한 상황을 곧바로 인식하여 불안감과 공포심에 떨게 되고, 사기도 저하되며 패배의식에 사로잡혀 전투의지가 약화된다. 또한, 아군의 공격으로 고도의 과학기술이 적용된 무기 및 장비의 위력에 충격을 받거나, 적의 에너지 공급체계와 군수지원체계가 마비되면 전투 현장에 전기와 포탄과 연료가 공급되지 않게 되고, 파괴 및 고장난 장비에 대해 보충 또는 수리되지 않아 전력이 급격히 저하되는 현상을 장병들이 직접 목격하고 감지하기 때문에 장병들의 사기가 저하되고, 전투의지를 상실하게 된다. 이런 상황에서 적군이 예상하지 못한 기동속도로 아군의 주력군이 적의 후방 깊숙이 진격할 때에는, 적의 장병들에게 혼란과 불안 및 공포가 엄습하고, 이러한 집단 정서가 장병들에게 감염되어 군중심리가 발동하여 공황으로 발전되는 것이다. 이런 경우에 적군의 사기가 붕괴되는 현상이 나타나게 된다. 이런 현상을 두고 손자는 "전군의 사기가 꺾일 수 있으며, 적 사령관의 의지를 꺾을 수 있다(三軍可奪氣 將軍可奪心)"고 하였고, 리델 하트도 "마비 상태는 적의 조직붕괴 및 정신면에서의 조직붕괴와 동등한 것인 사기붕괴에 의하여 발생한다"라고 하였던 것이다.

이런 상황에서는 훌륭한 지휘관의 리더십도 효과를 나타내지 못하게 된다. 뿐만 아니라 전쟁 이전에 군기가 엄정하고, 사기도 드높으며, 애국(애족)심과 전투의지가 충만한 군대였더라도, 이렇게 제공권도 상실하고, 에너지 공급 및 군수지원체계가 마비된 상황에서는 절망감이 앞서므로 그 군기와 사기 및 전투의지가 계속 유지될 수 없는 것이 전쟁의 상례이다. 독일-프랑스 전쟁과 걸프전쟁에서 획득된 많은 포로들이 이를 증명하고 있다고 하겠다.

라. 심리전으로 적의 조직심리를 마비시켜라

적군의 조직심리를 흐트리고 마비시키는 데에는 고도의 심리전이 큰 효과를 발휘할 수 있다. 전장의 위험속에서 적군의 장병들에게 생존의 본능을 일깨우고, 불안과 공포심을 부추기고, 전장 이탈과 도주를 사주하며, 적군의 사기를 저하시켜 조직심리를 마비시킴으로써 전투의지를 무너뜨리는 것이 심리전의 목표이다. 또한 적군이 수행하는 전쟁은 정의롭지 못한 전쟁이며, 인류의 보편적인 가치를 저버리는 행위라는 사실을 주지시킴으로써 전쟁 참여에 대한 회의감이 들게 하여야 한다. 이런 심리전은 유혈 전투 없이 전쟁을 승리로 이끌 수 있는 매우 효과적인 수단이다. 중국의 초(楚) · 한(漢) 전쟁에서 한나라의 장량이 밤중에 옥퉁소를 구슬프게 불어 초나라의 항우 군 장병들로 하여금 대량으로 도주케 함으로써 쉽게 승리한 사례는 너무나 오래된 일화이다. 또한 "영국군이 아르헨티나에 대해 방송통신(mascom)으로 전략적 · 작전적 심리전을 실시하여 커다란 성과를 거두었다"[159]라고 하여 포클랜드 전쟁 시에 영국군이 국가전략 수준에서 심리전을 수행하였다는 사실을 알 수 있다. 마비전은 물리적 군사력으로 군사작전을 수행하여 적군의 조직심리를 마비시킴으로써 살상과 파괴를 최소한으로 줄이면서 이기고자 한다. 그러나 전쟁에서는 물리적인 기동과 화력 등 수단만이 아니라 심리전으로 적의 조직심리를 교란시키고, 사기를 붕괴시켜 적의 전투의지를 굴복시킬 수도 있는 것이다. 그러므로 전략적 · 작전적 · 전술적 수준의 심리전 수행 방법을 잘 발전시켜 마비전이 추구하는 심리의 전쟁에서 중요한 역할을 담당하도록 해야 할 것이다.

※※※

지금까지 이 장에서 마비전 수행의 원칙과 그 원리에 대하여 고찰하고 설명해 왔다. 마비전 수행의 원리는 시간 중심의 사고를 바탕으로 군사작전을 수행하여 적군의 조직심리를 마비시키고, 또 적국의 지휘체계를 마비시킴으로써, 적국의 최고 권력자와 최고 사령관의 전쟁의지를 굴복시켜 전쟁에서 승리하는 것이라고 하였다. 소모전은 전투의 3요소 중에서 공간과 유형 전력에 기준을 두고 전력을 운용하여 적을 격멸하지만, 마비전은 시간과 무형전력에 기반하여 전력을 운용하고 적을 마비시켜 승리하고자 한다.

여기서 전쟁 수행에 크게 영향을 미치는 시간의 요소는 먼저시(時)와 빠름시(時)와 최적시(時)이다. 모든 제대의 지휘관이 전력을 운용할 때 항상 적보다 먼저 행동하고 선제를 가하여 적으로 하여금 끌려오게 해

159) 민평식 역,『포클랜드 전쟁』, 서울:병학사, 1983, p.266.

야 하고, 적보다 빠르게 행동하여 적이 뒤따라 오게 만들어야 하며, 가장 적합한 시점에 가격하여 적에게 충격을 가하고 마비시켜야 한다.

사람은 정신적 존재이기 때문에 행동하기에 앞서 인간 심리가 먼저 작동한다. 이 심리에는 개인심리와 집단심리가 있고, 집단심리에는 군중심리와 조직심리가 있으며, 조직심리에는 지휘심리와 전장심리로 구분하여 작용된다. 군중심리는 조직화되지 않은 일반 군중의 심리를 말하고, 조직심리는 조직화된 집단의 심리를 말하며, 지휘심리는 조직을 지휘하는 지휘부의 심리를 말하고, 전장심리는 전투 현장에 있는 장병들의 심리를 일컫는다. 조직화된 집단에서는 조직심리가 개인심리와 군중심리를 제어하는 현상이 일반적이지만, 삶과 죽음이 교차하는 전쟁터에서 조직의 힘이 작동하지 못하는 위태로운 상황이 닥치면 개인심리와 군중심리가 작용될 수 있다. 전쟁 수행에 큰 힘을 부여하는 조직심리에는 애국(애족)심, 정의심, 단결, 군기, 사기, 그리고 전투의지가 있다. 전장심리의 전투의지가 지휘심리에서는 전쟁의지로 표출된다.

전쟁에서 적의 조직심리를 마비시키는 마비전의 원칙은 10가지가 있는데, 주도권 장악 및 유지, 지휘체계 마비, 공중 우세권 확보, 에너지 공급체계 마비, 우세 확보, 기습 달성, 작전속도 및 기세 유지, 군수지원체계 마비, 과학기술 및 무기체계로 마비, 적 조직심리 마비가 그 원칙들이다. 이 가운데, 주도권 장악 및 유지, 적 지휘체계 마비, 공중 우세권 확보, 기습 달성, 작전속도 및 기세유지, 과학기술 및 무기체계로 마비, 적 조직심리 마비의 원칙은 적의 조직심리 중에 지휘심리를 마비시켜 최고 지휘부의 전쟁의지를 굴복시킴으로써 전쟁을 조기에 종결하는 데에 직결된다. 그리고 공중우세권 확보, 에너지 공급체계 마비, 전력의 우세 확보, 군수지원체계 마비, 과학기술과 무기체계로 마비, 그리고 적 조직심리의 마비 원칙은 조직심리 중에 장병들의 전장심리를 마비시켜 적군의 사기를 저하시키고, 공포심과 공황을 유발하여 전투의지를 굴복시킴으로써 군대 조직이 붕괴되는 결과를 초래한다.

결과적으로, 전쟁에서 시간 중심의 사고를 바탕으로 위에서 열거한 10가지 원칙들을 적용하여 적군의 조직심리를 마비시켜 적군 장병들의 전투의지를 굴복시켜 군대를 붕괴시키고, 적국 최고 지휘부의 전쟁의지를 굴복시켜 최단기간 내에 전쟁을 승리로 종결하는 것이 마비전 수행의 원리이다.

군대는 목적에 맞게 건설하여야 한다. 군대를 건설하는 목적은 전쟁을 예방하고, 전쟁을 수행하여 승리함으로써 국가와 국민을 수호하는 것이다. 전쟁에서 승리하려면 이길 수 있는 전쟁술을 발전시키고, 이 전쟁술을 능숙하게 수행할 수 있는 군대를 건설하여야 한다.

마비전 전쟁술을 수행할 군대는, 전략군을 우선 편성하고, 현대 과학군 위주로 편성하며, 쉽게 편조하여 고속작전을 수행할 군대를 편성하고, 임무 중심의 조화된 군대를 편성하며, 적의 중심군에 대비할 군대를 편성하여야 한다.

마비전 수행 여건을 보장하여야 한다. 군사력 건설은 국가안보법과 군사력 건설 관련법률로 보장되어야 하고, 마비전 전쟁술에 능숙한 장교단을 육성하여야 하며, 과학적 군사훈련 체제를 마련하여야 한다.

제5장
마비전 수행 군대 건설

제2차 세계대전 발발 이전에 독일군 구데리안 장군이 전격전 전쟁술을 발전시키고, 전쟁에서 이를 수행할 전력을 확보하기 위하여 1939~40년까지 Ⅲ, Ⅳ형 전차를 생산하고, 10개 기갑사단과 6개 차량화사단을 창설 후 이를 기갑군단 · 군으로 편성하고, 전투기 및 폭격기(sutuka)부대를 편성하여 프랑스를 침공하였다.

– 진중근 옮김, 『전격전의 전설』, p.39, 78.

이스라엘은 리델 하트의 간접접근전략 이론을 적극적으로 수용하고, 이를 수행할 공군과 기갑부대 및 특수전 부대 위주로 군사력을 건설하여 6일 전쟁에서 고속 기동전을 수행하여 승리하였다.

– 주은식 역, 『리델 하트 사상이 현대사에 미친 영향』, p.255.

장수는 지혜, 믿음, 어짐, 용기, 위엄을 갖추어야 한다.(將者 智信仁勇嚴)

전쟁의 본질을 깊이 아는 장수는 백성의 운명을 맡았으며, 나라의 존망을 짊어진 기둥이다.(知兵之將 民之司命 國家安危之主也)

장수는 나라의 보배다.(將者 國之寶也) –『손자 병법』始計篇, 地形篇

제1절 마비전을 수행할 군대의 건설

군대는 목적에 맞게 건설하여야 한다. 군대를 건설하는 목적은 전쟁을 예방하고, 전쟁을 수행하여 승리함으로써 국가와 국민을 수호하는 것이다. 나라에 강력한 군대가 있기 때문에 적국이나 주변국이 함부로 침범할 수 없다. 적국이나 주변국이 침략할 경우에 승리할 수 없다고 판단하거나, 이기더라도 큰 희생을 치러야 한다고 판단할 때에는 쉽게 침공할 수 없다. 그러므로, 나라에 군대가 있어야 전쟁을 예방할 수 있는 것이다. 또한 군대는 국가 이익과 관련하여 적국과의 전쟁을 피할 수 없다고 판단될 때에는 최고 정치권력자의 결정에 따라 전쟁을 수행하여야 한다.

전쟁을 수행하게 되면 반드시 승리하여 국가를 보전하고, 국민들의 안전과 재산을 수호하여야 한다. 군대가 전쟁에서 승리하려면 반드시 이길 수 있는 전쟁술을 발전시키고, 이 전쟁술을 능숙하게 수행할 수 있는 군대를 건설하여야 한다. 군대를 건설하려면 어떤 능력을 가진 군대를 건설할 것인지를 먼저 결정하여야 한다. 바로 그 군대의 능력은 어떠한 전쟁술로 전쟁을 수행할 것인지에 달려 있다. 바로 그 전쟁술이 앞장에서까지 연구하여 기술한 마비전 전쟁술이다. 이 마비전 전쟁술은 우리나라가 역사상 변함없이 수행해왔던 소모전 전쟁술에서 탈피하여,

시간 중심의 사고를 바탕으로 적군의 조직심리를 마비시키고 적군의 지휘체계를 마비시켜 최고 지휘부의 전쟁의지를 굴복시킴으로써, 최소의 살상과 파괴로 최단기간 내에 승리하고자 하는 획기적인 전쟁술이다. 따라서 국가가 이 전쟁술을 수용하고 우리 군의 전략사상으로 삼는다면, 이 전쟁술에 따라 능숙하게 전쟁을 수행할 수 있는 군대를 건설하여야 한다.

이 마비전 전쟁술을 능숙하게 수행할 군대는 전략군을 우선적으로 편성하고, 현대 과학군 위주로 편성하며, 쉽게 편조하여 고속 작전을 수행할 군대로 편성하여야 하고, 임무 중심의 조화된 군대를 편성하며, 적군의 중심군에 대비할 군대를 편성하여야 할 것이다.

1. 마비전을 수행할 전략군을 우선 편성하라

마비전을 수행할 전략군은 국가안보전략과 군사전략 수준에서 마비전 전쟁술에 따라 임무를 수행할 군대를 말한다. 이는 마비전 전쟁술의 원칙들을 전략적 수준에서 수행하기 위해 요구되는 전력들을 종합하여 편성한 군대를 일컫는다. 그러면 마비전 수행의 각 원칙들을 실행하는데 어떤 전력이 요구되는지 분석해 보자. 먼저 앞 장의 10항에서 적군의 조직심리를 마비시키는 원칙에서 적군의 지휘심리를 마비시켜 전쟁의지를 굴복시킴으로써 최단기간 내에 전쟁을 승리로 끝낼 수 있는 마비전 수행 원칙들을 실행할 전력을 분석해 보자.

제일 먼저 적국의 전쟁지도부와 최고사령부를 타격하여 최고권력자와 최고사령관을 제거하고 지휘체계를 마비시키기 위해서는 공군의 전략폭격기 부대와 이를 엄호할 전투기 부대가 필요하며, 원거리에 있는 적군 지휘부를 타격할 유도탄 부대가 요구된다. 다음으로 공중 우세권을 확보하기 위해 적군의 항공 전력과 비행장 및 항공전력 통제체계를 기습적으로 타격하기 위해서는 역시 공군의 전투기 및 전략폭격기 부대와 유도탄 부대가 요구되며, 이때 적군의 방공체계와 전력을 함께 타격하여야 할 것이다. 다음으로, 전략적 기습 공격으로 주도권을 장악하기 위해서는 앞서 기술한 적군 지휘체계를 마비시키고 공중 우세권을 확보하는 방책을 포함하고, 아군의 연합 및 합동전력의 우세를 확보하여 적군의 전략적 약점(중심)을 집중 공격하여야 한다. 여기에는 육 · 해 · 공군과 유도탄군 및 특수전 부대와 연합군까지 통합한 군대가 요구된다고 하겠다. 지상군은 적군의 저항이 약한 곳을 과감하게 공격하여 돌파한 후에 고속 기동할 군단급 이상의 기계화 부대가 요구된다. 해군은 적국 해안의 어디든지 접근하여 타격하고 상륙할 부대가 요구되는 바, 항공모함(가능할 때)과 잠수함 전력 및 해병대가 요구된다고 보겠다. 이어서 주도권을 유지하기 위해서는 앞에서 언급된 전력에 부가하여 적군의 저항이 없거나 약한 축선으로 전략적 우회기동을 감행할 지상 기계화 부대와 해군 기동전력 및 특수전 부대가 요구된다고 할 것이다. 이러한 전략적 임무를 수행하는 데에 요구되는 전력은 최첨단 과학기술 무기 및 장비들을 포함하여 적에게 충격을 주고 마비시킬 전력을 포함하여야 한다.

이어서 적국의 에너지 공급체계를 마비시키고, 적군의 군수지원체계를 마비시키며, 전략적 수준의 심리전을 수행할 부대가 요구된다. 이런 임무 수행에는 공군 폭격기 부대와 유도탄 부대가 적격일 것이며, 적군의 병참선을 차단하기 위해서는 지상으로 고속 우회 기동할 기계화 부대가 요구된다.

〈도표 11〉 전략군 편성 방안

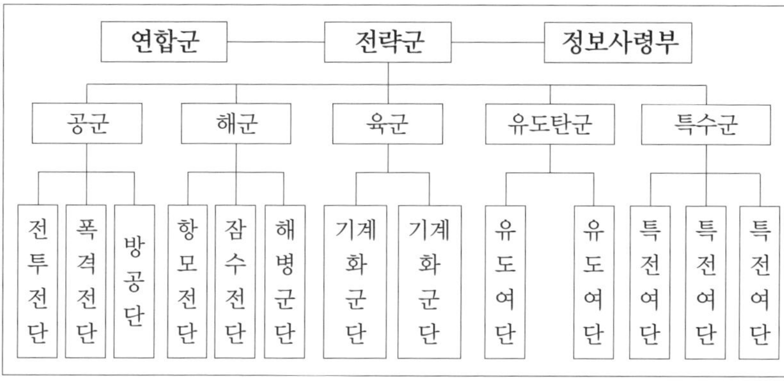

이상과 같은 전략적 임무를 수행하기 위해서는 전략적 수준의 정보를 수집, 분석, 전파할 정보부대가 요구되며, 이는 우주 전력과 함께 연동되어야 할 것이다. 이러한 전략적 수준의 정보들은 임무를 수행하는 전략군의 각 부대들에게 적시적으로 제공되어야 한다. 이에 따라 전략군은 육 · 해 · 공군과 유도탄군 및 특수전 부대들을 통합하고, 동맹국 군대까지 포함하여 합동군 및 연합군을 통합한 군대로 편성하여야 한다. 그리고 여기에 심리전 부대도 포함시킬 필요가 있다. 이 전략군은 적군을 마비시키기 위하여 선정된 약점(중심)의 수와 전략(작전)계획 상의 전쟁 기간, 전략군이 맞게될 적군의 규모 등에 따라 감소 또는 증편할 수도 있다. 전략군이 동맹국과 연합할 경우에는 연합군 전력의 특성을 고려하여 임무의 배분을 잘 하여야 한다. 연합군은 우리 군이 갖추지 못한 특별하고 우수한 전력을 가지고 있을 수 있기 때문이다. 이때는 우리의 전쟁술에 관해 이해할 수 있도록 사전에 충분히 설명하고 협조를 구하여야 한다.

전략군은 전략적 수준에서 전력의 우세를 확보하고 기습을 달성하여 적군의 지휘체계를 마비시키고 주도권을 장악하여야 한다. 계속하여 공중 우세권을 확보하고 작전속도를 발휘하고 기세를 유지하여 주도권을 유지함으로써 적군을 마비시켜야 한다. 또한 적국의 에너지 공급체계와 군수지원체계를 마비시키고 적군의 조직심리를 마비시켜 전쟁을 단기간 내에 종결하도록 과감하고 맹렬하게 작전을 수행하여야 한다. 적군에 대한 전략적 마비를 최단시간 또는 최단기간 내에 이룩한다면 전쟁을 최단기간 내에 종결할 수 있다.

2. 현대 과학군 위주로 편성하라

앞의 제4장 2절 9항(과학기술 및 무기체계로 마비시키는 원리)에서 이미 기술한 바와 같이 현대 전쟁에서는 무기 및 장비에 적용된 과학기술의 수준과 성능의 격차가 전쟁의 성패에 지배적인 영향을 미친다. 우주 공간을 장악하여 적국 군대의 일거수 일투족을 훤히 들여다 보고 있는 아군 측과, 아군의 작전에 대하여 깜깜한 적군이 싸우면 승패가 자명하지 않겠는가? 초고속의 스텔스 기능을 갖춘 전폭기가 갑자기 적국의 공중에 나타나 저성능의 적 항공기에 대해 매가 비둘기 잡아먹듯이 싹쓸이를 하는데 적군 공군이 어떤 대응책이 있겠는가? 그저 속수무책으로 당하든지 아니면 이라크처럼 인접한 이란으로 모두 대피시키는 대책 밖에 더 있겠는가? 이와 같이 현대에는 국가간에 과학기술 수준의 격차가 현격한 현상이기 때문에 이로 인한 군사력의 격차가 현저하게 드러나는 실태이다. 그러나, 무기에 적용된 과학기술 수준과 성능의 차이는 대부분 적군을 살상하고 파괴하는 위력의 차이로 나타나고 있다. 핵무기를 이미 오래 전에 개발하였으나, 이 핵무기는 지구와 인류를 파멸시킬 위력을 가졌기 때문에 적국을 위협할 수는 있으나 실제로 사용하기는 어려우므로, 이제는 핵무기의 위력에 거의 도달할 만한 대단한 위력을 가진 무기들을 개발하여, 보유하고 있는 현실이다. 현재 진행되고 있는 우크라이나 전쟁에서 강대국인 러시아가 약소국인 우크라이나를 침공하였으나 핵무기를 사용하지 못하니까, 미국과 유럽의 여러 나라로부터 재래식 무기를 지원받은 우크라이나군에게 발목이 잡혀 하루에 수천 명씩 사상자가 발생하는 소모전의 늪에 빠져 헤매고 있는 실태이다. 심지어는 우크라이나군이 센 위력의 자폭 드론을 개발하여 러시아군 전차를 파괴하고, 참호 속에 있는 장병들을 초토화시키고 있으니 러시아도 다른 방법을 찾지 못하고 피해가 늘어가는 상황이다. 러시아군은 우주 전력도 가졌고, 핵무기와 대륙간탄도탄(ICBM)도 가진 선진 군대인데도 상황에 맞는 과학기술은 덜 개발된 것이라 할 수 있다. 군대의 조직심리면에서 러시아군은 오히려 도피하고 있고, 우크라이나군은 나라와 국민들의 생존이 걸려있는 문제이므로 죽음을 무릅쓰고 싸우고 있는 실태이다. 러시아군의 앞선 과학기술에도 불구하고,우크라이나군의 사생결단하는 전투의지는 꺾을 수가 없다는 사실이 증명된 것이다. 핵무기와 대륙간탄도탄(ICBM)은 핵전쟁에서 사용되는 무기이지 재래식 전쟁에서는 종이 위의 사자와 호랑이다. 공멸(共滅)하려는 의도가 아니라면 핵전쟁은 할 수 없지 않겠는가?

이제 명확하게 드러난 사실은, 현대전은 재래식 전쟁을 하면서 적을 대량 살상하고 파괴하기 보다는 적군을 마비시켜 최단기간 내에 승리하여 종결해야 한다는 사실이다. 군대의 조직심리를 마비시켜 이기는 전쟁 뿐만 아니라, 무기 및 장비 체계에도 살상 및 파괴보다는 기능을 마비시키고 무력화하는 과학기술 무기 및 장비를 개발하여 전투를 수행하는 방책을 발전시켜야 할 것이다. 살상과 파괴용 무기는 위력이 커야하므로 화포의 구경이 크고, 많은 화약을 내장하여 폭발 위력이 크게 포탄의 크기도 커야 한다. 따라서 전차와 화포도 커야 한다. 그러므로 이런 무기 및 장비들이 기동하려면 도로와 교량도 넓어야 하고, 덩치가 크기 때문에 적에게 쉽게 발견되고, 적 포탄에 명중도 잘된다. 그러나, 적군의 무기 및 장비의 기능을 마비시키고 무력화할 과학기술이 발전된다면, 무기 및 장비의 크기가 작고 높이가 낮아지고 속도를 더 높일 수 있다. 무기체계에 적용되는 시간의 관점은 빠름시(時)가 제일 중요하고, 그 다음으로 먼저시(時)와 최적시(時)가 필요한 관점이다. 타격하고자 하는 표적의 속도보다 더 빠르게 날아가야 하고, 적보다 먼저 가격하여야 하고, 가장 맞는 시점에 명중이 되어야 하기 때문이다. 앞의 작전속도와 기세유지 항목에서 기술한 바와 같이 포탄의 위력은 화약의 폭발력도 필요하지만 포탄의 속도가 더욱 위력을 높인다. 적군의 무기 및 장비를 파괴하는 데에는 크고 위력이 센 포탄이 필요하지만, 적군의 무기 및 장비를 무능화 또는 무력화하는 데에는 포탄의 크기와 위력이 꼭 필요하지 않게 된다. 현대의 대부분의 무기 및 장비는 자체에 내장된 전기 및 전파시스템으로 작동된다. 전차나 화포를 파괴하기보다 명중된 포탄이 일으키는 고압 전기로 적 전차의 전기 체계를 마비시켜 전차가 기동도 사격도 안되는 상태가 된다면 그 영향이 어떻겠는가? 발사된 미사일이 음속(音速)의 4~5배 속도로 날아간다고 하는데, 빛과 전파의 속도보다 빠를 수야 있겠는가? 아주 높은 에너지의 레이저 빔 무기를 개발하고 적 항공기와 미사일에 사격하여 격추시킨다면 그 충격이 얼마나 크겠는가? 뿐만 아니라 광통신을 하는 강력한 전파로 적군 지휘부의 지휘통신체계를 마비시킬 수 있다면 그 파장이 얼마나 크겠는가? 현대의 과학기술 발전 속도를 고려해 본다면 전혀 불가능한 일이 아닐 것이다. 이미 선진국과 우리 나라에서 발전시킨 과학기술로서도 이를 무기 및 장비 체계에 반영한다면, 충분히 적군의 무기 및 장비 체계를 마비시키고 무력화할 수 있다고 판단된다. 2024년 11월 2일(토) 『조선일보』 A8면 기사에 “빅테크가 개발한 첨단 기술들이 현대 전장(戰場)을 바꾸고 있다. AI와 드론, 로봇 개 등 상업용으로 먼저 개발된 기술들이 군사용으로 쓰이기 시작했다. 우크라이나 전쟁과 이스라엘 전쟁 등에 투입돼 전장의 판도를 바꾸는 역할을 수행하고 있다”고 기술하고 있다. 그러나, 이런 첨단 과학기술 무기가 수백km 떨어진 러시아 중심부의 전력시설과 정유공장을 정밀타격하여 폭파하는 방법을 사용하고 있다. 앞으로 관점을 전환시켜 무능화 · 무력화하는 방법으로 발전시킨다면 전혀 새로운 전쟁의 양상이 출현하리라고 예상해 본다.

현대 전쟁에서는 우세한 병력으로 전력의 우세를 확보한다고 볼수 없다. 병력의 우세보다 오히려 전력의 우세를 확보해야 한다. 왜냐하면, 앞에서 본 바와 같이 인공지능(AI)을 갖춘 무인(無人) 무기 및 장비가 점점 늘어가고, 4명의 병력이 탑승하던 전차에 지금은 2~3명이 탑승하는 등 군대 편성에 병력수가 감소하고 있기 때문이다. 그러므로 이제 부대 편성에는 지휘관을 포함한 최소의 지휘부 요원과 소수의 무기 및 장비 승무원과 무인 장비를 통제하고 유도하는 소수 정예의 부대원이 소요될 것이다. 따라서 이런 고도의 전력발휘가 요구되는 부대는 가능한 정예 전투원으로 구성된 전문적 직업군으로 편성하여야 할 것이다. 이런 경향으로 분석해 보면, 장래의 군대는 많은 수의 보병 부대보다 과학화된 정예 기계화부대가 대세인 방향으로 전환되리라고 예상할 수 있다.

공군의 경우 이미 인공지능(AI) 무인기가 개발된 바와 같이 전투기의 경우 초고속 무인 전투기가 개발될 것이며, 폭격기의 경우에는 표적의 핵심 기능을 타격하여 마비시키고 무력화하는 무기체계로 전환되어야 할 것이다. 그리고 부대 편성은 현장 상공에서 지휘하는 편대장과 전대장 등 지휘관 전투기의 주변에 AI 무인기가 함께 비행하여 호위 겸 공중전을 수행하는 편대 및 전대로 발전하고, 이런 수개의 전대가 하나의 항공 전단으로 편성될 것으로 예상할 수 있다. 이런 항공 전단이 여러 개 편성된다면 공중 우세권 확보와 적군의 전략·작전적 약점(중심)을 공격하여 마비시키는 데에 지배적으로 작용할 것이다. 아무리 전쟁의 양상이 변화하더라도 전쟁에서 살상과 파괴 활동을 완전히 배제할 수는 없다. 변화에서 요구되는 것은 살상과 파괴를 최소화하고 마비시키는 데 중점을 두라는 것이다. 따라서 적국의 전쟁지도부와 최고사령부를 폭격하여 최고 권력자와 최고사령관을 제거하고 적군의 지휘체계를 마비시키기 위해서는 폭격기의 폭격과 유도탄의 정밀 타격이 필요하다. 또한 적군의 항공기지를 폭격하고, 적국의 철도 및 도로상의 터널과 교량을 파괴하며, 적국의 정유시설 등을 파괴하는 데 필요한 폭격기와 유도탄은 필수적이라고 할 수 있다. 그러므로 이렇게 살상과 파괴가 요구되는 소요를 충족할 폭격기와 유도탄은 군대 편성에 포함시켜야 할 것이다.

해군의 경우 소형화된 AI 무인기를 많이 탑재한 항공모함이 개발될 수 있을 것이며, 소형 원자력 발전기를 설비한 원자력 잠수함이 현실화되고, 작은 고래나 상어 같은 수중 정찰용 잠수함정(艦艇)을 다량 개발 및 보유하여 적 해군 함대 및 잠수함의 활동을 탐지해 내고, 적 함대를 파괴하기 보다는 무능화 또는 무력화하는 무기를 장착한 함정을 개발하고 편성하는 방향으로 발전되면 좋을 것이다. 그리고 해병대는 정찰용 잠수함정을 개량하여 잠수 기능과 지상 전투를 함께 할 수 있는 무기 및 장비를 개발하고 부대를 편성하며, 마비전 수행을 위한 무기 및 장비의 개발과 부대 편성을 병행하면 더욱 유용할 것으로 사료된다.

이상과 같이 오로지 살상과 파괴를 하기 위한 무기 및 장비에 치중하기 보다는 적군을 무능화 · 무력화시키는 데에 비중을 둔 최첨단 과학기술 무기 및 장비를 개발하고, 이를 운용하기 위한 군대를 건설한다면 부대별 편성이 크게 달라지게 될 것이다. 그러나 분명한 사실은 장차 군이 최첨단 과학기술 무기 및 장비로 무장한 군대로 탈바꿈하게 되리라는 변화이다.

3. 쉽게 편조, 고속 작전 수행 군대로 편성하라

마비전을 수행하여 전쟁을 최단기간 내에 승리로 종결하려면 고속으로 작전을 수행하여야 한다. 앞에서 이미 기술한 바와 같이 속도의 의미는 시간의 개념으로 전환된다. 군사작전에 영향을 미치는 가장 중요한 시간의 관점은 먼저시(時)와 빠름시(時)와 최적시(時)이다. 이 중에서 빠름시(時)가 전쟁의 기간에 직접적으로 연관된다. 이 빠름시(時)는 마비전 수행의 원칙들 중 주도권 장악 및 유지, 공중 우세권 확보, 우세 전력 확보, 기습 달성, 작전속도 및 기세유지, 과학기술 및 무기체계로 마비 원칙 등의 적용에 크게 작용한다. 이들 원칙들의 적용에는 적보다 더 빠른 작전속도가 필요하기 때문이다.

고속으로 작전을 수행하기 위해서는 군대의 조직과 편성이 이를 뒷받침해 주어야 하고, 작전 지휘에 관한 체계와 제도가 변경되어야 한다. 가장 우선적으로 육 · 해 · 공군 단위부대가 빠른 속도를 낼 수 있는 무기 및 장비들로 편성되어야 한다. 또한 이들 단위부대들은 하늘과 바다와 지상에서 속도를 발휘하는 데에 장애가 되는 요인들을 신속하게 제거할 수 있는 요소를 함께 편성해야 한다. 작전 부대가 속도를 발휘하는데 저해되는 요인은 적군의 저항이 가장 큰 요인이고, 다음은 작전지역의 환경 요인이며, 그 다음은 아군 부대 내의 지휘상 혼란이라고 볼 수 있다. 작전속도를 발휘하기 위해서는 적의 저항을 피하여 우회기동하는 방책이 가장 좋으며, 작전지역의 환경 요인은 먼저 이용함이 최선이고 다음으로 환경을 극복하기 위한 장비를 편성에 포함하여 활용하는 것이다. 지상군의 경우 전술적 수준에서는 제 병과 전투력의 협동체제를 편성 상에 반영하고, 작전적 수준 이상의 부대는 더 규모가 큰 병과 전투력 협동체제와 합동 전력을 통합할 수 있도록 편성상에 반영하여야 한다는 것이다. 예를들어 현재는 사단급 부대의 직할 부대에 대대급 규모의 통신, 공병, 화학, 정비, 보급, 의무 등 전투지원 및 근무지원 부대들이 편성되어 있다. 이들 부대도 전투부대와 똑같이 기계화되어 속도를 발휘할 수 있어야 한다는 것이다. 앞으로는 보병부대로는 속도를 발휘할 수 없으므로 기계화된 보병이 되어야 한다. 그것도 차량화가 아니라 기갑화되어야 한다는 것이다. 이스라엘군 주력부대에는 보병사단이 없고 기갑사단으로 편성되어 있다. 보병사단은 다른 목적의 군대에 편성되어야한다. 제2차 세계대전시 독일군의 주력군은 기갑군–기갑군단–기갑사단 – 전차연대 순의 편제로 편성되었다. 기갑군에는 2개 기갑군단과 1개 차량화 보병군단으로, 기갑군단에는 2개 기갑사단은 기본이고 1개 기갑사단 또는 차량화 보병사단이 추가로 편성되었다. 기갑사단은 제병과부대가 통합 편성되었다. 이러한 군단 및 사단의 편성은 80년이 지난 오늘날 우리 군에도 그대로 편성되어 있다. 전쟁의 양상과 과학기술의 수준과 전투 부대의 구성이 많이 달라진 오늘날에는 작전 및 전투 부대의 편성도 많이 달라져야 하며, 무기 및 장비 편성도 많이 변해야 한다. 전략적 임무 수행과 고속 기동 작전을 수행하기 위한 최선의 부대 편성을 과학적으로 연구해 보아야 한다.

작전속도를 발휘하기 위해서는 전투 및 전투지원 부대를 작전 목적에 맞게 쉽게 편조하여 전력의 우세를 확보할 수 있어야 한다. 이는 작전 수행을 위한 편성상의 융통성을 갖추어야 함을 의미한다. 전쟁은 쌍방 간의 의지의 대결이므로 아군의 작전에 대하여 적군이 대응 행동을 함에 따라 상황이 자주 변화하기 마련이다. 이러한 상황의 변화에 따라 선제 상황조치를 하면, 변경된 작전 방책에 따라 작전 · 전투 편성이 함께 변경되어야 한다. 변경된 작전 · 전투편성에 따라 전투 및 전투지원부대가 신속하게 지휘체계와 소속을 바꿔야 한다. 이와 같은 상황을 고려하여 작전 편성부대와 단위부대의 개념이 설정되었다. 작전 편성부대는 작전지휘부와 공통적으로 필요한 직할 전투 · 전투지원 · 전투근무지원 부대로 구성되어 있고 예하 전투부대는 부여된 임무에 따라 단위 전투부대를 편조하여 편성하게 된다. 따라서 단위 전투부대는 작전 편성부대가 수행하는 임무에 따라 수시로 부대 소속이 바뀔 수 있는 것이다. 예를 들어서 이스라엘 군은 남부군사령부 예하에 수 개의 사단이 있고, 수많은 전투 · 전투지원 여단들이 있는데, 사단은 작전 편성부대(우그다: Ugda, 이스라엘군 용어)이고, 전투 · 전투지원 여단들은 단위부대이다. 6일 전쟁 시에 샤론 사단은 기갑여단과 포병여단으로 편성되었으나 10월 전쟁에서 샤론 사단은 3개 기갑여단과 1개 기보여단 및 1개 공수여단과 도하 공병여단으로 편성되었다. 제2차 세계대전시 독일군은 군단이 작전 편성부대이고 사단이 단위부대였다. 따라서 구데리안 기갑군단은 3개 기갑사단으로, 라인하르트 기갑군단은 2개 기갑사단과 1개 차량화보병사단으로, 호트 기갑군단은 2개 기갑사단으로 편성되었다.

우리 군의 경우에는 기계화사단 예하 여단은 작전 편성부대이고 전차 · 기계화보병대대가 단위부대이며, 작전술 제대에서는 군단이 작전 편성부대이고 사단이 단위부대로 편성되어 있다. 따라서 군단 예하에 편성된 사단 수가 군단마다 다르다.

상기한 바와 같이 작전 중에 선제적인 상황조치를 하고 그에 따라 전투편성이 변경되면, 그 전투편성에 따라 단위부대가 신속하게 지휘체계 및 소속을 변경하여 임무수행 지역으로 이동하여야 한다. 이와 같은 작전 편성부대와 단위부대 개념에 따라 신속하게 지휘체계를 변경하고, 변경된 임무 수행 지역으로 신속하게 이동할 수 있으므로 고속의 작전속도를 발휘할 수 있는 것이다. 칭기스칸 군대에서는 백호제, 천호제, 만호제라는 군 편성제도가 있어서 천호장을 중심으로 수시로 만호장 군으로 지휘체계 변경이 있었고, 후금의 누르하치군은 '8기군'[160]이 작전 편성부대이고 그 예하에 '잘라'라는 여러 개의 단위부대가 있었다. 이러한 사례를 분석해 보면, 주로 고속의 기동작전을 위주로 수행하는 군대는 고래로부터 작전 편성부대와 단위부대 개념이 있었던 사실을 알 수 있다. 즉 시간 중심의 사고를 바탕으로 전쟁을 수행하는 군대는, 고속의 작전속도를 발휘하기 위하여 상황의 변화에 따라 선제적인 상황조치를 하고, 이를 완전하게 수행하기 위해 전투편성을 변경함에 따라 단위부대가 신속하게 지휘체계와 임무수행 지역을 변경하였던 것이다.

고속 작전 수행을 위해서 그 다음으로 필요한 중요한 요소는 임무형 지휘와 장교 교육제도이다. 위와 같이 선제적인 상황조치를 하였을 경우에 상급부대에 상황을 보고하고, 상급부대에서 예하 작전부대에 그와 관련된 작전명령을 하달하여야 하는데, 이와 관련된 상황판단을 한 후에 명령을 작성하고 하달하는 데 많은 시간이 소요되어 선제적인 상황조치에 실패하게 될 우려가 있으므로, 이때 요구되는 제도가 의사결정 주기 단축과 '임무형 지휘' 제도이다. 의사결정 주기는 명령을 작성

160) 8기는 수렵의 기본 단위인 니루에서 시작되었다. 니루는 남자 300명으로 구성되고, 5니루를 1잘라, 5잘라를 1구사(旗) 즉, 1기로 한다. 따라서, 1기군은 5개 잘라군으로 구성되어 7,500명임. 전경일 지음(2005), 『글로벌 CEO 누르하치』, p.75.

하는 제대가 적 상황을 파악하고 판단하며 결심하여 행동하는 데 소요되는 주기 시간을 단축하여 신속한 의사결정을 보장하는 제도이며, 임무형 지휘 제도는 명령을 하달할 때에 완전 명령을 작성하려면 시간이 소요되므로 임무 중심의 단편명령을 하달하고 임무수행 관련 구체적인 행동은 예하 부대 현장 지휘관에게 위임하는 것이다. 예하부대 지휘관이 신뢰할 수 있는 상황조치를 하기 위해서는 전쟁술에 대한 공감이 필수적이며, 상급 부대의 작전개념과 전체 상황에 대한 올바른 인식이 전제되어야 하는 것이다. 따라서 평시에 장교단에 대한 교육을 통하여 전쟁술과 상황조치에 대한 인식의 공감을 가져야 하는 것이다. 바로 여기에 고속 작전을 저해하는 아군 부대내의 요인이 있는 것이다. 즉 아군의 지휘관들이 고속 작전을 수행하는 전쟁술을 터득하고 공감을 가지고 있을 때, 작전을 계획하고 수행하며 상황조치를 할 때 시간 중심의 사고를 기반으로 행동을 하며, 이와 같은 신속한 행동이 적군의 조직심리를 마비시켜 단기간 내에 승리할 수 있다는 신념을 견지해야 한다. 걸프전쟁에서 연합군의 주공인 미국군 제7군단장이 이와 같은 고속 작전의 중요성을 인식하지 못하고 공격작전 초일 야간 작전을 중지시켜, 좌측방 방호부대인 제18 공정군단보다 느린 작전을 수행하여 전체 작전을 그르친 사례가 이를 증명해 주고 있다고 하겠다.

이상에서 보는 바와 같이 전쟁을 단기간 내에 승리로 종결하기 위해서는 고속도 작전을 수행하여야 한다. 고속도 작전을 수행하기 위해서는 적군의 무기 및 장비들을 무능화 내지 무력화할 수 있는 최첨단 과학기술로 무장된 무기 및 장비를 집중적으로 편성한 작전술 수준의 단위부대를 편제에 반영하고, 이런 단위부대들을 작전의 목적에 따라 작전편성부대에 편조하며, 작전 수행간 상황조치에 따라 임무형지휘 제도를 능숙하게 활용하고 신속하게 편조를 변경하여 전력의 우세를 확보하며 기세를 유지하여야 한다. 이를 달성하기 위해서는 작전 및 전투를 지휘하는 장교단이 시간 중심의 사고를 기반으로 작전을 수행하여 적군의 조직심리를 마비시키고자 하는 전쟁술에 공감하고 익숙해야 할 것이다.

4. 임무 중심의 조화된 군대를 편성하라

마비전 전쟁술에 따라 전쟁을 수행하는 주력군은 '전략군'이다. 앞에서 이미 기술한 바와 같이 전략군은 마비전 수행 원칙들을 실행하는 데에 요구되는 전력들을 종합하고 통합하여 편성하였다. 전략군이 전략적 임무를 수행할 때에는 적군을 마비시킬 우선 순위에 따라 동시 또는 시차를 두고 부대별 임무를 부여하거나 통합된 임무를 부여하게 될 것이다. 이는 부여한 임무를 통하여 전력을 통합 발휘하는 방안이다. 여기서 부대별 임무를 부여한 경우에는 별로 문제될 사항이 아니지만, 통합된 임무를 부여한 경우에는 임무를 수행하기 위한 작전 · 전투 편성을 검토해 보아야 한다. 즉 전략적 임무 수행을 위하여 작전부대에 합동 전력의 단위부대를 전투편성하여 합동작전부대로 조직함으로써 효율적으로 임무를 수행한다는 것이다. 그러나, 위와 같이 편성체를 만들어 전력을 통합할 수도 있지만, 이와 달리 전투편성할 부대간에 협조체제를 구성하여 긴밀히 협조된 작전을 수행할 수도 있다.

마비전을 수행하는 주력군은 '전략군'이지만, 이 전략군 만으로서는 전쟁을 승리로 완성하기 어렵다. 우선 전쟁 발발 직전까지 국경을 경계 및 방어하고 있다가 전쟁이 개시되었을 때에 전략군을 후속하면서 전략군의 후방을 방호하고 점령지를 확대하며 점령지역과 백성들에 대한 군정(軍政)을 펼칠 수 있는 작전부대가 필요하다. 또한 나라의 영토 전역에서 적군의 공격과 후방 침투부대에 대항하여 국민들의 생명과 재산을 보호하고, 전선에서 싸우고 있는 부대들에게 에너지를 공급하는 체계와 군수지원을 제공하는 체제를 방호하는 후방 작전부대도 필요하다. 전략군은 전략적 수준에서 통합된 고속 작전을 수행함으로써 적군을 마비시키는 데 주력하기 때문에 전방 작전군과 후방 작전군이 수행하는 그런 임무를 수행하기에는 적합하지 않다고 하겠다.

전방 작전군은 전략군의 고속 작전속도에 맞춰 후속하며 후방을 방호할 수 있는 기계화보병 부대와 점령지역을 확대하면서 군정을 펼치고, 다른 작전지역에 대한 방어작전을 수행할 보병 위주이면서 공병, 보급 및 의무부대로 구성된 작전부대라고 할 수 있다. 보병사단은 지역을 확보하고 방호하는 임무를 수행하는 적절한 부대이다. 이 부대에 지역내 파괴된 시설과 도로 등을 복구할 건설 공병부대와 아군 장병은 물론 점령지의 백성들 중 부상자들을 치료할 의무부대도, 또 아군 장병들과 점령지의 백성들에게 식량과 보급품을 지원할 보급부대를 함께 편성하여 후속 작전부대로서의 임무를 수행하여야 한다. 이 전방 작전군은 적절한 규모의 상비군으로 편성하여 운용하다가 전시에 동원하여 편성한 부대로 보강 및 증강하여 조직할 수 있다고 본다.

후방 작전군은 보병사단 위주로 편성하고 후방의 행정구역별로 배치하여 임무를 수행하여야 할 것이다. 후방 작전군의 예하 보병사단들은 우선 아군의 후방으로 공격해 오는 적군과 침투부대에 대하여 방호작전을 수행하여 아군의 항공기지 및 비행장과 해군기지 및 유도탄 기지들을 방호함은 물론이고 나라의 에너지 공급체계와 무기 및 장비 생산 시설들을 방호하여야 한다. 이러한 임무 수행을 위하여 지역내 방공부대를 방호하여야 하고, 적군 침투부대를 공격할 기동타격부대를 편성하여야 한다. 이 기동타격부대에는 공격헬기와 공격용 드론을 포함한 기계화보병 부대로 편성하여야 할 것이다. 그리고 지역별로 중요 지역과 국민의 안전 및 재산을 방호하기 위한 보병 부대들로 편성되어야 할 것이다. 이러한 후방 작전부대들은 전시에 동원된 예비군 부대들로 편성되어야 할 것이며, 기동타격대는 상비군으로 편성하여야 할 것이다.

적군을 마비시키기 위하여 전략적 · 작전적 수준에서 임무를 수행하기 위해서는 합동 전력을 통합 편성할 수도 있지만, 고정된 부대 편성은 오히려 변화되는 전쟁 상황을 능동적으로 이끌어가기 어려울 수 있으므로, 오히려 부여된 임무를 중심으로 합동전력을 융통성있게 작전 · 전투편성하여 통합전력을 발휘하는 방책이 훨씬 더 효과적이라고 할 수 있다. 그러나, 적국의 전쟁지도부와 최고사령부를 기습적으로 타격하여 최고권력자와 최고사령관을 제거하고 지휘체계를 마비시키는 임무는 가장 중요하기 때문에, 흔하게 생각할 수 있는 공군의 전략폭격만으로 완수하기 어려우므로 유도탄 부대와 특수전 부대 및 최신의 첨단 과학기술 무기로 편성한 부대를 작전 편성하여 통합된 기습공격을 할 수도 있을 것이다. 그러므로 마비전을 더욱 실효적으로 수행하기 위해서는 임무를 중심으로 조화된 합동전력 통합부대를 편성하여야 한다.

5. 적의 중심군에 대비할 군대를 편성하라

아군이 마비전을 수행할 주력부대로 전략군을 편성하는 노력과 마찬가지로, 적군도 저들의 전쟁술에 근거하여 중심(주력)군을 편성하고, 운용할 것으로 예상된다. 전쟁은 상호 의지의 충돌이기 때문에 우리 군의 의지에 따라 대응하기보다는 저들의 의도대로 동시에 반격해 올 수 있다. 소모전에서는 주력군끼리 서로 충돌하여 대량 살상과 소모가 이루어지겠지만, 마비전에서는 참혹한 유혈 전투를 피하고 마비시키는 작전을 추구한다. 따라서 마비전에서는 적의 중심군을 고착 및 견제 또는 무력화하거나, 다른 방향으로 유인하거나, 아 주력군이 고속으로 우회기동하여 적 중심군의 배후를 차단하여 마비시키고 붕괴시키는 방책을 실행할 가능성이 높다. 그리하여 적의 중심군의 전력을 무력화할 것이다.

이렇게 적의 중심군을 고착 및 견제하거나, 다른 방향으로 유인하거나, 지연시키는 임무를 수행하는 전력이 필요한데, 이런 임무는 전략군이 수행하기 보다 전방 작전군이 담당하는 것이 합리적이다. 이러한 임무를 수행하기 위해서는 그에 합당한 전력이 편성되어야 한다. 공중 우세권을 확보하는 전략적 임무는 전략군이 수행할 것이며, 이는 제해권 확보에도 큰 영향을 미치므로, 적의 중심군에 대응하는 아군의 전력은 전방 작전군에 기계화부대를 적정 규모로 편성함이 타당할 것이다. 이 부대에는 적의 중심군의 전력을 분석한 결과 효과적으로 대응할 수 있는 무기 및 장비와 부대구조를 갖춘 전력으로 구성되어야 할 것이다. 전쟁 초기에 적의 중심군의 지휘부를 제거하거나 지휘체계를 마비시켜 무력화하는 방안도 고려할 수 있다. 고착 및 견제하거나 지연 및 유인하는 방안은 어느 정도의 유혈 전투를 수행하여야 하므로 에너지 공급을 차단하거나 군수지원체제를 마비시켜 무력화하는 방안도 검토할 수 있다. 가장 확실한 방안은 아군이 적국의 전쟁지도부와 최고사령관을 제거하고 지휘체계를 마비시킨 다음에 아군의 전략군이 고속 작전을 수행하여 이들 지휘부를 점령하여 전쟁의지를 굴복시키는 방안이다. 적국의 최고 권력자와 최고사령관이 전쟁의지를 굴복한다면 더 이상 전쟁이 진행될 수 없다고 봄이 타당할 것이다.

제2절 마비전 수행 여건 보장

1. 전쟁 수행과 군사력 건설 관련 법률 재정비

국군의 전쟁수행 및 지원에 대해서는 헌법과 법률에 명확하게 근거를 명시하여야 한다. 우리나라의 헌법에는 대통령의 국군통수권, 선전포고권, 계엄령 선포권, 국가안전보장회의 설치에 관한 내용이 명시되어 있다. 그러나, 전쟁수행과 전쟁지도에 관한 법률에는 국군조직법, 비상대비 자원관리법, 전시 자원 동원에 관한 법률, 민방위기본법, 국방 개혁에 관한 법률이 있으나, 전쟁 수행과 관련된 정부의 전쟁지도와 최고사령부의 전쟁 지휘에 관한 내용은 법률이 아닌 '국가 전시 지도지침'이라는 훈령으로 만들어져 있다. 오히려 적군의 평시 침투와 국지도발 및 지역 안전에 대한 작전수행과 활동에 관련해서는 통합방위법, 향토예비군 설치법, 민방위기본법 등 법률이 종합적으로 잘 준비되어 있다. 이러한 현상은 평시 적군의 침투 및 국지도발에 대해서는 우리 군의 권한과 책임으로 작전을 수행하지만, 전쟁 지휘와 수행은 연합군 사령관에게 권한과 책임이 부여되어 있으므로, 전쟁 수행과 지도에 대한 법률이 소홀하게 취급되고 있는 현상이 아닌가 하고 생각된다. 그러나, 국가 주권이 있는 나라가 전쟁 수행 관련 법률이 미비하다면 전쟁 발발시 어떻게 전쟁을 체계적, 효율적으로 수행할 수 있겠는가?

미국의 국가안전보장 관련 법률체계는 국가안전 보장법과 국토안보법으로 구분되어 모든 관련 사항을 종합하여 작성되어 있다. 즉 국가안전 보장법에는 국가안전보장 회의, 중앙정보국 설치, 국방부의 직능과 임무 및 역할, 육 · 해 · 공군의 조직, 합참의장과 각군 참모총장의 임무 및 역할, 군수위원회, 영토의 관할권 등 정부의 전쟁지도, 전쟁수행과 군대 조직과 편성, 전쟁 지원, 정보기관 등 제반 사항이 포괄적으로 작성되어 있다. 또, 10여년 전에 전쟁에 각군 전력의 통합이 중요함을 인식하여 '골드워터-니콜스 수정법'으로 국가안전 보장법 내에 합참의장의 권한과 합동성을 강화하는 법안이 수정 강화되었다. 국내 안전과 비상사태 및 테러 등에 관련된 사항은 국토안보법에 따로 규정되어 있다.

우리나라의 법률에는 전쟁 수행 관련 기본법이 없이 이에 따른 관련 법률들이 종합되기보다는 각각 개별법으로 작성되어 있어서, 이런 개별법들이 상호 충돌하는 현상도 빚어지고 있다. 또한 전쟁 수행 관련 법령들과 평시 침투 및 국지도발과 위기관련 법률들이 구분되어 있지 않고 섞여 있는 현상도 나타나고 있다.

전쟁 수행 관련 법률과 국지도발 및 테러와 국내 안정에 관련된 법률은 그 내용과 성격이 전혀 다르기 때문에 별개의 법률로 구분하여 준비하여야 할 것이다. 전쟁 수행 관련 법률은 정부에서 전쟁을 결정하고, 전쟁을 준비하며, 전쟁을 수행하고, 전쟁을 지원하는 국가와 군의 과업에 관한 내용들이 규정되어야 한다. 또한 이 전쟁을 책임있게 수행하여 승리할 수 있도록 군사력을 건설하는 법률이 제정되어야 한다. 그리고 전쟁을 지도하고, 지휘하는 체계와 연합 및 합동전력의 통합에 관한 법률이 포함되어야 할 것이다. 또한 상비군과 전시에 동원하여 편성되는 군사 조직에 대한 근거를 분명히 명시하여야 할 것이다. 그리고 국가의 전쟁지원 업무와 체제에 대한 근거도 명확하게 규정되어야 한다. 그리고 전시에 전쟁을 수행하기 위하여 평시에 국가가 준비해야 할 사항을 연계하여 규정하여야 한다. 또한 전시에 전쟁 수행을 보장하기 위하여 국가 에너지 공급과, 전투장비 및 물자의 전시 생산과 수송 관련 체제와 우선순위에 대한 법규도 마련되어야 한다. 또 전시에 국민들의 안전을 보장하기 위한 체제와 국민들의 의무사항에 대한 법규도 포함되어야 할 것이다. 우리 한민족이 역사상 그렇게 많은 전쟁을 치루어 왔으면서도 중세 이후에 국가가 주도적이고 체계적으로 전쟁을 준비하고 수행한 사례가 희박하므로 그 여파가 선진국 대열에 들어선 오늘날까지 이어져 오고 있다고 하겠다. 전시작전 통제권을 환수하는 일이 먼저가 아니라 독자적으로 전쟁을 계획하고 준비하며 수행할 법령을 먼저 마련하고, 당장이라도 전쟁이 발생한다면 즉각 전시체제로 전환할 국가 차원의 대비가 선행되어야 한다.

이스라엘군은 국가의 과학기술 발전과 관련하여 군이 선도적으로 최첨단 과학기술을 개발하고, 무기 및 장비를 제조하여 자주국방의 기틀을 마련하였다. "1973년 4차 중동전쟁 후 이스라엘은… 앞으로 인공위성과 컴퓨터로 원격 조종하는 미사일과 미사일 방어 시스템이 승패를 가르게 될 것이라고 보았다… 이후 소프트웨어 개발과 이를 위한 인재 양성에 초점을 맞추었다…이스라엘군은 대학들과 손잡고 인재를 양성하고 있다…벤구리온 대학은 국방과학기술 캠퍼스를 별도로 지어 군 교육을 맡았다. 이곳에서는 정보 · 컴퓨터 부대 병력 수천명이 학부와 대학원에서 공부할 수 있다. 군이 국가의 컴퓨터 산업인력 양성에 앞장서고 있는 것이다"[161]라는 기사가 이를 증명하고 있다. 뿐만 아니라, 국가

161) 『조선일보』, 2021년 11월 16일자 A34면, '홍익희의 新유대인 이야기'

의 과학기술 발전에 관한 업무를 군에서 선도적으로 수행하여, 군사 기관에서 육성한 기술 인력과 과학기술을 민간으로 이전하여 기업을 육성하고 고도 기술의 상품을 개발하여 국가 경제를 선도하는 모범을 보이고 있다. 그리고 전쟁을 수행할 때 이스라엘의 주력군은 대부분 동원된 예비군이다. 제4차 중동전쟁 시에 수에즈 운하를 역도하 공격하여 전쟁의 주도권을 탈환하고, 수에즈시까지 고속 기동하여 이집트군 제3군을 포위함으로써 전쟁을 승리로 이끌은 샤론 사단과 아단 사단은 모두 동원된 주력군이었다. 이렇게 이스라엘은 기동전 전쟁술에 따라 전쟁을 수행할 주력군을 전시에 동원하여 편성할 수 있도록 군대조직법을 제정하였던 것이다.

이와 같이 나라를 건국한 이후 수 차례의 전쟁을 치루면서 평시에 국가 경제를 튼튼히 하면서도 국가 비상시에 나라와 국민을 수호하기 위해서는, 평시에는 소규모의 상비군으로 국경을 경계하고, 전시에는 국가 동원령으로 동원된 주력군이 전쟁을 수행하도록 법령을 마련하였기 때문에 국민들이 공감하고 적극적으로 참여하는 것이다. 그리고 이 동원되는 주력군은 평시에도 동원되면 어느 부대 몇 호 전차의 승무원 직책까지 다 정해져 있다. 따라서 이들은 동원 훈련하는 내용과 방법까지 다르다. 이들은 우리나라와 같이 동원 예비군 훈련시 인원 점검하고 사격 훈련하는 정도가 아니라 군사훈련처럼 부대 기동과 사격훈련까지 하며 전쟁 연습을 하는 것이다. 이상과 같은 이스라엘군의 군 조직과 동원 및 훈련에 관한 사항이 법령에 의하지 않고 가능한 일이겠는가?

최근에는 국내에 출산율이 크게 낮아져서 군대 내에 전차와 자주포의 승무원이 부족하여 훈련시에는 인접한 전차 및 포병부대로부터 병력을 빌려와서 훈련을 한다고 알려졌다. 이런 현상은 상비군과 동원군을 법령으로 구분하여 대비하지 않았기 때문에 발생하는 현상이다. 국가가 이런 상황에 처했는데, 보병부대 위주의 대규모 상비군을 편성 및 유지할 수 있겠는가? 또한 군에 입대하여 기갑부대, 포병부대, 유도탄부대 등 전투장비 조작 기술을 필요로 하는 부대에서 현역장병으로 근무하다가 전역한 요원들이 전시에 보병으로 동원되어 충원된다면 전시에 기갑부대 및 포병부대와 유도탄부대의 결원을 어떻게 보충하겠는가? 앞에서 전략군은 상비군으로, 전방 작전군 일부는 동원군으로, 후방 작전군은 기동타격대만 상비군으로 편성하고 그 외의 모든 부대는 전시에 동원하여 편성하는 방안을 강구해야 한다고 주장하였다. 따라서 이런 사항을 명확하게 법령으로 제정하여 군사조직을 유지하고, 전시에 유용한 전력을 확보 및 유지할 수 있도록 보장하여야 한다.

이상에서 기술한 바와 같이 마비전을 수행할 여건을 보장하기 위하여 군사력 건설과 관련된 법률을 재정비하여야 한다. 이 법률은 전쟁 수행과 연관된 '국가 안전 보장법'과 평시 국내 안정을 유지하기 위한 '국내 치안 유지법'으로 구분하여 제정하여야 할 것이다. 국가 안전 보장법에는 국군의 조직과 전쟁지도 및 지휘체계에 관한 내용, 전시 동원과 전쟁지원에 관한 사항들을 포괄적으로 제정하여야 할 것이다. 그리고 이런 업무들은 전시 작전통제권을 환수하기 이전에 면밀히 검토하고 준비하여야 한다. 이것이 가장 중요한 군사혁신 정책으로 추진되어야 할 것이다.

2. 마비전 전쟁술에 능숙한 장교단 육성

현대 과학기술이 아무리 발전되어도 전쟁은 사람이 계획하고 수행한다. 전략(작전)계획을 수립하는 기관은 최고사령부이고, 최고사령관의 지침에 따라 참모들이 구체적인 계획을 수립한다. 이렇게 수립한 계획에 따라 전쟁을 실행하는 것은 주요 전략사령부와 작전사령부이고, 또 그 예하 작전 및 전투부대이다. 군대는 위계질서가 엄격한 계급별 구성원으로 이루어진 집단으로서, 단위 전투부대 이상의 부대 지휘관은 대령 이상의 장군으로 임명되고 그 참모들은 영관급 내지 장군급 장교들로 구성되어 있다. 따라서 전쟁에서 이기려면 우선 그 장군들이 유능하고 의지가 강해야 하며, 또 영관급 장교들이 우수하고 기민한 실행력을 갖추어야 한다.

전쟁에서 이기려면 우선 장군들이 적국 장군들을 능가하는 전쟁술을 가지고 있어야 한다. 그래서 손자는 그의 병법에서 "전쟁의 본질을 깊이 아는 장수는 백성의 운명을 맡았으며, 나라의 존망을 짊어진 기둥이다.(知兵之將 民之司命 國家安危之主也)"라고 하며, "어느 나라의 장수가 유능한가?(將孰有能)"를 알면 승패(勝敗)를 판가름할 수 있다고 하였다. 즉 그 군대의 장군들이 이길 수 있는 전쟁술을 잘 알고 능숙하게 실행할 재목들이 되어야 한다는 것이다. 그러므로 장군을 선발하고 진급을 시킬 때에는 '그가 어떤 전쟁술에 능숙한가?'와 강한 의지를 가지고 있는지를 평가해 보아야 한다. 손자는 장수의 5가지 구비 요건으로 지혜(智), 신의(信), 어짐(仁), 용기(勇), 엄정(嚴)을 들었다. 아군이 전쟁 시작부터 주도권을 장악하고 나아갈 때 적군의 대응행동에 따라 선제적인 상황조치를 계속해 나감으로써 전쟁의 주도권을 유지하여 적군을 이끌고 가야 한다.

이런 선제적인 상황조치를 보장해 주는 제도가 임무형 지휘라고 앞에서 기술한 바 있다. 그런데, 이 임무형 지휘 제도는 전장에서 작전과 전투를 수행 중인 예하 작전부대 및 전투부대의 지휘관 및 참모가 그 전쟁에 적용된 전쟁술에 익숙한 상태여야, 상급부대의 전체 작전의 방향에 맞는 상황조치를 신속하게 할 수 있게 되는 것이다. 따라서 예하 작전 · 전투부대의 장군 지휘관과 영관급 참모들이 다 같이 동일한 전쟁술로 무장되어 있어야 전쟁의 주도권을 계속 유지해 나갈 수 있다. 독일-프랑스 전쟁에서 구데리안 기갑군단장은 예하 사단장들에게 "집중하라! 분산하지 말라!"하고 강조하며 진두지휘하여 고속 돌진을 감행한 반면에, 걸프전쟁에서 미국군 제7군단장은 공격 초일 야간에 진격을 멈춤으로써 전체 작전을 그르친 사례에서 알 수 있는 것처럼, 예하 작전 · 전투 부대 지휘관의 전쟁술에 대한 인식 여부가 작전의 성공과 실패를 가름짓게 된다. 군대에서 군단장과 사단장급 지휘관은 상황이 발생될 때마다 누군가 일일이 명령을 하여 행동하는 직위가 아니라, 최초 명령을 받았을 때 상급부대 지휘관의 작전 의도와 작전개념을 완전히 이해하고 스스로 적극적으로 작전을 수행하여 임무를 완수하여야 하는 직위이다. 그러므로 이런 사태는 주요 지휘관을 선발하고 임명하는 인사에 문제가 있었다고 할 것이며, 더 나아가 그 군대의 주요 직위자들의 전쟁술에 대한 인식의 차이가 드러난 실태라고 보아야 할 것이다. 따라서 다음으로 거론될 수 있는 사항은 장교단 교육의 문제이다.

앞의 제1장 1절 1항에서 프러시아군의 참모총장 몰트케는 '임무형 지휘' 제도를 창안하고 이를 성공적으로 실천하기 위하여 '장군 참모' 제도를 동시에 시행하였다고 기술한 바 있다. 이 장군 참모 제도는 독일군의 교육과 인사에 관한 제도이다. 이는 독일군 영관급 이상 장교 중 유능한 장교를 선발하여, 프러시아군의 전통적인 전쟁술과 몰트케가 개발한 기동전 전쟁술을 교육하고 체득하게 한 다음에, 장군이 지휘하는 주력 부대의 참모로 임명하여 장군을 보좌하게 하고, 이런 과정을 거친 후 장군으로 진급시키는 특전을 부여하는 제도였다. 이와 같은 우수한 제도였으므로 제국 일본군이 프러시아군의 이 제도를 배워왔고, 독일군 소령급 장교를 일본으로 데리고 와서 지도를 받아 일본군의 제도로 수용하였다고 기술한 바 있다. 그리하여 이 제도는 몰트케 이후에 독일군의 전통으로 이어져 제2차 세계대전시의 주요 장군들은 대부분 장군 참모 출신이었다고 알려져 있다.

현재 우리 군에서도 육 · 해 · 공군 소령급 장교들을 선발하여 합동 군사 대학교에서 상당 기간동안 교육을 실시하고 있다. 또 국방대학교에서 중령 및 대령급 장교를 대상으로 교육을 실시하고 있다. 그러나 이 교육에서 중요한 문제는 우리 군의 명확한 전쟁술이 확정되어 있으며, "이 전쟁술에 대한 심도깊은 교육을 실시하고 있는가?"하는 것이다. 왜냐하면, 전쟁술에 대한 공감된 인식이 없이는 임무형 지휘제도가 우리 군 내에서 실현되고 정착될 수 없기 때문이다. 이는 곧 군사교육이 알멩이는 없고 껍데기와 형식만 교육하는 실태가 되기 때문이다. 우리 군의 교육이 소모전을 하려는지, 기동전을 하려는지, 마비전을 하려는지, 아니면 여러 전쟁술을 소개하고 맛보는 정도로 그칠 것인지, 이런 내용과 수준을 분명하게 설정하여야 할 것이다. 여러 전쟁술을 소개하고 맛보는 수준의 교육으로 이스라엘군과 같은 우수한 전쟁수행 능력을 갖출 수 있겠는가?

이와 같은 중견 간부들을 대상으로 하는 군사교육은 현대 전쟁에서 이길 수 있는 전쟁술을 위주로 교육하여야 한다. 앞에서 열세군이 우세군을 상대로 살상과 파괴를 최소화하면서 단기간 내에 승리할 수 있는 전쟁술이 마비전 전쟁술이라고 제시한 바 있다. 따라서 군사교육에서는 마비전의 개념과 그 원리를 교육하여 장교들이 이를 터득하고 지각하도록 하여야 한다. 또한 이 전쟁술을 전략적, 작전적, 전술적 수준에서 어떻게 달리 적용되어야 하는지 알게 해야 한다. 그리고 이런 교육 내용을 교실에서만이 아니라 작전 현장에서 어떻게 응용되어야 할 것인지, 예상되는 작전 현장을 답사하면서 적용 및 상황조치 방안을 토의해 보아야 할 것이다. 필요시에는 가상 상황을 설정하여 컴퓨터 체계에 의한 전쟁 연습도 해 보아야 할 것이다. 이와 같은 다양한 방법으로 마비전 전쟁술에 대한 확신을 가질 수 있도록 하여야 한다.

군의 중견 장교들은 전쟁에서 마비전 전쟁술을 가장 효율적으로 적용할 수 있는 군사 조직과 편성에 대하여 올바른 인식을 가져야 한다. 전략적 수준에서 마비전을 수행할 '전략군'을 어떻게 조직할 것인지, 합동군 내 각 군의 규모와 부대 유형은 어떻게 구성할 것인지, 합동전력의 통합은 어떻게 해야 할 것인지 충분히 토의하고, 전쟁 연습에 시험적용도 해 보아야 한다. 연합전력은 어떻게 통합하고 조직할 것인지, 협조체제는 어떻게 준비할 것인지에 대해서도 토의해 보아야 할 것이다. 그리고 작전적 수준에서 마비전 수행의 원칙들은 어떻게 적용되어야 하며, 어느 원칙이 지배적으로 적용되어야 하며, 이때 각 군의 단위부대들을 어떻게 작전 전투편성해야 할 지에 관해서도 토의하고 시험도 해보아야 할 것이다.

전략과 작전 및 전투를 수행하고 이를 승리로 이끄는 데에는 그 지휘관의 리더십이 결정적인 역할을 담당한다. 전쟁과 관련된 과학(科學: science)이 아무리 잘 발전되었더라도 전장에서 실제로 발휘되는 술(術: art)적인 운용은 별도로 평가되어야 한다. 왜냐하면, 전쟁 과학에 대한 지식이 확대되어도 그 지식의 적용은 그 운용자의 술에 기대해야 하는 것처럼, 발전된 전쟁 과학을 전장 상황에 맞게 응용하는 것은 그 지휘관의 리더십으로 평가해야 할 영역이기 때문이다. 그 지휘관의 리더십은 개인의 특성과 능력에 따라 다르기 때문에 교육을 통하여 향상시킬 수는 있겠지만 근원적으로 바꿀 수 있는 자질과 능력이 아니라고 할 것이다. 그러므로 훌륭한 리더십을 발휘할 지휘관은 전 · 평시 작전 및 훈련을 통하여 발휘하는 성과와 능력을 평가하고 선발하여 인사로 해결해야 할 것이다.

전쟁은 사람이 수행하므로 전쟁에서 승리하기 위해서는 마비전 전쟁술을 능숙하게 수행할 수 있는 인재를 육성하여야 한다. 이런 인재는 체계적인 교육과 인사(人事)로 육성할 수 있다. 인사는 군사 전문성을 기준으로 이루어져야 할 것이며, 그 전문성이란 마비전 전쟁술을 능숙하게 수행할 수 있는 능력을 의미한다. 그러므로 전쟁에서 승리하기 위해서는 마비전 전쟁술을 능숙하게 수행할 수 있는 인재를 육성하고 선발하여, 미래의 전쟁을 예상하고 철저히 대비하여야 할 것이다.

3. 과학적 군사훈련 체제 마련

전쟁에서 승리할 수 있는 전쟁술이 마련되고, 이를 수행할 군대가 조직되어 있어도, 이 전쟁술을 숙달할 수 있는 연습장(練習場)과 훈련장(訓練場)이 없는 것이 현실이다. 최근의 현실은 대대급 부대도 실질적인 훈련을 실시할 야외 훈련장이 없는 실정이다. 그러므로 군 전체와 전략군 및 작전군 그리고 사단급 이상 부대가 연습 및 훈련을 수행할 훈련장이 없는 것이 당연한 현실이다.

요즈음에는 대부대 훈련시 컴퓨터 체계에 의한 전쟁연습을 수행하는 방법이 널리 이용되고 있다. 매년 8월 경에 실시되는 한 · 미 연합 '을지 포커스 렌즈(UFL)' 연습이 대표적인 전쟁연습이다. 마비전 전쟁술을 컴퓨터 체계로 연습을 하려면 마비전 수행의 원칙 적용에 따른 효과가 표출될 수 있도록 프로그램과 데이터 등으로 구체화 되어야 한다. 육 · 해 · 공군의 작전 활동이 연동되고, 결과가 구체적으로 표출될 수 있도록 프로그램에 반영되어야 할 것이다. 또 모든 부대가 연습장에 모일 수가 없으므로 각 부대에서 통신으로 연결할 것인지, 소수의 지휘부와 게임 요원들만 연습장에 모여서 할 것인지도 검토되어야 할 것이다. 이런 컴퓨터로 하는 전쟁 연습은 전쟁을 수행하는 모든 작전 및 전투 행동과 효과가 묘사되어야 하며, 또한 그 작전 행동이 어떤 수준의 마비 효과로 표출되어야 할 지에 대한 결과가 반영되어야 한다. 전략적 기습을 달성하였을 경우에 어느 정도의 전력비를 상쇄시킬 수 있는지, 또 기습을 당하여 적군이 공포와 공황상태에 이르러 조직심리가 마비되는 효과를 이 연습 모델에서 어떻게 나타나게 할 것인지에 대하여 묘사될 수 있어야 한다. 우세의 확보도, 또 작전속도 및 기세유지의 원칙 적용시 그 효과를 어떻게 나타나게 할 것인지 면밀하게 검토되어야 할 것이다.

이런 연습 모델은 전략적 수준에서 만이 아니라 작전적 수준과 전술적 수준의 연습모델과, 각 군별 및 제대별 연습모델도 마련되어 야외에서 하지 못하는 훈련을, 이런 컴퓨터 연습모델로 실전감을 느끼며 훈련할 수 있도록 대책을 마련하여야 한다. 조직된 군대는 반드시 실전과 같은 훈련을 실시하여야 전력을 발휘할 수 있다.

맺음말

전쟁은 국민들의 생사(生死)와 나라의 존망(存亡)이 걸려있는 중대한 일이다. 전쟁을 수행하면 반드시 살상과 파괴가 뒤따른다. 그렇다고 하여 전쟁을 마냥 겁내고 회피하려고만 해서는 안된다. 사람이면 누구나 안전과 평화를 바란다. 국민이 평화를 바란다고 반드시 평화가 오지는 않는다. 왜냐하면, 전쟁은 혼자 하는 것이 아니라 국가 이익이 상충되는 쌍방 국가간의 의지의 충돌로 발생하기 때문이다. 4차례에 걸쳐 치러진 중동전쟁에서 이스라엘이 평화를 바라지 않았거나, 먼저 전쟁을 도발하여 발생한 전쟁이 있었던가? 늘 인접한 아랍 제국들이 이스라엘을 이 땅에서 없애려고 침공해 오려니까 이스라엘은 살기 위해서 전쟁을 수행하였던 것이다. 우크라이나가 평화를 원하지 않아서 러시아가 침공하여 저렇게 죽기로 싸우고 있는가? 한국전쟁에서 이승만 정부가 평화를 원하지 않아서 북한 김일성이 6.25 남침을 하였는가?

전쟁은 나라의 존속과 국민들의 생존을 위하여 하거나, 포기할 수 없는 국가 이익을 위해서 다른 선택의 여지가 없을 때에 할 수밖에 없는 최후의 수단인 것이다. 전쟁은 우리가 아무리 평화를 외쳐도 그 평화를 스스로 지킬 수 있는 힘이 없을 때 인접국이 쳐들어 오는 것이다. 평화는 인접국도 함께 평화를 원하고 중요하게 생각할 때 유지되는 것이다. 미국과 캐나다와 멕시코를 보라! 국력과 군사력을 고려해 보면 미국이 캐나다와 멕시코를 치려면 언제든지 침공하여 북아메리카를 통일할 수 있을 테지만, 미국이 평화와 공존을 원하기 때문에 충돌하지 않는 것이다. 그런데, 우리나라와 인접한 중국, 러시아, 일본은 어떠한가? 이들 국가는 우리 민족 국가가 약해지고 틈만 보이면 침공해 오는 인접국가로서, 이는 우리의 민족사가 증명해 주고 있지 않은가? 지금도 러시아가 우크라이나를 침공하고, 중국이 타이완을 수시로 위협하고, 남지나해 문제로 베트남, 필리핀과 자주 충돌하고 있지 않은가? 중국이 평화를 원하는데도 히말라야 산맥의 티베트를 병합하였는가? 이들 인접국이 우리나라보다 힘이 약한 나라가 있는가? 그런데, 우리가 평화를 원한다고 저들이 국익이라고 판단하는 것을 포기하겠는가?

우리 한민족은 고대로부터 '홍익인간(弘益人間)'의 이념에 따라 많은 사람을 살상하고 인간과 생물의 삶의 터전을 황폐화시키는 전쟁을 꺼려하여 민족사에서 외국을 침략한 사례가 거의 없었다. 그렇지만, 외국을 침략하지는 않더라도 우리 스스로를 지킬 수 있는 힘은 기르고 가지고 있어야 하는데, 이를 소홀히 하여 수많은 외침을 당하고 고초를 겪었다. 때로는 나라가 멸망하고, 국민이 타국의 노예가 된 적도 있었다. 그러나, 하늘이 이 나라와 민족을 도와서 국운이 상승하고, 세계 10대 선진국 반열에 오를 만큼 성장하였으므로, 이제는 스스로 나라와 국민을 지킬 수 있는 힘을 길러야 한다. 우리가 바라는 평화는 우리의 힘이 있을 때 얻을 수 있는 것이고, 우리가 힘이 있어야만 나라와 국민을 굳건히 지킬 수 있는 것이다.

나라를 지키고 평화를 유지하는 힘은 전쟁을 수행하였을 때 이길 수 있는 힘이 그 원천이다. 전쟁을 수행하여 이길 수 있는 힘은 전승을 보장할 수 있는 전쟁술과 이를 능숙하게 수행할 수 있는 군사력이 그 바탕이다. 그러므로 국가의 안전보장을 위해서는 탁월한 전쟁술을 개발하고, 강력한 군사력을 건설하여야 한다. 이 책에서 본인은 우리나라와 인접한 대국들을 염두에 두고 열세군으로 우세군을 상대로 하여 살상과 파괴를 최소화하면서 단기간 내에 승전할 수 있는 전쟁술로 마비전 전쟁술을 연구하여 제시하였다. 그리고 그 전쟁술에 바탕을 두고 전쟁을 수행할 군사력 건설 방안을 제시하였다. 중국과 러시아는 핵무기와 대륙간 탄도탄(ICBM)을 보유하고 있으므로 우리의 재래식 전쟁을 수행할 군사력으로는 상대가 안되겠지만, 핵전쟁은 그들에게도 치명적인 피해가 돌아가고, 또 우리는 '한 · 미 동맹'으로 공동 핵우산을 마련하고 있기 때문에 핵전쟁은 억제할 수 있다고 봄이 타당할 것이다. 따라서 우리는 우선 핵이 없는 상황을 고려하여 마비전 전쟁술을 수용하고 더 발전시키며, 이 전쟁술을 능숙하게 수행할 수 있는 군사력을 건설하여야 할 것이다.

마비전 전쟁술은 시간 중심의 사고를 바탕으로 적군보다 '먼저' 행동하고, 더 '빠르게' 작전하며, '최적시점'에 적군을 타격함으로써, 적군의 조직심리를 마비시키고 전쟁의지를 굴복시켜 단기간 내에 전승을 이룩하고자 하는 전쟁술이다. 이 전쟁술은 전쟁의 주도권 장악 및 유지, 지휘체계 마비, 공중 우세권 확보, 에너지 공급체계 마비, 전력의 우세 확보, 기습 달성, 작전속도 및 기세유지로 마비, 군수지원체계 마비, 과학기술 및 무기체계로 마비, 적군 조직심리 마비의 10가지 원칙에 따라 전력을 운용하여 적군을 마비시켜 승리하고자 하는 전쟁술이다. 이는 우리 민족이 역사적으로 계속 수행해 온 소모전 전쟁술과는 완전히 다른 전쟁술이다. 우리 민족은 중국, 일본과 전쟁을 벌여 완전하게 굴복시킨 적이 없다. 그러나, 몽고와 후금국은 중국보다 인구도 적고 열세군이었지만 중국군을 완전히 굴복시키고 점령하여 자신들의 나라를 세웠다. 이들이 중국군을 굴복시킨 힘은 인구수와 영토의 면적이나 무기와 장비의 수량 등 유형 전력의 크기가 아니라, '기병대(騎兵隊)'의 기동 속도에 기초한 기동전 전쟁술에 있었다. 우리 민족도 고려시대에 몽고군이, 조선시대에 청(후금)군이 기동전 전쟁술로 침공해 왔을 때 '수성전(守城戰)'에 의존하는 소모전 전쟁술로 대응했다가 조기에 굴복하였다. 이와 같이 열세군이 우세군을 상대로 전쟁을 하여 승리하는 비결은 적군보다 탁월한 전쟁술에 있음이 확실하다. 따라서 우리 군이 미래의 전쟁에서 승리하기 위해서는 마비전 전쟁술을 수용하고, 더욱 발전시켜야 할 것이다.

군이 마비전 전쟁술을 수용하였을 때에는 이 전쟁술을 능숙하게 수행할 수 있는 군대를 건설하여야 한다. 이 군대는 전쟁에서 적군을 더 많이 살상하고 파괴하기보다, 시간에 기반을 둔 전력 운용으로 적군의 조직심리를 마비시킬 수 있는 무기 및 장비로 무장한 군대를 필요로 하기 때문이다. 또한 이 전쟁술에 익숙하고 터득한 장교단이 육성되어 이 전쟁술의 수행 원칙에 따라 부대를 지휘하여 전승을 이룩할 군대를 건설하여야 한다. 우리 군이 이 마비전 전쟁술을 수용하고, 이를 능숙하게 수행할 군사력을 건설하며, 이 군대를 지휘할 장교단을 육성한다면 어떠한 인접국과의 전쟁에서도 두렵지 않을 것이라고 믿는다.

본 저자가 연구하여 제시한 이 마비전 전쟁술은 우리 민족의 역사상 전쟁사의 반성에 기초하고 있으며, 외국에서 이 전쟁술로 최단기간 내에 승리한 전쟁 사례를 분석하고, 세계의 저명한 전략사상가들의 이론을 탐구하여 전쟁수행 원칙과 원리를 찾아내려고 노력하였다. 세계의 여러 전략사상가들이 여러 가지 전쟁술에 관한 이론을 많이 제시하였고, 이 책의 제1장에서 제시한 바와 같이 여러 전략사상가들이 기동전 전쟁술과 마비전 전쟁술에 관한 이론을 주장한 바 있으나, 본인이 연구하여 제시한 바와 같은 종합적이고 체계적인 마비전 전쟁술 이론은 아직까지 보지 못하였다. 본인은 이 마비전 전쟁술의 목적, 개념, 수행 원칙과 그 원리, 그리고 이를 수행할 군대 건설에 이르기까지 종합적으로 이론화하였다. 본인은 이 마비전 전쟁술이 우리 군에서 수용되어 군사교리에 반영되고, 인재 육성의 기반 이론이 되기를 희망한다.

나라가 선진 강국이 되려면 그에 합당한 군사 혁신이 이루어져야 한다. 나라의 국가안보전략사상과 군사전략사상은 이 마비전 전략사상에 기반을 두고 정립되어야 한다. 세계의 선진국과 강대국은 공통적으로 전쟁에 대하여 과학적이고 체계적으로 연구하고, 한가지 학문의 영역으로 인정하며, 연구된 바를 바탕으로 국가안보전략사상과 군사전략사상으로 발전시키고, 이를 바탕으로 군사력을 건설하며 군사교육을 실시하여 국방 인재를 육성하고 있다. 독일군이 프러시아 시대 때부터 발전시켜 온 기동전 전쟁술에 기반을 두고 국가안보 및 군사전략사상을 정립하고 군사력을 건설하였던 사례와, 이스라엘군이 리델 하트의 간접접근전략 이론(기동전 전쟁술)에 기반을 두고 국가안보 및 군사전략사상을 정립하고 군사력을 건설하였던 사례를 참고로 삼아야 할 것이다. 이런 전략사상에 기반하여 군사전략이 수립되고, 군사교리가 정립되며, 이를 기초로 하여 군사력이 건설되어야 전쟁에서 전력 발휘가 제대로 될 것이다. 이와 같이 이 마비전 전쟁술에 기반을 두고 국가안보전략사상, 군사전략사상이 정립되고, 또 이 전략사상에 바탕을 두고 군사전략이 수립되며, 또 군사교리가 정립되고, 군사력 건설과 인재를 육성하는 군사교육의 기초를 제공하게 된다. 그러므로 이 마비전 전쟁술이 나라의 군사혁신의 기반사고를 제공한다고 하는 것이다.

앞으로, 우리나라에서 이 마비전 전쟁술을 깊이 연구하고 발전시키는 후학들이 많이 나타나기를 바라마지 않는다. 또한 군사 학교에서 이 전쟁술을 기초로 군사교육이 시행되어 유능한 인재들이 많이 육성되기를 기대하는 바이다.